Michail Gorbatschow

Dr. Klaus-Rüdiger Mai studierte Germanistik, Geschichte und Philosophie in Halle-Wittenberg und arbeitete als Regisseur und Autor für das Theater. Anschließend wurde er Rundfunkautor und ist seit nunmehr zehn Jahren als Drehbuchautor, Dramaturg und Produzent für Fernsehproduktionen verantwortlich. Klaus-Rüdiger Mai hat für dieses Buch Zeitzeugen in Russland interviewt und vor Ort in Archiven recherchiert.

Klaus-Rüdiger Mai

Michail Gorbatschow

Sein Leben und seine Bedeutung
für Russlands Zukunft

Campus Verlag
Frankfurt/New York

Bibliografische Information der Deutschen Bibliothek:
Die Deutsche Bibliothek verzeichnet diese Publikation in der Deutschen
Nationalbibliografie. Detaillierte bibliografische Daten sind im Internet
über http://dnb.ddb.de abrufbar.

ISBN 3-593-37400-5

Umschlaggestaltung: Büro Hamburg
Umschlagfoto: © Dombrowski/Laif
Satz: Fotosatz L. Huhn, Maintal-Bischofsheim
Druck und Bindung: Freiburger Graphische Betriebe, Freiburg
Gedruckt auf säurefreiem und chlorfrei gebleichtem Papier.
Printed in Germany

Besuchen Sie uns im Internet: www.campus.de

Inhalt

Teil 4

Teil 5

Russland im Gleichnis von Gorbatschows Leben

»Wer sich heute unserer Geschichte zuwendet,
sollte jede ihrer Perioden, jede Tatsache in einem
umfassenden Zusammenhang betrachten. Sonst wird man unmöglich etwas davon begreifen – weder die Ereignisse noch die
Menschen.«

Michail Gorbatschow

Als Michail Gorbatschow geboren wurde, war die russische Revolution bereits tot, zerstört die Chance, ein ziviles Russland zu schaffen, und die Träger dieser Idee längst ermordet, gelyncht, in Konzentrationslager gesperrt oder ins Exil gezwungen. Eine Gruppe bolschewistischer Glücksritter hatte 1917 die Konjunktur der Wirren ausgenutzt und in einem tollkühnen Staatsstreich, den man kurz darauf Oktoberrevolution nannte, die Macht an sich gerissen. Russlands Weg in die Demokratie hatte man für die nächsten 70 Jahre vertagt.

Der Bauernsohn Michail Gorbatschow, geboren in der Zeit des schlimmsten Terrors, in der Millionen Menschen in Lagern verschwanden oder gleich per Genickschuss ermordet wurden, begab sich auf einen langen Weg, um eine zivile und demokratische Gesellschaft in Russland zu verwirklichen. Das war er seinen Großvätern und seiner Familie schuldig. Von seinem außergewöhnlichen und zeitweilig abenteuerlichen Weg wird dieses Buch handeln, von dem Leben eines Mannes, der in einer schlichten Bauernkate im Nordkaukasus das Licht der Welt erblickte und der schließlich zum Hausherrn des Moskauer Kremls aufstieg, zum Chef einer Weltmacht und zum Führer der Partei, die Jahrzehnte zuvor seine Großväter inhaftiert und mit dem Tode bedroht hatte. Als Sohn von Staatsfeinden und Volksschädlingen war ihm wahrlich ein bescheideneres Los an der Wiege gesungen worden.

Die Kreml-Astrologen hatten ihn jedenfalls nicht auf ihrer Rechnung, als er 1985 zum Generalsekretär gewählt wurde und begann, die Sowjetunion zu demokratisieren.

Indem Gorbatschow die Annäherung zum Westen suchte, wurde er zum Idol in der demokratischen Welt und in den Ländern Osteuropas, die vom Kommunismus sowjetischer Prägung beherrscht wurden. Als er die deutsche Einheit ermöglichte, stieg er schließlich zum Halbgott auf. Doch als Jelzin ihn von der Macht verdrängte, vergaß das offizielle Europa ihn. Kohl hatte sich rasch mit Jelzin, Schröder noch rascher – mit deutlichen Facetten von Peinlichkeit – mit Putin arrangiert. Inzwischen kräht kein offizieller Hahn mehr nach ihm, ist er ein schillerndes Partyereignis, als Politiker aber weitgehend vergessen. Doch in den Herzen der Menschen ist Gorbatschow präsent, und in der Geschichte hat er bereits einen Platz, der bei allen Irrtümern, bei allem Scheitern, ehrenvoll ist. Das können nur wenige von sich sagen.

Den Biografien soll keine neue hinzugefügt werden, auch wenn das Leben dieses Mannes, der die Welt entscheidend verändert hat, erzählt werden wird. Auch soll keine Hagiografie geschrieben werden, die aus dem Politiker Michail Gorbatschow den heiligen Michael macht. Es geht darum, Russland zu verstehen, die Geschichte des Aufstiegs und Zerfalls des Sozialismus in Russland im Gleichnis von Michail Gorbatschows Leben darzustellen. Damit wird man zugleich den Aufstieg und den Fall, die Faszination und die schäbige Realität einer der wirkungsvollsten Ideen der Menschheitsgeschichte erleben, die es sich zum Ziel gesetzt hatte, das Leben der Menschen zu verbessern. Statt des Himmelreichs auf Erden, das sie verwirklichen wollte, schuf sie ein riesiges Arbeitslager, statt freier Menschen Leibeigene. Was war schief gelaufen und wann war es das? Hat Michail Gorbatschow wirklich eine gesellschaftliche Alternative zwischen der tristen Realität des Sozialismus und der scheinbaren Omnipotenz des heutigen Kapitalismus gefunden oder führte seine Suche ins gesellschaftspolitische Nirwana? Ein Spötter hatte nach dem Mauerfall an eine Ostberliner Hauswand geschrieben:»Der Kapitalismus hat nicht gesiegt, er ist nur übrig geblieben.« Die Globalisierung verändert unsere Welt, den übrig gebliebenen Kapitalismus, und wirft die alten Fragen immer wieder neu auf.

Gorbatschows Weg durch die Zeit, durch das Land, durch die Hierarchien ist letztlich der Weg durch die Geschichte des sowjetischen Sozialismus und des russischen Staates in den letzten 70 Jahren. Gorbatschow hat die Prozesse in Russland miterlebt, zum Teil hat er sie mitgestaltet, schließlich der gesellschaftlichen Entwicklung im entscheidenden Maß eine andere Richtung gegeben. Er hat die Utopien und die Hoffnungen geteilt und versucht, die Enttäuschungen produktiv zu machen. Er hat Geschichte erlebt und er hat Geschichte gemacht. Nach einem Wort von Ryszard Kapuściński kann Russland nur als Imperium existieren. Noch wankt Russland, noch hat es sich nicht von dem Niedergang als Weltreich, vom Macht-, Ansehens- und Territorienverlust erholt. Die Wunden liegen noch offen zu Tage. An die Stelle des alten Selbstverständnisses ist noch kein neues getreten. Wladimir Putin selbst kann außer ein paar Rezepten aus der guten alten russischen Haus- und Staatsapotheke nichts beisteuern. Wie auch, gipfelt seine gesellschaftliche Vision doch im Dresden der achtziger Jahre, wo er als KGB-Agent die Mischung aus staatlicher Überwachung und ebenso staatlicher materieller Grundversorgung, deren Niveau im osteuropäischen Vergleich nahezu vorbildhaft anmutete, als heimelig empfand. Also macht man Dienst nach Vorschrift, verfährt »nach den Anweisungen«, setzt auf den Apparat, den Gorbatschow reformieren und demokratisieren wollte.

Putin hingegen stärkt den Apparat in der Hoffnung, er könne den Teufel mit dem Beelzebub austreiben, aber der starke Staat ist, wie noch gezeigt wird, nichts anderes als der korrupte Staat und die gelenkte letztlich die gehenkte Demokratie.

Gerhard Schröder hat sich mit seinem launig-possierlichen Diktum vom »lupenreinen Demokraten« hinreichend blamiert. Putin ist zwar weder ein Diktator noch ein Anti-Demokrat, doch ein Demokrat westlicher Prägung ist er auch nicht. Warum sollte er das auch sein? Seine Vorstellung von Demokratie wurde vor dem Hintergrund der russischen und sowjetischen Geschichte gebildet.

Erst heute kann man den Weg des Michail Gorbatschow, seine Irrtümer und sein Ziel und vor allem das, womit er Recht behalten sollte, wirklich nachvollziehen. Was aber das historische Interesse bei weitem überwiegt, ist die Erkenntnis, dass man nur durch das Verständnis dieser Epoche, der Epoche Gorbatschow, auch Russland verstehen kann. Putins Dilemma lässt sich ohne Gorbatschow nicht begreifen.

Nur 200 Kilometer ist Beslan von Gorbatschows Geburtsort Priwolnoje entfernt, und man versteht hierzulande die erschütternden Ereignisse nicht, weil man wenig weiß über den Kaukasus, über diese uralte Kulturlandschaft, aus der beispielsweise die Technik der Bronzeherstellung vor 4 000 Jahren nach Mittel- und Westeuropa kam. Warum sollte man sich auch damit beschäftigen, verbreitet doch die deutsche Politik aus allzu durchsichtigen Gründen Putins Version. Kritische Stimmen zur aktuellen Kaukasus-Politik hört oder liest man nur selten. Was weiß man in Europa von dem jahrhundertelangen Zusammenleben der vielen Ethnien und Religionen, von Jahren der friedlichen Nachbarschaft und Zeiten erbitterter Kämpfe, die sich in der Kaukasusregion im Verlauf einer langen Geschichte abwechselten?

Gorbatschow hat das Zusammenleben der vielen zum Teil sehr verschiedenen Völker in dieser Region von Kindesbeinen an erfahren, hat sie mit eigenen Augen gesehen, die russischen Dörfer, die neben kirgisischen Auls oder den Kosakenstanizen existierten. Schon als Kind wurde ihm beigebracht, dass er sich einen Todfeind schafft, wenn er einen Angehörigen der Bergvölker demütigt, aber im Umkehrschluss durch Respekt und Loyalität einen verlässlichen Freund gewinnen kann. Bereits als Kind erfuhr er die Fragilität und mithin das Geschenk friedlicher Nachbarschaft, die er durch die Modernisierung der Union erhalten wollte. Während Gorbatschow geduldig um den neuen Unionsvertrag kämpfte, hatte Jelzin im Wald von Below mit den ukrainischen und weißrussischen Staatschefs die GUS aus grobem Holz gezimmert. Natürlich weiß niemand, wie die Geschichte verlaufen wäre, wenn sich Gorbatschow durchgesetzt hätte. Konjunktivisches Denken ist der Himmel des Phantasten und die Hölle des Historikers. Sicher aber ist, dass das Resultat von Below in der Destabilisierung des Kaukasus, seiner Islamisierung besteht und in der Installierung eines Machthabers in Weißrussland, der nach wie vor diktatorisch regiert und tatsächlich ein Anti-Demokrat ist. Es blieb erst der orangenen Revolution im Jahr 2004 vorbehalten, der Ukraine, dem dritten Staat im Bund der GUS, den Weg in die

Moderne zu ebnen. Seit dem Besäufnis mit Folgen in Below sind über zehn Jahre vergangen. Gorbatschow selbst hat einen weiten Weg vom Kommunisten zum Demokraten zurückgelegt. Angetreten ist er als Lenins Stellvertreter auf Erden, indem er den Leninismus wiederherstellen wollte, geworden ist er Lenins letzter Stellvertreter auf Erden, weil er erkannte, dass das Neue in diesem Fall nicht aus dem Alten kommen kann. Menschen, die mit Gorbatschow eng zusammengearbeitet haben, beschreiben ihn als eine Sphinx. Selbst nach einem langen Gespräch mit ihm wisse man nicht, was er denkt, wer er wirklich ist. Gorbatschow ist ein Rätsel. Wer ist dieser Michail Sergejewitsch Gorbatschow wirklich, der die Welt so grundlegend verändert hat?

Teil I

Kapitel I

Die weiten Steppen
und der Berge Ketten

Unserer hochheiligen Jugend
Im Blut schon das hilfreiche Lied:
Es klingt so wie Wiegenliedtugend,
Erklärt allen Bauern den Krieg.

Und ich, paß nur auf, wie ich's biege,
Und singe ein solches geschwind:
Kolchosenherrn sanft in die Wiege
Sing ich vom Kulakenkind.

Ossip Mandelstam

Zwischen dem Asowschen und dem Schwarzen Meer, umgeben von den Unterläufen der urrussischen Ströme Wolga und Don liegt das Stawropoler Land, die weite, fruchtbare, wenn auch trockene Steppe, die immer bergiger wird, bis sie in den wilden Kaukasus übergeht. An den Flüssen siedelten seit jeher die Kosaken: Krieger, Grenzbauern, Abenteurer, Fischer, Piraten und Wegelagerer, sie waren vieles, nur eines niemals: Knechte.

Die Steppe ist Streitland, ist Grenzland, ist Kosakenland. Nur unabhängige und starke Naturen zog es im Verlauf der Jahrhunderte in diese Unsicherheit und Ungewissheit, um auf diesem dünnbesiedelten Land Freiheit, Glück und Unabhängigkeit zu finden. Für die Zaren bewachten diese Siedler die Südgrenze des Reiches. Dafür lebten sie auf eigener Scholle und verwalteten sich selbst. Von den Flüssen brachen sie auf, um das Land zu erobern.

Katharina II. gründete 1777 Stawropol als Grenzbefestigung gegen die freien Stämme des Kaukasus, die entweder muslimischen oder seltener schamanischen Glaubens waren. Stawropol heißt Kreuz, das alte Kreuz der christlichen Kirche. Bis hierher erstreckte sich der orthodoxe Glauben der Russen. In dieser Region lebten und leben Tataren, Kirgisen, Kasachen, Kosaken, Russen, Tschetschenen, Inguschen, Balkaren, Kalmücken, um nur die größten Völker und Ethnien zu nennen. Hier trafen und treffen bis auf den heutigen Tag Religionen und Völker aufeinander. Sie haben in den Jahrhunderten mehr oder weniger friedlich nebeneinander gelebt, Handel getrieben, sich vertragen, paktiert, gegeneinander gekämpft, sich gegenseitig gemordet oder lediglich versucht, miteinander auszukommen. Die Erfahrung, die der junge Gorbatschow hier für das Leben mitbekam, bestand darin, zu wissen, wie fragil und folglich auch wie wertvoll der Frieden zwischen den Völkern ist, wie viel man auf dem Verhandlungsweg erreichen und wie viel man mit Gewalt verlieren kann.

Unter Katharina II. wurde der Nordkaukasus zu Südrussland. Immer wieder hat es Romantiker, Reformer und Revolutionäre gegeben in der russischen Geschichte, und immer wieder sind sie am russischen Staat gescheitert. Wenn sie nicht erschossen wurden, hat man sie inhaftiert oder verbannt. In den vierziger Jahren des 19. Jahrhunderts wurde der Dichter Ogarjow, den Gorbatschow bereits in seiner Jugend sehr gern las und von dem er noch heute Verse auswendig weiß, ins Stawropolsche geschickt. Die weite Landschaft begeisterte Ogarjow so sehr, dass er sich von ihr zu einem Gedicht inspirieren ließ:

Die weiten Steppen und der Berge Ketten,
des freien Raumes enorme Dimension,
Der jungen Freundschaft hoffnungsvolles Wetten,
Der heimlich' Glaube an die ew'ge Union ...

»Der freie Raum« heißt auf Russisch »priwolnoje«. Priwolnoje heißt auch Gorbatschows Geburtsort. Außer der Heimatverbundenheit gibt es für Gorbatschow aber noch andere, genauso wesentliche Gründe, weshalb er dieses Gedicht liebt.

Ogarjow stand in Verbindung mit einer Gruppe idealistisch gestimmter adeliger Offiziere, die aus dem Krieg gegen Napoleon zwei Erkenntnisse mitbrachten. Erstens musste das Land modernisiert werden, und zweitens sollte diese Modernisierung nicht eine kurzfristige Kampagne zur Einführung oder besser: Überstülpung europäischer Strukturen sein, sondern sie hatte von den russischen

Traditionen auszugehen. Peter der Große hatte versucht, aus den Russen Niederländer, Deutsche oder Engländer zu machen und immer wieder ausländische Fachleute ins Land geholt. Unter Katharina war Französisch zur Hofsprache, zur Sprache der Gebildeten und des Adels geworden. Diese jungen Männer von 1825 wandten sich nun dem Volk und den Traditionen ihres Vaterlandes zu. Durch ihre Ammen und Kinderfrauen kamen sie mit Volksliedern, Sagen und Märchen in Berührung. Der Krieg gegen Napoleon, der (erste) Vaterländische Krieg, war verwirrend gewesen, hatten sie doch den Heros der Freiheit, Napoleon, nun als Unterdrücker und Eroberer kennen gelernt. Andererseits waren sie in engen Kontakt mit ihren eigenen Soldaten und den Partisanen, kurzum mit dem russischen Volk, gekommen. Für viele Adelige wurde der Krieg zur ersten intensiven und nachhaltigen Begegnung mit dem eigenen Volk. Die russische Sprache hatten sie, wenn überhaupt, von ihren Kinderfrauen gelernt, denn in der adeligen Familie sprach man nicht Russisch sondern Französisch.

Romantische Offiziere, die einen Aufstand gegen Nikolaus I. planten, wurden, sofern der Zar sie nicht erschießen oder nach Sibirien schicken ließ, in den Nordkaukasus verbannt. Die berühmten Dichter Lermontow und Odejewski verbrachten in diesem Gebiet die Zeit der Verbannung. Beide Autoren begeisterten den jungen Michail Gorbatschow mit ihrer ziemlich pathetischen Mischung aus Volksverbundenheit, Freiheitsstreben und menschlicher Würde.

Die Gorbatschows, arme Bauern aus dem Gebiet um Woronesch, zogen in der Mitte des 19. Jahrhunderts nach Priwolnoje, um auf eigenem Grund und Boden zu wirtschaften, und wurden Nachbarn der Gopkalos, Kosaken aus der Gegend von Tschernigow, die sich aus dem gleichen Grund wesentlich früher hier angesiedelt hatten. Verschiedener konnte man sich die Nachbarn kaum vorstellen. Die Gopkalos waren stolz darauf, freie Kosaken zu sein, während die Gorbatschows durch das Dekret Alexanders II. gerade erst von der Jahrhunderte währenden Leibeigenschaft befreit worden waren und in Priwolnoje ein neues Leben suchten. Und es waren viele, nicht bloß eine Familie, sondern ein ganzer Familienverband, der eines Tages im Dorf ankam und sich dort niederließ. Skeptisch schauten die Kosaken auf die zahlreichen Neuankömmlinge aus dem zentralrussischen Bauernland. Woronesch galt und gilt als Urbild der tiefen russischen Provinz.

Der Erste Weltkrieg brach über die Gopkalos wie über die Gorbatschows herein. Die Männer, darunter Michails Großväter, wurden eingezogen. Pantelej Jefimowitsch Gopkalo kämpfte an der türkischen Front in der Armee des Zaren, Andrej Moissejewitsch Gorbatschow verschlug es an die Westfront. Nach dem Ersten Weltkrieg konzentrierte sich Andrej Gorbatschow auf seine kleine Wirtschaft, während sich Pantelej Gopkalo für die Revolution engagierte.

Pantelej war ein geachteter Mann im Dorf und stand einem wohlhabenden Hof vor, während die Gorbatschows so zahlreich wie arm waren. Der Kinderreichtum der Gorbatschows hatte dazu geführt, dass die Felder immer wieder geteilt werden mussten. Nach den Wirren des Bürgerkrieges und der Hungersnöte, die als Folgen des Kriegskommunismus wüteten, sorgte die Neue Ökonomische Politik für einen wenngleich bescheidenen, dennoch stetigen wirtschaftlichen Aufschwung.

Der Erste Weltkrieg bedeutete nicht nur für Russland die Ur-Katastrophe des Jahrhunderts. Er schuf Bedingungen für den Aufschwung des Totalitarismus in ganz Europa, vom russischen Kommunismus über den italienischen Faschismus bis zum deutschen Nationalsozialismus. Lagen all diese Ereignisse auch vor Michails Geburt, hatten sie doch seine unmittelbare Welt, in die er hineingeboren wurde, geschaffen, und das auf eine sehr direkte und unmittelbare Art, denn die Gopkalos und die Gorbatschows riss es in den Strudel der Ereignisse hinein, sie wurden getroffen und auch verletzt von den scharfen Klauen des »Jahrhunderts der Wölfe« (Nadeschda Mandelstam).

Nachdem die Weißen und die Roten sich im Nordkaukasus erbittert bekämpft hatten, siegte schließlich die Sowjetmacht. Die Bolschewiki in Petrograd sahen in den Bauern Feinde, eine Bedrohung der Macht. Lenin, Trotzki, Sinowjew, Dzierzynski ergingen sich in einer gewalttätigen Sprache und nicht minder gewalttätigen Anweisungen, wie mit den Feinden oder mit denen, die man zu Feinden deklariert hatte, zu verfahren sei. Durch militärisch abgesicherte Zwangseintreibungen ließen sie die Bauern regelrecht bis aufs Hemd ausplündern, die gesamte Ernte und das Vieh ohne Gegenleistung abnehmen. Da große Viehbestände notgeschlachtet und selbst Saatgetreide konfisziert wurden, verloren die Bauern nicht allein die Mittel, um zu überleben, um zu säen und zu ernten, sie verloren auch jegliche Motivation zur Arbeit. 1921 brach eine große Hungerkatastrophe aus, die besonders das Wolgagebiet und Südrussland, die Kornkammer Russlands, traf; hier hatten die staatlichen Räuber besonders gewütet. Zu den außergewöhnlich originellen Vorstellungen bolschewistischer Wirtschaftspolitik gehörte es durchgängig, funktionierende Betriebe mit Abgaben und Steuern so schwer zu belasten, dass sie schließlich zusammenbrechen mussten, weil sie auch ihrer Investitionsmittel beraubt worden waren. Das, was der Staat einnahm, steckte er in schwache Wirtschaften, die dennoch unrentabel blieben. Das nannte man dann soziale Gerechtigkeit. Dahinter steckte die ursprünglich sozialdemokratische Vorstellung – die Bolschewiki gingen ja 1903 aus der Sozialdemokratischen Arbeiterpartei Russlands hervor –, dass die Erfolgreichen schlechte Menschen seien, die Nichterfolgreichen aber jede Unterstützung verdienten, deshalb der Staat geradezu im Sinne einer sozialen Gerechtigkeit sich gezwungen sah, einzugreifen. Der russische Bolschewismus hatte den sozialdemokratischen Etatismus verzerrt, brutalisiert und in die Karikatur getrieben. In dieser Vorstellung liegt einer der Gründe, weshalb es bisher keiner sozialdemokratischen Regierung gelang, den Staat einzuschränken und Bürokratie abzubauen. Sie kann es schon aus ihrem Selbstverständnis heraus nicht. Die Sozialdemokratie versteht sich als oberste moralische Regulierungsbehörde, die, indem sie reguliert, natürlich bürokratisieren muss. Sozialdemokratie und Bolschewismus haben ihre Wurzeln im Marxismus, genauer: in einer ontologischen Vorstellung, nach der das Subjekt im Objekt aufgeht, nach der der Staat alles, das Individuum nichts ist. Der Staat muss nur in den Händen der Richtigen sein, in den Händen der moralisch Besseren. Oder wie Stalin es formuliert hat: »Die Kader entscheiden alles.«

Lenin spürte, dass er die Macht verlieren würde – und dem guten Bolschewisten gilt die Macht alles, sie ist sein Alpha und sein Omega, sein Sonnenaufgang und sein Sonnenuntergang, Kirche und Gott, Mutter und Vater, Diktatur und Proletariat in einem –, wenn er der

Verhungerte Menschen prägten im Süden und Südwesten Russlands das Bild.
Es wurde schrecklicher Alltag.

Hungersnot nicht Einhalt geböte und die Industrieproduktion nicht anspringen sollte. Wirtschaftlich befand sich das Land nach vier Jahren Krieg und drei Jahren Bürgerkrieg im freien Fall. Am Unterlauf der Wolga grassierte wegen der verheerenden Hungersnot sogar der Kannibalismus: Eltern schlachteten die schwächeren Kinder, sodass die stärkeren sich von dem Fleisch ihrer Geschwister nähren konnten.

In dieser kritischen Situation verkündete Lenin die Neue Ökonomische Politik, und sie wurde immer wieder integraler Bestandteil der Reformbemühungen, wenn der Sozialismus in existentielle Schwierigkeiten kam, sei es als NÖSPL (Neues Ökonomisches System der Planung und Leitung) Mitte der sechziger Jahre in der DDR, sei es im Prager Frühling oder in Gorbatschows Perestroika.

Lenins pragmatische Wirtschaftspolitik kehrte zum Markt zurück. Unter einem eisernen sozialistischen Regime wurde der Markt teilweise wieder in Kraft gesetzt. Statt willkürlicher Konfiszierungen führten die Bolschewiki eine Agrarsteuer ein. Der Bauer wusste, was er an den Staat geben musste, und konnte damit rechnen. Was übrig blieb, durfte er auf eigene Rechnung auf Märkten verkaufen. Wirkliche Genossenschaften, die den Namen verdienten, und Kooperativen entstanden. Geschäfte und kleine Betriebe stellten sich flexibel auf den Markt ein. Betriebe mit einer Belegschaft von über 20 Beschäftigten blieben allerdings verstaatlicht. Die Macht hüteten die Bolschewiki eifersüchtig und dehnten sie konsequent aus, indem die Sowjets immer mehr zu Transmissionsriemen des Zentralkomitees der Kommunistischen Partei wurden. Von Anfang an durchzieht die Geschichte der UdSSR diese Ambivalenz der Machtausübung: Auf der einen Seite stand die Kommunistische Partei als einzige Partei, und ihr gegenüber gab es die Sowjets und Kommissariate (Ministerien) als Organe des Staates. Auch wenn alle Staatsfunktionäre der KPdSU angehörten, gab es immer eine gewisse Konkurrenz zwischen Partei- und Staatsbürokratie. Die Machtkämpfe selbst tobten nicht zwischen verschiedenen Parteien, sondern innerhalb der einen. Dazu passte, dass noch zu Lenins Zeiten das Fraktionsverbot innerhalb der Kommunistischen Partei erging, was Stalin freilich zum Kult der Einheit ausbaute. Von Stund an gehörte es zur größten Sünde in der Partei, eine andere Meinung zu hegen als die Führung. Damit zerstörte man Zug um Zug auch die letzten Reste innerparteilicher Demokratie.

Die Bolschewiki liebten es unbürgerlich aufzutreten, verwegen gekleidet zu sein als Revolutionäre, als Kommandeure, in Stiefeln, mit Lederjacke und natürlich bewaffnet. Und so stellten sie sich auch das Funktionieren des Staates vor: Wichtiger als die Sachkenntnis war der Klassenstandpunkt und die Durchsetzungsfähigkeit.

Doch zunächst brachte die NÖP (Neue Ökonomische Politik) Erfolge. Dem Kleinbauern Andrej Gorbatschow gelang der Aufstieg zum Mittelbauern, und Pantelej Gopkalo organisierte die erste Genossenschaft im Dorf, die TOS (Genossenschaft zur gemeinsamen Bodenbearbeitung). Man darf die TOS nicht verwechseln mit den späteren Kolchosen. Jeder Bauer behielt sein Land, man schloss sich lediglich zur gemeinsamen Bewirtschaftung zusammen. Das Eigentum blieb nominell und faktisch unangetastet. Auf dem Lande begann so etwas wie ein ziviles Leben. Andrejs Sohn Sergej Gorbatschow wurde Traktorist und arbeitete in der Motorenstation. Das bedeutete bereits einen kleinen sozialen Aufstieg. Er gehörte nun zu den Spezialisten, die das ganze Jahr angestellt und mithin in Lohn und Brot standen. Inzwischen starb Lenin, und Stalin entschied den Machtkampf innerhalb der Kommunistischen Partei zu seinen Gunsten. Eine neue Partei entstand: Waren die ursprünglichen Bolschewiki ein lockerer Verbund von Revolutionären, der von Männern geführt wurde, die der alten Intelligenzia entstammten und ihre besten Jahre im westeuropäischen Exil zugebracht hatten, gelangte nun die zweite und dritte Reihe an die Macht: Leute, die kleinen Verhältnissen entstammten und für die der revolutionäre Kampf eine diffuse Mischung aus Klassenkampf und Schwerstkriminalität war. Mit anderen Worten: Banküberfälle, Morde, Erpressungen zählten ganz selbstverständlich zum Geschäft des Berufsrevolutionärs, zu seiner Qualifikation gehörte ein gehöriges Maß an krimineller Energie. Wie erzählte Stalin im Jahr 1939 höchst launig Offizieren der Roten Armee anlässlich einer Tagung im Kreml aus seiner revolutionären Kampfzeit: »Ich erinnere mich an einen Fall in Sibirien, wo ich einst in Verbannung war. Es war im Frühjahr, als das Wasser hoch stand. Dreißig Menschen sind zum Fluss gegangen, um Holz zu beschaffen. Gegen Abend kehrten sie in das Dorf zurück, jedoch ein Genosse fehlte. Auf die Frage, wo denn der Dreißigste sei, antworteten sie gleichgültig: ›Er ist dort geblieben.‹« Auf meine Frage: ›Wie das, er ist dort geblieben?‹, antworteten sie ebenso gleichgültig: ›Was gibt es da zu fragen, er ist ertrunken, hat so sein sollen.‹ Und sogleich machte sich einer von ihnen auf den Weg und erklärte: ›Das Pferd muss getränkt werden.‹ Auf meinen Vorwurf, dass sie das Vieh mehr bedauern als die Menschen, sagte einer von ihnen unter allgemeiner Gutheißung der anderen: ›Warum sollten wir sie bedauern, die Menschen? Menschen können wir immer wieder machen. Aber das Lastpferd ... Probier mal, ein Pferd zu machen.‹« Der Protokollant vermerkte allgemeines Gelächter unter den Anwesenden im Saal.

Lange, auch für Gorbatschow selbst, lebte die Illusion, dass die humanen Marxisten um Lenin von den verbrecherischen Marxisten um Stalin verdrängt worden waren. Doch die Archive sprechen eine andere Sprache: Lenin war grausam, brutal und rechthaberisch. Das schlimme an seinen Realität gewordenen Gewaltfantasien lag in ihrer

Abstraktion: Er war ein begeisterter Schreibtischtäter. Das Wort Liquidieren löste bei ihm mehr Befriedigung aus als die Tat selbst, die er niemals beging, während Stalin hier ganz Tatmensch blieb. Für Stalin war das Töten immer konkret, für Lenin hingegen eine lyrische Angelegenheit. Das macht es nicht besser.

Die neue Generation bolschewistischer Führer, so belegen es die Quellen, hatte mitgefoltert und mitgetötet, selbst Hand angelegt.

Stalin, Mikojan, Kaganowitsch, Woroschilow, Kirow, Ordschonikidse, Berija, so hießen ab Mitte der zwanziger Jahre die neuen Herren Russlands. Sie hatten die Partei gründlich umgemodelt, indem sie – noch unter der Herrschaft der alten Bolschewiki, der Trotzkis, der Sinowjews, der Kamenews, der Bucharins etc. – einen neuen Funktionärsapparat geschaffen hatten. Dieser war ihnen nach Gefolgschafts- oder Mafiaprinzip persönlich verbunden, blieb praktisch an sie gefesselt. Die alten Bolschewiki waren so eitel, dass sie dem »minderbemittelten Generalsekretär« Stalin in Organisationsfragen freie Hand ließen. Empfanden sie doch die praktische Organisationsarbeit als weit unter ihrer Würde. Dazu hatte man dienstbare Geister. Trotzki hatte nicht einmal im Ansatz begriffen, als er 1925 vor dem Parteitag eine seiner schwungvollen Reden hielt und gegen eine Mauer sprach, weshalb seine Rede die Delegierten nicht überzeugen konnte. Warum sie Stalin folgten und nicht ihm, dem Schöpfer der Roten Armee, dem Organisator der Revolution, dem einzigartigen Theoretiker der Partei. Das vermochte dieser hoch intelligente Mann nicht zu begreifen. Dabei war es so einfach. Stalin hatte unermüdlich hinter dem Rücken der Alten eine neue Partei geschaffen, was ihm umso leichter fiel, weil diese in ihren paradiesischen Höhen dem Generalsekretär bei der praktischen Organsiationsarbeit nicht auf die Finger schauten. Die Delegierten, von Stalin höchstpersönlich ausgesucht, waren überwiegend beinharte Stalinisten, die oftmals rein intellektuell gar nicht in der Lage waren, der Höhe der theoretischen Auseinandersetzungen auf dem Parteitag zu folgen. Zudem hatte Stalin mithilfe ihrer eigenen Eitelkeit die alten Führer wirkungsvoll gegeneinander ausgespielt, die gebildeten Männer, die sich weiß Gott wie viel auf ihre Theorien zugute hielten. Stalin interessierten Theorien nicht.

Alle Parteiführer, denen Gorbatschow auf seinem Weg an die

Macht begegnete, hatten diese Zeit noch erlebt, waren geprägt von der stalinistischen Erneuerung der Partei und zählten selbst zu Stalins jungen Claqueuren. Michail Gorbatschow war der erste Führer der KPdSU, der erst nach der Oktoberrevolution geboren worden war, nach sowjetischer Terminologie der erste rein sowjetische Mensch. Stalin hasste die Bauern. Alles, was er nicht kontrollieren konnte, verfolgte er. Die NÖP wurde sein erstes wirtschaftspolitisches Opfer. Flexibilität, Markt, das ertrug er nicht. Er strebte die totale Herrschaft, das bedeutete auch die totale Kontrolle an. Dass er sie nie ganz erreichen würde, steht auf einem anderen Blatt. Der Klassenkampf sollte auf das Land getragen werden, indem man die armen gegen die reichen Bauern ausspielte. Das Schema Arbeiter contra Kapitalist wurde auf das Dorf projiziert, die Dorfarmut (eine Art Tagelöhnergewerkschaft) als Organ des Klassenkampfes auf dem Lande ins Leben gerufen und immer wieder mühselig am Leben gehalten. Doch letztlich schlugen alle Bemühungen fehl, weil das soziale Gefüge des Dorfes nach anderen Regeln funktionierte. Die Groß- und Mittelbauern nahmen eine soziale Funktion wahr, die sie in der Dorfversammlung auch tatsächlich und ganz praktisch ausübten. Die Kleinbauern und Armen überlebten nur aufgrund dieses sozialen Gefüges. Von jeher gab es auf dem Lande das »mir« (Gemeindeland), und der »schod«, die Gemeindeversammlung, befand darüber in notwendigen Abständen, wie es an die Mitglieder der Gemeinde aufzuteilen sei. Insofern stellte die Bildung der TOS durch Pantelej Gopkalo in Priwolnoje eine logische Maßnahme zur Verbesserung der landwirtschaftlichen Produktion dar und wirkte als Schutz vor der »Entfesselung des Klassenkampfes« im Dorfe. Dabei hatte Pantelej Gopkalo nicht die Absicht, sich dem Genossen Stalin, den er achtete, entgegenzustellen, sondern für ihn stellte die TOS die ideale Organisationsform der Zusammenarbeit der Bauern dar.

Stalin musste schließlich feststellen, dass die Idee, mittels der Dorfarmut den Klassenkampf auf dem Land anzuheizen, gescheitert war, denn selbst wenn es zur Bildung von Komitees der Dorfarmut kam, bestanden sie oftmals aus Säufern oder Zugereisten, die keine Verankerung im Dorf besaßen. In der Regel zerfielen diese Komitees nach kurzer Zeit wieder.

Also griff er wie immer zu Gewaltmaßnahmen. 1927 wurde wieder geplündert, und zwar unter dem Vorwand, man müsse alles für den Aufbau der Schwerindustrie tun, den die Kulaken sabotierten. Kulaken wurden diejenigen Bauern genannt, die durch fleißige Arbeit etwas mehr erwirtschafteten, als sie zum Leben benötigten. Von Reichtum konnte keine Rede sein. Wie diese Bauern, die völlig von ihrer täglichen Arbeit im eigenen bäuerlichen Betrieb gefangen waren und die auch keiner überdörflichen Organisation angehörten, den Aufbau der Schwerindustrie sabotieren sollten, wird für immer und ewig ein Mysterium Stalinscher Auffassung bleiben. Das Mysterium löst sich aber sofort auf, wenn man Stalins typisches Vorgehen als Folie auch für diese Vorgänge begreift: Falls Stalins Maßnahmen, was regelmäßig vorkam, nicht zum Erfolg führten, dann benötigte der Führer Sündenböcke. Nicht er, der Führer, handelte fehlerhaft, vielmehr wurden seine genialen Vorstellungen von Volksfeinden, die die Werktätigen schädigen wollten, verbrecherisch und hinterlistig hintertrieben. Das rechtfertigte die Anwendung der Gewalt, Stalins liebstes politisches Mittel, gegen die »ehemaligen Menschen«.

Pantelej Gopkalo war Mitglied der KPdSU und zudem ein kluger Mann. Er hatte mit der Bildung der TOS das Dorf geschützt, er hatte durch seine Autorität als Kommunist in den Parteiorganen schlimme Konfiszierungen verhindern können. Sein Lieblingssatz lautete: »Das wichtigste für einen Menschen ist passendes Schuhwerk, damit es die Füße nirgendwo drücke.«

Doch es kam ärger. Stalin beschloss 1929, in dem Jahr, in dem Sergej Andrejewitsch Gorbatschow in Priwolnoje Maria, die Tochter des Pantelej Jefimowitsch Gopkalo, heiratete, den großen Raubzug, die Zwangskollektivierung, und die damit einhergehende Ermordung von Millionen von Menschen. Dieser staatlich verübte Massenmord ging unter Stalins euphemistischer Formel der »Liquidierung der Kulaken als Klasse« in die Geschichte ein.

Nach der Bodenreform 1918 und dem wirtschaftlichen Aufschwung der NÖP-Zeit kamen tüchtige Bauern zu einem bescheidenen Wohlstand, das heißt, sie erwirtschafteten mehr, als sie benötigten, und stellten auch ein paar Leute ein. Sie zahlten ihre Steuern und scherten sich nicht um Politik. Sie wurden Kulaken genannt, wobei die Grenze zwischen den Groß- und den Mittelbauern fließend war. Millionen Menschen, darunter viele Mittelbauern, wurden Opfer der »Entkulakisierung«, dieser perfiden Form von Staatsterrorismus. Die Denunziation blühte. Vertreter der Dorfarmut in Verbund mit Parteifunktionären und Geheimpolizisten oder Militär drangen in die Häuser der Groß- und auch Mittelbauern ein und trieben die Menschen zu den nächstgelegenen Bahnstationen, sofern man sie nicht gleich im oder vor dem Haus massakrierte. Dort wurden sie in Viehwaggons gepfercht und tagelang durch die Weiten des Landes transportiert. Schließlich setzte man sie ohne Gerätschaften, ohne Hab und Gut, so wie man sie verhaftet hatte, unvermittelt auf freier Fläche in Sibirien aus. Wer nicht erfror, an Krankheiten und Epidemien starb oder schlicht verhungerte, durfte in der neuen, kalten Heimat sein karges Leben fristen. Schätzungsweise fielen 6 Millionen Menschen diesen Verbrechen zum Opfer. Der Grund für den Terror lag in dem Hass, den Stalin gegen die Bauern hegte, die Effektivität und Monstrosität resultierte aus der mitleidlosen und entschlossenen Durchführung durch Geheimpolizisten und Parteifunktionäre, Menschen aus der Stadt, aus Fabriken, die in den Bauern nur »Tiere« sahen. Einige von diesen Aktivisten, die den Terror aufs Land trugen, glaubten hoch idealistisch, nur so dem Kommunismus dienen zu können, andere waren schlicht pathologische Sadisten, die jene schlimme Gunst der Stunde nutzten.

In Priwolnoje organisierte der Einheimische Pantelej Gopkalo die Kolchose und trug so dazu bei, hier das Schlimmste zu verhüten. Er sprach immer wieder mit den anderen Bauern, die er schon ein Leben lang kannte, argumentierte, zerstreute Zweifel, organisierte, überzeugte sie und schließlich liefen sie doch am nächsten Tag wieder auseinander. Also begann er wieder von neuem, unermüdlich, weil er an die Richtigkeit der Stalinschen Generallinie glaubte. Heftige Konflikte tobten selbst in der Familie, denn der Schwiegervater seiner Tochter wehrte sich mit Händen und Füßen und lehnte es ab, in die Zwangsgenossenschaft einzutreten. Er gehörte zu den wenigen, die sich weder überreden noch zwingen ließen, Mitglied in der Kolchose zu werden. Andrej Gorbatschow, Michails Großvater, besaß eine starke Persönlichkeit. Nichts, aber auch gar nichts verband diese beiden Männer, die in Nachbarschaft lebten und deren Kinder geheiratet hatten. Der eine, Pantelej Gopkalo, war leutselig, jovial, liebevoll, mit einem großen Humor gesegnet, der andere, Andrej Gorbatschow mürrisch, leicht in Wut zu versetzen, jähzornig und wortkarg. Sie verstanden einander nicht und verhielten sich, grundverschieden wie die Natur sie geschaffen hatte, ablehnend gegenüber dem anderen. Michails Vater Sergej allerdings blieb von der Entscheidung verschont, der Kolchose beizutreten, weil er als Spezialist in der Maschinen-Traktoren-Station arbeitete und nicht als Bauer galt. Nicht erspart blieben ihm jedoch die Vorwürfe seines Vaters Andrej, weil er Gopkalos Tochter, die Tochter eines Roten, geheiratet hatte.

Gleichwohl war die Kollektivierung in der Realität nichts anderes als eine Enteignung, denn nun gehörte alles der Kolchose, die von einem Staatsfunktionär geleitet wurde. Faktisch wurden aus den Bauern Landarbeiter – und genau das war auch Stalins Ziel. Ein Natschalnik leitete, der wiederum dem höheren Natschalnik rechenschaftspflichtig war. Der oberste Natschalnik, also Stalin, legte fest, was anzubauen und zu ernten und abzugeben sei, Planwirtschaft auf dem Lande. Die oberste Planungsbehörde hieß GOSPLAN. Ein alter Witz lautete:»Was passiert, wenn GOSPLAN in die Sahara kommt? Dann wird der Sand knapp.«

Die Wirklichkeit hatte sich nach dem Genius zu richten. Und wenn die weisen Entschlüsse der Führer nicht funktionierten, weil sie wenig Sachverstand, dafür aber viel Klassenbewusstsein besaßen – man schaue sich nur Stalins Arbeiten zur Wirtschaft oder zur Sprachwissenschaft an – dann waren natürlich Feinde am Werk, die das Werk der geliebten Führer sabotierten. Und solch einen gemeinen, hinterhältigen Feind hatte der scharfblickende Stalin in den Kulaken ausgemacht, die zum Wohl des Volkes»zu liquidieren« waren.

In diesen schwierigen, ungewissen Zeiten wurde dem Traktoristen Sergej Gorbatschow am 2. März 1931 in Priwolnoje ein Sohn geboren. Die Familie wohnte damals noch bei den Eltern des jungen Ehemannes, bei Andrej Gorbatschow. Bei der Geburt nannten sie ihn zunächst Viktor. Großvater Andrej nahm kurz darauf den Enkel mit ins Dörfchen Letnizkoje, unweit von Priwolnoje, und ließ ihn dort allerdings auf den Namen Michail taufen. Dass der eher prosaische Mann in letzter Minute den Namen des Neugeborenen änderte, mochte einer Eingebung zu verdanken sein. Wortkarg wie er nun mal war, erklärte er es hinterher niemandem und machte sich selbst wohl auch weiter keine großen Gedanken darüber. Er mochte an den Erzengel Michael gedacht haben, der laut dem Propheten Daniel einer »der ersten unter den Engelfürsten« und hilfreich ist. Denn Michael ist ein Retter: »In jener Zeit tritt Michael auf, der große Engelfürst, der für die Söhne deines Volkes eintritt.« Wenn man die weitere Geschichte betrachtet, wohnte dieser Namensänderung ein tieferer Sinn inne, denn letztlich siegen würde Gorbatschow nicht. Viktor, der Sieger, wäre der falsche Name gewesen, aber Michail ist ein Kämpfer, was sich bewahrheiten sollte: »Da entbrannte im Himmel ein Kampf; Michael und seine Engel erhoben sich, um mit dem Drachen zu kämpfen. Der Drache und seine Engel kämpften, aber sie konnten sich nicht halten, und sie verloren ihren Platz im Himmel. Der Drache wurde auf die Erde gestürzt, und mit ihm wurden seine Engel hinabgeworfen.« Und auch wenn Großvater Andrej die Verse aus der Offenbarung womöglich nicht kannte, so wird ihr Verfasser Johannes in einer merkwürdigen Weise am Ende doch Recht behalten. Jahrzehnte später stürzt der Generalsekretär Michail Gorbatschow, der das Muttermal, das Feuerzeichen trägt, den vielköpfigen, das Land verwüstenden Drachen auf die Erde, vom Himmel des Kampfes gegen die Nomenklatura. Aber es gab für einen Gegner der Sowjetmacht, wie es Andrej im tiefsten Innern seines Herzens war, noch einen anderen Bezug: Michail hieß der erste russische Zar aus dem Geschlecht der Romanows und so hieß der letzte russische Zar. Schließlich mochte Andrej der Name auch in den Sinn gekommen sein, als er das freundliche Baby sah. Denn im Russischen wird der Name Michail mit dem Bären gleichgesetzt: Mischka, der Bär. Und Bären waren nicht außergewöhnlich in dieser Gegend, selbst der alte Name des Bezirkszentrums Krasnogwardejsk hieß, bevor es diesen schönen sowjetischen Namen bekam, Medweschje, was zu Deutsch Bärchen bedeutet. Der große russische Philosoph und Priester Pawel Florenski, den Stalin am 8. Dezember 1937 im ersten sowjetischen Gulag, in Solowki, erschießen ließ, vergleicht in seiner kleinen Namensontologie den Namen Michail mit dem Bären: »Es wäre grundfalsch anzunehmen, er besäße ein laues Temperament, sei ein Zauderer und in seinen Seelenregungen gehemmt. Entgegen der üblichen Meinung ist Michail durchaus kein Phlegmatiker, sein Element ist nicht das Wasser, sondern das Feuer. … Michail muss sich innerlich ungeheuer anstrengen und seinen Willen anspannen, um sein Ziel in der Welt zu erreichen.« All diese Prophezeiungen wurden durch eine plötzliche Laune des Großvaters dem Säugling in die Wiege gelegt.

Michail war kaum zwei Jahre alt, da brach im Stawropoler Gebiet eine große Hungersnot aus. Fast ein Drittel der Bevölkerung des Dorfes verhungerte. Auch drei Söhne Andrejs, also drei Onkel des kleinen Michail starben an Unterernährung. Doch zu dieser Zeit wohnte Michail bereits bei den Großeltern Gopkalo, denen es wirtschaftlich etwas besser ging. Das Haus von Großvater Andrej Gorbatschow, bei dem die junge Familie wohnte, war zu klein. Der junge Familienvater baute zwar ein eigenes Haus für seine Familie, aber das konnte er nur nach Feierabend und dementsprechend langsam kam er mit dem Bau voran. Überhaupt dürfen wir uns nicht allzu großartige Vorstellungen von diesen Bauernhäusern machen. Priwolnoje war ein 3000-Seelen-Dorf mit mehreren unbefestigten Wegen, einem kleinen Schutzwäldchen, das es von der Steppe abgrenzte, und ungeordnet und verstreut liegenden einstöckigen Häusern, die in der Regel ein bis zwei Zimmer hatten, 40 Quadratmeter Wohnfläche umschlossen und keinen befestigten Fußboden kannten. Geschlafen wurde, wie wir es aus dem russischen Märchen kennen, auf dem Ofen oder auf dem Fußboden. Im Winter mussten das Kalb, das Lamm oder die Hühner Platz in der knappen Wohnung finden, sonst wären die Tiere erfroren. Die Idylle der bäuerlichen Zustände hielt sich doch sehr in Grenzen. Michail verbrachte die frühen Jahre von den Eltern getrennt, denn Großvater Gopkalo hatte die Leitung der Kolchose des Nachbardorfes übernommen.

Die Hungersnot, die so verheerend und ungebremst wütete, war eine logische Folge der Zwangskollektivierung. Es kam zu Bauernaufständen, die aber sehr eng lokal begrenzt blieben. Die Bauern, die sich weiter weigerten, in die Kolchose einzutreten, wurden von den Schergen der GPU, der politischen Polizei, abgeholt, so auch Großvater Andrej, den man unter dem Vorwand der Nichterfüllung des Aussaatplanes verhaftete. Zwar gab es kein Saatgut, mit dem er den Plan hätte erfüllen können, dennoch musste er erfüllt werden. Wer das Unmögliche nicht zu Wege brachte, wurde als Saboteur verschleppt. In der Kolchose sah es anders aus. Da galt ein anderer Plan und auch nur insoweit, als dass man niemanden zur Verantwortung zog, Zahlen manipulieren konnte oder den Plan nicht anwandte.

Andrej Gorbatschow deportierten Stalins Schergen ins Irkutsker Gebiet zur Zwangsarbeit. Dieses Gebiet gehörte zu den Standorten, an denen man dringend Arbeitskräfte brauchte, um die Industrialisierung voranzutreiben. Da man aber zuwenig Freiwillige rekrutierte, erfand man Staatsfeinde, denen man praktischerweise die Schuld für die eigenen fehlerhaften Maßnahmen in die Schuhe schieben und die man zudem noch als kostenlose Arbeitskräfte nutzen und ausbeuten konnte. Die Industrialisierung des Landes wurde zu einem beträchtlichen Teil durch politische Gefangene, durch Arbeitssklaven geschaffen. Ihr Arbeitgeber, den sie sich nicht ausgesucht hatten, waren die »Organe des NKWD«, des Innenministeriums. Das ganze stalinistische System der Zwangsarbeit und der Gulags, das in den folgenden Jahren entstehen sollte, ging aus den »Erfahrungen« der Zwangskollektivierung und der Entkulakisierung hervor. Diese Blutorgie hatte die Machthaber weitgehend enthemmt.

Michails Vater Sergej kümmerte sich in dieser Situation um seine Mutter und seine kleinen Geschwister und versorgte sie. Doch die Gorbatschows hatten Glück, für sie ging diese Geschichte vergleichsweise harmlos aus: Großvater Andrej kehrte 1935, vorzeitig wegen guter Arbeit aus der Zwangsarbeit entlassen, nach Priwolnoje zurück und trat als Erstes der Kolchose bei – schließlich hatte er seine Lektion gelernt.

Nachdem der Vater das Haus fertig gestellt hatte und die junge Familie dort eingezogen war, blieb Michail dennoch bei den Großeltern im Nachbardorf wohnen. Alle Versuche, ihn wieder nach Hause zu holen, schlugen fehl.

Bei den Gopkalos war er der kleine Prinz, der vergötterte Enkel, der Liebling des Großvaters, der ein geachteter Mann war, einer, der zu reden vermochte und Ratschläge erteilte, der half und zu seinem Wort stand, der aber auch singen konnte und viele Geschichten wusste. Grundsätzlich hielt Gopkalo die Sowjetmacht für etwas Gutes.

Für Großmutter Wasilisa und für Großvater Pantelej ist Michail, der Sohn ihrer einzigen Tochter, der vergötterte kleine Prinz.

Sie hatte den armen Bauern Land gegeben und würde dafür sorgen, dass es für alle gut und gerecht zuginge, sobald man aus dem Gröbsten heraus wäre. Auf dem schmalen Bücherbrett standen Broschüren mit Werken von Marx, Engels und Lenin, Stalins *Grundfragen des Leninismus*, zudem Artikel und Reden von Kalinin, dem ersten Präsidenten der Sowjetunion.

Haben nicht weitaus gebildetere Menschen den kommunistischen Traum von der Befreiung des Menschen, vom Paradies auf Erden geträumt und hemmungslos die Augen vor den Ungereimtheiten, dem Terror, der Ungerechtigkeit verschlossen, allenfalls etwas von »Gestehungskosten« gemurmelt? Dieses große Land benötigte ein starkes Zentrum, das es zusammenhielt. Nachdem der Zar als Integrator sich genügend blamiert hatte und gestürzt worden war, trat Lenin als neuer Zar ins Land, und Stalin hieß sein Prophet. Es war der Jünger Stalin, der die Rede an Lenins Totenbahre hielt, nicht Trotzki, der wegen Lenins Tod seinen Urlaub auf der Krim nicht zu unterbrechen gedachte. Die neuen Mitglieder, die Stalin als Gefolgsleute in die Partei holte, nannte er Lenin-Aufgebot und schließlich verfasste er die *Grundfragen des Leninismus*. Sicher ein banales, ein einfältiges Buch, geschrieben von einem entlaufenen Seminaristen für die Klippschüler des Leninismus, doch auch eine Verheißung, die Verheißung, dass im Kreml jemand hart arbeitete für die Werktätigen, für den kleinen Mann, der sich mühte, eine gerechte Welt nach all den Kriegen, dem Elend und den Wirren zu erbauen. Stalin hatte das neue Evangelium geschaffen, in dem er die Leninschen Ideologeme in starre Glaubenssätze verwandelte. Er brachte das Kunststück fertig, die Ideologie noch zu ideologisieren.

Zeigte nicht die konkrete Arbeit auch Früchte, hatte der Großvater nicht einen Kolchos aufgebaut und wurde von den Leuten geachtet? Zwischen den Großvätern lagen Welten, hier der Organisator des Kolchos, dort der störrische Einzelbauer, der Einzelbauer bleiben wollte. Michail war Gopkalos Enkel, seine Mutter, Pantelejs Tochter, gab im Haus der Gorbatschows den Ton an. Die mürrische hartherzige Art des Großvaters Gorbatschow verschreckte den kleinen Michail, stieß ihn ab. Zeitlebens baute er zu den Großeltern väterlicherseits keine Beziehung auf, stellte sich keine Nähe her. Wie anders wäre seine Entwicklung verlaufen, wenn Michail bei Großvater Andrej die ersten Jahre verbracht hätte und von seinen Vorstellungen geprägt worden wäre, von dem Großvater, der reserviert der Sowjetmacht gegenüberstand, anstatt sich bei dem Kommunisten Pantelej Gopkalo heimisch zu fühlen? Ein wenig war es zu dieser Zeit so, als habe der Großvater die Stelle des Vaters eingenommen. Während Michails Vater, ein ruhiger besonnener Mann, in der Maschinenstation schuftete, nach Feierabend am Haus der Familie baute, erklärte Pantelej Gopkalo dem kleinen Mischa die Welt. Von ihm lernte er, was Würde ist, was Freiheit, Charakter, aber auch, dass es notwendig war, für die gerechte Welt, die für Großvater Gopkalo in der UdSSR verwirklicht werden sollte, zu kämpfen. Stalins Kanonisierung des Leninismus wurde für den kleinen Michail die Bibel dieser neuen Welt.

Kapitel 2

Frühes Leid und erste Hoffnung

>»Und wir leben, doch die Füße, sie spüren keinen Grund,
>Auf zehn Schritte nicht mehr hörbar, was er spricht unser Mund,
>Doch wenn's reicht für ein Wörtchen, ein kleines –
>Jenen Bergmenschen im Kreml, ihn meint es.
>Nur zu hören vom Bergemenschen im Kreml, dem Knechter,
>Vom Verderber der Seelen und Bauernabschlächter ...«
>
>»Epigramm gegen Stalin« von Ossip Mandelstam

Doch dann stürzte in einer klaren und wunderschön bestirnten Julinacht des Jahres 1937 für den sechsjährigen Michail aus dem Nichts heraus der Himmel ein. Stalin hatte kurz zuvor beschlossen, den Terror auch in das Dorf zu tragen. Das Kind schlief bereits tief und fest wie die übrigen Bewohner des Hauses. Doch dann: ein lautes Klopfen an der Tür, unerklärliche Unruhe im Haus. Bewaffnete Männer durchsuchten die Zimmer, nahmen Bücher an sich. Wie Michail später erfahren sollte, kamen diese Männer immer in den sehr frühen Morgenstunden. Das war ihre Zeit, in der sie auf Menschenjagd gingen. Das aus dem Schlaf gerissene Kind stand überfordert im Zimmer und verstand weder die böse Atmosphäre noch, was um ihn herum geschah. Bewaffnete Männer mit dem geliebten roten Stern als Kokarde an den Mützen kehrten das Unterste zuoberst. Es muss nahezu traumatisch für ihn gewesen sein, als die bewaffneten Männer schließlich den Großvater verhafteten, die Genossen den Genossen. Und dabei hatten sie noch Glück, dass nicht die ganze Familie in Geiselhaft genommen wurde. Denn wie hatte es doch der geliebte Führer Stalin anlässlich eines Mittagessens bei den Woroschilows nach der Parade zum Jahrestag der Oktoberrevolution in einem Trinkspruch den Anwesenden, die dem inneren Zirkel angehörten, angekündigt: »Und wir werden jeden dieser Feinde vernichten, sei er auch ein alter Bolschewik, wir werden seine Sippe, seine Familie komplett vernichten. ... Auf die

Mit der Fahrt im »Schwarzen Raben« und der Einlieferung in die Lubjanka begann für viele ein bitterer Leidensweg, wenn man sie nicht gleich in der Lubjanka erschoss.

Vernichtung aller Feinde, ihrer selbst, ihrer Sippe – bis zum Ende!
(*Zustimmende Ausrufe: Auf den großen Stalin!*)«

Ein Drittel der Hochrufenden durfte in den nächsten Monaten am
eigenen Leib erfahren, was es hieß, zum Feind erklärt und mitsamt
der Familie vernichtet zu werden. In den Archiven finden sich sehr
viele Briefe an Stalin oder an Berija, die so oder ähnlich lauten: »Ich
wurde 1937 zu acht Jahren verurteilt. Ich werde für meinen Mann
W. I. Gerassimow zur Verantwortung gezogen. Die Schuld meines
Mannes kenne ich bis heute nicht. Ich verlebte mit ihm zwölf Jahre
und kannte ihn als außerordentlich ehrenhaften und arbeitslieben-
den Menschen, der der Partei und dem Leben ergeben war. Ich selbst
fühle mich absolut unschuldig. ... Ich habe seit meinem sechzehnten
Lebensjahr bis zu meiner Verhaftung gearbeitet. Am Tag meiner Verhaftung habe ich zwei kleine Kinder meiner Mutter ohne jegliche
Mittel zur Existenz überlassen. ... Ich flehe Sie an, untersuchen Sie
meine Angelegenheit, geben Sie mir das Recht mit meinen Kindern
zu leben.« Gerassimow war vor seiner Verhaftung Volkskommissar
(Minister) für Inneres der Aserbaidschanischen Sozialistischen Sowjetrepublik. An dem Ersuchen hing ein Zettel von einem Untersuchungsrichter Ljubimow: »Sie hat nichts gestanden. Eine Sonderbe-
ratung im Jahr 1939 beließ das Urteil in Kraft.«

Noch in derselben Nacht verließ die Großmutter das Haus und
ging mit ihrem Enkel einem ungewissen Tag entgegen, legte 20 Kilometer durch die Steppe nach Priwolnoje zu ihrer Tochter zurück,
zu Michails Eltern. Zunächst musste erst das Kind beruhigt werden,
dann saß man schweigend, im Dunkeln, gefangen von der Angst, die
an den Nerven riss. Wie würde es weitergehen? Ließ man sie in Ruhe
oder würde man auch sie verhaften: Großmutter, Sohn, Tochter und
Enkel? Seit einem Jahr schon zogen die Häscher durch die Nacht,
durchsuchten Häuser und verschleppten unschuldige Menschen.
Jeden konnte es treffen. Ein grausiger Zufall mischte die Karten.
Es war, als ob die mordlüsternen Tiere der Hölle ihre Ketten zerrissen hätten und an die Erdoberfläche gekommen wären, um über
die schutzlosen Menschen herzufallen. Niemand wusste, was mit
den Verhafteten geschah. Öffentliche Gerichtsverhandlungen fanden
nicht statt, doch für die Nachbarn stand fest, dass es sich bei dem

Verhafteten um einen Volksfeind handelte und man um dessen Angehörige einen Bogen machen musste, wenn man sich nicht der Gefahr aussetzen wollte, selbst verhaftet zu werden.

In dem Brief der Vera Iwanowna Derjutschina an den Stalin-Biografen Dimitri Wolkogonow hieß es:»Als man in der furchtbaren Nacht im Jahre 1937 kam, um meinen Mann, einen Grubenarbeiter, der die vierfache Norm erfüllte (er war Stachanow-Arbeiter), abholte, glaubte ich, das sei ein Fehler. Man sagte mir:›Heul nicht, Närrin. In einer Stund kommt dein Mann zurück.‹ Und er kam zwölf Jahre später zurück. Als Invalide. Und was ich alles mit den kleinen Kindern und der alten Mutter durchgemacht habe, ist unbeschreiblich. Aus unserer Wohnung hat man uns hinausgeworfen. Überall waren wir gebrandmarkt: die Familie eines Volksfeindes.«

Kaum ein Verhafteter kehrte zurück. Die sowjetische Justiz, die »Organe«, wie die Geheimpolizei euphemistisch genannt wurde, glich einem schwarzen Loch, nichts erfuhr man, bestenfalls, dass der verhaftete Ehemann, Vater, Freund, Geliebte, Sohn oder die arretierte Tochter, Mutter, Schwester, Ehefrau, Geliebte nach Artikel 58 wegen »antisowjetischer Tätigkeit« verurteilt und in ein Lager geschickt worden war. Es gehörte zur seelenlosen Praxis des menschenverachtenden Systems, dass der Verurteilte bereits zu Tode gefoltert oder per Genickschuss ermordet worden sein konnte, während die Angehörigen sich noch Lebensmittel vom Munde absparten und ins Lager, den vermeintlichen Aufenthaltsort des geliebten Menschen, schickten.

Seit Stalin den Leningrader Parteichef Sergej Kirow, einen treuen Gefolgsmann, umbringen ließ, weil er fürchtete, der allseits beliebte Kirow könnte ihn stürzen, überzog er das Land mit einer neuen Terrorwelle, mit der verglichen die Schrecken der »Entkulakisierung« harmlos wirkten. Mehrere Wellen großer Prozesse und Verhaftungen, angefangen mit den Festnahmen von Mitgliedern des Politbüros bis zur Arretierung von Angehörigen der kleinsten Partei- oder Komsomolzelle, überfluteten das Land. Nach diesen »Säuberungen«, wie es im offiziellen Sprachgebrauch hieß, denn der Volkskörper musste ja wieder einmal von »Volksfeinden«, »Schädlingen«, »Bazillen«, »Faschisten«, »ehemaligen Menschen«, eben »Schweinehunden«

und »Aussatz« gereinigt werden, wurden allein in den Jahren 1937, in dem Stalins Schergen auch Pantelej Gopkalo abholten, und 1938 1 575 000 Menschen verhaftet und davon 681 692 Menschen hingerichtet. An einem einzigen Tag, am 12. Dezember 1938, genehmigten Molotow und Stalin die Erschießung von 3 167 Menschen. Die Namenslisten lagen ihnen vor und sie zeichneten sie höchstpersönlich ab.

Wofür diese Hinrichtungen? Genau genommen für ein Hirngespinst. Stalin hatte auf die Misserfolge seiner Politik mit einer neuen Strategie reagiert, die er mit einer völlig absurden These begründete, mit dem Postulat der Verstärkung des Klassenkampfes beim Aufbau der entwickelten sozialistischen Gesellschaft. Es besagte, dass der Widerstand der Feinde des Sozialismus stärker und heimtückischer werde, je näher man dem Ziel käme, und dass gerade diese Annäherung an das Ziel auch neue, noch stärkere und heimtückischere Feinde hervorbringe. Die grausame Ironie bestand darin, dass es jeden treffen konnte. Nichts veranschaulicht diesen Aberwitz besser, als der Wechsel der Oberschergen: Jagoda, der den Terror ins Werk setzte, wurde verhaftet, weil er nicht skrupellos genug vorging, als Volksfeind hingerichtet und durch Jeschow ersetzt, der die Terrormaschine erst richtig zum Laufen brachte.

Jeschow, der als der »böse Zwerg« in die Geschichte einging, rief den sozialistischen Wettbewerb bei Verhaftungen und Hinrichtungen aus. Im Jahr 1938 erreichte die Welle der Gewalt ihren Höhepunkt. Jeschow genoss es zu foltern, deshalb nahm er, so oft es seine Zeit erlaubte, selbst Verhöre vor. Er wurde auf dem Zenit seines »Erfolges« verhaftet und von Berija eigenhändig erschossen, der nun seinen Platz einnahm. Diese Vorkommnisse wirken wie ein schauerlich-groteskes drittklassiges Mafiaepos. Stalin erklärte im Nachhinein, dass Jeschow sein Amt missbraucht und auch viele unschuldige Menschen ermordet oder verschleppt hatte. Dabei lässt sich nachweisen, dass Jeschow auf Anweisung und mit Kenntnis von Stalin gearbeitet hatte; auch wurde niemand rehabilitiert und nur wenige aus den Lagern entlassen. Die schlichte Wahrheit lautet, dass die Millionen Sowjetbürger, die in dieser Zeit verschleppt und versklavt oder ermordet wurden, im Sinne der Anklage unschuldig waren. Man kann dar-

Stalin im vertrauten Gespräch mit dem »bösen Zwerg« Jeschow, dem
Organisator von Stalins großem Terror.

über nachdenken, ob der eine oder andere bolschewistische Führer
nicht so viel persönliche Schuld in der Zeit der Revolution und in den
zwanziger Jahren auf sich geladen hatte, dass eine Verhandlung vor
einem Gerichtshof angebracht gewesen wäre, nicht aber wegen Sabotage und Planung eines faschistischen Umsturzes, wegen Spionage
und der Organisation von Mordkomplotten gegen Stalin, sondern
wegen Kriegsverbrechen, wegen Verbrechen gegen die Menschlichkeit, wegen Aufrufs und Aufhetzung zum vielfachen Mord.

Vieles weiß man bereits seit langem, aber die Öffnung der Archive
zeigt, wie sehr die Parteispitze, wie sehr ein Woroschilow, wie begeistert ein Molotow sich an den Folterungen und Morden beteiligten.
Anfangs wurde jede Exekution noch von Stalin höchstpersönlich
unterschrieben. Lange Listen tragen seine Paraphe. Später wurden
Pläne festgelegt. Die Organe hatten täglich eine festgelegte Anzahl

von Staatsfeinden festzunehmen und zu exekutieren. Tatsächlich machten sich die Schergen der GPU nach Mitternacht bis in die frühen Morgenstunden auf den Weg. Wer am Morgen in seinem Bett erwachte, hatte es für diesen Tag überstanden. Die Mitarbeiter der Komintern im Moskauer Hotel Lux schoben aus Angst nachts Möbel vor die Tür, doch das hinderte die Organe keineswegs. Wen es treffen sollte, den traf es. Allerdings konnte es auch passieren, dass der Staatsfeind aus irgendeinem Grund nicht angetroffen wurde, dann wurde eben ein anderer verhaftet. Dem sowjetischen Dramatiker Nikolai Erdman rettete diese Praxis das Leben, weil er in dieser Zeit ohne festen Wohnsitz war und von »Eroberung« zu »Eroberung« zog. Über die vielen Opfer, bekannte Schriftsteller wie Babel und Pilnjak, bedeutende Dichter wie Mandelstam und Charms, Regisseure wie Meierhold, Maler und Komponisten, Philosophen, Historiker, Naturwissenschaftler und Priester wie der einzigartige Pawel Florenski, die grausam gefoltert und ermordet wurden, ist in den letzten Jahren dank der zeitweiligen Öffnung der Archive viel veröffentlicht worden, doch stellten diese prominenten Persönlichkeiten lediglich die Spitze des Eisbergs dar. Auch Spitzenfunktionäre und deren Familienangehörige gehörten zu den Opfern. So wurde beispielsweise Kalinins Sohn, ohne dass der Vater, der immerhin Präsident der Sowjetunion war, etwas für ihn tun konnte, erschossen. Für Stalin gehörte es zur Treueprüfung, dass ein Mitstreiter es klaglos akzeptierte, wenn ein naher Verwandter, eine Schwester, ein Bruder, ein Sohn, eine Tochter oder die eigene Ehefrau verhaftet oder gar hingerichtet worden waren. Dann erst galt der Genosse als vertrauenswürdig, weil er die Treue zum Genossen Stalin über die verwandtschaftlichen und familiären Gefühle stellte. Was wollte man von solchen Leuten erwarten, die jede zivilisierte Norm bei weitem unterboten, die jedes sittliche Gesetz praktisch und tagtäglich verhöhnten?

Millionen einfacher Bürger aber traf es mit der gleichen blinden Erbarmungslosigkeit, einfache Menschen wie eben Pantelej Jefimowitsch Gopkalo, der aufrichtig und hart für das Regime arbeitete. Er wurde verprügelt, ihm wurden die Hände in einer Tür eingeklemmt, dann wurde ihm ein feuchter Bauernpelz angezogen und er damit auf eine heiße Herdplatte gesetzt. Er sollte endlich gestehen, dass er ein

Volksfeind sei. Nach diesen Verhören wurde er bewusstlos in seine Zelle gebracht. Doch Pantelej Gopkalo hatte Glück im Unglück. Für die Gorbatschows bedeutete es einen Hoffnungsschimmer, dass die *Prawda* am 26. Januar 1938 unter der Überschrift »Rehabilitierung der unter falschen Anschuldigungen aus der Partei Ausgeschlossenen und strenge Bestrafung der Verleumder« berichtete, dass es »besonders gerissenen Karrieristen und Betrügern« gelungen war, »auch Zeitungen für ihre verleumderischen Ziele zu missbrauchen«. Für Michail, für die Großmutter, die Mutter und den Vater, die von Großvater Pantelejs Unschuld überzeugt waren, bedeutete die Zeitungsnachricht, dass die Verhaftungen überprüft würden und somit Hoffnung auf die Rückkehr des Großvaters bestand. Mit dem *Prawda*-Artikel wurde der »Fall Jeschow« eingeleitet. Der gute Führer Stalin delegierte die Schuld für die Morde und Deportationen an den »Volksfeind« Jeschow. Zunehmend wurde Jeschow kaltgestellt und Berija übernahm die Macht im Staatssicherheitsministerium. Doch jede Ablösung inthronisierte nur einen noch schlimmeren Henker. Berija, der ein Faible dafür hatte, Schulmädchen zu vergewaltigen, war an Gewissenlosigkeit und Sadismus eindeutig nicht mehr zu überbieten. Stalin hatte seinen Himmler gefunden, wie er selbst einmal scherzend bemerkte.

Inzwischen wurde in den Organen selbst »gesäubert«. Berija verfolgte Jeschows Mannschaft, um seine eigene Gefolgschaft an deren Stelle zu setzen. Der zuständige Bezirkschef des NKWD im Stawropoler Gebiet erschoss sich, und Pantelej Gopkalo wurde im Dezember 1938 freigelassen. Von seinen Erlebnissen erzählte er nur am Abend seiner Heimkehr, fest überzeugt davon, dass Stalin nicht wisse, was die subalternen NKWD-Leute im Namen der Sowjetmacht trieben. Stalins Rechnung ging auf, er blieb für die Menschen der gute Führer. Dann schwieg Pantelej Gopkalo bis ans Ende seiner Tage über diese Erlebnisse. Heute weiß man, dass Stalin nicht nur darüber informiert wurde, was im Lande vorging, sondern dass er das Drehbuch dafür eigenhändig verfasst hatte. Natürlich stellt sich die Frage, warum er das tat. Viele Antworten wurden darauf gegeben und keine ist für sich genommen befriedigend. Zum einen fand es Stalin nützlich, die sich verfestigende und verselbstständigende

Bürokratie durch fortwährenden Aderlass zu verunsichern und in Bewegung zu halten, sodass er allein als Zünglein an der Waage immer unangefochten blieb. Zum anderen galt dem Diktator das Leben eines Menschen nichts. In einem Kult und einem Rausch der Gewalt hatte er sich bereits in jungen Jahren verfangen. Inzwischen konnte ihn keiner mehr bremsen. ER hatte alle Feinde, die ihm gefährlich werden konnten, ausgeschaltet. ER hatte den Kampf gegen die alte Garde der Bolschewiki, gegen die Kaffeehaustheoretiker gewonnen und die jämmerliche Gestalt genossen, die sie in den Moskauer Prozessen abgaben. ER siegte im Bürgerkrieg gegen das eigene Volk, gegen die Bauern, auch wenn die Bauern wehrlos waren. ER allein wusste, was Recht ist.

Nachdem Pantelej Jefimowitsch Gopkalo wie durch ein Wunder zurückgekehrt war, wurde er 1939 zum Kolchosvorsitzenden in Priwolnoje gewählt. Außerdem arbeitete er in der Versorgungsverwaltung des Bezirkes mit, verfügte also über Einfluss im Bezirk und war sogar in Stawropol bekannt. Für Michail kam die Welt wieder in Ordnung. Beide Großväter lebten wieder zu Hause. Man atmete auf. Die Isolation in der Dorfgemeinschaft endete. Die Wirtschaft stabilisierte sich. Michail wurde eingeschult, und langsam stellte sich auch ein kleiner Wohlstand ein. Es gab für die Kinder im Sommer Speiseeis, und erste Grammophone tauchten im Dorf auf. Die Wochenenden verbrachte man nach Möglichkeit im Freien. Die Frauen sangen und erzählten Geschichten, die Kinder spielten, die Männer tranken. Besonders gern spielten die Kinder den Tschapajew Film von Babuschkin nach. Diesen Film über den Bürgerkriegshelden Tschapajew liebten sie. Und keiner von ihnen wollte ein Weißgardist sein. Merkwürdig, aber »Weißer« das war für sie schon kein Russe mehr, eher der Angehörige eines anderen Stammes, eine Inkarnation des Bösen, des Teufels schlechthin. Insofern war die Sowjetgesellschaft eine manichäische Gesellschaft: Es gab das Gute und das Böse, die Revolution und die Konterrevolution, die Roten und die Weißen, die Stalinisten und die Trotzkisten, die Kommunisten und die Volksfeinde. Der Feind, das war das andere, das abstrakt und ausschließlich Böse, gegen das der Einsatz aller Mittel gerechtfertigt war, da es an Gefährlichkeit und Hinterlist nicht überschätzt werden konnte. Hin und wieder kam ein Kinowagen und man sah einen Film, wie eben jenen Tschapajew-Film nach dem Roman von Dimitri Furmanow, einem Schriftsteller, der zu dieser Zeit viel und gern gelesen wurde und neben dem Roman *Wie der Stahl gehärtet wurde* von Nikolai Ostrowski die rote Bürgerkriegsromantik im Herzen der Schuljugend entfachte. Die realistischen Bücher über den Bürgerkrieg wie *Die Reiterarmee* von Isaak Babel oder *Russland im Blut ersäuft* von Artjom Wesjoly oder *Maschinen und Wölfe* von Boris Pilnjak waren verboten, ihre Autoren hatte man nach unsäglicher Folter längst erschossen. Stalins kulturpolitischer »Spezialist« Andrej Schdanow hatte 1934 den sozialistischen Realismus als Vorgabe für die Schriftsteller verbindlich deklariert.

Nach all den bitteren Jahren, die die frühe Kindheit des Bauernsohnes Michail verdüsterten, den Hungersnöten, Verhaftungen und Stigmatisierungen, brachen nun bessere Tage an – bis zu dem Sonntag, an dem alle Einwohner von Priwolnoje, darunter auch der zehnjährige Michail zum Dorfsowjet befohlen wurden. Jemand hatte einen Lautsprecher installiert und die Bauern von Priwolnoje hörten die unfassbaren Worte des Außenministers Molotow:

»Bürger und Bürgerinnen der Sowjetunion! Heute um vier Uhr früh, ohne irgendwelche Forderungen an die Sowjetunion zu erheben und ohne Kriegserklärung, haben die deutschen Truppen unser Land angegriffen, unsere Grenzen an vielen Stellen überschritten und Shitomir, Kiew, Sewastopol, Kaunas und einige andere Städte bombardiert. ... Dieser unerhörte, treubrüchige Überfall auf unser Land steht in der Geschichte der zivilisierten Staaten ohne Beispiel da. Der Überfall auf unser Land erfolgte, obwohl zwischen der UdSSR und Deutschland ein Nichtangriffspakt besteht.«

Der kleine Michail war wie vom Donner gerührt und jedes Wort des Außenministers erschreckte ihn. Aus dem Lautsprecher schnarrte weiter Molotows Stimme:»Jetzt, wo der Überfall auf die Sowjetunion bereits erfolgt ist, hat die Sowjetregierung ihren Truppen den Befehl gegeben, dem räuberischen Überfall Widerstand zu leisten und die deutschen Truppen aus dem Territorium unserer Heimat zu vertreiben. ... Die Regierung ruft euch, Bürger und Bürgerinnen der Sowjetunion, dazu auf, die Reihen noch enger zu schließen um unsere ruhmreiche bolschewistische Partei, unsere Sowjetregierung und unseren Führer, den Genossen Stalin.«

Molotow hielt die Rede, Stalin aber schwieg. Tagelang schwieg der Führer, so sehr erschütterte ihn der Überfall seines Diktatorenkollegen. Hitler war der einzige Machthaber, den er in Europa achtete. Nicht die Jammerlappen von demokratischen Politikern, nein, der deutsche Diktator flößte ihm Respekt ein. Mit ihm hatte er sich auf Einflusssphären geeinigt, paktiert und die Aufteilung Europas beschlossen. Und nun dies. Stalin, der Held, schwieg. Es war der 22. Juni 1941. Für Michail Gorbatschow begann an diesem Tag der Zweite Weltkrieg und endete unwiderruflich die kurze Kindheit.

Kapitel 3

Steh auf, du Riesenland

»Ich bestehe noch einmal darauf, unseren Botschafter in Berlin,
Dekanossow, abzulösen und zu bestrafen, weil er mich unun-
terbrochen mit Desinformationen bombardiert, Hitler bereite
angeblich einen Überfall auf die UdSSR vor. Jetzt hat er mir mit-
geteilt, dass dieser Überfall morgen beginnen soll.«

Lawrenti Berija an Stalin am 20. Juni 1941

Der Mann, den Berija bestrafen wollte, gehörte zu seinen engsten
Spießgesellen. Er hatte ihn aus Georgien mit in die Zentrale des
NKWD genommen, bevor er ihn als Botschafter nach Berlin schickte.
Die Anzeichen für eine deutsche Invasion verdichteten sich von Tag
zu Tag. Doch je mehr Informationen, zum Teil unter Lebensgefahr
erbracht, im Kreml ankamen, desto mehr verschloss Stalin die Augen
und erschuf seine eigene Realität, die sich mit der Wirklichkeit immer
weniger deckte. Wegen dieses Zwiespalts, der zwischen den Wünschen und den Tatsachen immer weiter auseinander klaffte, stürzte
er am 21. Juni 1941 ins Bodenlose.

Anderthalbtausend Kilometer von Moskau entfernt wurde im
Flecken Priwolnoje der politisch hoch interessierte Bauernsohn
Michail Gorbatschow, der über die offiziellen Informationen aus
Prawda und Schulunterricht verfügte, genauso von dem deutschen
Überfall überrascht wie der weise Führer im Kreml, der vom eigenen,
effektiv arbeitenden Geheimdienst und von westlichen Regierungs-
chefs detailliert und eindringlich gewarnt worden war.

Das Kind erinnerte sich allenfalls nur schwach an die bisherigen
Episoden der Achterbahnfahrt der deutsch-sowjetischen Beziehungen bis zum 21. Juni 1941. Sowohl Hitlers Machtergreifung 1933,
von der naturgemäß der kleine Michail, der gerade zwei Jahre alt
war, nichts mitbekommen hatte, als auch der Spanische Bürgerkrieg,
in dem die Sowjetunion die Seite der Republik und Hitler die Francos
unterstützt hatten, drückten die unüberbrückbare Feindschaft beider

Gesellschaftssysteme aus. Freilich wuchs Michail in eine politische Konstellation hinein, in der kein Sowjetbürger es mehr wagen durfte, eine andere Meinung als die offizielle zu vertreten; vielmehr hatte er sich die offizielle Propaganda anzueignen, die durch gleichgeschaltete Zeitschriften, durch einen alternativlosen Staatsrundfunk, durch flächendeckend tätige Agitatoren nach zentralen Weisungen im Land verbreitet wurde. Die Botschaft hatten die einfachen Parteimitglieder offensiv unter das Volk zu bringen, nachdem sie in Schulungs- und Parteiversammlungen durch Instrukteure auf Linie gebracht worden waren. Bis 1937 wohnte Michail beim Großvater, der seine kommunistische Weltsicht dem heranwachsenden Knaben unmittelbar weitergab. Eine unüberbrückbare und tiefere Feindschaft als die zwischen den Nationalsozialisten und den Kommunisten war in der gesamten Menschheitsgeschichte nicht vorgekommen und wurde sowohl von Hitler als auch von Stalin immer wieder ausdrücklich propagiert. Stalin nutzte dafür die Komintern, Hitler den Antikominternpakt. In den Moskauer Prozessen wurde den Angeklagten häufig vorgeworfen, dass sie als faschistische Agenten wahlweise für den deutschen oder für den japanischen Geheimdienst gearbeitet hätten. Alle engen Mitstreiter Lenins, die gesamte alte Garde der Bolschewiki, wurden verurteilt, weil sie angeblich als Handlanger für die deutschen Faschisten den Untergang der Sowjetunion betrieben. So absurd und aus der Luft gegriffen die Vorwürfe waren, enthielten sie doch eine schaurige Ironie, denn in der Tat wurde der bolschewistische Staatsstreich 1917 von der deutschen Heeresleitung finanziert. Auch dies hatten die sowjetischen Stellen immer bestritten, bis die Historiker in den Archiven Beweise fanden und die Entscheidung in die Hände des Generalsekretärs der KPdSU Michail Gorbatschow gelegt wurde, ob diese Erkenntnisse veröffentlicht werden durften.

Für die deutschen Generäle hatte diese sinnvolle Investition bedeutet, aus dem Zweifrontenkrieg herauszukommen, da durch Lenins Putsch die Ostfront zusammenbrechen musste, und Lenin interessierte es nicht, wer seinen Umsturz finanzierte: Schließlich heiligte für ihn der Zweck die Mittel. Aber daran wollte sich niemand mehr erinnern. Die Todfeindschaft zwischen beiden Gesellschaftssystemen wuchs. Dimitroff, der Hauptangeklagte im Reichstagsbrandprozess, der so triumphal Göring besiegt hatte und als Held galt, lebte inzwischen in Moskau, von Stalin zum Chef der Komintern befördert, welche die Aufgabe hatte, die Weltrevolution in alle Länder zu tragen – eine unmögliche, nicht unbedingt Frieden und Vertrauen fördernde Einrichtung. Hitler hatte mit den Japanern und den Italienern den Antikominternpakt gegründet. Eines wusste bereits jedes Kind in der Sowjetunion, so auch Michail: Hitler wollte den Bolschewismus ausrotten und Stalin den Imperialismus besiegen. Die Komintern definierte den Nationalsozialismus auf Stalins Geheiß als aggressivste Regierungsform des imperialistischen Finanzkapitals. So klar und unzweifelhaft lagen für alle Bürger im Lande die Dinge, auch für den kleinen Michail Gorbatschow, bis sein Vater am Abend des 24. August 1939 die *Prawda* aufschlug. Schon beim flüchtigen Hinsehen fiel ins Auge, dass diese Ausgabe sich sensationell von den anderen Ausgaben unterschied. Michails Blick wurde sofort gefangen von den ungewohnten, großen Bilder auf der Titelseite.

An so viele Bilder auf der ersten Seite konnte er sich nicht erinnern. Stalin und Molotow kannte der Junge von Abbildungen her, wer aber waren die anderen Männer? Vater Sergej konnte kaum seine Überraschung verbergen, als er die Bildunterschriften laut vorlas, die verrieten, dass es sich bei den unbekannten Männern um den deutschen Außenminister von Ribbentrop und den Unterstaatssekretär im Auswärtigen Amt Gaus handelte, und natürlich um den Dolmetscher. Verblüfft und gespannt las er die offizielle Verlautbarung: »Am 23. August 3.30 Uhr nachmittags fand die erste Unterredung zwischen W. M. Molotow und dem deutschen Außenminister Herrn von Ribbentrop statt. Bei dem Gespräch waren anwesend Genosse Stalin und der deutsche Botschafter Graf von der Schulenburg. Es dauerte etwa drei Stunden. Nach einer Unterbrechung wurde die Unterredung um 10 Uhr abends wieder aufgenommen; sie endete mit der Unterzeichnung des Nichtangriffspakts, dessen Text folgt ...«. Der Vater schaute mindestens so ratlos wie sein sechsjähriger Sohn. Weshalb die schlimmsten Feinde zu Partnern wurden, konnte er sich beim besten Willen nicht erklären. Doch die Konfusion steigerte sich noch beim Lesen des Vertragstextes, der beide Seiten nicht nur verpflichtete, sich kriegerischer Handlungen gegeneinander zu enthal-

Ribbentrop im Vordergrund unterzeichnet den Pakt, hinter ihm steht Stalin, links neben Stalin Molotow, neben Molotow Marschall Schaposchnikow, der Generalstabschef der Roten Armee.

ten, sondern auch keine Macht zu unterstützen, mit der Deutschland oder die Sowjetunion sich im Konflikt befanden. Auch der Leitartikel der *Prawda*, der besonders die im Paragraph 4 gerade genannte Enthaltung feierte, half Sergej Gorbatschow nicht beim Verständnis Stalins außenpolitischer Volte, denn Hitler hatte gerade Österreich und die Tschechoslowakei annektiert. Vermutlich hätte Sergej Gorbatschow wie auch sein Schwiegervater Pantelej Gopkalo die Welt nicht mehr verstanden, wenn das geheime Zusatzprotokoll ihnen unter die Augen gekommen wäre, das nicht veröffentlicht wurde, obwohl es den Schlüssel für den Vertrag enthielt. Indem das Abkommen Hitlers und Stalins Einflusssphären in Osteuropa festlegte, stärkte es nicht, wie von der deutschen und der sowjetischen Presse behauptet wurde, den Frieden, sondern bereitete den Krieg vor. Die alten Bolschewiki waren mit der Forderung, die Geheimdiplomatie abzuschaffen, in die außenpolitische Arena getreten, inzwischen aber hatte Stalin die sowjetische Außenpolitik zu einem wirkungsvollen Mix aus Propaganda und ebendieser Geheimdiplomatie verwandelt.

Derweil wurde den Kindern in der Schule vermittelt, dass der Nichtangriffspakt, der kaum einen Monat später noch durch einen Freundschaftsvertrag übertroffen wurde, eine Meisterleistung des genialen Stalins wäre, der dadurch verhindert hätte, dass die kriegslüsternen Westmächte die Sowjetunion und Deutschland in einen Krieg gegeneinander treiben würden. Und wie konnte man daran auch zweifeln: Selbst der deutsche Kommunist, Dichter und spätere Kulturminister der DDR, Johannes R. Becher, der in jenen Tagen im Moskauer Exil lebte, hatte gedichtet: »Es windet sich ein freundschaftliches Band von Akelei, vom Kreml bis zur Reichskanzlei«, während seine Genossen in den deutschen KZs gequält wurden. Und Kominternchef Dimitroff, der sich so wacker gegen Göring vor dem Reichsgericht in Leipzig geschlagen hatte, fand die Volte seines Idols sehr geschickt. Freilich hatte ihm der Sieg von Leipzig auch nur in einem rechtsstaatlichen Prozess gelingen können, in dem die bürgerlichen Richter noch nach einer bürgerlichen Prozessordnung agierten. In Moskau hätte Dimitroff zuerst unter Folter ein Geständnis abgelegt, wäre danach erst von Jeschow vor Gericht gestellt worden, wo er sich umgehend hätte schuldig bekennen dürfen. Anschließend wäre er wahrscheinlich sofort vom Oberhenker Wassilij Blochin in der Lubjanka erschossen worden. Doch nun waren Hitler und Stalin Verbündete. Der Duce feixte, dass Stalin zum Faschisten geworden sei. Tatsächlich hatte er mehr Kommunisten hinrichten oder ins Lager verschleppen lassen als Hitler und Mussolini zusammen. Hitler dachte sogar ernsthaft daran, Stalin in den Antikominternpakt aufzunehmen. Zwischen dem deutsch-sowjetischen Nichtangriffspakt und dem Freundschaftsvertrag lag die vierte Teilung Polens. Am 1. September überfiel Hitlerdeutschland das Nachbarland. Am 2. September las Vater Gorbatschow in der *Prawda*: »Heute früh hat die deutsche Wehrmacht in Übereinstimmung mit dem Befehl der Obersten Heeresleitung die deutsch-polnische Grenze an mehreren Stellen überschritten. Hitler erklärte: ›Jetzt haben wir beschlossen, Polen so zu behandeln, wie Polen uns in den letzten Monaten behandelt hat.‹« Spätestens am 2. September verfolgte Stalin den Fortgang der deutschen Aggression nur noch mit Bewunderung. Der schnelle Vormarsch und das exakte Zusammenwirken der deutschen Truppen nötigten ihm aufrichtiges Staunen ab. Die sowjetische Presse berichtete prodeutsch und anerkennend vom Kriegsverlauf. Ab dem 3. September ermunterte Hitler zunächst durch eine Note Ribbentrops den sowjetischen Diktator, in die polnischen Gebiete einzumarschieren, die laut geheimem Zusatzprotokoll des Vertrages der Sowjetunion als Beute des Raubzuges zugesprochen worden waren. Die Existenz dieses Zusatzprotokolls, das nach dem Zweiten Weltkrieg aus deutschen Archivfunden rekonstruiert wurde, leugneten die Sowjets jahrzehntelang, bis die Jakowlew-Kommission das Dokument Ende der achtziger Jahre in den Archiven fand und es keinem anderen als Michail Gorbatschow vorbehalten blieb, über die Veröffentlichung zu entscheiden. Vieles, was der heranwachsende Junge nicht wissen konnte, dessen Auswirkungen seinen Lebensweg bestimmten, wurde ihm plötzlich als Generalsekretär der KPdSU zugänglich und muss ihn erschüttert haben. Fast 50 Jahre später wird der Generalsekretär, der Öffentlichkeit und Transparenz unter dem Begriff von Glasnost auf seine Fahnen geschrieben hat, mit den Machenschaften und Abgründen der Zeit, in der er seine Kindheit und Jugend verbrachte, konfrontiert. Er wird mit sich ringen, ob er angesichts der erschütternden Tendenz der historischen Wahrheit am Prinzip von Glasnost festhalten kann oder ob er aus politischen Gründen seine eigene Forderung beugen muss. Doch von diesen Abgründen wusste das Kind noch nichts, der voller Vertrauen zum großen Stalin war. Einstweilen erfuhr er nur aus der Zeitung von der neuen Freundschaft zwischen Stalin und Hitler. Nicht wissen konnte er, dass beide Diktatoren ihre Einflusssphären aufgeteilt hatten, dass Molotow im Namen der sowjetischen Regierung Hitler zur Einnahme von Warschau gratulierte.

Obwohl Stalin Hitlers Aufforderung nur allzu gern Folge leisten wollte – schon wegen der Schlappe, die er persönlich im Russisch-Polnischen Krieg 1920 erlitten hatte –, konnte er jedoch nicht sofort in Polen einmarschieren. Erst musste er seine Bevölkerung auf den Krieg einstimmen. Also kopierte er dreist den deutschen Propagandacoup, indem er ebenfalls die Minderheiten instrumentalisierte, die

Westukrainer und die Westbelorussen, die Stalin vor den »polnischen Ausschreitungen« schützen wollte. Auch er ließ seine Truppen in Polen einmarschieren, wie es Michail aus der Zeitung erfuhr, um »Polen so zu behandeln, wie Polen uns in den letzten Monaten behandelt hat ...«.

Ohne nennenswerte kriegerische Auseinandersetzung, das hatte die deutsche Wehrmacht bereits erledigt, holte er sowjetisches Land, das die Polen angeblich in den Interventionskriegen 1920 geraubt hatten, zurück. Die *Prawda* vom 19. September 1939 betonte ausdrücklich die Freundschaft zu Deutschland: »Die deutsche Bevölkerung hat die Entscheidung der sowjetischen Regierung, die dem Sowjetvolk verwandte weißrussische und ukrainische Bevölkerung Polens zu schützen, einhellig begrüßt.«

Hatten also beide seit kurzem befreundete Staaten nicht großartig zusammengearbeitet bei der Zerstörung des polnischen Staates? Denn wie sagte doch der sowjetische Außenminister Molotow am 31. Oktober 1939: »Ein nicht allzu kräftiger Stoß durch die deutsche Wehrmacht und anschließend durch die Rote Armee genügten, und nichts blieb von Polen, dieser hässlichen Ausgeburt des Versailler Vertrages, übrig.«

Und nun wurde die Sowjetunion von ihrem Bundesgenossen überfallen. Der zehnjährige Junge stand zwischen den Erwachsenen und konnte die Betroffenheit fast mit den Händen greifen, die sich langsam wie ein dumpfer Schock ausbreitete. An diesem wunderschönen, blaubehimmelten Sonntagnachmittag spürten die Bauern des kleinen südrussischen Dorfes, das fast vergessen von der großen Weltpolitik lag, dass die Weltpolitik sie einholte in Gestalt von Hitlers Angriffsarmeen, die in drei Hauptrichtungen vorstießen: eine im Norden auf Leningrad, eine in der Mitte auf Moskau und eine im Süden auf Kiew zu.

Für manchen Bauern aber im Hof der Kolchose bedeutet das Ereignis auch eine Hoffung: die Hoffnung, daß zivilere Zustände in die Steppe zurückkehrten, Zustände, die im Gegensatz zum ständigen Terror und zum nackten Unrecht des stalinistischen Regimes menschenfreundlicher sein würden. Der Stalinismus hatte deutlich sein faschistisches Gesicht gezeigt. Schlimmeres konnte man sich nicht vorstellen. Doch diejenigen, die so dachten, behielten das streng für sich, verbargen die Freude oder zumindest die Erwartung eines besseren Lebens in ihren undurchdringlichen Mienen. Denn mit den Bolschewiken hatte so manch einer noch eine Rechnung offen und ein anderer konnte sich erinnern, dass es ihnen unter dem Zaren besser ging als unter der »Arbeiter- und Bauernregierung«. Die Gorbatschows und die Gopkalos hingegen dachten nicht so. Für sie war das Vaterland in Gefahr. Es verunsicherte Michail, dass die Ansprache an das Volk in diesem Moment tiefster Not nicht vom großen und weisen Führer Stalin, sondern von seinem Außenminister Molotow gehalten wurde. Wo war Stalin? War die Katastrophe so groß, dass Stalin nur noch schweigen konnte? Einerlei, ob sie Stalin verehrten oder ihn hassten: dass nun einer seiner Paladine sprach und nicht er selbst, verunsicherte die Menschen noch mehr. Michail sah prüfend in die Gesichter um sich herum, die genügend Krieg und Elend gesehen hatten und die man so schnell nicht ins Bockshorn jagen konnte. Nicht der Krieg, sondern der Frieden stellte den Ausnahmezustand der jungen Sowjetunion dar, die ja selbst im Krieg geboren worden war. Die älteren Männer im Dorf hatten den Ersten Weltkrieg mitgemacht. Sie erlebten zwischen 1918 und 1922 den Bürgerkrieg, kämpften in ihm oder wurden Opfer der Brutalität der roten oder der weißen Soldateska, die sich in dieser Hinsicht nicht unterschieden.

Kaum eine Familie hatte nicht gelitten unter dem Krieg, den Stalin und seine Henker grausam und mit Millionen von Opfern zwischen 1928 und 1939 gegen das eigene Volk führten, mit den Etappen Zwangskollektivierung, »Liquidierung der Kulaken« und schließlich den Jahren des Großen Terrors und der Massenrepressalien. Stalins Kamarilla hatte im Kreml Quartier bezogen und benahm sich wie ein Eroberer in einem fremden Land, der sich gezwungen fühlte, ständig Krieg gegen die einheimische Bevölkerung zu führen.

Natürlich wirkte die Nachricht schockierend, doch der zehnjährige Michail glaubte wie alle anderen, einschließlich Stalin, fest daran, dass der Krieg nur von kurzer Dauer sein konnte, dann hätte die ruhmreiche Rote Armee den Feind bereits auf seinem eigenen Territorium geschlagen. Schließlich hatte sie in einem kurzen Scharmützel den japanischen Aggressor 1939 am Chalchin Gol und Chassan See besiegt und die Finnen vor nicht einmal einem Jahr nördlich von Leningrad an der Mannerheim-Linie geschlagen. Allerdings konnte der Bauernjunge inmitten der südrussischen Steppe nicht wissen, dass die Japaner mit ihrem Angriff die Sowjets nur halbherzig getestet hatten und dass die Rote Armee an der Mannerheim-Linie gegen das kleine Finnland in Wahrheit jämmerlich versagt hatte. Kein Wunder, hatte doch einerseits Stalin die Rote Armee in den Jahren des großen Terrors im wahrsten Sinne des Wortes enthauptet, und wurden andererseits neue Ansätze in Strategie und Taktik von den politischen Marschällen Budjonny und Woroschilow verhindert. Während die Deutschen motorisierte Korps aufstellten, träumte Budjonny immer noch von großen Reiterarmeen, und Woroschilow ließ die Panzer und Panzerwagen auf die einzelnen Infanterieeinheiten aufteilen, anstatt sie in großen Einheiten zusammenzufassen, so wie die deutschen Generäle es taten. Wie der kleine Michail in der südrussischen Steppe glaubte der große Stalin im Kreml in den ersten Kriegstagen, dass die Rote Armee den Gegner sofort schlagen würde. Am 22. Juni um 21.15 Uhr gab auf Stalins Befehl Marschall Timoschenko die Weisung Nr. 3 an die Truppen aus. Die Verbände der Roten Armee sollten sofort zum Gegenangriff übergehen und den Gegner mit einer großen Offensive zurückjagen. Allerdings sollten sie an der Grenze verharren, denn Stalin hoffte immer noch, die Verhandlungen wieder aufnehmen zu können. In den nächsten Stunden zerplatzten die Hirngespinste sämtlich an den scharfen Kanten der Realität, der man eben nicht durch Folterknechte eine andere Richtung aufzwingen konnte. Die ruhmreiche Rote Armee wurde von Hitlers Armeen einfach zerbröselt, an den Rand geschoben, während die deutschen Verbände tief in die Sowjetunion vorstießen. An der Front herrschte auf sowjetischer Seite ein einziges Desaster.

Im Land lief nun die Mobilmachung an. Die Bauern befanden sich mitten in der Ernte, jede Hand wurde eigentlich auf den Feldern gebraucht. Die Männer rief man zu den Waffen, und die Frauen, Kinder und alten Leute übernahmen ihre Arbeit im Kolchos. Von diesem Tag an hörte die Familie Gorbatschow stets, wenn sie beim Abendessen zusammensaß, das Klappern der Pferdehufe des Boten vom

Wehrbezirkskommando, der die Einberufungen austrug. Wenn das Getrappel an Lautstärke zunahm und sich ihrem Haus näherte, hielt die Familie vor Schreck den Atem an. Wenn dann nach angespannten Minuten das Getrappel sich wieder entfernte, aß die kleine Familie beruhigt weiter. Zunächst blieb Michails Vater tatsächlich von der Einberufung verschont, weil er als Traktorist die Ernte einfuhr und deshalb einstweilen als unabkömmlich galt.

Für die Kinder, die auf den Feldern schufteten, fand der Krieg in den Bildern Babuschkins statt – wie interessanterweise auch für Stalin. Tschapajew war der russische Heros Ilja Muromez und Jesus Christus in einem, das Symbol des roten Bürgerkriegshelden schlechthin. Doch noch immer schwieg der andere, allerdings im Gegensatz zu Tschapajew nur vermeintliche Bürgerkriegsheld: Stalin.

In den ersten Stunden nach dem Überfall, in denen die Politbüromitglieder und hohe Militärs fassungslos beieinander saßen, beschloss Stalin, dass zunächst Molotow die Rede ans Volk halten sollte, um dann selbst wenige Tage später dem Volk zu verkünden, dass die Rote Armee unter seiner bewährten Führung den faschistischen Aggressor aus dem Land getrieben habe. Völlig realitätsblind stellte er in jäh aufbrechenden Phasen von Aktivismus unerfüllbare Forderungen, im Glauben, energisch vorgetragene Direktiven würden die unteren Befehlsränge befähigen, den Gegner zu besiegen. Doch im Verlauf der ersten Kriegswoche wurde Stalin mit einer Lage konfrontiert, die er immer weniger zu beeinflussen vermochte. Auch wenn die *Prawda* von heldenhaften Abwehrkämpfen schrieb, verstand man doch im Hause Gorbatschow, dass die Rote Armee sich zurückzog und Kilometer für Kilometer sowjetischen Bodens dem Feind preisgab. Und auch der Diktator im Kreml konnte davor nicht länger die Augen verschließen. Stalin hatte wieder einmal in diesen letzten Junitagen das Volkskommissariat für Verteidigung betreten und hörte mit äußerster und beeindruckender Ruhe den Berichten der Militärs zu. Sie verdeutlichten ihm, wie sich die Lage an der Front dramatisierte und der Feind inzwischen bei Minsk mehrere sowjetische Armeen eingeschlossen hatte. In diesem Moment erwachte der Diktator aus seinen Bürgerkriegsträumen und sah die bittere und gefährliche Realität, die Realität, die ihn und sein Reich zu vernichten drohte und sich keine Befehle erteilen ließ, vielmehr gegen ihn arbeitete. Er sah, wie seine Welt wankte und ihn unter ihren Trümmern begraben konnte. Zum ersten Mal fühlte er diese namenlose, diese panische Angst, die die Kehle abschnürte und das Blut wie über Katarakte durch die Adern jagte. Es war wie ein innerer Dammbruch. Von einer Sekunde zur nächsten verlor er gänzlich die Beherrschung, fluchte grob, beschimpfte und beleidigte die versammelten Generäle und Offiziere, verstummte jäh mitten im Satz und verließ, ohne jemanden anzuschauen, die Beratung. Die nächsten drei Tage sah und hörte man nichts von ihm. Er igelte sich auf seiner Datscha ein.

Stalin hatte Hitlers absehbarer und terminierbarer Überfall in die größte Krise seines Lebens geworfen. Immer wieder fragte er sich, was eigentlich geschehen war? ER hatte doch in allen Auseinandersetzungen und Einschätzungen bisher stets Recht behalten, nur ER traf doch die richtigen Entscheidungen, nur ER war in der Lage, den Dingen wirklich bis auf den Grund zu sehen. Hatte ER nicht seit 1935 auf den Pakt mit Deutschland hingearbeitet, alle Warnungen in den Wind geschlagen und mit Hitler die Einflusssphären festgelegt. Immer wieder hatte ER die Verräter, die Heißsporne, die Provokateure in den eigenen Reihen zur Räson gebracht. War es nicht ein großes Spiel, das ER gespielt hatte, so groß, dass nur ER es spielen konnte, indem er Hitler übertölpelte? Um ihn herum wimmelte es doch nur von Idioten, wie konnten die Idioten, die IHN gewarnt hatten, Recht behalten? Der innere Zusammenbruch des Führers war vollständig, und die sowjetische Staatsmaschine, die ganz auf SEINE Weisungen zugeschnitten war, stotterte. Stalin blickte in die Hölle.

Auch nach dem Krieg bedauerte Stalin Hitlers Schritt, denn wie stark hätten sie doch zusammen sein können!

Stalin fürchtete den Krieg nicht, weil er den Frieden liebte, er fürchtete den Krieg, weil er ein militärischer Versager war. Und wirklich, er sollte sich im Verlauf des Krieges nicht auch nur einmal in der Nähe der Front blicken lassen. In seinem Hauptquartier hörte er seinen Generälen lange zu, entschied sich zumeist für eine der vorgebrachten Varianten, ließ es aber rhetorisch so erscheinen, als sei es seine Idee gewesen. Die Generäle nahmen daran keinen Anstoß, Hauptsache er traf die richtige Entscheidung und pfuschte ihnen nicht in ihr Handwerk.

Mit dem Genossen Stalin stritt man nicht um den Ruhm, wenn man kein Selbstmörder war. Nie hatte er verwunden, dass er im Bürgerkrieg eilig von Zarizyn, dem späteren Stalingrad, zurückbeordert worden war, bevor die militärische Katastrophe komplett war, und Trotzki die Situation gerettet hatte. Kein hoher Militär, der Zeuge der Pleite von Zarizyn geworden war, hatte das Jahr 1938 überlebt. Stalin hatte sie alle hinrichten lassen, die Marschälle und Generäle, die überheblichen Militärs, die im Grunde ihres Herzens auf ihn herabblickten. In seinem Hass auf die uniformierte Arroganz glich er dem ehemaligen Gefreiten in der Reichskanzlei. Und es war mit Sicherheit ein Glück für den militärischen Dilettanten im Kreml, dass der andere Dilettant in der Reichskanzlei letztlich katastrophalere Entscheidungen traf, denn dieser konnte seine Fehlentscheidungen nicht mit unerschöpflichen Reserven und klüger agierenden Verbündeten wettmachen. Stalins Fehler wurden mit Millionen unnütz getöteter Menschen aufgefangen. Aber unschuldig vergossenes Blut hatte ihm noch nie etwas ausgemacht.

In den Jahren des großen Terrors hatte er die Führung der Roten Armee dezimiert. Fünf von acht Marschällen, 13 von 15 Armeekommandeuren, 50 von 57 Korpskommandeuren, 154 von 186 Divisionskommandeuren wurden verhaftet, gefoltert und erschossen oder einfach zu Tode geprügelt von Leuten wie Molotow, Woroschilow oder Berija. Unter den drei übrig gebliebenen Marschällen befanden sich die militärischen Versager Budjonny und Woroschilow, die Stalin, der selbst auch kein militärisches Genie war, schon bald nach Kriegsausbruch aus dem operativen Geschäft nehmen musste, da der Feind unverhältnismäßig im Vorteil war, wenn auch nur einer der beiden kommandierte.

Gewissermaßen hatte Stalin Hitlers berüchtigten Kommissarbefehl vorweggenommen, als er bei den furchtbaren »Säuberungen« des Jahres 1938 alle 18 Politkommissare der Armee und 25 von 28 Korpskommissaren töten ließ. Diese blutige Statistik ließe sich bis auf die Kompanie- und Zugebene verfolgen. Die Rote Armee verlor prozentual durch Stalins Terror mehr Offiziere und Generäle als durch den Krieg.

So begann für die Sowjetunion der Zweite Weltkrieg als gründlicher Zusammenbruch. Von Leeb marschierte zügig auf Leningrad zu. Von Bock kesselte in Weißrussland mehrere Armeen der Roten Armee ein, nur in der Südrichtung traf von Rundstedt auf starken Widerstand, denn dort hatte man am ehesten einen deutschen Schlag vermutet und bereits Maßnahmen getroffen.

Während in Priwolnoje ein Mann nach dem anderen eingezogen wurde, versteckte sich Stalin auf seiner Datscha im Weichbild von Moskau, in Kunzewo. Die Folgen für die Verteidigung wurden immer verheerender, denn das System, das Stalin errichtet hatte, erlaubte niemandem, eine eigenmächtige Entscheidung zu treffen, die nicht vorher mit dem großen Stalin abgesprochen worden wäre. Ein bis heute vor der Öffentlichkeit geheim gehaltener verzweifelter und peinlicher Versuch Stalins, sich über den bulgarischen Botschafter mit Hitler zu verständigen, indem er anbot, für den Frieden große Teile der europäischen Sowjetunion abzutreten, also ein zweites Brest-Litowsk zu schaffen, scheiterte lediglich an der Weigerung des bulgarischen Botschafters, diese Verhandlungen zu führen.

Als Stalin am 30. Juni aus dem Fenster seiner Datscha starrte, noch immer antriebslos, geradezu paralysiert, sah er die Politbüromitglieder Molotow, Woroschilow, Wosnessenski, Berija, Mikojan, Malenkow vorfahren. Beim Betreten der Datscha sagte nach Art der sieben Schwaben (»Hahnemann geh du voran, / du hast die großen Stiefel an.«) Wosnessenski zu Molotow: »Wjatscheslaw, geh du voran, wir gehen hinter dir.« Stalin dachte in diesem Moment, die Abordnung sei gekommen, um ihn zu erschießen. Deshalb fragte er sie im Sessel sitzend, als sie der Reihe nach den kleinen Esssaal betraten, barsch: »Warum seid ihr gekommen?« Doch mit seiner Befürchtung hatte er sein Gefolge eindeutig überschätzt: Es war gekommen, um den großen Führer untertänig zu bitten, die Arbeit wieder aufzunehmen. Sie schlugen vor, eine zentrale Kommandostelle für alle wichtigen Entscheidungen zu schaffen, die Stalin leiten sollte. An diesem 30. Juni nahm das Staatliche Verteidigungskomitee seine Arbeit auf, und am 3. Juli um 6 Uhr morgens schließlich meldete sich Stalin das erste Mal fast 14 Tage nach dem Einfall der deutschen Truppen wieder über den Hörfunk zu Wort. Da die Gorbatschows kein Rundfunkgerät besaßen, wird Michail oder Sergej Gorbatschow Stalins Rede aus der *Prawda* vorgelesen haben.

Der Diktator vollbrachte eine Meisterleistung der Demagogie und der Unverfrorenheit. Plötzlich wurde ihm das Volk, gegen das er einen der blutigsten Kriege der Menschheitsgeschichte geführt und das er verachtet hatte, zu »Brüdern und Schwestern« und plump und ungewohnt vertraulich setzte er fort: »Ich wende mich an euch, meine Freunde.« Er feierte Mütterchen Russland und rief den Volkskrieg aus. Gegen Deserteure und Panikmacher müsse erbarmungslos gekämpft werden. Er log, dass die Rote Armee bereits die besten Divisionen des Feindes zerschlagen hätte. »Das Staatliche Verteidigungskomitee hat seine Arbeit aufgenommen und ruft das ganze Volk auf, sich um die Partei Lenin-Stalins zu sammeln.« Stalin hatte den Sowjetpatriotismus entdeckt, der das Volk einen und die Verbrechen seines Regimes vergessen machen sollte. Indem er vom Großen Vaterländischen Krieg sprach, knüpfte er an den Vaterländischen Krieg gegen Napoleon an. Es wurde kaum ein Jahr später an zaristische Generäle wie Kutusow und Suworow erinnert, hohe Militärorden wurden nach ihnen benannt und die nach der Oktoberrevolution abgeschafften Schulterstücke als Rangabzeichen wiedereingeführt. Schließlich wurde die offizielle Hymne des Krieges gedichtet und komponiert:

Wstawaij, wstawaij ogromnaja –
Steh auf, steh auf, du Riesenland!
Heraus zur großen Schlacht!
Den Nazihorden Widerstand!
Tod der Faschistenmacht!

Und der Refrain:

Es breche über sie der Zorn
wie finstre Flut herein.
Das soll der Krieg des Volkes,
der Krieg der Menschheit sein.

Was Michail nicht mehr im Wanderkino zu sehen bekam, war der geänderte Tschapajew-Film, weil alle Fahrzeuge für den Krieg gebraucht wurden, auch die Kinowagen. Es kam in diesen Tagen in Mode, bekannte Gedichte, beliebte Filme und populäre Bilder zu verändern, sozusagen ihnen eine patriotische Ergänzung beizufügen. Endete der Tschapajew-Film im Original damit, dass der rote Kommandeur mit seinen Leuten beim Durchschwimmen des Flusses Bjelaja (was ironischerweise zu deutsch der »Weiße« heißt) ertrank, so wurde nun eine Szene nachgedreht und an den Film angehängt, in der Tschapajew überlebte und sozusagen direkt zum Publikum sprach. So wie er damals die Weißen geschlagen habe, so werden sie heute die Faschisten besiegen.

Am 19. Juli 1941 las Sergej Gorbatschow seinem Sohn Michail aus der *Prawda* vor, dass der Genosse Stalin zum Volkskommissar für Verteidigung ernannt worden war. Im August neigte sich die Getreideernte bereits dem Ende zu. Auf den Feldern arbeiteten die Kinder mit, die Ernte musste eingebracht werden, auch wenn die Männer an der Front waren.

Die Familie saß auch an diesem warmen Augustabend beim Abendessen, als der Bote des Wehrbezirkskommandos vor dem Haus der Gorbatschows anhielt und Vater Sergej die Einberufung zustellte. In der Nacht wurde gepackt und Abschied genommen. Niemand wusste, ob man sich wiedersehen würde. Erste Meldungen von Männern, die im Krieg fielen, trudelten bereits ein. Am Morgen brachte die Familie den Vater in die 20 Kilometer entfernt liegende Bezirkshauptstadt Krasnogwardejsk, die in diesen Tagen Molotow hieß, nach Stalins Außenminister. Vor der Revolution trug die Stadt den Namen Medweschje – Bärchen –, nach der Revolution wurde sie nach den Roten Garden – Krasnogwardejsk – benannt, zwischendurch musste sie für eine kurze Zeit mit Molotows Namen vorlieb nehmen.

Der Platz, an dem sich die Einberufenen zu versammeln hatten, bot ein einziges Bild des Jammers. Frauen verabschiedeten ihre Männer, Kinder ihre Väter, Eltern ihre Söhne in eine ungewisse Zukunft. Alle Nachrichten von der Front berichteten nur von Rückzug und hohen Verlusten. Sergej kaufte seinem Sohn ein Eis, das erste Mal in seinem Leben, und schenkte ihm zum Abschied eine Balalaika. Dann mussten die Rekruten sich sammeln, und die Angehörigen sahen, wie die einberufenen Männer zu einer gesichtslosen Menge wurden, wie die Menge ihre Individualität verschlang und sie aus ihrem Leben marschierten.

Kapitel 4

In den Klauen des Krieges

»Es war in meiner frühen Jugend. Irgendow bei Kursk oder
Orjol tobte das dritte Jahr der Krieg. An den fernen Fronten
kämpften unsere Väter und Brüder, und wir halbwüchsigen ...
arbeiteten im Kolchos. Die schwere Arbeit der Männer lastete
auf unseren noch nicht erstarkten Schultern. Das spürten wir
besonders in der Erntezeit. Wochenlang kamen wir nicht nach
Hause; Tag und Nacht waren wir auf dem Feld, dem Drusch-
platz oder unterwegs zur Eisenbahnstation, wo das Korn verladen wurde.«

Tschingis Aitmatow, »*Dshamila*«

Nun half nur noch Beten und Hoffen. Doch dazu kamen die Frauen
und Kinder bestenfalls in der Nacht, denn am Tag hatten sie alle
Hände voll damit zu tun, die Erntearbeiten zu beenden, die Wirtschaft zu versorgen, ihre Familien zu ernähren. Wenn abends endlich Ruhe einkehrte, drang wieder Pferdegetrappel an die Ohren
der Dorfbewohner. Wieder war es der Bote des Wehrbezirkskommandos, der die schwarzen Papiere brachte, die Nachricht vom
Tod des Mannes an der Front. Wenn sich der Bote näherte, hoffte
und betete man, dass er weiter ziehen möge. Und wenn er wei-
ter zog, mischten sich in das Aufatmen die Trauerschreie und das
Wehklagen derer, die den Verlust ihres Liebsten erlitten hatten.
Der Schmerzensschrei und das Klagen zerrissen von nun an die
Steppennacht. Niemand kann sagen, wie oft Michail Gorbatschow
diese Laute der Trauer gehört hat, niemand hat es gezählt, doch aus
Priwolnoje fielen allein sieben Gorbatschows, nähere und fernere
Verwandte. Jeden Abend las anstelle seines Vaters nun Michail der
Familie die *Prawda* vor, und die Lektüre drückte die Stimmung.
Immer noch wich die Rote Armee zurück. Die Deutschen standen
Ende 1941 kurz vor Leningrad und riegelten den Blockadering ab;
sie befanden sich wenige Kilometer vor Moskau und hatten bereits

Rostow am Don eingenommen, das sie aber bald darauf wieder aufgeben mussten.

Am 8. Oktober 1941 fiel in der Steppe bereits der erste Schnee. Der Winter kam früh und er kam heftig in diesem Jahr. Bald versank die Steppe unter einer dicken Schneelast. Die Bewohner schaufelten sich Durchgänge, damit sie zum Nachbarn gelangen konnten. Um die Häuser heizen zu können, mussten in der nahezu baumlosen Steppe die Obstbäume aus den jahrelang gepflegten und umsorgten Gärten geschlagen werden. Trotz des Arbeitseinsatzes aller Frauen, Kinder, Greise und Invaliden konnten die Männer nicht einfach ersetzt werden. So blieb das Heu auf den Feldern, und für das Vieh fehlte die Nahrung. Michails Mutter beschloss mit ein paar anderen Frauen, das Heu einzufahren. Trotz beißender Kälte räumten sie die Straße und begannen mit der Arbeit. Eines Tages jedoch erhob sich, kaum dass sie sich auf dem Weg zum Feld befanden, ein Schneesturm. Es wurde Abend. Es wurde Nacht. Stunde um Stunde verging quälend langsam, doch die Mutter und die anderen Frauen kehrten nicht zurück ins Dorf. So verging ein Tag nach dem anderen und mit jedem Tag wuchs die Sorge ins Unermessliche. Der Vater im Krieg, die Mutter im Schneesturm verschollen. Zwar war er nicht allein, denn er hatte ja noch die Großeltern, dennoch verschlimmerte sich die Stimmung des zehnjährigen Jungen. Am vierten Tag endlich überbrachte jemand die Nachricht, dass die Frauen im Gefängnis von Krasnogwardejsk saßen. Im Schneesturm hatten sie sich verfahren. Als sie sich daran machten, vom falschen Feld das Heu abzutransportieren, wurden sie verhaftet. Zuerst atmete Michail auf, dann aber packte ihn der Schrecken, denn die Mutter war keineswegs in eine harmlose Verwechslung hineingeraten: Die »Veruntreuung sozialistischen Eigentums« konnte auf direktem Weg ins Gulag führen, wenn man die Schuldigen nicht gleich erschoss. Ein Menschenleben galt nichts, und nicht selten wurde kurzer Prozess gemacht. Es gelang den Frauen, den NKWD-Mann zu überzeugen, dass in der Tat nur ein Versehen vorlag und ihre Kinder zu Hause auf sie warteten, ihre Männer für die Heimat kämpften und das fälschlich aufgeladene Heu für das Vieh der Kolchose, das sonst verhungern müsste, bestimmt war. Der NKWD-Mann sah das glücklicherweise ein, was in dieser Zeit ganz und gar nicht selbstverständlich war, und ließ sie laufen. Die gemeinsame Arbeit und die gleichen Sorgen ließen die Frauen näher zusammenrücken. Sie lernten, die alltäglichen Probleme selbst zu lösen. Sie standen sich im Kummer bei. Oftmals versammelten sie sich reihum bei sich zu Hause, um miteinander zu sprechen und um sich die Zeitungen vorlesen zu lassen. Michail wuchs in dieser Gesellschaft von Frauen auf, die ihr karges und vom Hunger bedrohtes Leben selbst in die Hand nahmen. Jetzt, wo die Männer an der Front kämpften, blieb ihnen nichts weiter übrig, als die Rolle der Männer im Dorf gleich mit zu übernehmen. Sie wurden zu dem, was wir heute modisch verflacht und ideologisch entleert »starke Frauen« nennen. Diesen Respekt vor den Leistungen der Frauen bewahrte sich Michail Gorbatschow zeitlebens. Dieser kultivierte und höfliche Umgang mit dem anderen Geschlecht unterscheidet ihn, ebenso wie seine Zurückhaltung gegenüber dem Alkohol und seine eheliche Treue, wesentlich von dem Großteil seiner Landsmänner.

Während die Mutter sich um die Feldarbeit kümmerte, musste Michail ihre Aufgabe im Haushalt übernehmen. Außerdem wurde er zum Vorleser, zu demjenigen, der anstelle seines Vaters die *Prawda* allen anderen im Haus zu Gehör brachte. Bis heute spürt man in der Gorbatschowschen Diktion den unpersönlichen Parteistil, die vermiedene Präzision, die Vorliebe für Allgemeinplätze und ideologische Hülsen. Wie kaum ein zweiter konnte und kann er sich an Phrasen und klingenden Allgemeinplätzen vollkommen aufrichtig rhetorisch berauschen. Die frühe und konsequente Lektüre – die Zeitung wurde vom ersten bis zum letzten Artikel durchgelesen – prägte seinen Sprachstil. Hinzu treten später noch die Bilder und vor allem das Pathos der russischen Romantik und der naiv volksverbundene Impetus des russischen Kritikers Belinski.

Kurz vor Moskau blieb der deutsche Vormarsch schließlich stecken. Aufatmen im Hause Gorbatschow. Der Feind wurde zum Stehen gebracht, die Hauptstadt schien vorerst gerettet. Das war die erste gute Nachricht im Krieg. Alexander Bek schrieb einen sehr patriotischen Roman darüber, *Die Wolokolamsker Chaussee*, der vor allem wegen seines Zeitkolorits lesenswert ist.

Im Frühjahr 1942 wurde Michails Leben ausschließlich davon bestimmt, der Mutter zu helfen. Während sie auf dem Feld der Kolchose arbeitete, jätete und hakte, wässerte und versorgte er den Gemüsegarten, sammelte in der Steppe Kalisalzkraut zum Heizen des Ofens, um Brot backen oder kochen zu können. Inzwischen feierte Michail seinen 11. Geburtstag. Doch das Spielen und Lernen rückte weit in die Vergangenheit, denn es ging für die Bauernfamilien in diesen Tagen um das nackte Überleben. Manchmal träumte der fantasievolle Junge, spielte auf der Balalaika, sang oder las. Die *Prawda* legte patriotische Heftchen bei, in denen beispielhafte Heldentaten, wie die der Komsomolzin Soja Kosmodemjanskaja zur allgemeinen Nachahmung empfohlen wurden.

Die Schülerin der 10. Klasse Soja Kosmodemjanskaja meldete sich freiwillig zum Kampf gegen den deutschen Aggressor und wurde einer Einheit zugeteilt, die im Hinterland des Feindes mit einer besonderen Operationen betraut war. Sie geriet, als sie in dem Dorf Petrischtschewo bei Moskau mehrere Häuser in Brand steckte, in deutsche Gefangenschaft und verriet trotz schwerer Folter ihre Genossen nicht. Noch nicht 17-jährig wurde sie hingerichtet. Den deutschen Soldaten, die sie exekutieren sollten, rief sie noch am Galgen zu:»Ihr könnt nicht alle 190 Millionen Russen aufhängen.«Ihre Heldentat wurde sofort propagiert und sie selbst zur Ikone des Widerstandes, zur nationalen Heldin und bis in die sechziger Jahre hinein zur Kultfigur. Der kleine Michail war zutiefst bewegt, als er las, wie das wenige Jahre ältere Mädchen mutig gegen die Faschisten gekämpft hatte. Er begeisterte sich für diese Heldin ebenso, wie für den Gardeschützen Matrossow, der sich vor einen deutschen MG-Lauf warf, um mit seinem Körper als Kugelfang den Angriff seiner Genossen zu schützen.

In seiner Rede vom 3. Juli 1941 hatte Stalin gefordert, dass beim Rückzug dem Feind nichts Brauchbares zu hinterlassen sei außer verbrannter Erde. Präzisiert wurde dieser Gedanke im Befehl Nr. 0428 vom 17. November 1941. Für die Vernichtung der Ortschaften und Dörfer, für die Brandstiftung und Zerstörung von Häusern und Bauernkaten, die der Feind erobert hatte, wurden Bomber und Partisanen eingesetzt, zuweilen in deutscher Uniform, um den Menschen vorzutäuschen, dass deutsche Soldaten die Brandstifter wären.

Nach diesen Rückzugsgefechten kam es zu ersten militärischen Erfolgen der Roten Armee, die in der fernen Reichskanzlei zu Entschlüssen führten, von denen Michails Leben unmittelbar berührt wurde: Die Offensive gegen Moskau war zum Erliegen gekommen, die Blockade Leningrads zeigte nicht die erhoffte Wirkung, und der Mangel an Erdöl gestaltete sich zunehmend prekärer. Was Hitlers Generäle nur im internen Kreis verlauten ließen, war die nüchterne Einschätzung, dass der Blitzkrieg gescheitert war. Deutsches Militär neigte zwar seit jeher dazu, die militärische Lage nüchtern zu analysieren, es neigte allerdings nicht dazu, die Schlüsse, die aus der Analyse folgen mussten, durchzusetzen. Die militärischen Kräfte reichten nicht aus. Man konnte es simpel ausrechnen. Die Wehrmacht besaß angesichts der Größe des russischen Landes zu wenig Soldaten. Es war, als ob das Riesenreich die deutschen Verbände verschluckte. Hinzu kam eine wachsende, im Hinterland der kämpfenden Truppe agierende Partisanenbewegung. Hier hatte der nationalsozialistische Rassenwahn den Feind erst erzeugt, der zu Kriegsbeginn zum hilfreichen Freund hätte werden können. Denn nicht wenige Ukrainer und Belorussen, die extrem unter dem stalinistischen Terror zu leiden hatten, begrüßten die Deutschen als Befreier. Erinnerungen aus dem Ersten Weltkrieg wurden kolportiert. In den Gebieten, die kurzzeitig unter deutscher Verwaltung standen, existierte ein Maß an Sicherheit, von dem man während der Grausamkeiten, die Budjonnys Reitarmee anschließend in den eroberten Gebieten verübte, nur träumen konnte. So kam es, dass der deutschen Wehrmacht sehr schnell ukrainische Hilfstruppen zur Verfügung standen und der sowjetische General Wlassow, der in Gefangenschaft geraten war, für die Deutschen eine Freiwilligenarmee unter denjenigen russischen Kriegsgefangenen rekrutierte, die gegen Stalin kämpfen wollten. Doch Hitlers Rassenwahn, seine stumpfe Herrenmenschenideologie führten dazu, dass Wlassows Armee nicht effizient eingesetzt wurde. Die Massaker unter der Zivilbevölkerung und die Verfolgung und Ermordung der Juden trieben Stalin immer mehr Menschen in die Arme, die nun als Partisanen gegen die Deutschen kämpften. Allerdings gab es auch Zwangsrekrutierungen unter dem Motto: »Entweder du kommst mit uns in die Wälder, oder wir erschießen dich gleich auf der Stelle.«

Die hoffnungslose Überforderung der deutschen Streitkräfte minimierte keineswegs den strategischen Wahn Hitlers. Er ordnete an, die Offensive in der Südrichtung verstärkt voranzutreiben. Er spaltete die südliche Streitmacht in zwei Heeresgruppen auf. Die Heeresgruppe A unter Feldmarschall Wilhelm List stieß in Richtung Rostow vor und sollte dann den Kaukasus erobern. Anschließend, fantasierte Hitler, würde die Heeresgruppe über den Kaukasus nach Mesopotamien vorstoßen, während Feldmarschall Fedor von Bock einstweilen Woronesch angriff. Dazwischen sollte die 6. Armee unter Generalfeldmarschall Friedrich Paulus Stalingrad erreichen und somit die Wolga als wichtigen Verbindungsweg zwischen Moskau und dem Industriegebiet im Donezbecken kappen. Die Sommeroffensive, die hoffnungsvoll »Fall Blau« genannt wurde, begann am 28. Juni. Am 23. Juli marschierten deutsche Truppen bereits in Rostow ein. In Priwolnoje wuchs die Unruhe, Lists Heeresgruppe war nur noch knapp 170 Kilometer entfernt. Wäre Rostow nicht nahezu kampflos gefallen, hätte man den Geschützdonner fast bis Priwolnoje hören müssen. Doch der neue russische Generalstabschef war zur elastischen und flexiblen Verteidigung übergegangen. Damit trieb er Hitler, der immer Vernichtungsschlachten erzwingen wollte, in die Raserei. Durch strategische Rückzüge zwang er die deutsche Armee, ihre Kräfte aufzusplittern und verhinderte Hitlers Ziel, den Gegner in wenigen Schlachten zu vernichten.

Spätestens ab dem 24. Juli, an dem Tag, an dem die Deutschen Rostow vollständig besetzt hatten, dürften die Informationen über die allgemeine Lage bei den Gorbatschows nur noch spärlich eingetroffen sein, denn die Auslieferung der *Prawda* unterblieb. Lists Verbände rasteten nicht, sondern trieben die Offensive nach Süden voran. Michail konnte nun den Geschützdonner vernehmen. Die Familie lebte jetzt im unmittelbaren Kampfgebiet.

Michails Großeltern, die Gopkalos, packten eilig das wichtigste Hab und Gut und flohen in Richtung Süden, in Richtung Stawropol. In dieser Zeit trug die Stadt den Namen des politischen Marschalls Woroschilow: Woroschilowsk. Priwolnoje lag an der Hauptstraße von Rostow nach Stawropol. Tagelang zogen sowjetische Soldaten bei ihrem Rückzug durch den Ort. Die Kinder sahen sie, und es muss

Michail und seinen Freunden einen Stich ins Herz versetzt haben, die ruhmreiche Armee so hoffnungslos und geschlagen zu sehen. Die Gesichter der Soldaten wirkten mutlos, abgekämpft und düster. Sie fühlten sich als Verlierer, und sie fühlten sich schuldig. Am 28. Juli erließ Stalin den Befehl Nr. 227, der bekannt wurde unter seinem Motto »Keinen Schritt zurück«. Stalin hatte bis dahin nur widerwillig das Prinzip der flexiblen Verteidigung akzeptiert. Wassilewskis Strategie trug erst später ihre Früchte. Der Generalstabschef hatte völlig Recht, der Entscheidungsschlacht auszuweichen, die zur Vernichtung der Roten Armee geführt hätte. Genau darin hatte ja Hitlers Absicht gelegen. Es trat ein, was der inzwischen abgelöste Oberbefehlshaber der Heeresgruppe B, von Bock, befürchtet hatte: Wassilewskis Strategie verwickelte die Wehrmacht in ein ermüdendes Hase-und-Igel-Spiel. Durch den Rückzug der Roten Armee konnten die deutschen Verbände nur »Luftstöße« führen, die Vernichtung der gegnerischen Kräfte, die sich im enormen Hinterland neu sammelten und gruppierten, gelang ihnen nicht. Hitler hatte für die immer weiträumiger werdenden Operationen nicht genügend Ressourcen zur Verfügung.

Inzwischen wuchs in Stalin die Überzeugung, dass die Rote Armee zu viel an Land und vor allem an wirtschaftlichen Kapazitäten preisgab und der dauernde Rückzug die Moral der Truppe nachhaltig zu zerstören begann. Deshalb beendete er diese Strategie und befahl, dass sich die Einheiten zu halten hätten. Ein Zurück dürfe es nicht geben. Hart kritisierte er die Südfront, die in seinen Augen schmählich zusammengebrochen war, eben jene Einheiten, die an dem kleinen Michail vorbeizogen und Priwolnoje den Deutschen überließen. Stalin forderte: »Die Miesmacher und Feiglinge müssen auf der Stelle gerichtet werden.« Und »gerichtet werden« bedeutete erschossen werden. Hinter den kämpfenden Einheiten wurden NKWD-Einheiten postiert, die alle Soldaten, die zurückwichen, standrechtlich zu erschießen hatten.

Die Kinder in Priwolnoje hoben einen Miniatur-Verteidigungsgraben aus, der nicht mehr benutzt wurde. Schnelle Verbände des XXXX. deutschen Panzerkorps stießen rechts und links an Priwolnoje vorbei in Richtung Stawropol und überholten sogar die fliehenden Großeltern Michails. Fast hätten die deutschen Verbände

Suslows NKWD-Nachhut noch eingeholt, die überstürzt mit letzten Akten aus der Stadt floh. Suslow, der später für Gorbatschow wichtig werden sollte, leitete seit 1939 die Partei in der Region Stawropol. Als Parteichef der Region lernte er auch Pantelej Gopkalo gut kennen. Um den 28. Juli sichtete Michail deutsche Kradfahrer, zwei, drei Tage später folgten deutsche Truppen. Ein paar Soldaten wurden als Garnison zurückgelassen, die sich im Dorf einrichtete und eine kleine Verteidigungsstellung mit Gräben und Unterständen aufbaute. Anfangs kam es zwischen den jungen deutschen Soldaten und den Dorfjungen zu Spannungen, die sich lösten, als ein deutscher Soldat, der Russisch konnte, dolmetschte und sie sich darauf einigten, dass sie nichts dafür könnten, wenn Stalin und Hitler unbedingt gegeneinander Krieg führen mussten.

Am 5. August wurde Stawropol eingenommen, und die Großeltern Gopkalo trennten sich in der Steppe. Während die Großmutter ins Dorf zurückkehrte, schlug sich der Großvater durch Felder und Schluchten zur Front. Zurück konnte er nicht. Pantelej Gopkalo hatte allen Grund, sich um sein Leben zu sorgen. Er war Mitglied der Kommunistischen Partei, Organisator des Kolchos. Er hatte im Dorf nicht nur Freunde. Und es war bekannt, dass die Deutschen Jagd machten auf Kommunisten und Juden. Gopkalo bot sich Suslow, der die Organisation der Partisanentätigkeit an sich gerissen hatte, an, um ihn nach besten Kräften zu unterstützen.

Die deutsche Offensive kam 7 Kilometer vor Ordschonikidse zum Erliegen, im Angesicht der Ölfelder, die das Ziel der Offensive waren und die sie nicht mehr erreichen sollte. Da die letzten deutschen Reserven an Soldaten gebraucht wurden, endete für die deutschen Soldaten in Priwolnoje das verhältnismäßig ruhige Garnisonsleben. Zu Ausschreitungen war es nicht gekommen. Die Deutschen setzten einen alten Mann – es gab ja kaum noch Männer im Dorf – als Dorfältesten ein. Sawwati Saizew hatte sich zwar zunächst mit Händen und Füßen gesträubt, doch die Bauersfrauen überredeten ihn, das Amt anzunehmen. Schließlich sei er doch einer von ihnen und könnte so manch Gutes für die Dorfbevölkerung erreichen. Das erwies sich als Glücksfall, denn nach dem Abzug der Deutschen übernahmen ukrainische Hilfstruppen die Garnison. Sie stammten aus der Westukraine und hassten die Kommunisten aus gutem Grund, denn sie hatten erlebt, wie Stalins Henker über das Land hergefallen waren und ihre Verwandten und Freunde abgeschlachtet hatten. Sie selbst hatten Glück, dass sie mit dem Leben davongekommen waren. In der südrussischen Steppe und im Nordkaukasus gab es viele nicht-russische Völker, die Stalins Nationalitätenpolitik unterdrückte und drangsalierte. Die Tschetschenen beispielsweise wurden 1935 deportiert, Abchasien als eigenständiges Gebiet zerschlagen. Der stalinistische Terror wütete unter den Kaukasiern besonders grausam. Männer wie Berija verdienten sich hier ihre Sporen. Das konnten die deutschen Militärs und Fachleute von »Fremde Heere Ost« Hitler mit viel Mühe erklären, sodass eine Weisung erging, die kaukasischen, nichtrussischen Völker zuvorkommend zu behandeln. Irgendjemand hatte es sogar fertig gebracht, Hitler einzureden, dass die Kaukasier von den Ostgoten abstammten, also mit den Deutschen verwandt seien. Es hätte die ohnehin schon überdehnten deutschen Kräfte bei weitem überfordert, in der kalmückischen Steppe und im Kaukasus mit einem nennenswerten Partisanenkrieg konfrontiert zu werden und sich um die Verwaltung der eroberten Gebiete kümmern zu müssen. So konnten sie vieles an Vertreter der betreffenden Völker delegieren, die sich in bestimmten Grenzen selbst verwalteten. Deshalb mochten sich Suslow und Gopkalo bemühen wie sie wollten, ein erwähnenswerter Partisanenkampf kam in dieser Region nicht in Gang.

Im Verlauf der Rückzüge der Roten Armee kam es zu einer wachsenden Zahl von Desertionen. Nachdem zunächst die Deutschen, dann die Ukrainer das Dorf verwalteten, verließen die Deserteure ihr Versteck. Menschen, die einen tiefen Groll gegen die Kommunisten hegten oder Deserteure aus dem Dorf gaben den neuen Herren die Namen der Kommunisten an. So wurde auch Pantelej Gopkalo denunziert. Doch Pantelej hatte sich in Sicherheit gebracht. Bei den Gorbatschows wurde eine Hausdurchsuchung vorgenommen, jedoch ohne Erfolg. In dieser Zeit ging Michail nicht zur Schule, sondern half im Haushalt, weil die Mutter tagsüber zur Zwangsarbeit musste. Obwohl die Besatzungszeit für sie glimpflich verlief, bedeutete sie für den elfjährigen Jungen die Hölle. Er glaubte an den Kommunismus, er glaubte an Stalin, doch öffentlich durfte er das nicht äußern. Politisch interessiert wie er war, bekam er keine Nachrichten und lebte mehr oder weniger in einem luftleeren Raum. Weder vom Großvater noch vom Vater erfuhr er etwas. Was hatte er bisher in seinem noch sehr jungen Leben schon alles erlebt: Hunger, die Verhaftung der Großväter, die Ächtung als Angehöriger von Volksfeinden im Dorf, dann die Besetzung des Dorfes durch den Feind und die Trennung von Großvater und Vater, über deren Schicksal er nichts wusste. Mit zehn Jahren endete die Kindheit, und er musste arbeiten wie ein Erwachsener. So sah bis jetzt das Leben des Michail Gorbatschow aus. Und seine Sehnsucht? Er wollte raus aus dem Dorf, er wollte sein Leben selbst bestimmten, nicht bestimmt werden und vor allem wollte er Wissen erwerben.

Gerüchte verdichteten sich Ende Dezember 1942, Anfang Januar 1943, dass die ukrainischen Hilfstruppen aus Enttäuschung über den Kriegsverlauf mit den Familien der Kommunisten abrechnen wollten, weil sie der Männer, die größtenteils an der Front kämpften, nicht habhaft werden konnten. Am 28. Dezember 1942 konnte der Generalstabschef Zeitzler Hitler das Einverständnis abringen, die Heeresgruppe A aus dem Kaukasus auf die Rostowlinie zurückzuführen. Die 6. Armee war unrettbar in Stalingrad eingeschlossen, und der Heeresgruppe drohte die gleiche Katastrophe, da der sowjetische Plan der Offensive vorsah, vom Don her in Richtung Rostow zum Schwarzen Meer vorzustoßen und somit die Heeresgruppe A, die im Kaukasus agierte, abzuschneiden und einzukesseln. So wurden ab dem 28. Dezember Vorbereitungen getroffen und vom 20. Januar 1943 an in der Tat die deutschen Verbände planmäßig zurückgeführt.

Nur äußerst knapp entging die Familie einem schlimmen Schicksal. Am 26. Januar sollten die Familien von Kommunisten deportiert werden. Michails Mutter und Großvater Andrej, der kein Kommunist war, versteckten Ende Januar den Jungen in einem Viehstall außerhalb des Dorfes, um ihn zu schützen. Doch kurz bevor die Aktion anlaufen konnte, marschierte am 21. Januar 1943 die Rote Armee in Priwolnoje ein und verhinderte so die bereits geplante Deportation. Am 31. Januar 1943 kapitulierte Generalfeldmarschall Paulus in Stalingrad.

Das Elend beginnt immer nach den Kriegen, nach den Revolutionen. Der Krieg zog nach Westen, aber in Priwolnoje standen die Bewohner vor der Katastrophe. Die Obstbäume waren geschlagen, das Vieh am Verhungern. Es gab kaum Saatgut. Die Versorgung im Land brach zusammen. Das Dorf blieb völlig auf sich gestellt, und es gab keine arbeitsfähigen Männer. Also packten die Frauen und Kinder an. Michail wird den Anblick sein Leben lang nicht vergessen, wie die Frauen im März 1943 pflügten, eine Frau spannte sich vor den Pflug, eine andere schob den Pflug mit Tränen in den Augen und unter Aufbietung aller Kräfte. Pferde besaßen sie nicht mehr, die hatte man für die Front requiriert, und die Kühe, von deren Milch sie lebten, mussten geschont werden. Großmutters Webstuhl wurde vom Dachboden geholt, die Gorbatschows bauten wie auch die anderen Familien Hanf an, um daraus Fasern zu gewinnen und wenn auch grobe, aber immerhin doch Kleidung herzustellen. Aus dem Sprengstoff von Panzerhandgranaten stellten sie Zündhölzer her. Salz gewann man aus dem über 50 Kilometer entfernten Solnoje See. Doch trotz aller Mühen fiel die Ernte schlecht aus, und das Wenige, was geerntet wurde, musste abgegeben werden. Denn die Natschalniks und die NKWD-Leute waren gleich nach dem Abzug der Deutschen schon wieder zur Stelle, um ihre Art von Heldentaten zu begehen. Als Erstes verhafteten sie Sawwa Saizew, weil er mit der Besatzungsmacht kollaboriert hatte. Das ganze Dorf bat um Sawwa Saizew und erklärte den NKWD-Leuten, dass sie ihn alle überredet hätten, den Posten anzunehmen, um das Dorf zu schützen, und dass er niemandem geschadet, aber allen geholfen hatte. Doch alles Fürsprechen nützte nichts. Der alte Sawwa Saizew starb unter schlimmen Umständen elend im sowjetischen Gefängnis.

Im Winter 1943 brach eine Hungersnot aus, die bis zum Frühjahr 1944 andauerte. Michails Mutter, eine resolute Frau, nahm die neuen Chromlederschuhe und den neuen, noch ungetragenen Anzug ihres Mannes. Sie vertraute ihrem Sohn den Haushalt an, schärfte ihm ein, dass sie ihm für jeden Tag eine Handvoll Mais abgewogen hatte und machte sich mit anderen Frauen auf den Weg, Lebensmittel zu organisieren. Wieder brachen Tage des Wartens und der Ungewissheit an. Am 15. Tag kam die Mutter mit 48 Kilogramm Mais zurück. Das rettete die Familie. Nicht wie in der letzten Zeit nur einmal, nun konnten sie wieder dreimal am Tag essen. Andere im Dorf bangten um eine äußerst karge Mahlzeit am Tag. Unterernährung und Hungerödeme breiteten sich aus. Im Vergleich dazu ging es bei den Gorbatschows etwas glimpflicher zu.

Als es im Frühjahr kräftig regnete und Tage später bereits die Steppe blühte, wuchs auch die Hoffnung. Langsam normalisierte sich das Leben, und auch die Dorfschule öffnete wieder ihre Pforten. Michails Vater schrieb seiner Frau, dass sie verkaufen sollte, was sie könnte, damit Michail Kleidung hätte, um die Schule besuchen zu können, denn das Wichtigste sei, dass ihr Sohn lernen würde. Die hohe Achtung vor Bildung war in einer Bauernfamilie nicht typisch. Doch sowohl der Großvater als auch der Vater förderten so gut sie konnten die geistigen Interessen des Kindes. Pantelej Gopkalo bejahte die kommunistische Ordnung, weil sie seiner Meinung nach auch den Kindern von Bauern die Möglichkeit gab, Bildung zu erwerben und sozial aufzusteigen. Die Kommunistische Partei versprach ja immerzu, dass sie die Klassenschranken aufhob. Dass diese Idee in der praktischen Ausübung mit einem Intellektuellen-Pogrom einherging und der kommunistischen Ideologie von jeher eine Intellektuellenphobie innewohnte, bezeichnete die andere Seite der Medaille und hing unter anderem mit Stalins Minderwertigkeitsgefühl gegenüber den Partei-Intellektuellen zusammen, die er in den Jahren des großen Terrors vollzählig füsilieren ließ. Um zu begründen, weshalb der Arbeiter oder die berühmte Köchin von vornherein für Führungsaufgaben in Wirtschaft, Armee und Staat befähigt waren, schuf die marxistische Ideologie das ominöse Klassenbewusstsein. Dieser fast gnostische Begriff hat Heerscharen kommunistischer Theoretiker verzückt und beglückt. Selbst der dümmste Tölpel erlangte durch das Klassenbewusstsein eine Weihe, die ihn spielerisch den Staat lenken und komplizierteste Integralrechnungen beherrschen ließ. Dabei ging es Stalin nur darum, Leute einzusetzen, die noch weniger wussten als er selbst. Das, wie gesagt, war die Kehrseite. Positiv an diesem Ansatz war, jedem Kind unabhängig von der Herkunft der Eltern eine Chance zu geben. Und dieser Gedanke bei Großvater und Vater, dass Sohn Michail, der bis jetzt noch ein Einzelkind war und dem daher die ganze Liebe der Eltern und Großeltern gehörte, es einmal besser haben sollte, beherrschte sie. Jedes Opfer war recht, damit der Sohn in die Schule ging. Besonders gern aber erinnert Gorbatschow sich an die Großeltern Gopkalo. Dort war er als einziger Sohn ihrer Tochter der kleine Prinz schlechthin. Beim väterlichen Zweig der Familie war er ein Enkel unter vielen. Und einer unter vielen zu sein, verabscheute er von Kindesbeinen an.

Trotz der geistigen Neugier verlief die erste Begegnung mit der Schule nach der zweijährigen Zwangspause katastrophal, zumal er ein viertel Jahr zu spät in die Klasse kam. Er hatte kaum begonnen zu lernen, da kamen bereits Krieg und Okkupation dazwischen. Und schließlich die stete Gefahr für das Leben, die harte Arbeit, die den Jungen zu früh in die Welt der Erwachsenen riss, das Gefühl, an Vaters Stelle der Mann im Haus zu sein, mussten ihm die ersten Schulstunden, wo er plötzlich wieder Kind sein sollte, als absurd, falsch, nebensächlich, ja als läppisch erscheinen lassen. Das konnte er unmöglich ernst nehmen. Zum einen fand er zunächst keinen Anschluss an den vermittelten Stoff, fühlte sich fremd, zum anderen schien ihm wichtiger zu sein, zu helfen, das Getreide einzubringen, als Gedichte zu lernen. Bedingt durch den Ausfall glänzte er überhaupt nicht mit Wissen und Leistung. Als Michail nach der Schule nach Hause kam, erklärte er der Mutter, dass er von jetzt an nicht mehr zur Schule gehen würde, weil er darin keinen Sinn erblicken und an anderer Stelle dringender gebraucht würde. Wie könnte er die Schulbank drücken, während seine Mutter hart und über ihre Kräfte arbeiten müsste? Und da der zwölfjährige Junge einen mindestens so eigensinnigen Kopf besaß wie seine Mutter und er seine Entschlüsse mit eloquenter Beredsamkeit und einer schwer zu widerlegenden Logik vorzutragen verstand, wusste die lebenskluge Frau, dass sie ihrem Sohn mit Argumenten nicht beikommen würde. Sie nahm kurzerhand ein paar Sachen, die sie eintauschen konnte, besorgte Bücher und legte sie ihm hin. Und Michail begann erst zögernd, dann immer rauschhafter zu lesen. Die alte intellektuelle Neugier erwachte erneut und mit ihr das Verlangen zu lernen, von all den Dingen auf dieser großen weiten Welt zu erfahren, die es gab und die es eines Tages geben könnte. Tage später ging er von selbst wieder zur

Schule und büffelte, um aufzuholen. Diese Erfahrung prägte ihn und spornte ihn an. Natürlich war seine intellektuelle Eitelkeit verletzt, als er nach der langen Unterbrechung wieder in die Schule kam und sich wie ein Dummkopf gefühlt haben musste, da er dem Unterrichtsverlauf nicht folgen konnte, weil ihm die Grundlagen fehlten. Doch das steigerte seinen beträchtlichen Ehrgeiz noch. Konzentriertes Nachholen und Mitarbeiten brachte ihn schon nach wenigen Tagen an die Klassenspitze. Die Erfolgserlebnisse stellten sich ein, und er hatte für sich die Erfahrung gewonnen, dass man alles erreichen kann, wenn man nur entschlossen genug dafür arbeitet. Für sein künftiges Leben formulierte er in dieser Zeit: Dumm ist nicht der, der es nicht weiß, dumm ist nur der, der nichts gegen seine Wissenslücken unternimmt. Später in Moskau wird diese Haltung für ihn überlebenswichtig werden: Er wird niemals schüchtern fragen noch Bildungslücken kaschieren, sondern sehr selbstbewusst daran arbeiten, das Bildungsgefälle zu verringern. Schließlich konnte er nichts dafür, dass er nicht mit der Kultur der Hauptstadt, mit dem Stanislawski-Theater und der Tretjakow-Galerie aufwuchs, sondern nur mit Gänsen und Schweinen und dem endlosen Himmel über der Steppe.

Lernen, Spiele wie Lapka, eine Art südrussisches Football, zu Hause und in der Wirtschaft helfen, das Vorlesen der *Prawda* füllten die Tage des Jungen Michail Gorbatschow aus.

Es herrschte großer Mangel an allem. Aber man wusste sich zu helfen. Aus Ruß wurde Tinte gemacht, geschrieben wurde auf allem, was man fand. Michail nutzte die leeren Seiten der Traktoristenlehrbücher des Vaters, die Zeitungsränder, jedes freie Stück Papier. Wenn ein Brief vom Vater, der immer noch an der Front kämpfte und seit seiner Einberufung, also seit nunmehr drei Jahren, nicht mehr zu Hause war, eintraf, wurde er im Familienkreis vorgelesen, und es war Michail, der ihn vorlas. Nachricht vom Vater, das war jedes Mal ein Festtag. Und natürlich war es auch Michail, der sogleich einen Antwortbrief verfasste. In diesen Jahren gewöhnte er sich das Schreiben von Briefen an. Später, als junger Funktionär, wird er immer, wenn er von Raissa getrennt ist, und seien es auch nur für vier Tage, ihr Briefe schreiben, ihr von seinen Erlebnissen berichten und Ratschläge erteilen.

Michail – links – mit seinem Cousin Fjodor Wassiljewitsch Rudschenko.

Doch Gorbatschow erlebte in dieser Zeit nach dem Abzug der Deutschen und noch vor dem Ende des Krieges auch die nun einsetzenden sowjetischen Deportationen. Aus Rache für ihre Zusammenarbeit mit den Deutschen ließ Stalin ganze Völkerschaften ab 1944 nach Sibirien verschleppen: die Tschetschenen, die Inguschen, die Kalmücken, die Karbadiner. Allzu viele kamen bei diesen wie immer unmenschlichen Transporten ums Leben. Die, die überlebten, konnten erst 1956, nach dem XX. Parteitag, auf dem Chruschtschow Stalins Verbrechen in einer Geheimrede anprangerte, in ihre Heimat zurückkehren. Die heutige Situation im Kaukasus ist das Resultat einer unbarmherzigen Geschichte, die man heute bei jedem Urteil über diese Region mitberücksichtigen muss.

Und noch etwas anderes, sehr Persönliches geschah 1944: Im Spätsommer traf ein Brief von der Front ein. In dem Brief befanden sich Dokumente des Vaters und ein paar Fotos, die ihm gehörten. Fremde Menschen, andere Soldaten schrieben, dass der Starschina (Feldwebel) Sergej Andrejewitsch am 27. August 1944 bei einem Gefecht auf dem Berg Magura im Kampf gefallen war. Das laute Schluchzen der Mutter zerriss die Stille. Über 1 000 Kilometer hatte der Feldwebel

Sergej Gorbatschow kämpfend zurückgelegt. Bei Rostow hatte er die Feuertaufe erhalten, an der Woronescher Front kämpfte er in erbitterten Gefechten, die große Panzerschlacht am Kursker Bogen hatte er mitgemacht, um jetzt in den Beskiden an der Grenze von Polen zur Slowakei zu sterben. Plötzlich wurde vieles so sinnlos, die Familie schien wie gelähmt. Ein paar Tage später, traf ein Brief des Vaters ein, der in seinem Brief schrieb, dass er gesund und wohlauf sei. Sowohl der Brief mit der Todesanzeige als auch der Brief des Vaters trugen das Datum 27. August 1944. Was bedeutete das? Durfte die Familie hoffen? Oder war das nur eine grausame Ironie des Schicksals, dass der Vater noch einen fröhlichen Brief geschrieben hatte, bevor er ins Gefecht zog und fiel? Dass, was sie hofften, fürchteten sie zu glauben, um nicht durch enttäuschte Hoffnung noch tiefer in die Trauer zu stürzen. Es gab keine Verbindungen zur Front, so konnte man niemanden fragen und musste abwarten. Die quälende Ungewissheit dauerte Gott sei Dank nur 24 Stunden an, denn es kam ein zweiter Brief des Vaters, den er am 31. August geschrieben hatte. Also lebte er! Michail antwortete sofort und beklagte sich bitter über den Brief mit der schlimmen Fehlinformation. Der Vater klärte im folgenden Brief die Geschehnisse auf. Als Pionier hatte er mit anderen einen Gefechtsstand ausgehoben und dabei die Brieftasche und die Dokumente auf den Grabenrand gelegt. Als sie plötzlich Schüsse hörten, rief Sergej Gorbatschow, sie sollten aufhören, weil er glaubte, es handelte sich um eigene Aufklärer. Doch seinem Appell antworteten nur Schüsse: Es war der Feind, daher zogen sie sich schnell zurück. Es kam zu einem Scharmützel, andere Rotarmisten fanden die Dokumenten und wähnten ihren Besitzer tot.

Michails Vater hatte Glück, nicht der belorussischen oder der ukrainischen Front anzugehören, die auf die Oder vorstießen, und im unnötig verlustreichen Wettrennen der Marschälle in der Schlussphase des Krieges verheizt zu werden. Für ihren Ehrgeiz, als Erster in Berlin zu sein, trieben Konew und Shukow ihre Soldaten ohne Rücksicht auf Verluste direkt in die gut ausgebauten Verteidigungsstellungen der Deutschen. Der Starschina Gorbatschow wurde hingegen in der Gegend um Kosice in der Slowakei verwundet und erlebte das Ende des Krieges im Lazarett. In Kosice setzten die Sowjets auch ihre

Statthalter für die Tschechoslowakei ein, Svoboda und Gottwald, die ein Manifest für den neuen tschechoslowakischen Staat verabschiedeten, der ein volksdemokratischer sein sollte. Svoboda heißt wörtlich übersetzt Freiheit, herauskam für die Tschechen und Slowaken das Gegenteil.

Kapitel 5

Leiden und Freuden
des jungen Gorbatschow

Wir lieben der Heimat Wälder,
die Berge, Ströme und Felder
Dass rings unser Land erblühe,
soll all unser Sorgen sein.
Refrain:
Durchstreift die Fernen!
Kein Sturm hält uns zurück.
Im Flug zu den Sternen
bau'n wir uns'rer Heimat Glück.
(...)
Und wenn auch die Stürme wehen,
hab' Mut, doch vorwärts zu gehen!
Die Liebe wird dich begleiten,
und niemals bist du allein.

Noch bleibt uns manch' Lied zu singen,
manch Sturmwind noch zu bezwingen,
doch seh'n wir schon klar vor Augen
das leuchtende, große Ziel.
»Lied von der unruhevollen Jugend«, *Text: L. Oschanin*

Der 9. Mai 1945 wurde überall gefeiert, denn an diesem Tag endete der Krieg für die Sowjetunion. Vieles war zerstört, das Land ruiniert, nicht nur durch Hitlers Armeen, auch durch Stalins Fehler und Verbrechen. Doch Stalin ging als Held aus dem Krieg hervor. Vieles wurde vergessen. Die Menschen hofften, dass sie nun in Ruhe ihr Land aufbauen konnten, und sie freuten sich über das Geschenk, überlebt zu haben. Nach den russischen Nationalgrößen Alexander Newski, der den Deutschen Orden 1242 auf dem Eis des Peipussees geschlagen hatte, nach Kutusow und nach Suworow, den siegreichen Feldherren des Zaren über Napoleons Große Armee, wurden

1942 Orden benannt. Stalin hatte den Sowjetpatriotismus für sich entdeckt, dessen Lebensader der russische Nationalstolz und die Denkmuster der Slawophilen waren. Der teuer erkaufte Sieg ließ die Menschen auf bessere Zeiten hoffen, auf einen erfolgreichen Aufbau, auf glücklichere Zeiten als die, die sie bisher erlebt hatten. Die Sowjetunion wurde international anerkannt. Nicht nur Sowjetbürger, sondern auch viele Menschen in Westeuropa wurden Opfer der stalinistischen Propaganda, die sehr erfolgreich Stalin, der inzwischen in weißer Operettenuniform mit Goldtressen posierte, das Verdienst am Sieg über Hitlers Armeen zusprach.

Freilich, für den 14-jährigen Bauernsohn wirkte es wie für viele andere Sowjetbürger, als ob nun der Weg in die kommunistische Gesellschaft beginnen würde, die ja ein Synonym für das Paradies war. Die osteuropäischen Völker hatten sich, so sah es aus der Perspektive des Jungen aus, freiwillig dazu entschlossen, ebenfalls den Sozialismus aufzubauen. Sie wurden zu Brudervölkern, und ihre Satellitenstaaten hießen so euphemistisch wie tautologisch Volksdemokratien. So wuchs Michail Gorbatschow mit dem Glauben auf, dass in einem Sechstel der Erde in der brüderlichen Zusammenarbeit der sozialistischen Staaten der Sozialismus verwirklicht würde. In Wirklichkeit stellte diese Gemeinschaft natürlich nur das koloniale System der Sowjetunion dar, die faschistische wurde durch die stalinistische Diktatur ausgetauscht. Mit der Utopie, dem idyllischen Bild dieses Satellitensystems wuchs er auf, mit seiner Realität wurde er knapp 50 Jahre später als Generalsekretär konfrontiert. Doch woher sollte das der 14-Jährige wissen? Stalin ließ den Eisernen Vorhang fallen, der verhinderte, dass die Bürger der Sowjetunion sich wahrheitsgemäß über die Welt informierten, und installierte ein effizientes System der Indoktrination, der Gehirnwäsche. Noch in den siebziger Jahren glaubten sowjetische Arbeiter, ihre Kollegen in Westeuropa würden brutal von den Kapitalisten ausgebeutet und lebten unterhalb ihres eigenen Lebensstandards, ja sogar unterhalb der Armutsgrenze.

Für Michail aber war am wichtigsten die Heimkehr des Vaters, den der Heranwachsende vier lange und auch entscheidende Jahre vermisst hatte. Nun begann die Zeit der langsamen Annäherung, in der Michail seinen Vater wirklich kennen lernen sollte.

Er war zehn Jahre alt, als der Vater in den Krieg zog. Kurz nachdem Michail seinen 14. Geburtstag gefeiert hatte, kehrte der Vater aus dem Krieg zurück und begann, wieder als Traktorist auf der Motorenstation des Dorfes zu arbeiten. Und Michail half ihm bei der Ernte. Stieß er mit der Mutter manchmal zusammen – sie hatten beide das gleiche feurige und durchsetzungswillige Temperament –, fühlte er sich bei dem stets ausgeglichenen und ruhigen Vater ausgesprochen wohl. Zwischen Vater und Sohn wuchs eine Freundschaft.

Michails Vater – der Starschina Sergej Gorbatschow in Uniform.

Plötzlich verblasste der zurückhaltende Vater nicht mehr vor dem Bild des starken Großvaters, der sich, ohne es zu wollen, in den frühen Jahren zwischen Vater und Sohn gedrängt hatte. Pantelej ging ganz in der Arbeit als Kolchosvorsitzender und im Engagement im Bezirksaktiv der Partei auf, sodass ihm wenig Zeit für den Enkel blieb, und die Erntezeit entwickelte sich für Vater und Sohn zu einer Zeit intensiven Zusammenseins. Sie lernten sich erst jetzt wirklich kennen.

Im Frühjahr und im Winter blieb Michail mehr Zeit für Lesen und Lernen und für Jungenspiele. Im Sommer ging er nach der Schule zu Großmutter Wassilisa, Pantelejs Frau, bekam dort eine Mahlzeit, zog sich um und ging zum Vater aufs Feld, der einen Mähdrescher fuhr. Von Juni bis August zog er dann mit seinem Vater während der Ernte von Feld zu Feld. Die Mähdrescher wurden auch auf weit entfernten Schlägen eingesetzt. So kamen sie nachts in dieser Kampagnezeit nicht nach Hause, sondern schliefen gleich auf dem Feld. Sie arbeiteten 20 Stunden am Tag, denn die Zeit, die Ernte einzubringen, war immer knapp: Alles, was nicht rechtzeitig geerntet wurde, verdarb auf dem Feld.

Getreide kann nur bis zu einem minimalen Feuchtigkeitsgrad gemäht und gedroschen werden, weil das Korn, wenn es zu nass ist, zu schimmeln beginnt, aber in der trockenen Steppe bleibt die Luftfeuchtigkeit gering, sodass fast rund um die Uhr gemäht und gedroschen werden kann. Natürlich bedeutete das harte Arbeit, aber für den der Pubertät entwachsenden Michail war es auch spannend und prestigeträchtig, zu den Mechanikern zu gehören, zu denen, die hoch oben auf den gewaltigen Mähdreschern die endlose Steppe bezwangen. Man stelle sich fünf, sechs oder zwölf Mähdrescher vor, die auf einer Linie versetzt dem Horizont entgegenfahren, das Brummen der Motoren, die enormen Staubwolken und die staubigen, verwegenen Gestalten hinter dem Lenkrad, und das Wort Ernteschlacht ergibt sich fast von selbst. Vom Vater lernte Michail, wie man den Mähdrescher einstellte, wie man ihn fuhr, welche Reparaturen bei welchen Pannen auszuführen waren. Auf dem Feld wurde er geachtet. Er war stolz darauf, das Plansoll zu erfüllen und möglichst zu übertreffen. Im Juni 1948 brachte die regionale Zeitung *Wege Iljitschs* die Schlagzeile »Genosse Gorbatschow ist fertig mit der Ernte«. Berichtet wurde von Michails Vater, der mit seinem Sohn zusammen die Norm überbot. Ein Jahr zuvor hatte der Vater für seine Arbeitsleistung den Leninorden und Sohn Michail mit 16 bereits den Orden des Roten Arbeitsbanners erhalten, der ihm Jahre später noch nützlich sein sollte. Von der Prämie, die mit dem Orden verbunden war, kaufte sich Michail den ersten Anzug seines Lebens, auch der leistete ihm später gute Dienste. Den Gorbatschows ging es im Vergleich zu anderen gut. Sie hungerten nicht wie andere Bauernfamilien, doch reich waren sie auch nicht. Michail liebte die Pajoks, jene legendären Verpflegungspakete, die es bei Normüberfüllung gab. Sie enthielten mit gekochtem Fleisch, einem Glas Honig, Wareniki mit Butter zu dieser Zeit außergewöhnliche Delikatessen, für einen heranwachsenden Jungen ohnehin, der so über seine Kräfte arbeitete, dass er häufig Nasenbluten bekam. Was ihm im Pajok nicht interessierte, waren die ein, zwei Flaschen Wodka, die dazugehörten. Unter den Mähdrescherfahrern ging es rau zu. Abends saß man manchmal noch etwas beisammen und ließ den Wodka kreisen, manchmal auch reinen Spiritus. Da der Spiritus aber höllisch brannte, konnte man ihn nur zu sich nehmen, wenn man ihn gleich nach dem Ausatmen trank, dann die Luft anhielt, mit Wasser nachspülte und erst danach wieder atmete. Der Brigadier drückte Michail den Becher, von dem Michail dachte, er sei mit Wodka gefüllt, in die Hand und ermunterte ihn zu trinken.»Es wird Zeit, dass du ein Mann wirst!« Michail trank, atmete ein. Im nächsten Moment brannte es wie Feuer in seiner Kehle und er glaubte zu ersticken. Alle lachten, auch sein Vater.

Michail beobachtete in der Nachbarschaft, wie der Alkohol das Leben der Familien zerstörte und die russische Gesellschaft auffraß. Seine Abneigung gegen den Alkohol wuchs, weil er, in russischem (Un-)Maß genossen, die Würde des Menschen zerstörte. Und Würde war und ist für Gorbatschow ein Zentralbegriff, nichts wollte er unternehmen, das sich gegen die Würde des Menschen richtete.

In diesen Jahren brach endgültig eine Leidenschaft bei ihm aus, die ihn zeitlebens nicht verlassen sollte: die intellektuelle Neugier. Michail hatte das Lesen für sich entdeckt. Er liebte die Dichter. Alles, was er in der kleinen Dorfbibliothek auftreiben konnte, verschlang er buchstäblich, vom Großvater Pantelej und vom Vater unterstützt. Sie sahen es gern, dass der Junge über das Dorf hinausblickte, sehr gute Noten in der Schule erzielte und sich zielstrebig bildete. Niemand führte ihn ein in das Reich der Literatur, ganz einfach, weil ihn niemand einführen konnte, auch war die Auswahl in der Bibliothek sehr beschränkt. Doch er las, was er bekommen konnte, und bildete Vorlieben aus. Anfang 1947 stand bei den Neuerwerbungen scheinbar zufällig in der Dorfbibliothek eine kleine Ausgabe der Schriften von Vissarion Belinski. Michail lieh das Buch sofort aus, denn es kam nicht oft vor, dass ein neues Buch in den Bestand der Bibliothek eingegliedert werden konnte, weil die Zahl der Erwerbungen, die der kleinen Bibliothek zugeteilt wurden, bescheiden blieb. Er studierte Belinskis Schriften gründlich. Sie begeisterten ihn, die Sprache und der Inhalt. Dass die Schriften eines bürgerlichen Literaturtheoretikers aus den vierziger Jahren des 19. Jahrhunderts trotz extremer Papierknappheit mit einer hohen Auflage von 100 000 Exemplaren gedruckt wurden, war Programm und kein Zufall. Der offizielle Bildungskanon dieser Zeit, den der wissbegierige junge Gorbatschow geradezu aufsog, war der Kanon einer hermetischen und eng definierten Welt mit eisernen gesellschaftlichen Leitbildern. In diesem Kanon kamen wesentliche Werke der Moderne nicht vor, weder Franz Kafka noch James Joyce noch José Ortega y Gasset oder Martin Heidegger. Die Vielzahl an Verlagen, die es in den zwanziger Jahren in der Sowjetunion gab, existierte längst nicht mehr. In den vierziger Jahren hatte die stalinistische Kulturbürokratie den Strukturierungs- und Konzentrationsprozess des sowjetischen Verlagswesens bereits abgeschlossen. Bis Anfang der dreißiger Jahre besaß noch jede literarische Vereinigung ihren eigenen Verlag, doch seit dem Schriftstellerkongress des Jahres 1934 gab es statt der pluralistischen Vereinigungen von Künstlern nur noch den monolithischen Schriftstellerverband der UdSSR, der auch keine Pluralität literarischer Methoden zuließ, sondern ganz klar in seinem Gründungsmanifest die Methode des sozialistischen Realismus als verbindlich für das literarische Schaffen festlegte. Nach dem Kongress wurden die Verlage de jure in den zentralen sowjetischen Verlag für schöngeistige Literatur überführt, de facto aber aufgelöst. Für die Klassikerausgaben zeichnete die Akademie verantwortlich. Neue Werke sowjetischer Autoren wurden in den auf Gorkis Anregung gegründeten dickleibigen Literaturzeitschriften wie *Nowy mir* (Neue Welt) oder *Swesda* (Stern), um nur zwei zu nennen, veröffentlicht. Es existierte eine mehrfache Zensur, einmal durch die Redakteure der Zeitschriften, die Parteimitglieder waren, durch die Funktionäre des Schriftstellerverbandes, auch sie Parteimitglieder, und schließlich durch die Hauptabteilung Verlage im Kulturministerium. Und dann konnte es geschehen, dass Stalin selbst oder dessen ideologischer Kettenhund Schdanow mit einer erstaunlichen Meinung an die Öffentlichkeit traten, und damit eine Hetzjagd auf einen ahnungslosen Autor eröffneten. Die düpierten Redakteure, die der Publikation zugestimmt hatten, geißelten sich eilfertig mit Selbstkritik und bekannten den politischen Fehler, den sie begangen hätten.

Der so brutale wie beschränkte Schdanow definierte gleich zu Beginn des Kongresses, was Stalin und er unter sozialistischem Realismus verstanden, nämlich die »wahrheitsgetreue, historisch konkrete Darstellung in ihrer revolutionären Entwicklung«. Das musste »mit den Aufgaben der ideologischen Umgestaltung und Erziehung der Werktätigen im Geist des Sozialismus verbunden werden«. Von nun an seien die Schriftsteller Ingenieure der Seele, wie Stalin es wie immer mechanistisch ausdrückte. Das bedeutete nichts anderes als die ideologische Gleichschaltung der Literatur. Die existentielle oder physische Gleichschaltung begann bereits knapp zwei Jahre nach diesem verheerenden Kongress, als sich der große Terror auch gegen die Schriftsteller richtete. In diesen Jahren wurden etwa 2 000 Schriftsteller verhaftet, von den 1 600 erschossen wurden oder im Lager unter entwürdigenden und grausamen Bedingungen umkamen.

Einst ging ein Mensch aus einem Haus
in Mantel Stock und Hut
Lang ist der Weg
lang ist der Weg
der vor ihm auf sich tut.

Er ging und schritt geradeaus
Und schaute nicht beiseit'.
Nicht schlief nicht trank
nicht trank nicht schlief
er gestern, morgen, heut.

Und eines Tags im Morgengrauen
Stand er im dunklen Wald,
und seit der Zeit
und seit der Zeit
er für verschwunden galt.

Begegnet ihr ihm irgendwann
An irgendeiner Stell
dann sagt es uns,
dann sagt es uns,
dann sagt es uns ganz schnell.

Dieses Kindergedicht von dem großen russischen Dichter Daniil Charms illustriert diese Zeit, in der von einer Stunde auf die nächste Menschen auf Nimmerwiedersehen verschwanden. Charms selbst gehörte der letzten, der jüngsten avantgardistischen Künstlergruppe, den Oberiuten, an. Er wurde 1940 verhaftet und soll im Leningrader Gefängnis verhungert sein. Er verschwand so, wie er es vorher in dem Kindergedicht beschrieben hatte. Der Stalinismus hatte die russische Moderne physisch vernichtet und die Schriftsteller, die den Terror überlebt hatten, gleichgeschaltet. Die Ideologen des sozialistischen Realismus beriefen sich auf die revolutionär-demokratischen russischen Realisten, allen voran auf Belinski, der in seinen Schriften forderte, dass die Literatur sich mit der Negation der Vernünftigkeit, mit den kritikwürdigen Zuständen, unter denen die Menschen im zaristischen Russland litten, zu beschäftigen hatte. Diesen (bürgerlich-) kritischen Standpunkt, forderte Belinski weiter, sollten die Schriftsteller mit der revolutionären Romantik verbinden, indem die Literatur Partei für die Unterdrückten ergreift und ihnen Mut macht, ihre Fesseln abzustreifen. Diese Gedanken hatte der jugendliche Leser Michail Gorbatschow, der von einer lichten Zukunft für alle Menschen auf der Erde träumte, unterstrichen und mit Ausrufezeichen versehen. Für romantische Gefühle war er extrem anfällig, und distanzierter Skeptizismus blieb ihm fremd. Genau an diesem Punkt setzten die stalinistischen Ideologen an. In der Sowjetunion seien nun die Unterdrückten befreit und würden eine neue Gesellschaft aufbauen. Die Aufgabe der Literatur bestünde nun darin, vom Klassenstandpunkt, also vom Standpunkt der ehemals unterdrückten, nun aber herrschenden Klasse, den Aufbau dieser Gesellschaft positiv zu begleiten und die Erbauer dieser neuen Welt mittels der revolutionären Romantik auch emotional einzustimmen, bei diesem Aufbau die alten Gewohnheiten hinter sich zu lassen und das neue rücksichtslos voranzutreiben. Die sozialistische Literatur würde zu einem Purgatorium des neuen Menschen. Genau genommen waren diese Gedanken nicht neu, denn bereits Lenin hatte die Forderung nach einer gleichgeschalteten Literatur in seiner Schrift *Parteiorganisation und Parteiliteratur* erhoben. Doch Stalin und Schdanow hatten das Unmögliche möglich gemacht, sie hatten diese Gedanken noch einmal vulgarisiert und dann dekretiert. Der neue literarische Kanon für den Sowjetmenschen bestand aus dem russischen Klassiker Puschkin, aus den revolutionär-demokratisch bis utopisch-sozialistischen russischen Realisten des 19. Jahrhunderts Belinski und dessen Schüler Tschernyschewski, dem romantischen Dichter und Gegner des Zaren

Lermontow, der in den Kaukasus verbannt worden war, Stalins Lieb-
lingsautor Saltykow-Schedrin, Maxim Gorki und erstaunlicherweise
Wladimir Majakowski.

Im August 1946 wetterte Schdanow gegen die Literatuzeitschriften
Swesda und *Leningrad*. Das Politbüro fasste einen Beschluss gegen
die Fehler dieser Zeitschriften und zettelte eine Kampagne gegen den
so genannten Kosmopolitismus an. Damit gerieten alle willkürlich
unter Verdacht, die sich an den Maßstäben der Weltliteratur orientierten. Diese Kampagne hatte einen antisemitischen Unterton und
diente dazu, den Eisernen Vorhang auch auf dem Gebiet der Kunst
und der Kultur zu schließen. Kurz nachdem Schdanow öffentlich den
großartigen Schriftsteller Sostschenko als »Rowdy« beschimpft und
die bedeutende Dichterin Anna Achmatowa als »Hure« verunglimpft
hatte, beide Autoren aus dem Schriftstellerverband ausgeschlossen
und mit Publikationsverbot belegt worden waren, brachte der Staats-
verlag 1946 mit einer großen Auflage eben Belinskis Schriften heraus, die Michail nun in der Hand hielt. In der Bibliothek von Priwolnoje traf an neuen Büchern ein, was dem neuen Kanon der Literatur
entsprach, und auch nur das bekam Michail zu lesen. Und so sah die
Lektüreliste des Jünglings aus: Lermontow, Belinski, Majakowski,
Puschkin und Gogol. Bis auf Belinski, der sich als Literaturtheore-
tiker und Kritiker betätigte, waren die anderen bedeutende Dichter,
die besonders die romantische Saite in Michails Seele zum Klingen
brachten. Aber all diese Ausgaben versah man mit sowjetischen Nach-
worten, die die gültige Interpretation vorgaben, und Belinski selbst
richtete hundert Jahre, bevor Michail Gorbatschow diese Texte las,
schon als Literaturkritiker den Blick auf die Interpretationsweise der
für ihn zeitgenössischen Autoren. Hinzu kam die offizielle Sowjetliteratur, die sich mit den Heldentaten im Krieg und den »Erfolgen des
sozialistischen Aufbaus« beschäftigte, die so genannten Produkti-
onsromane der Babajewskis, der Kotschetows und anderer, die heute
mit Fug und Recht längst vergessen sind. Sie stellten den Aufbau des
Sozialismus als ein Schreiten von Erfolg zu Erfolg, von Sieg zu Sieg
dar. Der junge Gorbatschow verschlang buchstäblich, was verfügbar
war, und verfügbar war ausschließlich dieser Kanon, in dem die Moderne kaum vorkam.

Damals gab es unter den jungen Russen eine weit verbreitete Liebe zur Poesie. Man liebte den Sprachklang und kannte viele Gedichte auswendig. Und wenn Michail am Ufer des Flüsschens Jegorlyk saß und Lermontows Gedichte las, dabei hin und wieder aufsah und seinen Blick über die leicht hügelige Steppenlandschaft schweifen ließ, spürte er die Größe des Lebens, das sich ihm gerade erst zu öffnen begann. Vor den Menschen, mit denen er lebte, mit denen er auf dem Feld arbeitete, den so genannten einfachen Menschen hatte er eine hohe Achtung. Deshalb stimmte der junge Leser mit einem Kotschetow überein, der vom Arbeiter als dem »wahren Schöpfer des Lebens auf Erden« schrieb und vom Sowjetvolk »in seiner ganzen reckenhaften Größe« schwärmte.

Wie sollte ihm nicht das Herz aufgehen, wenn er bei Belinski las: »Russland braucht keine Predigten (es hat genug davon gehört!), *sondern es braucht die Erweckung des Gefühls der Menschenwürde* [Hervorhebung des Verf.] im Volk, die viele Jahrhunderte lang in Schmutz und Sklaverei verloren war; es braucht Recht und Gesetze …« Hatte er nicht erlebt, wie die Menschenwürde in den Schmutz getreten wurde, als Stalins Schergen seinen Großvater abholten, wie die Menschenwürde in der Zeit der Besatzung außer Kraft gesetzt war? Russland, lernte Michail von Belinski, benötigte Recht und Gesetz, weil nur die Einhaltung von Recht und Gesetz die Menschenwürde schützte. Und Russland, erfuhr er in der Schule und von seinem Großvater, hatte Recht und Gesetz im fortschrittlichsten Grundgesetz der Welt, der Stalinschen Verfassung von 1935 kodifiziert. Es kam nur darauf an, dass sie auch durchgesetzt würde. Er lebte doch in der besten aller Welten, in der das Volk endlich befreit war und die Arbeiter und Bauern nicht mehr unterdrückt und ausgebeutet wurden, sondern endlich für sich arbeiten konnten. Ihnen gehörten nach offizieller Lesart der Staat und die Bodenschätze, die Betriebe, sämtliche Produktionsmittel, sie galten als herrschende Klasse. Und um dieses große Werk einer schönen gerechten Welt zu verwirklichen, wurde er Mitglied des Komsomols. Hatte Majakowski, den er liebte zu lesen und vor versammelter Mannschaft zu rezitieren, denn nicht Recht mit seiner revolutionären Emphase, wenn er erklärte:

Nein, nicht jene sind jung, die, gelümmelt ins Boot und auf Wiesen,
mit Grölen und Johlen den Trunk sich hinter die Binde gießen.
(...)
Jung nenn ich jenen unverzagt,
der zur gelichteten Kampfschar der Alten
im Namen der Nachgeborenen sagt:
»Wir werden das Dasein neu gestalten!«
Jugend – der Name ist die Gabe, die ehrt,
an die junge Garde der Zukunftswacht,
an den, der uns streitbaren Frohsinn beschert
und unsere Werktage glückhaft macht!«
(...)

Oder:

Mit Wolfszähnen wollt ich den Amtsschimmel fassen,
ich spotte jeden gestempelten Scheins.
Jeden Aktenwisch würd' ich dem Teufel überlassen,
jedes Aktenformular bis auf eins ...
Das will ich aus breitem Hosenbausch zieh'n –
meines Daseins unschätzbaren Lohn.
Da, lest, beneidet mich, seht, wer ich bin:
Bürger der Sowjetunion.
(»Verse vom Sowjetpass«)

Nicht zu vergessen den Linken Marsch:

»Entrollt euren Marsch, Burschen von Bord!
Dem Zank und Geflunker jetzt – Pause.
Still, ihr Redner! Du hast das Wort,
rede Genosse Mauser.
(...)
Adleraug' sollte verfehlen?!
Altes sollte uns blenden?!
Kräftig der Welt an die Kehle,
proletarische Hände!
Wie ihr kühn ins Gefecht saust!
Himmel, sei flaggenbeschwingt!
He, wer schreitet dort rechts aus?
Links! Links! Links!«

Für den Bauernsohn Michail Gorbatschow bekam die Welt eine klare Struktur, darin glich er vielen anderen aus seiner Generation. Was ihn aber unterschied, waren der besondere Stellenwert, den die menschliche Würde in seinem Denken und Fühlen einnahm, und das unerschütterliche, natürliche Selbstbewusstsein des kleinen Prinzen der Familie, das seinen Charme ausmachte. Für ihn stand fest, dass er studieren wollte, und sowohl der Großvater als auch die Eltern unterstützten ihn hierin. Durch den zweijährigen Unterrichtsausfall, den die Kriegswirren verursacht hatten, schloss er 1948 verspätet die achte Klasse ab. Die Dorfschule von Priwolnoje umfasste nur acht Klassen, wer wie Michail weiterlernen wollte, musste es im Bezirkszentrum fortsetzen. Der Vater fuhr mit ihm nach Krasnogwardejsk, mietete einen Übernachtungsplatz für ihn und meldete ihn in der Schule an. Hin und wieder besuchten ihn der Vater, manchmal auch die Mutter, wenn sie sich bei den Lehrern nach Michails Leistungen erkundigten. Sie nahmen, was ganz und gar nicht gang und gäbe war, regen Anteil an seiner schulischen Entwicklung. Die meisten Bauern schätzten die Schule als etwas Zweitrangiges ein, weil die Tochter verheiratet und der Sohn ohnehin wieder Bauer werden würde. Doch bei den Gopkalos und den Gorbatschows hegte man die Hoffnung und den Wunsch, dass Michail die Chancen, die die Sowjetmacht den Kindern von Bauern und Arbeitern eröffnete, auch nutzen sollte.

An den Wochenenden kam er nach Hause. Entweder lief er die 20 Kilometer oder ihn nahm ein LKW oder ein Pferdefuhrwerk mit, denn der Weg zwischen Heimatdorf und Schulstadt führte über die Landstraße, die Rostow mit Stawropol verband. Die Sommermonate, die großen Ferien, verbrachte er wie immer mit dem Vater auf dem Mähdrescher.

Unter den Mitschülern stach er heraus durch seine elegante Erscheinung, seinen Charme, seine Fähigkeit zu vermitteln, seine rednerische Eloquenz und seine Liebe zur Rhetorik.

Den Mädchen fiel der gut aussehende Junge durchaus auf, doch irgendetwas warnte sie auch vor ihm, ahnten sie doch, dass nichts ihn in der Gegend halten würde.

Die Woche verbrachte er mit Lernen. Gut vorbereitet nahm er äußerst aktiv am Unterricht teil, denn Zeit hatte er nicht zu verschenken. Immer noch erinnerte er sich mit Scham daran, wie unwissend er nach der Besetzung durch die Deutschen wieder in die Schule kam, wie schnell er das Lernen verlernt hatte und wie viel Energie er aufbringen musste, um den Anschluss zu finden. Das wollte er nicht noch einmal aufs Spiel setzen. Das, was er in den Schulbüchern las, genügte seinem aufnahmewilligen und schnellen Verstand nicht, deshalb ergänzte er den Schulstoff durch die Lektüre weiter reichender Bücher. So legte er der überraschten Lehrerin eines Tages einen Aufsatz vor über Lenins Bemerkungen zum Genossenschaftswesen. Dieses Thema gehörte nicht unbedingt zu den Top Ten der Zeit. Michail kannte das Leben der Bauern, mit seinem Großvater sprach er oft über die Zukunft, darüber, was sich ändern müsste, wenn es gut werden sollte. Der Großvater legte ihm Lenin als beständigen Orientierungspunkt ans Herz, mochten sich andere Anschauungen auch wandeln. Fehler geschahen nur, wenn man Lenin falsch auslegte. Deshalb suchte Gorbatschow bereits in diesen frühen Jahren bei Lenin Antworten auf die Fragen, die ihn bedrängten. Lange, vielleicht zu lange, würde Lenin der Hauptgott im geistigen Pantheon Gorbatschows bleiben, und es ist nicht sicher, ob er den Leninismus jemals ganz überwunden hat. Aber die Frage, was man tun müsse, damit es den Menschen auf dem Lande wirklich besser ginge, die beschäftigte ihn bereits als Oberschüler, denn die Menschen in den Dörfern waren für ihn keine abstrakten Größen, es waren sein Großvater, sein Vater, seine Arbeitskollegen. Auch wenn er beseelt davon war, sich weiterzubilden und aufzusteigen, vergaß er niemals seine Herkunft. Seine Abstammung von freien Bauern und unabhängigen Kosaken empfand er nicht als Schande, sondern als Privileg; auf diesem Stammbaum gründen seine Würde und Ungebundenheit, die er ausstrahlt – Gorbatschows Geheimnis.

Schon früh verbanden sich bei ihm zwei Charaktereigenschaften aufs Schönste miteinander: Er konnte sehr konzentriert arbeiten, andererseits liebte er die Geselligkeit und war gewinnend im persönlichen Umgang. Ergriff er auf der Komsomolversammlung das Wort, hörten ihm die anderen aufmerksam zu. Seine Mitschüler wählten ihn zum stellvertretenden Komsomolsekretär, und er spürte, dass ihm »gesellschaftliche Arbeit« Spaß machte und ihn ausfüllte.

Böse Zungen behaupten, dass er bereits in der Schule ein »alter Demagoge« war. Ganz gleich von welcher Seite man es beurteilt, der Schüler Michail Gorbatschow engagierte sich bereits konsequent und mit großer Energie im Komsomol. Von Anfang an wirkte diese starke Berufung zum Politiker in ihm. Hin und wieder ging er in seiner Freizeit ins Kino und frönte seiner großen Leidenschaft, die ihm auch später oft helfen sollte: dem Theaterspielen.

Es war die Zeit, als das Leben sich normalisierte und überall im Lande sich Laienspielzirkel großer Beliebtheit erfreuten. Unbekümmert griff man auf das Repertoire der russischen Literatur zurück. Michail brillierte in der Rolle des Swesditsch in Lermontows *Maskerade*. Es entbehrt nicht einer rührenden Ironie, dass die Söhne und Töchter von Bauern aus der südrussischen Steppe 1947 ein Stück aufführten, das in den erlauchten Kreisen der Petersburger Hofaristokratie um 1840 spielte. Im Stück langweilt sich der Adlige Arbenin, der ein Meisterspieler war, aber das Spielen aufgegeben hatte, trotz seiner jungen schönen Frau förmlich zu Tode. Als sich bei einer Maskerade der junge Fürst Swesditsch in eine Unbekannte verliebt, bittet er sie um ein Pfand. Die schöne Unbekannte schenkt ihm einen Armring, den sie selbst nur gefunden und den Arbenins Frau Nina verloren hatte. Als Swesditsch Arbenin von seiner Liebe vorschwärmt und ihm den Armring zeigt, den dieser sofort wiedererkennt, stellt Arbenin seine Frau zur Rede. Vor Eifersucht rasend glaubt er ihr nicht, dass sie den Armring lediglich verloren hat. Arbenin fordert Swesditsch zum Duell und tötet seine Frau. Nach ihrem Tod enthüllt Arbenin ein Unbekannter, der vor Jahren von ihm ruiniert worden war und sich rächen will, die Wahrheit. Dass Nina tatsächlich unschuldig war, lässt Arbenin den Verstand verlieren.

Natürlich hatte dieses Drama rein gar nichts mit dem Leben von 17-jährigen Komsomolzen auf dem Lande zu tun. Doch darum ging es nicht. Der Dichter Lermontow, der in ihre Gegend verbannt und bei einem Duell in Pjatigorsk kaum 30-jährig getötet worden war, besaß außerordentliche Popularität. Die Jugendlichen liebten seine Verssprache und in *Maskerade* gelangen ihm ausgesprochen geschliffene vier- bis sechshebige Jamben in den Dialogen. Hinzu kam die Romantik, das Motiv des unnützen Lebens, das Motiv der verspielten

Der jugendliche Held als Fürst Swesditsch in Lermontows »Maskerade« mit
seiner Jugendliebe Julia Karagodina.

Liebe, der Shakespeareschen Eifersucht. Die Laiendarsteller schwelgten in den fremden, den ausgeliehenen, den zu großen Emotionen. Sie versuchten, diese für sie theoretischen Gefühle durch heftigen Körpereinsatz beim Spielen auszudrücken. Berufsschauspieler aus Stawropol, die sich eine Aufführung anschauten, rieten den jungen Darstellern, sich bei Gefühlausbrüchen nicht ständig an der Kleidung zu zerren, das sei in den höheren Kreisen damals unüblich gewesen. Doch was machte das schon aus? Sie wollten und sie konnten nicht mit dem Moskauer Künstlertheater konkurrieren, aber sie empfanden einen großen Spaß, in der Ärmlichkeit ihres Alltages ein anderes Leben, eine andere Sprache auszuprobieren. Und sie waren hochromantisch. Jeglicher Zynismus war ihnen fremd. Hinzu kam, dass man es seit jeher in Russland liebt, über das Leben zu räsonieren. Die berühmte russische Frage, was ist Russland und wo geht Russland hin, stiftete neben der ständigen Frage nach dem Sinn des Lebens immerwährenden Anlass für weitausgreifende Diskussionen, die niemals sehr strukturiert verliefen. Gegen die Wallungen und Wellen des heißen Herzens hatten die Systematiken des Verstandes selten auch nur den Anflug einer Chance. Systematik ist keine russische Leidenschaft, und Reformer in Russland zerbrachen immer an der Unmöglichkeit, dem Land eine Ordnung zu geben. Selbst der russische Zentralismus versagt bereits in Moskaus Außenbezirken. Trotz Formlosigkeit die Gestalt nicht zu verlieren, ist die ewige Schwierigkeit russischen Lebens.

Die Rolle der Nina spielte Michails erste Liebe, wenn man Kinderfreundschaften, die irgendwo zwischen Annäherung und Entfremdung stecken blieben, außer Acht lässt. Julia Karagodina war die Tochter eines Dorfschullehrers aus Michails Nachbardorf, die ebenfalls in Krasnogwardejsk zur Schule ging. Sie spielten zusammen Theater, sie lernten zusammen, sie gingen miteinander ins Kino, sie spazierten stundenlang durch den Stadtpark, Händchen haltend. Will man den Berichten Glauben schenken, so bestand der höchste Grad der Annäherung darin, dass Michail ihr den Arm um die Schulter legte, wenn er sie zum Kino abholte. Einmal putzte er sie in einer Komsomolversammlung vor allen herunter, weil sie zu spät kam. Als er sie danach freundlich ins Kino einlud, verstand sie die Welt nicht mehr, denn vor wenigen Minuten äußerte er doch noch großen Zorn. Doch Michail lächelte und meinte leichthin:»Aber meine Liebe, das eine hat doch mit dem anderen nichts zu tun.« Michail konnte bereits in frühen Jahren die Dinge trennen. Als Komsomolsekretär musste er sie seiner Meinung nach kritisieren, als Mensch hingegen nicht. Dahinter verbarg sich keine Heuchelei, sondern nur die schlichte Erkenntnis, dass bestimmte Positionen professionell bestimmte Handlungsweisen verlangen, die aber nicht persönlich zu verstehen sind. Die Fähigkeit, Privates und Dienstliches strikt zu trennen, worin die Voraussetzung für eine erfolgreiche Funktionärskarriere bestand, brachte er von frühester Kindheit mit. Als seine Jugendliebe ihn Jahre später in einem Brief, als er bereits ein hoher Parteifunktionär war, um etwas bat, blockte er nur strikt ab, dass sie sich an den zuständigen Parteifunktionär wenden solle, er könne da nicht helfen. In meinen Interviews mit Studienkollegen wurden mir immer wieder Episoden berichtet, die davon erzählen, dass Gorbatschow persönliche Gefälligkeiten unter Nutzung seines Amtes strikt ablehnte. All jene, die diese Reaktion von ihm erlebten, führten das darauf zurück, dass er nicht in den Verdacht geraten wollte, Günstlingswirtschaft zu betreiben und alte Freunde zu protegieren. In einer Gesellschaft, die auf diesen Patronagen aufgebaut war, gehörte es zum Verhaltenskodex, auch nur den Anschein des Protegierens zu vermeiden, wollte man moralisch unangreifbar bleiben. Und moralisch unangreifbar musste man sein und durfte keinesfalls persönliche Angriffspunkte liefern, wenn man politisch etwas verändern wollte. So sehr die Erklärung von Freunden, Kommilitonen und Weggefährten zutreffen mag, erklärt sie dieses Phänomen dennoch nicht ganz. Bei aller Herzlichkeit wahrte schon der junge Gorbatschow auch eine gewisse Distanziertheit, eine Vorsicht, sich nicht zu sehr in die Hände anderer zu begeben, keine zu engen Kumpaneien zuzulassen. Hinter der Opulenz der Herzlichkeit verbarg sich immer ein letzter geschützter Bezirk im Herzen, zu dem bis jetzt niemand vorzudringen vermochte.

Bald darauf studierte die Laientruppe das zweite Stück ein. Wieder war es ein russischer Klassiker, und wieder wählten die jungen Leute ein Stück voller Romantik, das die Frage nach dem Sinn des Lebens stellte. Noch immer werden Alexander Ostrowskis Dramen häufig gespielt, allen voran die Gesellschaftskomödien: *Schuldlos schuldig*, *Tolles Geld* oder *Der Wald*. Das Stück, das sich die theaterbegeisterten Oberschüler ausgesucht hatten, gehört zu den selten gespielten Dramen. Mit dem in fünffüßigen Jamben geschriebenen Märchendrama *Schneeflöckchen*. *Ein Frühlingsmärchen* wählten sie wieder ein Stück in Versform. Das Stück verwendet Motive, Figuren und Sprachbilder aus der russischen Folklore, aus altrussischen Legenden und Chroniken, besonders aus Afanasews, auch der »russische Grimm« genannt, *Russischen Volksmärchen*. Das Mädchen Snegurotschka wird von Väterchen Frost auf die Erde gesandt. Sie, in die sich alle verlieben, die aber nicht lieben kann, verliebt sich wie durch ein Wunder in den reichen Kaufmann Mizgir. Zum Fest des Sonnengottes Jarilo will der gute Zar alle Jungen und Mädchen verheiraten. Mizgir bittet den Zaren um die Erlaubnis, Snegurotschka zu ehelichen. Doch in den Sonnenstrahlen des Frühlings taut das Schneemädchen und Mizgir stürzt sich verzweifelt in den See. Also große philosophische Fragestellungen nach dem Sinn des Lebens und nach der Realität der Liebe verbunden mit großer Tragik und großen Gefühlen, geschrieben in beeindruckenden Versen. Dieses Stück bot den Jugendlichen unbewusst die Möglichkeit, Versuchsanordnungen durchzuspielen. Auf einer Probe musste Julia als Snegurotschka dem Zaren bestätigen, dass sie Mizgir tatsächlich liebt, und deklamierte voller Inbrunst, wie es nur auf Russisch nicht peinlich wird: »Liebster Zar, frag mich hundertmal, ob ich ihn liebe, und ich werde hundertmal antworten, dass ich es tue.« Michail, der den Mizgir spielte, fragte darauf mit gesenkter Stimme ein wenig spöttisch und provozierend: »Ist das wirklich wahr?!« Damit hatte er Julia aus dem Konzept gebracht, sie begann zu stottern. An diesen kleinen Extempores fand er Gefallen. Er war ein guter Schauspieler, so gut und mit solcher Leidenschaft, dass er mit seinen beiden engsten Freunden erwog, ans Theaterinstitut zu gehen. Dieser Plan wurde heftig erwogen, doch letztlich fallen gelassen.

Obwohl Julia und Michail eine Freundschaft verband, eine erste Liebe, er sie zu Hause besuchte und auch mal bei den Karagodinas übernachtete, blieb ihr Verhältnis in einer gewissen Unverbindlichkeit, in einer Schwebe, denn gemeinsame Pläne machten sie nicht.

Mit Julias Vater unterhielt Michail sich zwanglos und sehr interessiert, denn wo er Wissen erlangen konnte, da ließ er die Gelegenheit nicht ungenutzt.

Doch das letzte Schuljahr ging seinem Ende entgegen, und Michail stellte sich die große Frage, was er mit seinem Leben anzufangen gedachte. Der Vater, der für ihn inzwischen zum Vertrauten, zum Freund, zum Ratgeber in den langen Erntemonaten geworden war, ermutigte Michail, sich eigenständig und selbst zu entscheiden. Wenn er studieren wollte, sollte er studieren, wenn er weiter mit ihm in der Maschinen-Traktoren-Station arbeiten mochte, würde ihm auch das recht sein. Er müsse die Entscheidung nur wohl überlegt und sehr ernsthaft treffen, denn sie würde sein Leben bestimmen. Der ehrgeizige junge Mann entschloss sich zum Studium, und zwar nicht wie seine Schulfreunde in der Umgebung, in Stawropol, Rostow oder Krasnodar wie Julia, und auch nicht wie jene an einer Hochschule, nein, ihn zog es mit allen Fasern seines Herzens und aller Kraft seines Willens an die beste Universität des Landes: an die auf Anregung des russischen Universalgelehrten Michail Lomonossow 1755 gegründete Moskauer Universität. Moskau war seit jeher die Sehnsuchtsstadt junger aufstrebender Russen aus der Provinz. Wenn man eine große Karriere machen wollte, musste man nach Moskau gehen. Warum sollte er sich mit weniger zufrieden geben? Ein natürliches Selbstbewusstsein trieb ihn dazu, und seine große Naivität schützte ihn vor Selbstzweifeln. Schließlich hatte nach offizieller Lesart Lenin die Oktoberrevolution auch gemacht, damit Kinder aus dem Volk studieren konnten, dass zukünftig Talent den Ausschlag geben sollte und nicht der Geldbeutel oder der Stand der Eltern. Und hart arbeiten, um sich das Wissen im Selbststudium anzueignen, das konnte er, das hatte er mit Erfolg in den letzten Jahren bewiesen. Gorbatschow interessierte sich für viele Fächer, für die Physik wie für die Mathematik, aber auch mit großer Leidenschaft für die Literatur. Also schickte er an mehrere Fakultäten der Moskauer Universität Aufnahmeanträge und harrte ungeduldig der Antwort. Allerdings bewarb er sich nicht für Literatur, genauso wenig wie er die Idee, an einer Theaterhochschule zu studieren, zu verwirklichen suchte. Eine Stimme der Vernunft und des Pragmatismus tief in seinem Innern riet ihm, ein Studienfach zu wählen, das auf eine praktische Tätigkeit in Staat oder Wirtschaft zielte. Trotz ausgesprochen romantischer Neigungen, blieb er der Sohn eines Bauern mit einem starken Sinn für Pragmatik und war alles andere als ein Träumer. Obwohl die Natur ihn mit einer Vielzahl an Talenten gesegnet hatte, war darunter keines, das nach unbedingter Verwirklichung schrie. Der Drang, sich schauspielerisch auszudrücken oder sich wissenschaftlich mit Literatur zu beschäftigen, lebte in ihm nicht so stark, dass er geradezu beschließen musste, seine Zukunft darauf abzurichten. Deklamieren, Monologe halten konnte er auch als Komsomolsekretär. Der junge Gorbatschow liebte diese Auftritte, er liebte es, Reden zu halten, sich zu produzieren, genoss das Funktionärsleben, wenn auch erst auf unterster Ebene. Wenn es neben einer Vielzahl an Talenten eine wirkliche echte Berufung bei ihm gab, dann war es die, Politiker zu werden, auch wenn er zu diesem frühen Zeitpunkt das eher fühlte als wusste. In einer sozialistischen Gesellschaft konnte man nur als Funktionär Politiker werden.

Ablehnungen verschiedener Fakultäten trafen ein, er hatte ja wegen seiner Vier in Deutsch keine Gold-, sondern nur eine Silbermedaille zum Schulabschluss bekommen. Die Goldmedaille aber bildete die Voraussetzung dafür, dass man an allen Universitäten des Landes nach eigener Wahl studieren durfte. Doch er hatte etwas anderes: einen unerschütterlichen Willen. Er war Sohn eines Bauern, und vor allem trug er den Orden des Roten Banners der Arbeit. Empfehlungsschreiben des Komsomols und der Partei konnte er beilegen. Die Beurteilungen sprachen in den höchsten Tönen von dem zu großen Hoffnungen berechtigenden jungen Kommunisten. Er war ein junger Mann so ganz von der Art, wie sie das Land brauchte. Nun stand nur noch die Nachricht von der Juristischen Fakultät aus. Schließlich schickte er ungeduldig ein Telegramm mit Rückantwort und erhielt von der Fakultät umgehend die Bestätigung, dass er immatrikuliert sei und einen Platz im Studentenwohnheim in der Stromynka-Gasse erhalte. Physik galt in der Sowjetunion damals als ein wissenschaftliches Spitzenfach. Raketentechniker hatten die Stalinorgeln konstruiert, Physiker die russische Wasserstoffbombe geschaffen. Im Gegenteil dazu besaßen die Rechtswissenschaften, was der Junge vom Dorf nicht wissen konnte, kein hohes Prestige. Die Zeit, in dem die staatliche Verfassung Russlands dem bürgerlichen Rechtsstaat sich wirklich näherte, waren die Jahre des Ministerpräsidenten Pjotr Stolypin unter Zar Nikolaus II. vor dem Ersten Weltkrieg. Bis auf den heutigen Tag gab es keine liberalere und demokratischere Periode in Russland, weder davor noch danach.

Die Idee, Rechtswissenschaften zu studieren, mag ihm bei der Lektüre Belinskis gekommen sein. Die Forderung, dass das russische Volk Recht und Gesetz braucht, um in Würde leben zu können, verstand und vertrat er. War nicht der geliebte und verehrte Großvater aus der Haft zurückgekehrt, nachdem Stalin, wie Michail glaubte, Recht und Gesetz wiederhergestellt hatte? Hatte der weise Führer im Kreml nicht Jeschow, in dessen Amtszeit der schlimmste Terror wütete, in dem Pantelej Gopkalo verhaftete worden war, abgesetzt, verurteilt und verlangt, dass mit dem Menschen achtsamer umgegangen werden müsse? Man kann dem jungen Michail nicht vorwerfen, dass er dieses Maß an Niedertracht und an Unmenschlichkeit einem Kommunisten nicht zuzutrauen vermochte, einem Kommunisten, der sich doch, wie er gelernt hatte, selbstlos und unermüdlich für das Wohl der Menschheit einsetzte, der dafür Jahrzehnte unsteten Lebens voller Kämpfe, Haft und Verbannung auf sich genommen hatte. Hatte er nicht bei dem proletarischen Schriftsteller Nikolai Ostrowski begeistert gelesen: »Das Kostbarste, was der Mensch besitzt, ist das Leben. Es wird ihm nur einmal gegeben, und leben soll er so, dass nicht sinnlos vertane Jahre ihn schmerzen, dass nicht die Scham um eine schäbige und kleinliche Vergangenheit ihn brennt und dass er im Sterben sagen kann: Mein ganzes Leben und all meine Kräfte habe ich hingegeben für das Schönste der Welt – den Kampf um die Befreiung der Menschheit.«

Und Stalin hatte, wie Michail es gelernt hatte, sein ganzes Leben diesem Kampf gewidmet. Diesen hehren Idealen konnte man nur nacheifern. Schließlich glaubte selbst der Großvater, als er aus der Haft zurückkehrte, dass Stalin von den Rechtsbeugungen nichts gewusst hatte.

Lautete nicht Stalins Diktum: »Wenn die Richtung klar ist, entscheiden die Kader alles«? Also kam es doch auf die Kader, kam es darauf an, dass die Richtigen an den Schalthebeln der Macht saßen

Der neunzehnjährige Provinzler, fest entschlossen die Hauptstadt zu erobern.

und die Roben der Richter trugen. Die Entscheidung war eine grundsätzliche, sie bedeutete, Abschied zu nehmen von der Heimat, denn Moskau war weit. Großvater Pantelej dürfte den Enkel unterstützt haben in dessen Entschluss. Dass der Enkel eines Bauern in Moskau an der ersten Universität des Landes studieren konnte, war für ihn das Sinnbild für den Kommunismus schlechthin. Es kam noch ein zweiter Grund hinzu, der den Abschied erleichterte. In den Morgenstunden des 7. September 1947 weckte der Vater den Sohn und bat ihn, sich eine andere Schlafstätte im Haus zu suchen. Schlaftrunken folgte er der Bitte des Vaters und schlief sofort wieder ein. Als er am Morgen erwachte, hatte er einen Bruder, der nach seinem Vorschlag Alexander genannt wurde. Plötzlich war er nicht mehr der kleine Prinz der Familie. Alle Liebe und Fürsorge der Eltern zog nun der Spätling auf sich. Ein Jahr lebte er mit seinem Bruder unter einem Dach, dann besuchte er zwei Jahre die Schule im Bezirkszentrum, in denen er nur an den Wochenenden zu Hause war, und schließlich ging er nach Moskau. Eine Nähe konnte sich so unter den Geschwistern nicht herstellen, zumal sich das Einzelkind, das all die schweren Jahre durchgemacht hatte, von dem Jüngeren, der in wesentlich günstigere Zeiten hineingeboren wurde, verdrängt fühlte. Alexander, der zur Armee ging und schließlich im Generalstab wirkte, nahm das Leben leichter, ließ sich eher treiben, vieles fiel ihm einfach zu. Das provozierte die Kritik des älteren Bruders, der sich alles hart erarbeitet und erkämpft hatte. Die Geburt des Bruders löste bei Michail heftige Eifersucht aus. Er war nicht mehr der Mittelpunkt der Familie. So blieb das Verhältnis zwischen den Brüdern über viele Jahre gespannt.

Für den Bauernsohn klangen alle Himmelsglocken, als er endlich in seinen Händen die Aufnahmebestätigung hielt, die ihm nun auch offiziell gestattete, in Moskau zu studieren. Die Familie schwelgte im Stolz auf ihren Mischka. Also packte er im Herbst 1950 seinen Holzkoffer mit etwas Kleidung, einigen persönlichen Dingen und dem Buch von Belinski, das ihm die geneigte Bibliothekarin zum Abschied geschenkt hatte, und zog seinen einzigen Anzug an, den er einige Jahre zuvor mit dem Geld der Ernteprämie erworben hatte. Die Eltern brachten ihn zum Zug. Und es begann die große Reise des Michail Gorbatschow in die weite Welt, ins ferne und große Moskau, in eine Welt, die er nicht kannte und von der er nicht wusste, ob sie ihn annehmen würde. Michail war fest entschlossen, sein Glück zu versuchen.

Teil 2

Kapitel 6
Nach Moskau

»Raschid wollte alles wissen, und zwar umgehend und möglichst
genau. Ohne die leiseste Scheu, er könnte ungebildet oder
lächerlich erscheinen, quälte er alle mit seinen endlosen Fragen
und fiel doch niemandem auf die Nerven. Er war nach Moskau
gekommen, um zu lernen, und das tat er gewissenhaft, ohne
Zeitverlust.«

»Studenten« von Juri Trifonow

Der künftige Student Michail Gorbatschow saß im Herbst 1950 im
Zug nach Moskau. Ihm stand eine längere Fahrt bevor. Unterwegs
sah er das zerstörte Rostow und musste in Stalingrad umsteigen. Den
Aufenthalt nutzte er, um sich die immer noch sehr zerstörte Stadt
anzuschauen. In dieser Stadt, die zum Synonym für den Wendepunkt
im Zweiten Weltkrieg geworden war, wütete der grausamste und ver-
lustreichste Häuserkampf des Krieges. Auf dem Mamai-Hügel stand
damals das berühmte Denkmal noch nicht, aber den jungen Mann
erinnerten die durch Geschosse, Minen und Bomben hervorgerufe-
nen bizarren Krater des Hügelabhanges an die schweren Kämpfe, die
um diese Schlüsselposition, die Höhe 1022, im Jahr 1942 tobten.
Doch er dachte nicht nur an die Vergangenheit, nicht nur daran,
wie viel Leid der Krieg allen Menschen gebracht hatte, sondern er
fühlte auch die ungeheure Chance, mitzuhelfen, dieses Land, schöner
als es je war, aufzubauen. Endlich würden sie ohne Furcht vor Repressalien, ohne Krieg, den Sozialismus verwirklichen können. Und
war er, ein einfacher Junge vom Lande, der nach Moskau fuhr, um
an der ersten Universität zu studieren, nicht das beste Beispiel für
das menschliche Wesen dieser neuen Gesellschaftsordnung, der er
sich ehrlich verschrieben hatte? Waren die erlittenen Ängste und die
Armut, das Elend und die Ungerechtigkeiten nicht der Preis dafür,
dass nun das wahre Leben beginnen konnte?
Wieder im schneckengleich vorwärtsschleichenden Zug betrach-

tete er die russische Landschaft und die Städte, die der Krieg grausam gezeichnet hatte, und spürte die Größe der Aufgabe, die ihm und seinen Genossen gestellt worden war, und für die er sich bereit fühlte, zu arbeiten, ja im wahrsten Sinne des Wortes zu schuften. Mit Stolz und Elan dachte er an die Aufgabe seiner Generation, das Land aufzubauen. Mangelnden Fleiß hatte ihm noch niemand nachgesagt.

Wollte man in diesen Tagen dem Leben in seiner ganzen Wildheit, in seiner grotesken Gestalt begegnen, musste man nur die Eisenbahn nehmen, die empirisches Material für Dutzende von soziologischen Dissertationen bot. Die hoffnungslos überfüllten Züge kamen auf dem maroden Streckennetz nur langsam voran. Wer einen Sitzplatz ergatterte, konnte sich glücklich schätzen, wer auch nur ein Plätzchen auf der Gepäckablage eroberte, reiste geradezu aristokratisch. In den Schlafwagen gab es keinen Bettbezug, aber niemanden schien der Mangel ernstlich zu stören, denn das Glück, vom Zug mitgenommen zu werden, ins Abteil gekommen zu sein, half über alle Unbequemlichkeiten hinweg. An den Bahnhöfen konnte man Wasser, Tabak, Brot, Piroggen und in Essig eingelegte Gurken für teures Geld erwerben. Natürlich, auch Selbstgebrannten gab es da. Die Bauern boten ihre Waren an, kleine Läden verkauften Kartoffeln und andere Lebensmittel. Diejenigen, die sich das nicht leisten konnten, griffen auf die Lebensmittel zurück, die sie für die Reise eingepackt hatten. So auch Michail. Im Übrigen ging es während der Zugfahrt hoch her, einige tranken und spielten Karten, andere diskutierten lauthals, wieder andere sangen. Manch einer musste aufpassen, dass er nicht der Miliz in die Arme lief. Stalin hatte den Bauern die Pässe wegnehmen lassen, sodass sie sich nicht ohne Sondererlaubnis aus ihrem Bezirk weg bewegen durften. Überhaupt benötigte man eine Genehmigung, wenn man reisen wollte. Der Diktator verwandelte kurzerhand die eine der beiden herrschenden Klassen, die Bauern, wieder in Leibeigene. Doch darüber dachte der junge Mann während der Reise nicht nach. In ihm wechselten sich Reminiszenzen an den Krieg, ausgelöst von der zerstörten Landschaft, die am Fenster vorbeizog, mit dem Glauben an eine bessere Zukunft, die ihm weit offen stand, ab. Dass er einer erheblichen Gefahr für Leib und Seele entgegenfuhr, ahnte er in diesen Stunden nicht. Denn die angstfreien Zeiten, in denen alle

nur am Aufbau einer schönen, neuen Welt gemeinsam und kamerad-
schaftlich arbeiten würden und die jetzt anbrechen sollten, erwiesen
sich immer mehr als trügerische Hoffnung, zu deren Vernichtung der
»Bergbewohner« im Kreml, wie Mandelstam ihn genannt hatte, be-
reits ansetzte. In die osteuropäischen Vasallenstaaten, Volksdemokratien genannt, sandte Stalin seine »Experten«, die dort absurde
Schauprozesse vorbereiteten, welche der Dramaturgie der Moskauer
Prozesse von 1936 bis 1938 folgten. Dabei ging es vor allem um
hohe Parteifunktionäre, denen eine konstruierte Verschwörung zur
Last gelegt wurde. Zuweilen wurden die Gefangenen in sowjetische
Gefängnisse verlegt, um dort von sowjetischen Spezialisten auf die
Prozesse vorbereitet zu werden. In dieser Zeit fanden diese Schauprozesse mit Dimitroffs Einwilligung in Bulgarien, mit Rákosis Komplizenschaft in Ungarn, mit Gottwalds Segen in Prag und mit Bieruts
Hilfe in Polen statt. In Polen wollte Stalin völlig sicher gehen, deshalb
setzte er an die Stelle des verurteilten Verteidigungsministers Marian
Spychalski den Marschall der Sowjetunion Konstantin Rokossowski,
der gebürtiger Pole war. Nur in Ostberlin unterblieben die Prozesse,
nicht weil der seelenlose Bürokrat Ulbricht aufbegehrt hätte, wie er
später immer gern verlogen behauptete, sondern weil unter den Bedingungen der offenen Grenze zu Westdeutschland ein Schauprozess
kontraproduktiv gewirkt hätte. Seiner Konkurrenten wie Merker
und Dahlem entledigte er sich auf andere Art, und ein paar stalinistische Prozesse durfte der deutsche Führer des Proletariats dann auch
noch etwas später durchführen. Ohne Todesurteile ging es auch in
der DDR nicht ab.

Der junge Gorbatschow fuhr einer neuen Terrorwelle entgegen,
denn nicht nur in den Volksdemokratien wurden Folter, Prozesse
und Erschießungen vorbereitet, auch im eigenen Land lief die blutige
Maschinerie wieder an. Im so genannten »Leningrader Fall« wurden
nach Schdanows Tod führende Funktionäre konterrevolutionärer Tätigkeit beschuldigt. Nach den Moskauer Prozessen in den dreißiger
Jahren rückten jüngere Funktionäre nach, die durch ihre Fachkompe-
tenz den Dilettanten Kaganowitsch, Berija, Molotow, Malenkow und
Mikojan gefährlich wurden – obwohl deren Meisterschaft im Phra-
sendreschen, im Intrigieren, Foltern und Terror erzeugen schwerlich

übertroffen werden konnte. Und nicht nur ihnen. In letzter Konsequenz auch Stalin, der ein feines Gefühl dafür entwickelt hatte, niemanden dauerhaft in verantwortlicher Position zu lassen, der ihn an Kompetenz und Wissen überragte. Besonders augenscheinlich wurde das bei Nikolai Wosnessenski. Der Wirtschaftsfachmann arbeitete seit 1940 als Mitglied des ZK und stellvertretender Vorsitzender des Rates der Volkskommissare, ab 1941 zusätzlich als Vorsitzender der Staatlichen Plankommission, GOSPLAN. Was Schukow auf militärischem Gebiet vollbrachte, leistete Wosnessenski auf wirtschaftlichem Gebiet. Im Grunde organisierte er die wirtschaftliche Seite des Sieges, von der Stalin nichts verstand. Berija hatte Ende der vierziger Jahre Wosnessenski eine dicke Akte mit Todesurteilen geschickt, die Malenkow und Schkirjatow bereits abgezeichnet hatten. Wosnessenski schickte die Akte ohne seine Unterschrift postwendend zurück und ließ Berija wissen, dass er so etwas nicht unterschreiben werde, da er kein Richter sei und nicht einschätzen könne, ob diese Menschen wirklich zum Tode zu verurteilen seien oder nicht.

Stalin ärgerte sich zudem über das Buch seines Wirtschaftsexperten über die Kriegswirtschaft, in dem der große Führer und Generalissimus zu wenig gepriesen wurde. Das nutzten die blutigen Höflinge Berija und Malenkow, um Stalins Argwohn Wosnessenski gegenüber zu schüren. Schließlich wurde eine Anklage gegen ihn fabriziert, die Wosnessenski aber widerlegte, sodass er freigesprochen werden musste. Etwas Ungeheures war geschehen, die Dramaturgie des Prozesses versagte. Allerdings blieb er seiner Ämter verlustig und versuchte nun täglich, Stalin zu erreichen, den er von seiner Unschuld überzeugen wollte, da er sich nicht vorstellen konnte, dass Stalin selbst hinter der Inszenierung steckte. Um nicht wahnsinnig zu werden, setzte er die Arbeit an seinem Werk über die Politökonomie des Kommunismus fort, das er schließlich nicht mehr vollenden sollte. Im gleichen Jahr, in dem der hoffnungsvolle Michail Gorbatschow im Zug nach Moskau saß, wurde in der Hauptstadt des Kommunismus der Kommunist Nikolai Wosnessenski mit anderen Parteigrößen, die entweder noch im Leningrader Parteiaktiv arbeiteten oder von dort stammten, verhaftet und erschossen. Wegen der Herkunft beziehungsweise des Tätigkeitsortes der Delinquenten nannte man diese Terrorkampagne »Leningrader Fall« oder »Leningrader Affäre«. Vor der bereits beschlossenen Erschießung ließ Berija Wosnessenski noch unter seiner persönlichen Aufsicht brutal foltern. Dann lief die Kampagne gegen die »heimatlosen Kosmopoliten« an, die deutlich antisemitische Motive besaß. Sie verfolgte diejenigen Wissenschaftler, die Kontakte zu ausländischen Kollegen unterhielten, die ausländische Forschungsergebnisse zitierten oder lediglich zur Kenntnis nahmen oder schlicht jüdischer Herkunft waren. Neue Kürzel für Verurteilungen hinter den Urteilen traten auf, beispielsweise WAT (Verehrung der amerikanischen Technologie), PS (Kniefall vor dem Westen) oder WAD (Verehrung der amerikanischen Demokratie). In das Zentrum dieser beunruhigenden Vorbereitungen für eine große und umfassende neue Terrorwelle, mit der Stalin das Land als Dank für die Aufopferungsbereitschaft der Menschen im Krieg zu belohnen beabsichtigte, fuhr der ahnungslose junge Mann, der ein Studium aufnehmen wollte, nach dessen Abschluss er als Richter, Staatsanwalt oder als Untersuchungsbeamter zur besonderen Verwendung des KGB eingesetzt werden konnte. Groß waren seine Chancen, Opfer oder Täter oder erst Täter und dann Opfer in den kommenden »Säuberungen« zu werden, mit denen Stalin das Land neuerlich zu überziehen gedachte.

In den letzten Augusttagen des Jahres 1950 fuhr der Zug, in dem Michail Gorbatschow saß, im Kasaner Bahnhof ein. Dieser Bahnhof stellt noch heute eine sehr eigene Welt dar. Durchgangsstation, Ankunftsort, Behausung für Obdachlose, Wirkungsstätte für Diebe, Schnorrer, zwielichtige Kleinhändler. Er hatte den Fuß noch gar nicht richtig auf den Bahnsteig gesetzt, da umfing den Provinzler sofort ein wahrer Höllenkessel von Geräuschen, Gerüchen und Menschen. Allerorten schnurrte auf den Bahnsteigen und in der Bahnhofshalle eine quecksilbrige Betriebsamkeit. Doch er musste sich nicht besonders vor Dieben vorsehen, denn die Profis sahen dem jungen Mann an, dass bei ihm keine Reichtümer zu holen waren. Ihm hätte eher gegeben als genommen werden müssen. Er erkundigte sich, wie er in die Stromynka kam, Stadtteil Sokolniki, und erfuhr, dass er eine gute Strecke zurückzulegen hatte. Nachdem er halb Moskau durchquert hatte, denn das Studentenwohnheim lag damals am Stadtrand von

Aus dem berühmten Kasaner Bahnhof schritt mit einem Koffer in der Hand und voller Neugier der angehende Student.

Moskau, stand er vor einem viereckigen, freudlosen Kasten. Es gehörte nicht viel Fantasie dazu, zu erraten, dass der Bau früher dem Preobrashenski-Regiment als Kaserne gedient hatte. Der aufmerksame Beobachter entdeckte, dass man einfach zwei Etagen aufgesetzt hatte. Im ganzen Komplex dieses Studentenwohnheims mit Klubs und Bibliotheken und natürlich den Unterkünften, lebten zu dieser Zeit ungefähr 10 000 Studenten der verschiedensten Fakultäten. Als Michail das Zimmer betrat, in dem er von nun an wohnen sollte, erblickte er erst mal nichts anderes als Betten, nichts außer Betten über Betten. Beim instinktiven Durchzählen begriff er, dass er mit 21 Kommilitonen zusammenwohnen würde. Die Situation besserte sich allerdings von Studienjahr zu Studienjahr, denn im zweiten schlief er »nur« noch mit elf und im dritten mit sechs Kommilitonen in einem Zimmer.

Verglichen mit dem heutigen Studium ging es damals sehr verschult zu. Anwesenheit zu allen Studienveranstaltungen, ob Seminare oder Vorlesungen, galt als Pflicht. Den, der unentschuldigt fehlte, trafen Sanktionen, die vom Streichen des Stipendiums bis zur Exmatrikulation reichen konnten. Lehrstoff und Seminaraufgaben wurden nicht nur in den Examina, sondern auch in den Seminaren selbst geprüft. Hinzu traten diverse so genannte gesellschaftliche Verpflichtungen, die den gleichen Stellenwert wie die Studienleistungen besaßen. Man konnte also nicht nur wegen Versäumens der Vorlesungen, sondern auch wegen Schwänzens der Versammlungen des Komsomols oder Fehlens bei den freiwillig und unentgeltlich zu leistenden Arbeitseinsätzen den Studienplatz verlieren. Begründet wurde das natürlich wieder mit der gottgleichen Arbeiterklasse, die in der marxistischen Ideologie so etwas wie den schwarzen Zylinder des Zauberers der Partei darstellte, aus dem alle möglichen Erklärungskaninchen hervorgezaubert werden konnten. Die Arbeiter ermöglichten nach offizieller Lesart den Studenten durch ihre Arbeit das Studium, und der Student hatte der Arbeiterklasse deshalb auf ewig dankbar zu sein. Im Übrigen galt in der Ideologie der Intellektuelle nichts gegen den marxistisch gebenedeiten Arbeiter. Sollte übrigens einmal der Zauber misslingen, und aus dem Zylinder kroch eine Kröte, ein Malheur, das häufiger geschah, dann war die Kröte natürlich ein Kaninchen, und nur bürgerliche Biologen konnten in der Kröte nicht das Kaninchen sehen, weil sie ja vom Klassenfeind gekauft waren und ihnen das Klassenbewusstsein fehlte, was sie zu dieser Erkenntnis befähigt hätte.

Doch ein Teil der jungen Menschen, die entweder aus den Volksdemokratien als Elitekader ins Vaterland der Werktätigen zum Studium delegiert wurden, wie der Tscheche Zdeněk Mlynář, oder die, wie Gorbatschow, vom kleinsten Dorf mit einem immensen Vorrat an Glauben und Ambitionen aufbrachen, hielten dieses System der Gängelung für die Anfänge einer neuen Gesellschaft, für die Lebensweise eines neuen, des kollektivierten Menschen. Denn man konnte ja die Gängelung durch das kontrollierende Kollektiv, das normative Kraft besaß, auch als Weisheit und menschliches Miteinander verstehen: als den Beginn einer Gemeinschaft freier, gleicher, brüderlicher Menschen, die sich gegenseitig halfen und unterstützten, als das Gegenteil bürgerlicher Selbstsucht.

Zunächst unterschieden sich die Studienanfänger grundsätzlich durch ihre Herkunft. Wohnten sie im Internat und kamen daher von außerhalb, also aus anderen Gebieten der Sowjetunion oder aus den volksdemokratischen Ländern oder wohnten sie zu Hause, weil sie waschechte Moskauer waren? Der Moskauer, vor allem wenn er eine lange hauptstädtische Ahnengalerie vorweisen konnte, fühlte sich dem Provinzler haushoch überlegen und sah voller Dünkel auf den armen Kerl vom Lande herab. Zumeist studierten die Kinder der Moskauer Partei- und Staatsbürokratie, die sich nicht selten auf die Stellung ihrer Eltern viel zugute hielten, an der Moskauer Universität. Der Dünkel wurde ihnen bereits in die Wiege gelegt. Da sie von klein auf den ideologischen Schwindel und die amtliche Parteiheuchelei durchschauten, agierten sie bruchlos in zwei Rollen. Offiziell beteten sie alles nach, was von oben kam. Ihr Privatleben nahm daran keinen

Anteil. Sie konzentrierten sich auf ihre Karriere, wussten durch ihre
Eltern – durch das, was die Soziologen Herrschaftswissen nennen
–, wie sie wann wodurch und in welcher Art mit wem zu parlieren
hatten. In vulgo: wem wie in den Hintern zu kriechen war. Denn das
geschlossene bürokratische System der Sowjetunion funktionierte
völlig protektionistisch. Auf Verbindungen, auf Nützlichkeiten kam
es an, nicht auf Talent, Fähigkeit, Begabung oder Wissen. Das heißt
nicht, dass sich echte Begabung nicht hätte durchsetzen können, das
bedeutet nur, dass Begabung nicht als Kriterium galt. Die Umsetzung
dieser Handlungsweise begann bei Stalin, der dafür sorgte, dass die
Besten erschossen wurden und nur das speichelleckende Mittelmaß
übrig blieb, und setzte sich bis in die unterste bürokratische Ebene
fort. Jeder kleine Natschalnik eiferte dem großen nach, jeder Bürokrat hatte wenigstens ein paar Untergebene oder Bittsteller, vor
denen er als Bonsai-Stalin posieren konnte. In der Zeit der Stagnation, zum Ende der Breschnew-Ära in den siebziger Jahren, hatte sich
dieses protektionistische System so weit gefestigt, dass sowjetische
Studenten, die sehr karriereorientiert waren, einen Tag im Monat
fest einplanten, an dem sie ihre besten Sachen anzogen, um ihre Beziehungen zu potenziellen oder tatsächlichen Gönnern zu pflegen.

Das traf nicht für die ausländischen Studenten zu, die fest glaubten, ins Vaterland der Werktätigen, ins kommunistische Paradies zu
kommen und, wenn die totalitäre Ideologie sie nicht völlig erblinden
und ertauben ließ, einen herben Realitätsschock erlitten. Der Tscheche Zdeněk Mlynář, ein Prager Jungkommunist und hundertprozen-
tiger Stalinist, stellte fest, dass die sowjetischen Menschen, die ihm
begegneten, eher den Figuren von Gogol und Tschechow ähnelten
als den heroischen Gestalten aus Fadejews *Junger Garde* oder anderen »Meisterwerken« des sozialistischen Realismus wie Nikolai
Ostrowskis *Wie der Stahl gehärtet wurde*. Die Trennung von privatem und öffentlichem Leben hatte längst das Maß der Schizophrenie
überschritten, es war keine Krankheit mehr, sondern ein natürlicher
Reflex, eine Verhaltensanpassung, die notwendig schien. In der Bio-
logie beobachtet man diese besonderen und autochthonen Modifika-
tionen bei Arten, die auf abgelegenen Inseln leben und sich hundert-
prozentig den spezifischen insularen Verhältnissen anpassen. Bedingt

durch den Eisernen Vorhang glich das Leben in der Sowjetunion dem Leben auf einer abgelegenen Insel. Der Tscheche Mlynář wurde eines Nachts von zwei Kommilitonen aus einem Nachbarzimmer geweckt, die sich heftig gestritten hatten. Einer von beiden, ein Kriegsteilnehmer, hatte behauptet, dass er in der Tschechoslowakei gesehen hatte, dass die Bauern in Häusern aus Stein lebten, und nicht nur aus Lehm, und die Dächer tatsächlich mit Ziegeln statt nur mit Stroh gedeckt waren. Das mochte der andere, der in seinem Leben nichts außer seinem heimatlichen Kolchos gesehen hatte, nicht glauben. Selbst als Mlynář den Kriegsteilnehmer bestätigte, dachte der Junge vom Kolchos, dass er Recht habe und Mlynář das nur aus nationaler Angeberei behaupten würde. Man wusste nichts von der Welt außerhalb der Sowjetunion und wollte das, was man zu wissen meinte, nicht überprüfen; lieber unterstellte man dem anderen diverse Gründe zu lügen. Auch hier unterschied sich Gorbatschow vom typischen Verhaltensmuster, denn er wollte nicht aus geistiger Bequemlichkeit seine Urteile bestätigt sehen, sondern ihn drängte es danach, wirklich zu wissen, wirklich den ganzen Reichtum der Realität zu erkennen. Dieses Verlangen fußte durchaus auf einem doktrinären Grund: Wenn der Marxismus der Gipfel des menschlichen Wissens und der Kommunismus die beste aller Welten seien, dann umfassten sie den ganzen Reichtum der Wirklichkeit. Diese Wirklichkeit nicht in ihrer ganzen Vielfalt zu erfassen, würde den Kommunismus als Gesellschaftsform und den Marxismus als dessen Ideologie verarmen lassen. Um die Welt in ihrer Totalität zuzulassen, musste man stark im Glauben sein. Und der junge Gorbatschow war wie der junge Mlynář stark im Glauben.

Die bruchlose Trennung zwischen gesellschaftlichem Ritual und privatem Leben traf in dem Maß nicht zu bei Studenten, die wie Michail vom Land kamen und deren Ideale mit der Regierungswirklichkeit noch nicht kollidierten, und es traf natürlich nicht auf alle Moskauer Studenten zu. Für die Gläubigen der kommunistischen Heilslehre existierte noch keine Differenz zwischen der offiziellen Linie und ihrem persönlichen Leben, denn alles, was in der Realität dem Ideal und der Propaganda entgegenstand, verbuchte man unter »bürgerliche Überbleibsel«, die man auf dem Weg zum neuen Menschen überwinden würde. Dass diese Überbleibsel teils schon Ergebnisse des Neuen selbst, teils bewusste Adaptionen des alten bürokratischen Apparates waren, konnten diese jungen, hoch idealistischen Menschen nicht ahnen. Sie besaßen nicht die historischen Kenntnisse und die unverstellte Sicht der Wirklichkeit, um analysieren zu können, dass sich die schlechtesten Momente der alten russischen Bürokratie in der sowjetischen Bürokratie erneuerten und verjüngten. Diese Bürokratie erlebte immer wieder ihre Auferstehung: durch Stalin, durch Breschnew, durch Putin.

Die Erstsemester des Jahres 1950 unterschieden sich in Alter und Erfahrung sehr voneinander. Da gab es 17-jährige Mädchen, die von der Schulbank direkt zum Studium gegangen waren, da gab es junge Männer wie Michail, die vielleicht ein oder zwei Jahre durch kriegsbedingten Schulausfall verloren hatten, die aber bereits von Kindesbeinen arbeiten mussten, und schließlich existierte die große Gruppe der Kriegsteilnehmer, die an der Front gekämpft hatten und nun nach der Demobilisierung endlich studieren konnten. Häufig erkannte man sie daran, dass sie selbst fünf Jahre nach dem Krieg immer noch in Uniform herumliefen, teils weil sie keine andere Kleidung besaßen, teils weil sie sich aus Stolz nicht von ihren Uniformen trennen wollten. Manche hatten wie Michails Vater den ganzen Krieg mit all seinem Grauen erlebt. Zwar wirkten sie erfahrener und gefestigter, doch hatten sie das Lernen verlernt und mühten sich nun, wieder in den Prozess der Wissensaneignung hineinzufinden. Einer dieser Kriegsteilnehmer war Wladimir Liberman, mit dem sich der junge Gorbatschow schnell anfreunden sollte.

Als Michail mit seinem Holzkoffer, dem provinziellen Mantel und dem Anzug, dem man seine dörfliche Herkunft ansah, keck die Kubanka nach Kosakenart schräg auf dem Kopfe sitzend, die fremden Kommilitonen fragte, wo er schlafen könne, wiesen sie ihm aus Schabernack das schlechteste Bett zu. Michail belegte es, ohne zu murren, er hatte bereits Schlimmeres erlebt. Auf den Komfort des Schlafplatzes kam es nicht an. Er war in Moskau, was er und seinesgleichen ganz und gar nicht als selbstverständlich empfinden konnten, und würde schon bald mit dem Studium beginnen. Nur das zählte für ihn. Diesen einen Satz hatte er sich so oft und so beschwingt in den letzten

Tagen und Wochen durch den Sinn gehen lassen: Er war Student der Juristischen Fakultät der Moskauer Universität.

Der Weg, sich das Menschheitswissen anzueignen, so wie es Belinski gefordert hatte, stand ihm offen, er musste ihn nur gehen, und er wollte ihn konsequent gehen. Keine Tändeleien, keine Affären mit Mädchen hatte er sich geschworen. Alles, was er an Zeit

»Trotzdem bin ich der Meinung, dass mir jene Universität – die Moskauer Staatliche Lomonossow-Universität – immer den Rücken gestärkt hat«, meinte Gorbatschow im Rückblick.

und Kraft besaß, würde er in das Studium stecken, in die einmalige Chance, die sich ihm eröffnete. Seine Eltern durfte er nicht enttäuschen, auch wollte er nicht geschlagen nach Priwolnoje zurückkehren. Aber er fühlte wirklich keine Angst vor den Herausforderungen, im Gegenteil, sollten sie nur kommen, arbeiten konnte er. Ihm musste man nichts schenken, er würde es sich schon alles selbst verdienen.

Die erste Begegnung mit der Studienrealität warf ihn zwar nicht aus der Bahn, zeigte ihm aber sehr deutlich das Pensum, das er zu bewältigen hatte, wenn er kulturell und fachlich den Moskauer Kommilitonen ebenbürtig sein wollte. Im Vorlesungssaal der Fakultät und in den Seminaren seiner Studiengruppe fiel er den Moskauern sofort als Landei auf. Zumal seine südrussische Ausdrucksweise für Spott sorgte, so wie hierzulande das Sächsische oder Schwäbische viele zum Lästern einlädt. Der aufgeweckte Jüngling begriff, was ihm fehlte, und er wollte es lernen, so schnell als möglich. Und da er gutmütig war, unkompliziert, mit ehrlichen Augen, denen man nichts abschlagen konnte, fand er schnell Freunde. Zugute kam ihm sein untrüglicher Instinkt, wen er sich zum Freund machen musste. Die Klügsten. Er benötigte niemanden, der ihn bewunderte. Sein Selbstbewusstsein war groß genug, dass es dieserart Bestätigung nicht suchte. Nur unsichere Naturen bedürfen der Schmeichler. Er brauchte dringend Menschen, die ihm weiterhalfen. Dadurch entstand bei einigen Kommilitonen der Eindruck, dass er sich immer anhängte. Das tat er tatsächlich, er suchte ständig nach Leuten, die ihm geistig oder kulturell weiterhalfen. Er fragte seinen Kommilitonen schier Löcher in den Bauch. Schnell hatte er entdeckt, dass die Moskauer sich scheuten, zuzugeben, wenn sie etwas nicht wussten. Damit hatte er keine Probleme. Ihm wurden täglich seine enormen Lücken, die er nur durch harte Arbeit und ehernen Fleiß aufarbeiten konnte, vorgeführt. In seinem Leben spielten starke Frauen, die das Leben auch ohne Männer meistern mussten, weil jene an der Front kämpften, eine große Rolle, deshalb hatte er als Mann keine Schwierigkeiten, sich von Frauen belehren zu lassen. Damit stellte er wirklich eine Ausnahme dar, denn trotz Internationalem Frauentag und der Doktrin der Gleichberechtigung, wurden die Genossinnen Werktätigen von den Genossen Werktätigen nach wie vor unterdrückt. Allerdings wirkten die Frauen an diesem Zustand aktiv mit, indem sie ihre Söhne zu kleinen Prinzen erzogen, die Töchter aber nicht zu kleinen Prinzessinnen.

Zielsicher machte Michail einer fröhlichen Moskauerin mit herausragenden Umgangsformen den Hof. Nadeschda Michaljowa, die Tochter eines Moskauer Ministerialbeamten, mochte den wissbegierigen Jungen vom Lande auf Anhieb und nahm ihn unter ihre Fittiche. Freilich kam er als Mann für die Moskauerin, deren Familie adlig war, nicht in Betracht, doch als Kamerad schon. Außerdem weckte der ein wenig linkisch wirkende, dafür aber gut aussehende Michail in Frauen den Beschützerinstinkt, hilflos, wie er in Moskau war.

»Nadja«, bat er, »nimm mich mit in die Tretjakow-Galerie. Erklär' mir die Bilder. Die Sichtweise der Maler.«

»Nadja, was ist Ballett?«

»Nadja, lass uns ins Moskauer Künstlertheater gehen.«

Sie standen nächtelang nach Karten an. Nadja erklärte ihm das Ballett – es war damals die große Zeit des Balletts des Bolschoi-Theaters. Vor allem aber erklärte sie ihm die Malerei. En passant brachte sie ihm Manieren bei, einfache Dinge, die man aber wissen sollte, zum Beispiel, dass man sich nicht in die Hände schnäuzt, sondern ein Taschentuch benutzt. Einen ausländischen Beobachter, Mlynář, befremdete diese Nasensäuberung à la russe, die er bei vielen in dieser Zeit beobachtete, nicht weniger als die aristokratische Nadja, die es ihrem Schützling austrieb.

Erstsemester, die ihre Welt erobern wollen. Der junge Gorbatschow im Kreise von Kommilitonen.

Nadeschda Michaljowa erinnert sich, dass sie in diesen ersten Studientagen eine kleine Gruppe bildeten, auch das »Mächtige Häuflein« genannt, die zusammen lernten und oftmals die Seminare bestritten. Der, der sich am besten vorbereitet hatte, meldete sich freiwillig. So konnte man untereinander Schwerpunkte festlegen, und niemand wurde durch mangelnde Kenntnisse in Verlegenheit gebracht. Manchmal saß man noch nach geglücktem Seminar leidenschaftlich diskutierend in einer Bierbar zusammen oder lernte gemeinsam bei Nadja zu Hause. Dass ihre Mutter eine exzellente Köchin war und die junge Bande, deren karges Stipendium nicht reichen konnte, mit Essen verwöhnte, dürfte kein geringes Argument für die Wahl dieses Ortes zum Lernen gewesen sein. Doch wie das so ist mit den schnellen Freundschaften des ersten Semesters – sie verlaufen sich mit der Ausbildung unterschiedlicher Interessen im Studium. Obwohl Michail Anschluss suchte und fand, erschien er seinen Kommilitonen noch über die Tatsache hinaus, dass man auf Schritt und Tritt den Provinzler erkannte, reichlich merkwürdig. Ständig diskutierte er mit jemandem und organisierte irgendwas, traf Absprachen und erschien allen als Ausbund von Geschäftigkeit. Am frühen Morgen begab er sich bereits in die Bibliothek und kehrte oftmals erst sehr spät ins Studentenwohnheim zurück. Doch was sollte ihn auch in eine Massenunterkunft ziehen, in der 22 junge Männer schliefen. Lesen und arbeiten konnte man hier nicht. Schon gar nicht an Abenden, an denen die unvermeidliche Wodkaflasche kreiste und man das Stalinbild an der Wand herumdrehte und die Zeichnung einer Prostituierten aus der Zarenzeit erschien, ein eher harmloses Pin-up, das aber bei Entdekkung die Exmatrikulation nach sich ziehen konnte. Der Genuss von Wodka galt als männlich, und umso mehr man vertrug, umso männlicher war man natürlich. Dass ihr eifriger Kommilitone nichts trank, verwunderte sie anfangs und machte sie auch misstrauisch. In einer so stark reglementierten Gesellschaft, wie es die sowjetische war, in der äußeres Handeln und persönliches Denken strikt getrennt wurden, kam dem Alkohol und vor allem den Saufgelagen eine besondere, geradezu sozialtherapeutische Funktion zu. Die ewige Frage des betrunkenen Russen lautet:»Bin ich ein Mensch?« Mlynář erzählte in seinen Erinnerungen eine Geschichte, die eigentlich zum Standard schwertrunkener Gespräche zählte. Ein junger Russe, Mitglied der Kommunistischen Partei, der vorher auf einer Versammlung für die Exmatrikulation eines engen Freundes gestimmt hatte, weil der einer Wette Folge leistend nur mit einer Turnhose bekleidet den Flur des Wohnheims entlanggelaufen war, drang mit der ganzen Kraft seiner betrunkenen Sturheit in Mlynář:»Ich bin ein Schwein, sag mir, dass ich ein Schwein bin.« Mlynář bestätigte dem Kommilitonen, dass er ein Schwein sei, erkundigte sich aber, warum ausgerechnet er ihm das bestätigen sollte. Die Antwort lautete schlicht und verblüffend, weil Mlynář an all das glaubte, weil er auch Lenin las, wenn er allein war. Der junge Mann wurde später Ankläger an einem Militärgericht. Und er wird nicht zum letzten Mal betrunken jemanden aufgefordert haben, ihn ein Schwein zu nennen. Der Alkohol bot das Alibi, sich einmal alles von der Seele reden zu dürfen. Er glich in seiner Funktion ein wenig der katholischen Beichte, nur mit dem Unterschied,

dass man im Alkoholrausch nach der Exkulpation nicht dazu aufgefordert wurde, ein besserer Mensch zu werden, sondern nach der
Ernüchterung der ganze Inhalt alkoholisierter Seelenergüsse vergessen war. Damit aber die Vereinbarung der Ausnahmesituation galt,
durfte keiner sich zurückhalten, mussten alle betrunken sein. Indem
Gorbatschow nicht mittrank, stand er, wenn schon nicht unter Verdacht, so zumindest unter skeptischer Beobachtung. Doch irgendwann begriffen die anderen, dass er sich nichts versagte, sondern ein
»von Natur aus Trockener« war, also jemand mit einem angeborenen
Defekt wie ein Epileptiker oder jemand mit einem zu kurzen Bein,
eben jemand, der keinen Alkohol trank. Gerade die Moskauer hielten
sich etwas zugute auf ihre Trinkfestigkeit. Jeden Tag wurde er mit
seinen kulturellen Defiziten und seinen Bildungslücken konfrontiert,
schließlich hatte er nur eine schlichte Dorfschule besucht und war
nicht in den Genuss der kulturellen Vielfalt der Hauptstadt gekommen, deren Oberschulen ein anderes Niveau hatten. Moskauer Kommilitonen beherrschten Fremdsprachen und konnten Marx, Hegel
oder Locke im Original lesen. Nicht zu unterschätzen, was bei ihnen
im elterlichen Bücherschrank stand: vor der Revolution erschienene
Ausgaben von Literaten und Philosophen, deren Kenntnis zwar als
Bildungsstandard galt, die aber in der sozialistischen Schule nicht
mehr behandelt wurden. Belinski hatte er gelesen, ja, aber von Berdjajew oder Rosanow wusste er nichts, erst recht nichts von Pawel Florenski. Um es zu verdeutlichen: Konnte Belinski ein wenig mit dem
Schriftsteller und Literaturkritiker Franz Mehring verglichen werden, so erinnerten Berdjajew und Rosanow eher an Schopenhauer
und Nietzsche. Doch den jungen Mann aus der Provinz zeichnete
der enorme Fleiß und das ungetrübte Selbstbewusstsein aus, eigene
Lücken nicht als Schande, sondern als Aufgabe zu erkennen. Ihm
ging es gerade darum, die Welt zu begreifen, zu verstehen, warum sie
so war und wie sie sich verbessern ließe – immer mit dem konkreten
Blick auf die Menschen zu Hause, die schufteten und dennoch nicht
aus dem Hunger und der Armut herauskamen. Bestand nicht auch
seine Aufgabe darin, dass für die Bauern seines Heimatdorfes das
verheißene kommunistische Paradies auch tatsächlich anbrach? Wie
Mlynář glaubte auch Gorbatschow an Stalin und den Kommunis-

mus, deshalb freundeten sie sich sehr bald an, der junge Tscheche und der junge Südrusse. Überhaupt hatte sich Michail einen so seltsamen wie gefährlichen Freundeskreis zugelegt: Zdeněk Mlynář kam zwar aus einem befreundeten Land, dennoch sah man es nicht gern, wenn die jungen Russen Beziehungen zu Ausländern unterhielten, mögen sie auch laut offizieller Definition noch so sehr Vertreter eines Brudervolkes sein. Die Kampagne gegen die heimatlosen Kosmopoliten lief auf Hochtouren. Wladimir Liberman, der als Offizier der Roten Armee demobilisiert wurde, war Jude. Und Stalin bereitete gerade umfassende antisemitische Repressalien vor. Interne Weisungen, den Anteil der Juden im Parteiapparat, im öffentlichen Leben und unter den Studienanfängern drastisch zu reduzieren, lagen bereits vor, und man hatte damit begonnen, sie auch umzusetzen. Doch sowohl Liberman als auch Mlynář inspirierten und förderten den Sohn eines Bauern intellektuell. Das Studium der Rechtswissenschaften unterlag wie alle geistes- oder wie man sagte: gesellschaftswissenschaftlichen Fächer den Regularien und Auguren des Stalinismus. Jegliche Betrachtung musste vom »Klassenstandpunkt« aus erfolgen, das hieß durch die von Stalin ausgelegten Dogmen Lenins, der seinerseits eine messianisch-bürokratische Interpretation der Anschauungen von Marx und Engels geliefert hatte. »Der Marxismus ist allmächtig, weil er wahr ist« – was sollte man von einem solchen Unfug, wie ihn Lenin als Grundthese propagierte und sie für den jungen Marxisten zum ersten Gebot wurde, auch halten?

Bei der Gestaltung des Studienplanes ging man davon aus, dass der Student der Rechtswissenschaft sich grundlegend mit der Komplexität der Gesellschaft auskennen sollte, weil das Recht in der Basis- und Überbau-Theorie als Überbauelement der Gesellschaft eingestuft wurde. Die Basis der Gesellschaft bildete die materielle Produktion. Sie wurde bestimmt durch die Organisationsform der Produktion und die Eigentumsverhältnisse an den Produktionsmitteln. Die Struktur des Staates, die Verkehrsformen innerhalb der Gesellschaft, die durch das Recht festgeschrieben wurden, gehörten dem Überbau an. Da also das Recht etwas Abgeleitetes war, musste der Rechtsstudent das Ableitende verstehen, um das Abgeleitete anwenden zu können: Er musste die Gesellschaft begreifen, um das

Recht anwenden zu können. Und vor allem und zuallererst – und zuallerletzt – hatte er zu begreifen, was die Gesellschaft, sprich die Partei, sprich der Führer, von ihm wollte. Das Recht war weder ein Abstraktum noch ein Absolutum, das Recht war lediglich eine Funktion der Macht. Die Aufgabe des Rechtsbürokraten bestand nicht darin, Schuld oder Unschuld festzustellen, sie bestand einzig und allein darin, in juristische Formen zu übersetzen, was die Macht wollte. Wollte die Macht, dass jemand schuldig war, mussten der Richter und der Staatsanwalt nur das Gesetz finden, nach dem man den Delinquenten aburteilen konnte. Daran hat sich bis heute nichts geändert, wie es jüngst der Fall Chodorkowski zeigte. Die Richterin übernahm als Urteilsbegründung exakt den Wortlaut des Antrages der Staatsanwaltschaft, inklusive der orthographischen und grammatischen Fehler. Wie hatte schon Stalin gesagt:»Wenn die Richtung · klar ist, entscheiden die Kader alles.«

Aber der arme Jurastudent des Jahres 1950 brauchte auf keinen Fall zu verzweifeln, wenn er den Willen der Macht erforschen wollte, denn es gab ja zum Glück die einzig wahre wissenschaftliche Methode, die marxistisch-leninistisch-stalinistische wissenschaftliche Weltanschauung, die in ihrer heiligen Dreieinigkeit von dialektischem und historischem Materialismus – dem neckischen »Diamat« –, der verklausulierten politischen Ökonomie und dem pathetischen wissenschaftlichen Kommunismus auftrat. Im Diamat wurde dem jungen Gorbatschow erklärt, wie er die Geschichte der Menschheit und die Gesetze der Natur zu begreifen hatte, nämlich im gut gnostischen Sinn als Entwicklung vom Niederen zum Höheren. Ihre höchste Stufe erreichte die Gesellschaft natürlich im Kommunismus. In der politischen Ökonomie wurden ihm die wirtschaftlichen Zusammenhänge erläutert, während er im wissenschaftlichen Kommunismus ganz in der Sphäre des heiligen Geistes angekommen war, nämlich in der Offenbarung und Verwirklichung des Sinns der Geschichte, der menschlichen, der klassenlosen Gesellschaft, des Paradieses. Darin bestand das Rüstzeug. Damit der junge Mann im Kramladen des Marxismus auch die richtigen Werkzeuge auswählte und sich nicht etwa vertat, gab es die grundlegenden Werke dazu: von Lenin *Drei Quellen und drei Bestandteile des Marxismus* und *Staat und Revo-*

lution, von Stalin *Zu Fragen des Leninismus* und *Kurzer Lehrgang der Kommunistischen Partei (Bolschewiki)*, in dem die Parteigeschichte dreist auf das messianische Wirken des Genossen Stalin hin umgeschrieben wurde. Es gibt in diesem Buch keine Seite, die nicht wenigstens fünf grobe Lügen enthält. Und die Sätze, die keine Lügen enthalten, bestehen aus Tautologien. Doch woher sollte Michail das wissen? Außer der stalinistischen Darstellung gab es keine anderen. Alle divergierenden Meinungen wurden verboten und eingestampft. Von den historischen Bildern retuschierte man sogar alle Kampfgefährten Lenins, die den vielen »Parteisäuberungen« oder den Moskauer Prozessen zum Opfer gefallen waren, bis nur noch Stalin übrig blieb.

Im Gegensatz zu diesem ideologischen Unfug konnte man in der politischen Ökonomie wirklich einiges Wissenswertes über wirtschaftliche Zusammenhänge erfahren. Und jenseits dieser Fächer gab es Vorlesungen und Seminare zur Rechtsgeschichte. Michail las John Locke, der ihn lehrte, dass es besser sei, sich nicht mit Dingen zu beschäftigen, die das Fassungsvermögen überschreiten, sondern sein Denken an dem auszurichten, was auch real erkannt und mithin auch real verändert werden könne. In seiner Staatslehre propagierte der Engländer die Volkssouveränität und die Gewaltenteilung, die in der sozialistischen Rechtstheorie nicht vorkam. Und bei Rousseau fand der neugierige Student den Gedanken, dass der Mensch frei geboren würde, aber überall in Ketten läge. Deshalb sei ein vernünftiger Gesellschaftsvertrag die Grundlage für die Freiheit aller. Galten offiziell diese bürgerlichen Ansichten als in ihrer Zeit zwar revolutionär, doch inzwischen in ihren »progressiven Elementen« im sowjetischen Recht »aufgehoben« und verwirklicht, so boten sie dennoch für Michail das erste Kennenlernen anderer Denkschulen. Ironischerweise schmuggelten auf der anderen Seite gerade die Klassiker des Marxismus, also Marx, Engels und Lenin, die gefährliche Konterbande anderer Auffassungen in das hermetische System kommunistischer Gesellschaftswissenschaften. Indem sich die »Klassiker« ausführlich mit ihren Widersachern herumschlugen und sie zu dem Zweck ausführlich zitierten, erfuhr Michail über diesen Umweg etwas vom Denken der russischen Sozialdemokratie, der Menschewiki, von Männern wie Plechanow und Martow. Ein Detail dieser Auseinandersetzungen beeindruckte ihn: Lenin ließ seinen Kontrahenten Martow nicht erschießen, sondern lediglich ausweisen. Natürlich ist auch eine Ausweisung aus diesem Grund fragwürdig, doch für einen Studenten, der ganz im Glauben an Stalin erzogen wurde, stellte diese Episode dessen These von der Verschärfung des Klassenkampfes beim fortschreitenden Aufbau des Sozialismus in Frage. Eine wichtige Erkenntnis, die, zu diesem Zeitpunkt laut geäußert, strenge Strafen nach sich gezogen hätte. Im engsten Freundeskreis diskutierte Michail diesen Gedanken, aber auch nur dort. Alles andere hätte sozialen, vielleicht auch existentiellen Selbstmord bedeutet. Außer in der Rechtsgeschichte, vor allem im Römischen Recht, wurde er im sowjetischen Recht unterrichtet: Strafrecht, Wirtschaftsrecht, Kolchosenrecht, Völkerrecht und Prozessordnung. Das Kolchosenrecht empörte ihn. Aus eigener Erfahrung wusste er, dass die Bauern rechtlos waren und nicht das Recht ihre Verhältnisse regelte, sondern die brutale Gewalt, die von der Staatsmacht ausging. Aber auch hier wurde Stalin, der gute Führer, damit nicht in Verbindung gebracht, hatte er doch das Tempo der Kollektivierung 1932 gedrosselt und die Schuld für den wirtschaftlichen Fehlschlag auf andere geschoben. Stalins Artikel »Vor Erfolgen vom Schwindel befallen« stellte ein mustergültiges Exempel politischer Heuchelei dar. In solchen Momenten spürte Michail sehr deutlich, dass Idealität und Realität weit auseinander klafften, und der Entschluss, diese Schere zugunsten der Idealität zu schließen, gewann in ihm an Kraft.

Anfang der fünfziger Jahre hatte der Chefankläger in den Moskauer Prozessen, der schreckliche Wyschinski, noch einen Lehrstuhl an der Juristischen Fakultät inne. Seine juristischen Auffassungen hatten Gesetzesstatus. Im Prozess, so Wyschinskis grundlegendes Axiom, kam dem Geständnis des Beschuldigten Priorität zu. Alle anderen Beweise wurden als zweitrangig gewertet. Natürlich konnte man ein Geständnis auch erpressen und erfoltern, darin hatte der feine Professor ja genügend Erfahrungen gesammelt. Mit Liberman und Mlynář diskutierte Michail darüber und meldete im engsten Freundeskreis an dieser Auffassung Zweifel an, aber offiziell musste man diesem Dogma folgen, weil sonst die Exmatrikulation noch die harmloseste Folge gewesen wäre. So bildeten sie nur sehr mühselig neue Auffassungen heraus, ohne am großen Ganzen zu zweifeln. Sie blieben bei aller Skepsis im Detail überzeugte Stalinisten, sie fragten sich nur, wie man die Gesellschaft verbessern und von den Missständen befreien konnte. Dass sie Ursache und Wirkung verwechselten, dass diese Gesellschaftsordnung selbst der Missstand war, das lernten sie erst später auf ihren widersprüchlichen Wegen durch die Parteiinstanzen, durch die Unterdrückung des Prager Frühlings und durch das Scheitern der Perestroika. Gorbatschows Weg stellt eine geistige Befreiung dar, eine Befreiung von der absoluten Indoktrination. Das muss man sich immer vor Augen halten, wenn man seinen widersprüchlichen Weg verstehen will. Geistig hat er einen sehr weiten Weg zurückgelegt.

Der Student Michail Gorbatschow war nicht nur ein eifriger Diskutant im Freundeskreis, nicht nur einer, der Streitfragen so löste, dass er als guter Moderator die Standpunkte zusammenfasste:»Du denkst so und du denkst so. Ich finde darüber muss man reden.« Auch für eine andere Formulierung hatte er in Diskussionen eine besondere Vorliebe:»Das muss man dialektisch sehen.« Doch die Dialektik hatte der Teufel erfunden. Für Gorbatschow wurde es ein erstklassiges Mittel und zuweilen die Rettung in Streitgesprächen und Auseinandersetzungen, die verschiedenen Standpunkte miteinander kommunizieren zu lassen, niemanden dabei zu kränken, und schließlich, obwohl er sehr grundsätzlich geredet hatte, keinen Standpunkt zu beziehen. Michail Gorbatschow besaß von klein auf enorme taktische Talente. Doch den Studenten Michail Gorbatschow trieb neben dem Studium noch eine zweite Leidenschaft.

Kapitel 7

Der junge Funktionär

Sie hat uns alles gegeben,
Sonne und Wind und sie geizte nie.
Wo sie war, war das Leben,
Was wir sind, sind wir durch sie.
(...)
Uns schützt die Mutter der Massen,
Uns trägt ihr mächtiger Arm. Die Partei, die Partei,
Sie hat immer Recht.
Und Genossen, es bleibe dabei,
Wer da kämpft für das Recht,
Der hat immer Recht
Gegen Lüge und Ausbeuterei.
(...) So aus Leninschem Geist
Wird von Stalin geschweißt
Die Partei, die Partei, die Partei.

Lied der Partei

Bereits an der Oberschule in Krasnogwardejsk liebte er es mit der Unermüdlichkeit und kommunikativen Lust des Südrussen, als politischer Organisator und Agitator des Komsomol unter seinen Mitschülern zu agieren. In diesem Engagement steckte ein Gutteil das Erbe seines Großvaters Pantelej, der ja auch frühzeitig der Kommunistischen Partei beigetreten war und die Kolchosen im Heimatgebiet organisiert hatte. Überhaupt kam er so sehr nach seinem Großvater, dass selbst seine Mutter das Gefühl hatte, ihren Vater vor sich zu haben, wenn Michail sprach, wenn er gestikulierte, wenn er argumentierte. Auch äußerlich, wie man auf Fotos überprüfen kann, geriet er eindeutig nach seinem Großvater.

Für den politisch außerordentlich interessierten Jungen bot der Jugendverband die Möglichkeit, politisches Arbeiten praktisch von der Pike auf zu erlernen, so wie hierzulande Junge Union, Junge Liberale oder die Jusos das Terrain stellen, auf dem werdende Jungpolitiker erste Erfahrungen im politischen Geschäft sammeln.

Nachdem er sich an der Alma Mater orientiert und sich mit seiner neuen Umgebung vertraut gemacht hatte, ergriff er sofort die erste sich bietende Möglichkeit, sich im Komsomol der Fakultät zu engagieren und auf sich aufmerksam zu machen.

Normalerweise hielt sich unter den Studenten der Drang doch sehr in Grenzen, zusätzlich zum Studium und der ohnehin schon sehr reichlich verordneten gesellschaftlichen Tätigkeit, als ehrenamtlicher Funktionär des Jugendverbandes den letzten Rest Freizeit zu opfern. Diejenigen, die sich um Posten und Pöstchen bewarben, entstammten nicht selten Moskauer Funktionärsfamilien und erhielten den Studienplatz nicht aufgrund ihrer schulischen Leistungen, sondern durch die tatkräftige Intervention ihrer einflussreichen Eltern. Da ihre intellektuellen Fähigkeiten für ein Studium oftmals nicht genügten, hofften sie, die mangelnde wissenschaftliche Leistung durch gesellschaftliches Engagement auszugleichen. Tatsächlich wurden diese gesellschaftlichen Aktivitäten großzügig angerechnet, sodass es eine Art Funktionärsrabatt gab. Auch hier bildete der junge Michail Gorbatschow eine Ausnahme, denn weder benötigte er diesen Rabatt, noch lag hierin seine Motivation. Wenn er Reden halten und darüber befinden durfte, wie man die Dinge zum Besseren wendete, und hierbei gemeinsam mit anderen nach Lösungen suchte, war er ganz in seinem Element. Vielleicht ahnte er zu dieser Zeit bereits, dass gerade hierin seine eigentliche Leidenschaft und sein größtes Talent schlummerten.

In jenen Jahren bildete einzig die Juristische Fakultät ihre Studenten in Rhetorik aus. Das Gelernte konnte er sofort in den Komsomolversammlungen anwenden. Der Jugendverband hatte überall ein gewichtiges Wort mitzureden, begonnen bei der Stipendienvergabe über praktische Wohnheimfragen über Exmatrikulationen bis hin zum Einsatzort der Absolventen. Wie in der Partei, deren Abbild ihre Jugendorganisation war, galt es beständig, wachsam zu sein und stets gegen etwas politisch zu kämpfen, gegen rechte und gegen linke Abweichungen, gegen »Rowdytum«, gegen unwürdiges Verhalten, gegen mangelnden gesellschaftlichen Einsatz, also gegen kleinbürgerliche Verhaltensweisen. Und die Reihe der Begriffe konnte beliebig verlängert werden, denn der Kanon der Verdammung erweiterte sich je nach politischer Mode, wer gerade zur Hexenjagd freigegeben worden war. Gorbatschow, der schnell in die Komsomolleitung der Fakultät aufstieg und für Ideologie und Agitation verantwortlich zeichnete, verfocht eisern die Linie der Partei, und er stand zu ihr ohne Wenn und Aber. Vieles mag uns heute befremden, doch die kulturellen und gesellschaftlichen Werte definierten sich extrem verschieden von unseren. Im Mittelpunkt stand nicht der Mensch, sondern das Kollektiv, in das sich der Einzelne einzufügen hatte, und zwar aktiv und nicht nur formal. Wer sich nicht dem Kollektiv unterwarf, musste auf Abwege geraten, denn er entbehrte ja der leitenden Weisheit der Gemeinschaft und wurde Opfer des eigenen Individualismus, der wiederum die Tür öffnete für egoistisches und kleinbürgerliches, in der Summe reaktionäres Verhalten. Das verlorene Schaf hatte die Gemeinschaft der Gutmenschen, der besseren, der fortschrittlichen Kräfte, der Projektmacher, wie man sie heute nennen würde, verlassen. Eine Unzahl schlechter Romane, Novellen, Gedichte, Theaterstücke und Filme entstand, die ein Loblied auf die heilenden Kräfte des Kollektivs und ein Anathema auf die verderbnisbringende Gewalt des Individualismus sangen. Anfang der neunziger Jahre sah ich im Theater der berühmten Moskauer Theaterhochschule, damals gerade von GITIS (Staatliche Theaterhochschule der Sowjetunion) in RATI (Russische Theaterhochschule) umbenannt, ein Stück aus den frühen fünfziger Jahren, in dem am Beispiel eines jungen Mannes demonstriert wurde, wie er aus intellektuellem Dünkel dem Kollektiv den Rücken kehrte, anstatt seine Fähigkeiten dem Kollektiv unterzuordnen, und demzufolge immer stärker körperlich und moralisch verfiel. Da das Stück im Ungeist des sozialistischen Realismus verfasst worden war, gab das Kollektiv den Kampf um die verlorene Seele des sich bürgerlich degenerierenden Jünglings nicht auf und vermochte es schließlich, den jungen Mann wieder auf den rechten Weg in die Stallwärme des Kollektivs zurückzuführen. Dem Zuschauer boten sich ganz possierliche Anblicke, denn wenn unser irrender Held sich dem Alkohol hingab, um seinen artistischen Geist anzufeuern, spielten die guten Jungs und Mädels des Komsomols Volleyball an der guten frischen Luft des sozialistischen Vaterlandes. Die Maske tat ihr Übriges, um den fürchterlichen Verfall des jungen Menschen beeindruckend zu verdeutlichen. Das Stück wurde völlig unironisch aufgeführt, wie eine Beschwörung früherer Zeiten, denn in Russland herrschte 1994 die Hyperinflation, und der Rubel fiel im Stundentakt. Als Ausländer ging man lieber zweimal am Tag Geld wechseln. Da musste das Gute und Edle der frühen fünfziger Jahre für die Studenten wie eine idyllische Erinnerung wirken. Das in diesen Texten projektierte Leben beschwor eine Idealität, die mit der Realität nichts gemein hatte. Selbst der großartige Autor Juri Trifonow schrieb seinen Erstling *Studenten* in diesem Geist. Der Roman erschien 1951 in der Sowjetunion und spiegelte trotz seiner verzerrenden Idealisierung das Leben der sowjetischen Studenten wider. Schriftstellerische Begabung setzt sich, und wenn es sein muss subversiv, selbst gegen den politischen Willen des Autors durch. Der sozialistische Student sollte strebsam lernen, aktiv an den Komsomolversammlungen und Arbeitseinsätzen teilzunehmen und schließlich im unerschütterlichen Glauben an die Genialität des Genossen Stalin überall und offensiv die Politik der KPdSU zu vertreten. Er war einer ständigen Indoktrination ausgesetzt, einer Gehirnwäsche, die die geistigen Kräfte, die zur Gestaltung der neuen Gesellschaft eigentlich gebraucht wurden, abstumpfte und lähmte. Im Gegensatz zu Gorbatschow, Mlynář und Liberman, die Lenin ja auch in ihrer Freizeit lasen, lernten viele Studenten einfach ganze Passagen aus den Texten von Marx, Engels, Lenin, Stalin auswendig, um sicher zu gehen, die Prüfung nicht durch einen Formulierungsfehler zu verpatzen. Sie sprachen in Formeln und dachten längst nicht mehr über Inhalte nach. Solche Leute konnten zu allem eingesetzt werden, weil ihre offizielle Person keinerlei persönliche Verantwortung trug, auch wenn ihnen als private Person manches leidtun mochte. Das passte hervorragend zu einem weit verbreiteten ur-russischen Fatalismus, der in der Redewendung »So ist das nun mal!« den klassischen Ausdruck fand. Dadurch konnte im offiziellen Dienst an der großen kommunistischen Sache jedes Gewissen suspendiert werden. Die jungen, wirklich überzeugten Studenten wie Gorbatschow, Liberman, Koltschanow, Mlynář, für die es eine Gewissensfrage war, den Kommunismus zu errichten, akzeptierten diese Verhaltensweise zwar nicht, hielten sie aber lediglich für ein überwindbares bürgerliches Überbleibsel. Sie konnten aufgrund ihres damaligen Wissens und ihrer Erfahrungen nicht anders, als zu verkennen, dass sie es nicht einfach mit Hindernissen, sondern mit systemimmanenten Produkten des Stalinismus zu tun hatten. Als ein Dozent Stalins gerade erschienene Schrift *Ökonomische Probleme des Sozialismus in der UdSSR* Seite für Seite den Studenten vorlas, empörten sich Gorbatschow und Liberman. Bei Versammlungen und Vorlesungen war es damals üblich, dem Vorlesenden oder Versammlungsleiter ein Zettelchen (Sapiska) mit einer Anfrage oder dem Wunsch nach einem Diskussionsbeitrag zu schicken. Gorbatschow und Liberman schrieben eine Mitteilung, dass sie dieses Werk des Genossen Stalin gelesen hätten und es von Respektlosigkeit den Studenten gegenüber zeuge, den Text einfach nur vorzulesen. Da der Zettel keine Unterschrift trug, sah der Dozent diese Äußerung als eine Provokation an, von Feiglingen verübt, die nicht zu ihrer Meinung stünden. Im Vorlesungssaal breitete sich eine gespannte Stimmung aus, denn es entwickelte sich für alle fühlbar eine gefährliche Situation. Den Vorwurf, feige zu sein, ließ Michail nicht auf sich sitzen. Er stand auf, und wohl oder übel tat Liberman, der gut und gern darauf hätte verzichten können, es ihm gleich. Gorbatschow teilte dem Professor äußerlich ruhig mit, dass er der Verfasser sei. Der Dozent warf ihm daraufhin vor, der überheblichen Meinung zu sein, sich beim einmaligen Lesen quasi en passant den ganzen Reichtum der Gedanken und Schlussfolgerungen des großen Stalins angeeignet zu haben, sich also dem Genossen Stalin überlegen zu dünken. Die Angelegenheit kam vor das Stadtparteikomitee, denn der Student Michail Gorbatschow war zudem Stellvertretender Sekretär der Komsomolorganisation der Fakultät und zuständig für Ideologie. Hatte man hier vielleicht den Bock zum Gärtner gemacht? Gorbatschow und Liberman wurden also zum Stadtparteikomitee zitiert. Einige Kommilitonen gaben keinen Pfifferling für ihre Zukunft: »Man wird sie rauswerfen und fertig!«

Während Michail als Erster mit dem Parteisekretär Spiridonow sprach, durchlitt Liberman wahre Höllenqualen. Auf der Holzbank vor dem Büro hielt es ihn vor Aufregung nicht lange, stattdessen lief er den Gang auf und ab, die Hände schweißnass. Die antisemitische Kampagne gegen die »Kosmopoliten« hatte im Land ihren Höhepunkt erreicht, und Liberman war Jude, in dieser Situation also doppelt gefährdet. Nach einiger Zeit kam Michail heraus, stieß Liberman an und raunte ihm zu: »Komm.« Auf dem Weg erklärte er ihm, dass die Sache erledigt sei. Liberman fiel ein Stein vom Herzen. Gorbatschow hatte Spiridonow überzeugt, dass er die Werke der Klassiker, auch des Genossen Stalin, gründlich studierte und aus diesem Grund das mechanische Vorlesen, das ihnen nicht half, in die Tiefe der Gedanken des großen Stalins vorzudringen, ablehnen musste. Seine lupenreine Herkunft als Bauer, sein Orden, den er in so jungen Jahren für bedeutende Arbeitsleistungen erhalten hatte, halfen ihm. Sicher kam ihm auch zugute, dass er kurz zuvor in die KPdSU aufgenommen worden war. Aus diesen und ähnlichen Kollisionen mit der Parteibürokratie schlossen Biographen, dass jemand eine schützende Hand über ihn gehalten haben musste, womöglich der KGB, der ihn – so eine andere Vermutung – auch zum Studium geschickt haben soll. So amüsant sich Verschwörungstheorien lesen, hält man sich in diesem Fall doch besser ans wirkliche Leben, das nicht selten die direkten Wege bevorzugt. Hätte jemand schützend die Hand über ihn gehalten, so hätte dieser geheimnsivolle Jemand ihm auch eine Absolventenstelle in Moskau organisiert. Der junge Michail Gorbatschow fiel den unmittelbaren Vorgesetzten in Partei und Komsomol zwar positiv auf, allerdings nicht so positiv, dass man Anstrengungen unternahm, um ihn in Moskau zu halten und zu fördern. Weshalb sollte man auch den Provinzler ohne Macht, Einfluss und Verbindungen unterstützen? Davon hatte man selbst nichts. Es gab genügend Kinder von Moskauer Funktionären, die mit Posten und Wohnungen versorgt werden mussten und von deren Eltern der eigennützige Förderer eine Gegenleistung erwarten konnte.

Im gleichen Jahr lief auch die Kampagne gegen die »Mörderärzte« an, die nahtlos an die Kampagne gegen die »Kosmopoliten« und an die »Leningrader Affäre« anschloss und beide fortsetzte. Offiziellen Anstoß zu der neuen Welle des Terrors gab der Brief der Kremlärztin Lydia Timaschuk, die behauptete, dass hochrangige Ärzte die Führer der Kommunistischen Partei bewusst falsch behandelten, um sie zu töten. Seit ihrem Dienstbeginn im Kreml arbeitete Timaschuk auch als Informantin für den KGB. Wer den Brief bei ihr bestellte, konnte bis heute nicht ermittelt werden. In Stalins letzten Jahren tobte am Hof des Diktators ein verschlungener und vielfach sich überlagernder Intrigenkampf aller gegen alle. Versuchte Berija, der spürte, wie er schrittweise in Ungnade fiel, seine frühere Position mit einer großen Kampagne nach Art des Hauses und zur Freude des Hausherrn zurückzugewinnen? Zettelte ein anderer die Kampagne an, um Berija der mangelnden Wachsamkeit zu zeihen? Wie auch immer, richtig in Gang kam die Kampagne erst, nachdem Stalin eingriff. Der Diktator reagierte ohnehin misstrauisch auf die Ärzte. Als sein Leibarzt, Winogradow, bei einer Untersuchung 1952 feststellte, dass sich Stalins Gesundheitszustand rapide verschlechtert hatte, gab das seiner Paranoia neue Nahrung. Als Kaukasier fühlte er sich traditionell mit einer eisernen Gesundheit ausgestattet, die ihn gut hundert Jahre werden ließ, würden nicht die Ärzte langsam und gründlich seine Gesundheit untergraben. Im November 1952 wurden Winogradow, Wowsi und andere hoch angesehene Ärzte des Kremlkrankenhauses verhaftet. Stalin befahl, die Geständnisse aus den Ärzten herauszufoltern, und die Verhörprotokolle von Winogradow und Wowsi belegen genau, dass Stalins Folterknechte diesen Befehl exakt umsetzten. Zunächst leugneten sie, dann gestanden sie peu à peu alles, was ihnen die Folterknechte vorgaben: Spionage, Mord und eine lange Liste mit üblichen Beschuldigungen, die inzwischen zur Anklagefolklore gehörten. Da sich unter den Ärzten viele Juden befanden, setzte diese Kampagne die antisemitisch ausgerichtete Verfolgung der »wurzellosen« und »heimatlosen Kosmopoliten« und der »zionistischen Verschwörer« fort. Der hohe Parteifunktionär Malyschew hielt nach einer ZK-Sitzung die Eckpunkte von Stalins Rede fest: »Jeder Jude ist ein Nationalist und ein Agent des amerikanischen Geheimdienstes. (...) Unter Ärzten gibt es viele Juden und Nationalisten.« Die Kampagne gegen die Juden, die einen latenten Antisemitismus in Kreisen der Bevölkerung nutzte, steigerte sich und führte zur Schließung jüdischer Einrichtungen und sogar zur Vernichtung von Kunstwerken, denen man unterstellte, »jüdisch« zu sein.

Die antisemitische Hysterie, die geschürt wurde, hatte bereits den Mob erreicht und tobte auf den Straßen. In der Ukraine fanden regelrechte Pogrome statt. In diesen Tagen geschah es, dass Liberman nicht wie gewöhnlich zur ersten Vorlesung kam, sondern erst Stunden später im Gebäude der Fakultät völlig außer sich auftauchte.

Gorbatschow fragte den Freund sofort nach dem Grund seiner Aufregung, denn dass ein 35-jähriger Mann, der zudem Offizier der Roten Armee gewesen war und Jahre an der Front gekämpft hatte, so aus der Bahn geworfen wurde, ließ auf etwas Ungeheuerliches schließen. Unter Tränen erzählte Liberman dem Freund, dass er in der Straßenbahn vom Mob als Jude beschimpft und unter Flüchen, wüsten Verwünschungen und dem Beifall der anderen Fahrgäste aus der Straßenbahn geworfen worden war. Am 13. Januar 1953 meldete die *Prawda*, dass »die Staatssicherheitsorgane eine terroristische Gruppe von Ärzten« verhaftet hatten, die »mittels schädlicher Heilverfahren das Leben aktiver Politiker der Sowjetunion abzukürzen« beabsichtigten. Angeblich hatte diese »Bande von Bestien in Menschengestalt« Schdanow und den Moskauer Parteichef Schtscherbakow umgebracht. Die *Prawda* aber war ihrer Funktion nach kein Revolverblatt, sondern das offizielle Organ der Kommunistischen Partei, das heißt, sie gab die amtliche Meinung der Partei wieder und für Millionen Kommunisten die Parteilinie vor. Was in der *Prawda* stand, war der öffentlich gemachte Willen Stalins, über den es keine Diskussion gab.

Liberman konnte nicht ahnen, in welcher Gefahr er sich befand, weil Stalin in diesen Tagen insgeheim die groß angelegte Deportation von sowjetischen Juden plante. Das Szenario sah vor, dass einige prominente jüdische Mitbürger in einem Brief den Genossen Stalin bitten sollten, die Juden zu deportieren, um sie vor dem von den »Verbrechen der Ärzte« ausgelösten Volkszorn zu schützen. Mit welchen Mitteln und dass man schließlich die prominenten Juden dazu bringen würde, diesen Brief zu schreiben, darüber kann kein Zweifel bestehen.

Im Februar 1953 griff auf einer Parteiversammlung der Fakultät ein Student die Juden allgemein und besonders Wladimir Liberman mit wüsten Schmähungen und schlimmen Beschuldigungen an. Liberman verteidigte sich, dass er nicht verantwortlich sei für das, was der eine oder andere Jude sich zu Schulden kommen ließ. Doch der

Student, der sich besonders hervorzutun gedachte, um seine Zuverlässigkeit zu beweisen, weil sein Vater als »Volksfeind« verurteilt worden war, ließ nicht locker, sondern griff Liberman nun ganz direkt an. Michail, der merkte, wie die Würde des Freundes verletzt und wie man ihn zum Opfer machen wollte, platzte angesichts dieser Ungerechtigkeit der Kragen. Er sprang auf und entgegnete dem Verleumder wutentbrannt: »Du, du bist ein rückgratloses Vieh!« Der Student verstummte, die Versammlung schwieg und die Angriffe gegen Liberman hörten ein für alle Mal auf. Doch zur gleichen Zeit warnte der 2. Sekretär des neuen Leningrader Parteikomitees Frol Koslow im Januarheft der theoretischen Zeitschrift der KPdSU *Kommunist* vor Feinden, die es nicht wagten, offen gegen das Regime aufzutreten und deshalb »die Wachsamkeit des sowjetischen Volkes durch falsche Beteuerungen« einschläfern. Diese Aussage, die durch einen ausdrücklichen Verweis auf eine Rede Stalins aus der Zeit des großen Terrors 1937 bekräftigt wurde, signalisierte, dass umfangreiche Vorbereitungen für eine Neuauflage des Krieges gegen das eigene Volk bereits angelaufen waren. Gorbatschows Eintreten für den Freund in der Parteiversammlung hätte leicht als feindlicher Akt, als Versuch, die Wachsamkeit des Volkes einzuschläfern, gewertet werden können. Eigentlich hatte Gorbatschow gelernt, sein Temperament zu zügeln, doch es gab und gibt Momente, in denen auch die größte Beherrschung ihn nicht zurückhalten kann, weil die Verletzung viel zu tief geht, als dass er zu ihr schweigen könnte.

Seit Januar 1953 verkündete die Presse erneut unisono Stalins These, die schon den Terror der dreißiger Jahre begründet hatte: dass sich mit dem erfolgreichen Aufbau des Sozialismus der Klassenkampf verschärfe. Am 13. Januar, am 31. Januar und am 6. Februar bläute die *Prawda* ihren Lesern ein, dass der Klassenkampf heftiger würde und nur »rechte Opportunisten«, die »auf einem antimarxistischen Standpunkt« stünden, diese Tatsache leugneten. Plötzlich erwachten die alten Gespenster aus der Zeit vor dem Krieg, die man doch in den Jahren des großen Terrors angeblich vernichtet hatte, zu fröhlichem antisowjetischen Leben: die rechten Abweichler, die Trotzkisten, die linken Abweichler, die Sinowjewisten, die Menschewisten, die Konterrevolutionäre. Wäre es nicht so grausig, hätte der Beobachter ein beklemmendes Déjà-vus erleben müssen, zu dem die Juden als weitere feindliche Gruppierung neu hinzukamen.

Dass schließlich die bedrohlichen Verfolgungen quasi in letzter Minute unterblieben und die Gefahr für Liberman verschwand, hatte natürlich weniger mit Michails beherztem Auftreten zu tun, sondern mit einem Ereignis, das nicht nur das Leben der beiden Freunde gründlich verändern sollte. In der Nacht zum ersten März 1953 saßen einige Politbüromitglieder wie häufig bei Stalin und tranken. In diesen Nachtsitzungen wurden nun schon seit Jahren die Geschicke des Landes besprochen. Während Stalin zunächst bester Laune war, begann er plötzlich wie aus heiterem Himmel die Politbüromitglieder zu beschimpfen. Gegen Morgen verließ er, nachdem er zum Schluss Drohungen gegen die Anwesenden ausgestoßen hatte und daraufhin verstummte, das Zimmer und zog sich in seine Gemächer zurück. Da er die Angewohnheit hatte, bis gegen elf Uhr zu schlafen, blieb bis zum Mittag alles ruhig. Dann begannen die Hausangestellten, sich Gedanken zu machen, doch da Berija allen befahl, nur auf ausdrücklichen Wunsch von Stalin seine Gemächer zu betreten, warteten sie ab. Schließlich erreichten sie gegen Abend unter großen Mühen Berija, der kam und nach Stalin sah. Die Hausangestellten beschimpfte er, ob sie nicht sehen, dass der Genosse Stalin schlafen würde, und jagte alle aus dem Zimmer. Erst am anderen Morgen wurde eine Gruppe von Ärzten herbeigerufen, die Stalin untersuchten und seinen Zustand als sehr kritisch einschätzten. Im Vorraum hatte sich inzwischen das Politbüro versammelt, das von nun an hier wachen sollte, während die Ärzte versuchten, Stalin zu retten. Allerdings kam jede Hilfe zu spät. Stalin hatte wohl zwischen 20 und 21 Uhr am 1. März einen schweren Schlaganfall erlitten, gegen 23 Uhr hatte Berija verkündet, dass Stalin lediglich schlafe und erst am Morgen des 2. März zog man die Ärzte hinzu. Es existieren verschiedene Versionen der letzten Stunden, doch einig sind sich alle darin, dass die Hauangestellten sich, Berijas Befehl folgend, nicht in Stalins Gemächer trauten, ohne gerufen zu werden, und dass Berija spät eintraf und absichtlich Zeit verstreichen ließ: Stalin blieb in den entscheidenden Stunden ohne medizinische Hilfe. Sein Gesundheitszustand verschlechterte sich stündlich.

Am 5. März um 21.50 Uhr stellten die Ärzte den Tod des Diktators fest. Berija fuhr bereits am 2. März, nachdem er festgestellt hatte, dass für Stalin jede medizinische Hilfe zu spät kam, in den Kreml, ließ Stalins Safe öffnen und vernichtete alle Papiere, die ihn hätten kompromittieren können. Am Morgen des 6. März wurde Stalins Tod durch Rundfunk und Presse dem schockierten Volk bekannt gegeben. Teils Trauer, teils Unsicherheit setzte ein, denn für viele stellte sich die bange Frage, was ohne den weitsichtigen Führer nun aus ihnen, aus der Sowjetunion werden sollte. Gorbatschow ging zum Vorlesungssaal. Freund Liberman, der gerade vom Tod des Diktators erfahren hatte, sah Michail vor sich und lief, um ihn einzuholen. Er wollte die Freude mit ihm teilen, doch Michails finsterer, abweisender Blick ließ ihn verstummen. Obwohl er Terror, Lüge und Heuchelei ablehnte, brachte er diese Erscheinungen immer noch nicht mit der Person Stalins in Verbindung. So trauerte Michail Gorbatschow um den großen Führer des Weltproletariats, den Führer beim Aufbau des Kommunismus. Mlynář kommentierte später einmal, dass man nicht ein entschiedener Reformer werden konnte, wenn man nicht vorher ein überzeugter Stalinist gewesen sei. Hinter Stalin stand der eigentliche, die Zeiten überdauernde Führer: Lenin. Die Stimmung im Vorlesungssaal bedrückte und deprimierte. Manche weinten hemmungslos, andere stierten ausdruckslos vor sich hin, wieder andere wirkten nur ratlos, überfordert, Kinder, die man plötzlich allein gelassen hatte. Sicher gab es unter der Mehrzahl der Trauernden den einen oder den anderen, der Freude und Erleichterung empfand, doch durften sie sich ihre wahre Meinung nicht anmerken lassen.

Es ist kaum bekannt, aber es gab an der Moskauer Universität in den fünfziger Jahre kleine, streng marxistische Gruppen, die Stalin bekämpften und die Leninschen Normen des Parteilebens wiederherstellen und als Voraussetzung dafür die wahre Geschichte der Kommunistischen Partei veröffentlichen wollten. Einige dachten auch über einen Anschlag auf das Leben des Diktators nach. Doch zu diesen Studenten, die brutal verfolgt wurden, hatte Gorbatschow keinen Kontakt. Es ist fraglich, ob er überhaupt von ihnen wusste, denn er gehörte ganz und gar in das Lager der von ganzem Herzen Überzeugten.

Stalins Leichnam wurde im Säulensaal des Gewerkschaftshauses aufgebahrt. Hunderttausende, Millionen von Menschen zog es dort-hin, um – je nach politischer Ausrichtung – den toten Tyrannen, den wundertätigen Zaren, die große Jahrmarktsattraktion, den Genera-lissimus und den Vater der Völker zu sehen. Die Miliz bildete an bestimmten Stellen Absperrungen, so kam es zu Staus, zu so genann-ten Stöpseln, wenn die Massen sich von den breiten Straßenringen Moskaus in die kleineren, zum Teil gesperrten oder noch verengten Straßen zum Roten Platz hin ergossen an diesem kalten und nassen Märztag. Es gibt keine genauen Zahlen darüber, aber man schätzt, dass Tausende Menschen bei dieser Gelegenheit den Tod fanden, sie wurden von den ungeheuren Massen, die in Bewegung waren, zerquetscht oder zertrampelt. Mlynář beschreibt die gefährliche Si-tuation in der Masse, die von hinten mit enormer Gewalt drängte und vorn nicht weiterkam. Wer fiel, war ohnehin unrettbar verloren, die Menschen, die über ihn gestoßen wurden, trampelten den Be-mitleidenswerten zu Tode. Mlynář wurde vor einem »Stöpsel« aus der Mitte der Menge an den Rand gedrängt und fand sich gegen das Eisen eines LKWs gepresst wieder. Mit knapper Not gelang es ihm, sich über den Kühler zu rollen und sich so zu retten, um nicht von der Menge zerdrückt zu werden. Innerhalb der Menge konnte ihm das nicht passieren, weil er gegen weiche Körper gedrückt wurde, die nachgaben, das Eisen des LKWs aber hätte nicht nachgegeben. Dabei zerriss sein Ledermantel. Michail und ein paar Freund kannten ei-nige Schleichwege, die sie etwas ungefährdeter ins Gewerkschafts-haus brachten. Nun stand er dem großen Stalin, der dort aufgebahrt worden war, gegenüber, doch es blieb enttäuschend. Lange schauen konnte er nicht, denn schon rückten die nächsten von hinten nach. Wie klein er ist, wird der junge Gorbatschow gedacht haben – zu mehr dürfte kaum Zeit gewesen sein.

Eine Ära endete, eine Ära von unsäglichen Verbrechen, von Ge-meinheit, Not und Terror. Konnte jetzt endlich der Aufbau des wirk-lichen Sozialismus beginnen?

Kapitel 8

Liebe auf den ersten Blick

»Setz dich zu mir, meine Liebste,

lass uns in die Augen sehn.

Unter deinen warmen Blicken

mag ein Schneesturm in mir wehen.«

Sergej Jessenin

Das zweite Studienjahr hatte gerade erst begonnen, und Michail saß völlig ins Selbststudium vertieft, als Liberman und Topilin begeistert und aufgeregt in sein Zimmer stürmten, um den Freund von seinen Büchern loszueisen. Eine tolle Frau sei im Studentenklub aufgetaucht, die müsse er sich unbedingt anschauen. Das Buch könne warten, es sei später immer noch dasselbe. Sei es, weil die Freunde so drängelten und seine Neugier entfachten, sei es, weil sie sonst keine Ruhe gegeben hätten oder er sich ohnehin schon eine Weile durch die dröge Abhandlung quälte und jede Ablenkung nur zu willkommen war, schließlich gab er den Widerstand auf und folgte ihnen nach kurzer Zeit in den Studentenklub. In jenen Jahren liebten die jungen Leute die Gesellschaftstänze über alles, wie später eben andere Tanzveranstaltungen modern wurden. Beim Betreten des Klubs entdeckte er den langen Lulatsch Topilin, der etwas steif mit einer grazilen schönen Frau tanzte, die er bei weitem an Köpergröße überragte. Das wirkte ungewollt komisch. Michail beobachtete sie eine Weile und spürte, je länger er hinsah, dass er immer weniger den Blick von ihr nehmen konnte. Da half auch kein Spotten über das ungleiche Tanzpaar und über die etwas lächerliche Figur, die sein Freund abgab. Schließlich ging er zu den beiden, stellte sich der geheimnisvollen Fremden in der kurzen Pause zwischen zwei Tänzen vor. Sie hieß Raissa und studierte Philosophie. Ihre Schönheit, ihr Selbstbewusstsein, ihre Eleganz trafen ihn mitten ins Herz. Sie wirkte auf ihn wie ein Wesen aus einer anderen Welt. Verliebt verließ er die Tanzveranstaltung und sann darauf, wie er sie möglichst schnell wiedersehen könnte. Dabei hatte er sich doch ganz fest vorgenommen, sich ganz aufs Studieren zu konzentrieren und keine Affären und Romanzen einzugehen – schöne Vorsätze, wenn sie so schnell zunichte würden, außergewöhnliche Frau, wenn sie das allein durch ihr bloßes Erscheinen bei dem konsequenten Mischa erreichte.

Wozu besitzt man Freunde, wenn sie nicht helfen? Topilin half. Er, der die Kommilitoninnen anderer Fakultäten vom Tanzboden kannte, lud die Mädchen des Zimmers, in dem Raissa wohnte, kurzerhand auf ihr Zimmer zum Tee ein. Schließlich lebten sie in einem Wohnheim, und weshalb sollten die jungen Juristen nicht mit den jungen Philosophinnen über das Studium, das Leben, die Welt reden? Und wenn junge Russen über die Welt diskutierten, ging es wie immer recht leidenschaftlich zu. Es konnten durchaus Themen aufs Tapet kommen wie »Muss man sich das Glück verdienen, oder bekommt man es geschenkt?« oder »Worin besteht der Sinn des Lebens?«, die dann heiß diskutiert wurden. Michail war geradezu das reinste Quecksilber: er wollte diesem fremden Mädchen, das für den Bauernjungen richtiggehend eine Erscheinung war, auffallen, sie beeindrucken – und erreichte womöglich das Gegenteil, denn irgendwann schlug sie als Erste vor aufzubrechen, denn sie verabscheute das Gegockel der Juristen in der Diskussion und besonders die Wichtigtuerei dieses Michails. Zudem hatten sie ihre Freundinnen eher mitgeschleift, als dass sie aus eigener Neigung mitgegangen wäre. Der erste Versuch war also grandios gescheitert. Natürlich ging Michail in den nächsten Wochen weiter zu den Seminaren und zu den Vorlesungen, auch wenn seine Gedanken immer häufiger zu der unbekannten Philosophiestudentin wanderten, natürlich las er weiter sein enormes Pensum, auch wenn er sich zur Konzentration zwingen musste, und selbstverständlich engagierte er sich weiter im Komsomol, auch wenn er lieber bei ihr wäre, als in der Versammlung einem Kommilitonen die Hölle heiß zu machen, weil er sich vor den Arbeitseinsätzen drückte. Über den ehrenamtlichen Funktionär des kommunistischen Jugendverbandes Michail Gorbatschow kursieren verschiedene Erinnerungen. Für einige von denen, die in den siebziger Jahren ins westliche Ausland emigrierten, war er prinzipienfest und agierte mit großer Härte, die stählerne Stimme des jungen Stalin. Die im Land blieben, frühere Freunde, beschreiben ihn als umgänglich. Ein alter Freund schüttelte auf meine Frage danach nur lachend den Kopf und meinte, auf ein Jugendfoto weisend:»Schauen Sie sich ihn doch mal an. Wie soll der denn ein ganz Harter gewesen sein?«

Heute mag uns vieles befremden, damals gehörte es zu den Spielregeln, die nicht nur akzeptiert werden mussten, sondern von deren Richtigkeit man auch überzeugt war. In Wahrheit agierte der junge Kommunist als Funktionär konsequent und korrekt. Er hatte akzeptiert, dass er eine bestimmte Meinung zu vertreten hatte, wenn er diese Funktion übernahm, weil diese Meinung und diese Vorgehensweise zur Funktion gehörten. Das schloss aber nicht aus, dass der Student im vertrauten Kreis weitergehende Diskussionen führte. Er besaß ein exaktes Gefühl dafür, was wünschenswert und was durchsetzbar war. Es nutzte nichts, mit einer Maximalforderung zu scheitern, wo viele Minimalforderungen durchsetzbar schienen und längerfristig ebenfalls zur durchgesetzten Maximalforderung führen konnten. Er glaubte tief an die Möglichkeit der schrittweisen Verbesserung des Sozialismus, der, mit vielen Widersprüchen und Kinderkrankheiten behaftet, dennoch die beste aller Gesellschaftsordnungen war und den Menschen ein würdevolles Leben ermöglichen würde. Es war die Zeit, in der sich die Menschen ständig auf dem Prüfstand befanden und immer gegen irgendeine gesellschaftlich zu verurteilende Erscheinung zu kämpfen hatten. Stalins Gesetz der Macht lautete schlicht, die Menschen nicht zur Ruhe kommen zu lassen. Ständig musste gegen irgendeinen erfundenen Feind gekämpft werden, wobei eine willkürlich geschaffene Gruppe der Gesellschaft gegen eine andere, nicht weniger mutwillig definierte Gruppe ausgespielt wurde. Es war ein wenig wie ein ständiges Räuber- und Gendarm-Spiel, freilich mit blutigen Konsequenzen. Die sowjetische Gesellschaft zerfiel beständig in Jäger und Gejagte. Die Grenzen waren fließend und die Unsicherheit evident, denn jeder Jäger konnte wenige Stunden später schon ein Gejagter sein. Selbst Zeitzeugen, die Gorbatschow als knallharten Funktionär beschrieben, der versuchte eine Art junger Stalin zu sein, erinnern sich an persönlich schwierige Situationen, in denen Gorbatschow ihnen geholfen hatte.

Zu dieser Zeit aber konnten alle Aktivitäten, selbst mit doppeltem Elan angegangen, den jungen Michail nicht darüber hinwegtäuschen, dass er ein ganz und gar liebeskranker Mann war. Die Tage vergingen, die Wochen, die Monate, immer wieder dachte er an Raissa, bis er sie endlich wieder im Klub erspähte. Er ging gleich zu ihr, doch sie meinte, dass die Veranstaltung langweilig und sie bereits im Aufbruch sei. Bevor wieder lange Zeit vergehen mochte, bevor er sie wieder zufällig traf und er bis dahin wie in der Hölle leiden sollte, griff er kühn die Gelegenheit beim Schopfe und schlug ihr vor, sie zu begleiten. Zum ersten Mal unternahmen sie einen dieser langen Spaziergänge, wie sie es dann ein Leben lang tun sollten, denn es stellte sich heraus, dass sie beide das Spazierengehen und das Wandern leidenschaftlich liebten. Sie gingen die Stromynka entlang in Richtung des Rusakow-Klubs. Wie im Flug verging die Zeit, obwohl sie ein ordentliches Stück Weg zurücklegten, im Dezember bei Minusgraden und nicht gerade in Pelze gekleidet. Unverfänglich begann das Gespräch, aber selbst bei all den formalen Themen wie Prüfungen und Professoren, allem, was die studentische Welt so an Themen bot, verfingen sie sich immer tiefer in die Diskussion, spürten sie, wie der andere sie verstand und wie gut es tat, gerade mit dem anderen zu reden, so als würden sie sich schon ewig kennen, so als hätten sie einander gesucht, weil sie füreinander bestimmt waren. Bei aller Ähnlichkeit waren sie doch grundverschieden. Auch wenn Raissa Titarenko ebenfalls aus der Provinz kam. Ihr Vater war Eisenbahner.

Als Maxim Titarenko aus der heimatlichen Ukraine Tausende Kilometer entfernt ins Altai-Gebirge geschickt wurde, lernte er die Tochter eines Bauern kennen: Schura Paradina. Dieses fröhliche, unkomplizierte und bodenständige Mädchen gefiel ihm auf Anhieb, sodass er um ihre Hand anhielt und sich im siebenten Himmel wähnte, als sie den Antrag des lustigen Eisenbahners annahm. Nicht viel Zeit verging und der junge Ehemann konnte sich bereits auf Nachwuchs freuen. Am 5. Januar 1932 kam in Rubzow sein Erstgeborenes zur Welt: eine Tochter, die er im Überschwang Raissa nannte, den Namen leitete er von »rai«, Paradies, her. Zwei Jahre später mussten sie bereits ihre Sachen packen und umziehen, weil der Vater in die Ukraine, nach Tscherkassy versetzt wurde. Die Eisenbahn war zu dieser Zeit der logistische Lebensnerv des riesigen Landes. Deshalb genossen die Eisenbahner so manches Vorrecht wie vom Staat gestellte Berufskleidung und eine höhere Bezahlung, mussten im Gegenzug aber auch dort arbeiten, wo der Staat sie gerade benötigte und einsetzte. So zog Raissa in ihrer Kindheit von Ort zu Ort, lernte neue Freunde kennen und musste sich wieder von gerade gewonnenen trennen. Den Vater, der viel arbeiten und häufig Reisen unternehmen mußte, sah sie selten. Und dann traf die schlimme Nachricht ein, die die Mutter Raissa vorenthielt: Stalins Schergen hatten ihren Großvater Pjotr Stepanowitsch Parada, einen fleißigen Bauern, verhaftet. Nach der Revolution gaben ihm, dem Tagelöhner, die Bolschewiki Land. Er bearbeitete es gut, sodass durch sein Geschick und durch seinen Fleiß eine ordentliche Wirtschaft entstand. Das wurde ihm zum Verhängnis. Plötzlich galt er als Feind, als Kulak. Sein Verhörprotokoll glich dem des Pantelej Jefimowitsch Gopkalo, der zur gleichen Zeit verhaftet worden war. Doch Pjotr Parada hatte weniger Glück im Unglück. Er wurde von der Troika nach brutaler Folterung zum Tode verurteilt und gleich nach Urteilsverkündung wegen Trotzkismus per Genickschuss ermordet. Seine Witwe wie auch seine Tochter Schura wussten bis zu ihrem Tode nicht, wer dieser Trotzki war, dem Pjotr Stepanowitsch Parada angehangen haben sollte, und er selbst bestimmt auch nicht. Dass er erschossen wurde, erfuhr die Familie erst sehr viel später. Lange glaubte sie noch, dass er im Lager inhaftiert wäre.

Raissa, die für ihr Leben gern las und Bücher für das große Wunder des Lebens hielt, schloss die Schule mit einer Goldmedaille ab. Ihr ganzes Leben litt ihre Mutter darunter, dass sie nie einen Beruf hatte lernen und sich niemals wirklich hatte bilden können. Diese Sehnsucht übertrug sie auf ihre Tochter. Raissa Maximowna Titarenko standen mit dem Erhalt der Goldmedaille alle Universitäten und Hochschulen und jedes Studienfach offen – sie musste nur wählen. Sie entschied sich für die Lomonossow Universität, und sie wollte Philosophie studieren. Weshalb waren die Menschen so, wie sie waren, und weshalb verlief das Leben so, wie es verlief? Diese Frage brannte ihr unter den Nägeln.

Verlässlichkeit, vertrauen dürfen, das waren für sie wichtige Werte, ihre Familie und die Hoffnung ihrer Eltern, dass sie es einmal besser haben würde und all das lernen durfte, was ihre Mutter nicht lernen konnte, was ihr das Leben versagte, ihr Antrieb.

Ende der vierziger Jahre baute ihr Vater in Sibirien eine Eisenbahnlinie, und so lebte die Familie in Sterlitamak in Baschkirien, als Raissa die zehnte Klasse absolvierte, sich von der Familie und den Freunden verabschiedete und den Zug nach Moskau nahm. Das Studium begann turbulent, und natürlich wurde ihr Mädchenzimmer im Internat von den männlichen Studenten belagert. Der später bekannt gewordene Soziologe Juri Lewada gehörte zu ihren Kommilitonen und heiratete ein Mädchen aus ihrem Zimmer, der andere nicht minder berühmte Kommilitone, der Philosoph Merab Marmadaschwilli, der den Mädchen *Das Kapital* von Karl Marx erläuterte, heiratete eine andere Zimmergenossin. Und schließlich gab es da einen jungen Mann, der ihr mit einem umwerfenden Charme den Hof machte, ein Moskauer Junge, der wusste, wie er auf Frauen wirkte. Mit dieser Eleganz umworben zu werden, hatte Raissa noch nicht erlebt. Sie begann, ihm zu vertrauen. Doch als er das einfache Mädchen aus der Provinz, dessen Eltern keinerlei wichtige Position inne hatten, die auch keine Beziehungen besaßen, seiner Mutter vorstellte, redete die resolute Moskauerin ihrem folgsamen Sohn diese Mesalliance aus. Schließlich war er der Sohn eines Generals. Raissa fühlte sich betrogen, verletzt, verstoßen, ihren Stolz mit Füßen getreten, sodass sie just als sie Michail kennen lernte, sehr reserviert, verschlossen und verletzt war. Als er versuchte, sie zu beeindrucken, bestätigte er nur ihr Urteil über Männer, und sie verhielt sich ihm gegenüber ablehnend. Als sie in dieser Nacht miteinander spazieren gingen, da kam der andere Mischa zum Vorschein, der, der verlässlich war, mit dem man über alles im Leben reden konnte, der eine sehr warme, sehr verständnisvolle, sehr menschliche Art hatte. Sie verabredeten sich zu einem erneuten Spaziergang und nach diesem wieder zu einem und danach ins Kino, ins Theater, in die Galerie. Ohne es zu merken, verbrachten sie inzwischen ihre gesamte Freizeit miteinander. Das beglückte sie so sehr, dass sie plötzlich von der großen, namenlosen Furcht überfallen wurde, dieses große Glück könnte sich als Schimäre erweisen. Bei diesem Gedanken geriet sie in Panik. Sie wollte nicht mehr verletzt werden und beschloss daher, einen Schlussstrich unter diese Beziehung zu ziehen, die allmählich viel zu tief ging. Eines Abends verabschiedete sie sich von ihrem Kavalier, der sie nach einem

Die Studentin Raissa im Hintergrund mit ihrer Freundin Chalida Sijautdinowa
vor ihr und ihrer ersten große Liebe und herben Enttäuschung: Oleg.

ausgedehnten Spaziergang bis an die Tür gebracht hatte: »Wir sollten uns nicht mehr treffen!« Michail fiel aus allen Wolken, damit hatte er nicht, damit konnte er nicht rechnen. Das würde er nicht akzeptieren. Er sah sie fest und entschlossen an: »Ich werde auf dich warten!« Und er wartete. Den ersten Tag – vergebens. Sollte sie wirklich ernst machen. Warum nur? Er konnte nicht ahnen, dass es nur ihre innere Panik war, ihre Angst vor dem Verraten-werden, vor der Liebe, nicht das Gegenteil davon. Aber um nichts in der Welt würde er aufgeben. So wartete er am zweiten Tag wieder auf sie – und sie kam.

Das Frühjahr brach an, die Tage wurde wärmer und zum Spazierengehen besser geeignet. Sie tauschten sich wie die besten Freunde inzwischen über alles aus, was sie bewegte. Als sie sich in einer Juninacht im Garten des Wohnheimes bis zum Morgengrauen unterhielten, wussten sie, dass sie füreinander bestimmt waren und sich nie wieder trennen wollten, niemals mehr, weil der andere das Leben bedeutete, das Licht, die Wärme, die Sterne, den Anfang und das Ende. Zunächst unausgesprochen, dann aber immer klarer wurde in den Gesprächen für sie, dass sie einander heiraten und eine Familie gründen wollten. Raissa gelang, was keiner erreichte und keinem je gelingen würde: Sie drang mühelos bis in den innersten Bezirk des Herzens des jungen liebenden Mannes vor. Diesen letzten, vermiedenen Rest an Offenheit, ihr schenkte er den. Sie stimmten so perfekt im Denken und Fühlen überein, in ihren Vorstellungen von ihrer Zukunft und von der Zukunft des Landes, in ihren Träumen und in ihren Ängsten, dass sie einander nicht mehr missen wollten. Deshalb beschloss Michail im Sommer 1953, die ganze Erntesaison als Landtechniker in Priwolnoje zu arbeiten, um Geld für ihre Hochzeit zu verdienen. Es traf sich gut, dass er in diesem Jahr ohnehin im Juni, also kurz vor der Ernte, in seinen Heimatbezirk musste, um ein Rechtspraktikum bei der dortigen Staatsanwaltschaft zu absolvieren. Ungern trennte er sich von Raissa, und die Zeit der Trennung schmerzte stärker, als sie sich das vorgestellt hatten, doch wenn sie wirklich heiraten wollten, benötigten sie etwas Geld. Und wo konnte er mehr Geld verdienen, als wenn er mit seinem Vater gemeinsam auf dem Feld arbeiten würde. Zwar verdienten sich die Studenten während ihres Studiums in Moskau den einen oder anderen Rubel beispielsweise beim Verladen auf dem Bahnhof, doch waren das nur unregelmäßig anfallende und schlecht entlohnte Jobs, während man auf dem Land immer Leute brauchte, vor allem wenn sie etwas richtig gelernt hatten wie Michail bei seinem Vater das Fahren eines Mähdreschers. Er hatte ja seine halbe Kindheit auf dem Feld verbracht. Da sollte es ihm nicht schwer fallen, in der Zeit eine hübsche Summe für den Start ihres Familienlebens zu erwirtschaften.

Michail hatte seinen Vater ins Vertrauen gezogen, der den Entschluss seines ältesten Sohnes guthieß. Und Michail arbeitete mit einer Intensität, dass der Vater schmunzelnd bemerkte:»Aha, ich sehe einen neuen Anreiz.« Sooft er konnte, schrieb er voller Sehnsucht Raissa Briefe und wartete mit größter Ungeduld auf ihre Antwortpostillen. Obwohl sie einander regelmäßig schrieben, konnten zeitliche Lücken in der Korrespondenz auftreten, weil er nie wusste, wann jemand aufs Feld kam oder in die Stadt fuhr, um den Brief einzustecken oder ihm die eingegangene Post aufs Feld zu bringen. Einmal allerdings begab der Milizionär sich höchstpersönlich aufs Feld, um eine Karte zu überbringen. Aber die kam nicht von Raissa. Dafür hätte sich der Amtsträger nicht auf den beschwerlichen Weg gemacht. Auch wäre Raissas Karte wohl kaum bei ihm gelandet. Diese kleine, harmlose Karte löste in Krasnogwadejsk ein mittleres Erdbeben aus, sodass schließlich die Miliz eingeschaltet wurde. Die Karte kam nämlich aus dem Ausland, aus Prag! Wer, bitte schön, schrieb Mischka Gorbatschow aus Prag, und wozu? Dem musste dringend auf den Grund gegangen werden. Verdächtig war es allemal. Also fuhr der Milizionär aufs Feld, um den jungen Mann im Angesicht des Corpus Delicti zu befragen. Wenn Freund Zdeněk in Prag auch nur geahnt hätte, welche wachsame Betriebsamkeit die Karte ausgelöst und welche Kreise ihre Ankunft gezogen hätte, wahrscheinlich hätte er sie niemals aus einer Laune heraus geschrieben und fahrlässig abgeschickt. Doch Mischka Gorbatschow konnte dem strengen Milizionär glaubhaft versichern, dass ein tschechischer Studienfreund, guter Kommunist, ihm die Karte aus dem sozialistischen und brüderlichen Prag geschickt hatte. In Russland hatte diese Fremdenfeindschaft eine lange Tradition. Und noch heute misstrauen die offiziellen Stellen, auch unter Putin, Ausländern generell. Am liebsten würden sie alle Schritte, die ein Ausländer bei ihnen unternimmt, überwachen.

In seinen Briefen schrieb Michail davon, wie sehr ihm Raissa fehlte, und erzählte von seinem Alltag: »Unsere Arbeitskolonne besteht fast nur aus Gorbatschows. Papa bedient den Mähdrescher, ich lenke ihn. Und Semjon Grigorjewitsch Gorbatschow fährt den Traktor. Das Bündeln des Strohs wird von einem Mädchen namens Anna Michailowna Gorbatschowa überwacht, und Wassili Alexejewitsch Gorbatschow fährt das Korn mit einem Lastwagen weg. Unsere Kolonne wird ›die Gorbatschows‹ genannt. Papa, Semjon und Wassili sind Cousins. ... Die herzlichsten Grüße aus der Sphäre der Arbeit an die Sphäre des Geistes.« Und: »Jeden Tag sind wir 20 Stunden auf den Beinen. Und wir arbeiten in einem schrecklichen Staub und auf glühendheißem Metall.« Bei allem hatte sich die Arbeit gelohnt, und Michail kam mit einem ordentlichen Geldbetrag im Herbst nach Moskau zurück. Endlich, nach Monaten der Trennung hielten Raissa und Michail wieder einander im Arm. Und nun war kein Halten mehr. Im September 1953 heirateten sie in einem Moskauer Standesamt des Bezirkes Sokolniki.

Die kurze Trauung verlief äußerst nüchtern, sodass sie eher »zusammengeschrieben« als getraut worden waren. Einerlei, nun waren sie für ein Leben lang vereint als Mann und Frau. Die eigentliche Hochzeitsfeier, die sie mit den Freunden im Wohnheim feiern wollten, legten sie auf den 7. November, der ohnehin ein Feiertag war, nämlich der Tag der Oktoberrevolution, an dem alle frei hatten. So blieb ihnen noch Zeit für die Vorbereitungen. Raissa ließ sich ein Kleid schneidern, und Michail einen Anzug aus einem teureren Stoff, der Udarnik (Stoßarbeiter) hieß. In der Mensa des Internats schließlich gaben sie ihre Studentenhochzeit, die ausgelassen mit den zahlreichen Freunden gefeiert wurde. Manch einer, der unter den Gästen saß, mag Michail um diese faszinierende Frau beneidet haben. Es wurde gescherzt und es wurde getanzt, natürlich gegessen und getrunken und, wie es sich für Russen gehört, gesungen. Zdeněk verdarb sich den Anzug, den er aus irgendeinem Grund mit Butter beschmierte. Aber *nitschewo!* – macht nichts! – die Studenten feierten ausgelassen eine Ehe, die ein Leben lang halten sollte, was von den jungen Leute noch keiner wissen konnte. Zwar war

das Hochzeitspaar davon überzeugt, aber daran glauben natürlich an diesem Tag alle Paare,
die aus Liebe heiraten. Schließlich hatten die Freunde noch ein
besonderes Geschenk für die
Frischvermählten: die Hoch-
zeitsnacht. Sie hatten alle Mit-
bewohner von Michails Zimmer
so verteilt, dass bis zum Morgen
Michails Studentenbude nur
den beiden gehörte. Am Morgen
allerdings musste Raissa wieder
in ihr Zimmer schleichen, obwohl sie doch rechtmäßig Frau
und Mann waren. Als ein Jahr

Endlich vereint: Raissa und Michail
heiraten 1953 in Moskau.

später das neue Studentenwohnheim auf den Leninbergen fertig gestellt
worden war, erhielt das Ehepaar Gorbatschow ein zwar winziges, aber
immerhin gemeinsames Zimmer. Endlich lebten sie wirklich zusammen. Auch das war nichts Selbstverständliches, denn auch an Ehepaare
wollte die Universitätsleitung zunächst keine gemeinsamen Zimmer vergeben, sie sollten nach dem Willen des Rektorats weiterhin in getrenn-
ten Unterkünften für Studenten respektive für Studentinnen wohnen.
Mit der Fertigstellung der neuen Unterkünfte erhob das Komsomolaktiv
der Universität die Forderung, dass die Universitätsleitung die Rechte
der Studentenfamilie respektieren sollte. Nach einigen Protesten seitens
der Studenten und des Komsomols und einigem Hin und Her vergab
die Universitätsleitung schließlich Zimmer an verheiratete Paare in dem
neuen Wohnheim, das ohnehin so strukturiert war, dass jeweils zwei
Studenten sich ein Zimmer teilen sollten. Dass sich die jungen Leute
durchsetzten, hing natürlich auch mit der veränderten politischen Situation zusammen.

Denn in der Zeit, in der Raissa und Michail auf ausgedehnten
Spaziergängen ihre Liebe entdeckten, ereignete sich in Moskau hinter
den Kulissen und abgeschirmt von der Öffentlichkeit ein Regierungs-
thriller ersten Ranges.

Kapitel 9

Vorfrühling

Ich bin ein treuer Sohn unserer Heimat, ein treuer Sohn der
Partei Lenins und Stalins und euer treuer Freund und Genosse.
Schickt mich, wohin ihr wollt, zu jeder beliebigen Arbeit, findet
die kleinste Aufgabe für mich, und ich kann aus vollem Herzen
und mit aller Energie noch zehn gute Jahre dienen...Ihr wer-
det sehen, dass ich mich in zwei, drei Jahren gebessert haben
werde...

Lawrenti Berija

Während der Rundfunk und die Presse die Sowjetbürger gerade erst
über den Verlust des großen Führers informiert hatten, tobte im
engsten Führungskreis bereits der Machtkampf. Auf der einen Seite
stand Berija, der nach der absoluten Macht griff und Malenkow auf
seiner Seite wusste, auf der anderen Seite der bauernschlaue Nikita
Chruschtschow. Er hatte genauer als seine Kollegen begriffen, dass
sie alle bei einer Machtübernahme Berijas nur noch Tote auf Urlaub
wären, wie Stalin die Berufsrevolutionäre einmal genannt hatte, und
ihnen das gleiche Martyrium bevorstünde, das im letzten Jahrzehnt
zahllose loyale Genossen erlitten hatten. Kaum ein Sowjetbürger
wusste, dass auf der obersten Führungsebene ein Kampf mit sehr
eigenen Spielregeln auf Leben und Tod entbrannt war. Das Volk
erfuhr nur von der kollektiven Führungsübernahme durch die Stalinsche Garde im Stalinschen Geist. Kurz nachdem am 5. März der
biologische Tod Stalins festgestellt worden war, traf sich sofort der
engste Führungskreis. In dieser Sitzung konnte man alles verlieren,
aber auch viel gewinnen. Auf alle Fälle musste man die eigenen Positionen sichern, ohne sich dem Vorwurf auszusetzen, durch den Griff
nach der Macht wesentliche Gedanken Stalins zu desavouieren: die
kollektive Führung, die es in Wirklichkeit unter dem Diktator gar
nicht gegeben hatte, und die Einheit, die nur Unterordnung unter
seinen Willen bedeutet hatte. Um Berijas Macht nicht in den Himmel

wachsen zu lassen, hatte Stalin das Innenministerium (NKWD) vom
Staatssicherheitsministerium (MWD) getrennt, weil derjenige, der
beide Ministerien beherrscht hätte, im Besitz der uneingeschränkten
Macht im Staat gewesen wäre. Malenkow schlug gleich zu Beginn
der Sitzung vor, dass der Innenminister Berija gleichzeitig das Staatssicherheitsministerium übernehmen und beide Ministerien vereinigen
sollte. Genau das hätte Chruschtschow gern verhindert, doch hätte
ihn jeder Protest als Störenfried erscheinen lassen und ihn gefährlich
nah in die Ecke des Volksfeindes bugsiert, der aus Karrieregründen
die Stalinsche Einheit der Partei in Frage stellte. Also schwieg er wohl
oder übel dazu. Im Gegenzug schlug er seinen Vertrauten Bulganin
zum Verteidigungsminister vor. Wenigstens die Armee wollte er
sich sichern. Malenkow wurde Vorsitzender des Ministerrats, und
Chruschtschow sollte sich um die Partei kümmern. Niemand wagte
es, die Position des Generalsekretärs einzunehmen. So ergab die Sitzung ein Patt mit einem leichten Vorteil für Berija. In den nächsten
Monaten, in denen zwei Studenten auf endlosen Spaziergängen ihre
Liebe entdeckten, versuchte Berija mittels der Staatsicherheitsorgane
Einfluss auf die Parteihierarchie der Unionsrepubliken und Gebiete
zu bekommen, indem er Erkundigungen einzog, um Leitungskader
auszuwechseln, unter dem Vorwand, die nationalen Gegebenheiten
zu berücksichtigen. Unter dem Deckmantel der berechtigten Forderung, dass die Führungen der Unionsrepubliken aus Kadern bestehen
sollten, die auch aus der jeweiligen Republik stammten, beispielsweise ein Ukrainer und kein Russe an der Spitze der ukrainischen KP,
versuchte Berija ihm ergebene Leute zu platzieren. Berijas Stellvertreter, Serow, informierte Chruschtschow vertraulich über diese Vorgänge, der nun seinerseits vorsichtig und sehr geschickt die anderen
Führungskader auf seine Seite zog, indem er ihnen die Gefahr, die
ihnen drohte, verdeutlichte. Die Szenen, die sich abspielten, wie die
höchsten Männer in Partei und Regierung sich heimlich außerhalb
ihrer Wohnungen trafen, aus Angst abgehört zu werden, hätten auch
aus Coppolas Mafia-Saga *Der Pate* stammen können.

Die Voraussetzung für eine erfolgreiche Operation hatte Chruschtschow geschaffen, als er den schwankenden Malenkow auf seine
Seite zog. Niemand zweifelte an der Gefahr, in der sich alle befanden,

alle kannten Berijas kriminelle Energie. Doch es bedurfte eines Mannes mit beträchtlichem Mut und großem Geschick, der die Fronde gegen Berija schmiedete. Und das war Chruschtschow. Er war der Einzige, der über diesen Mut verfügte und sich nicht wie das Kaninchen von der Schlange hypnotisieren ließ – auch wenn dieser Mut wesentlich Chruschtschows starkem Selbsterhaltungstrieb geschuldet war. So kam es schließlich zum Showdown. Chruschtschow einigte sich mit Malenkow. Malenkow sprach mit Woroschilow und Mikojan, Chruschtschow mit Molotow und Kaganowitsch. Bulganin stand ohnehin von Anfang an auf seiner Seite. Der einflussreiche Militärführer Shukow und der Chef des Moskauer Militärbezirkes Kirill Moskalenko, den Chruschtschow noch aus dem Krieg kannte, als Moskalenko ein Armeeführer an der Südwestfront war und Chruschtschow dem Kriegsrat der Front angehörte, sagten ihre Unterstützung zu. Als in Ostdeutschland am 17. Juni ein Volksaufstand ausbrach, flog Berija nach Berlin. Die Verschwörer nutzten seine Abwesenheit. Doch Berija kam aus Misstrauen früher als erwartet zurück und stellte Moskaus Deutschlandpolitik zur Disposition. Seine Kollegen im Politbüro erboste er mit dem Vorschlag, den Beschluss über den Aufbau des Sozialismus in der DDR zurückzunehmen. Die Lage spitzte sich zu.

Davon merkten die beiden Liebenden natürlich nichts. Raissa arbeitete in Moskau an ihrer Diplomarbeit, während Michail ein Praktikum bei der Staatsanwaltschaft in Krasnogwardejsk, das zu dieser Zeit noch Molotow hieß, durchführte und in der *Prawda* vom faschistischen Umsturzversuch in Ostberlin las. Gut 36 Jahre später steckte Michail Gorbatschow in einer ähnlichen Situation wie Berija, entschied aber im Gegensatz zu diesem, dass die sowjetischen Panzer nicht rollen würden. Aber bis dahin war es noch ein langer Weg.

Es gelang den Verschwörern, Berijas militärischen Zerberus, Generaloberst Artjomow, Chef der Moskauer NKWD-Truppen, unter dem Vorwand der Beobachtung eines Truppenmanövers in Fernost aus der Hauptstadt zu entfernen. Bulganin schmuggelte am 26. Juni mit seinem Fahrzeug, das nicht kontrolliert wurde, Shukow, Moskalenko und andere Offiziere, die zum Teil bewaffnet waren, in den Kreml. Sie nahmen in einem Nebenraum vom Sitzungssaal Platz.

Unter ihnen befand sich ein Mann, der später ebenfalls in einem Putsch von sich reden machen sollte: Leonid Iljitsch Breschnew.

Alle Vorbereitungen wurden unter großer Geheimhaltung vorangetrieben, denn im Kreml patrouillierten die Truppen des NKWD, also Berijas Leute. Moskalenko hatte als Chef des Militärbezirkes am 25. Juni die Einheiten in Alarm versetzt und Truppenteile nach Moskau beordert.

Während die Sitzung begann, wunderten sich die verblüfften Moskauer, dass Panzer durch ihre Straßen rollten, und Kriegsteilnehmer erklärten anderen Passanten, dass die Panzerkanonen keine Geschützschoner trugen. Das hieß unmissverständlich: Die Panzer waren gefechtsbereit.

Unruhe entstand in der Stadt. Irgendetwas ging vor. Ein Oberst des Innenministeriums wollte die Truppen zurückbeordern, die ihm jedoch knapp entgegneten, dass sie ihre Befehle hätten, und weiter Richtung Kreml und Innenministerium rollten. Die Sitzung des Politbüros begann damit, dass der kreidebleiche Malenkow die Tagesordnung, die er zuvor mit Chruschtschow aufgestellt hatte, vorlas; es sollte um Kaderfragen gehen. Berija blickte verwundert auf. Chruschtschow, der nicht minder aufgeregt war, bat um das Wort. Es ging nun ums Ganze, um Kopf und Kragen, um Leben oder Tod. Chruschtschow schlug vor, über den Fall Berija zu sprechen. Berija zuckte zusammen, sah verblüfft Chruschtschow an und fragte ihn: »Was ist los Nikita? Wovon reden Sie da?« Worauf Chruschtschow nervös antwortete. »Passen Sie auf, Sie werden es schnell genug erfahren.« Chruschtschow hielt eine kurze Rede, die ein wenig verworren war, zumal sie sich auf eine eher sekundäre Geschichte bezog. Dennoch wurde klar, worum es ging. Er beendete seine Rede mit dem Diktum, dass Berija kein Kommunist sei. Das war der verbale Todesstoß. Bulganin schloss sich an, danach folgten alle anderen im gleichen Tenor. Allerdings sprach Mikojan zum Schluss und meinte versöhnlich, auch wenn der Genosse Berija viele Fehler habe, könne er sich doch bei den vielen nützlichen Fähigkeiten, die er besäße, in ihrem Kollektiv bewähren. Dass der letzte Redner die Eindeutigkeit reduzierte, verunsicherte Malenkow, der nun hysterisch auf den Knopf an seinem Platz drückte. Auf dieses Signal hin stürmten wie abgesprochen Shukow, Moskalenko und weitere Offiziere mit gezogener Pistole den Saal. Malenkow ordnete mit schwacher Stimme an, Berija zu verhaften. Moskalenko richtete die Pistole auf Berija, während Shukow ihn auf Waffen durchsuchte. Anschließend wurde er in den Nebenraum gebracht. War der Coup so weit gelungen, musste man dennoch sehr vorsichtig weiter verfahren, denn immer noch konnte alles schief gehen, da sich im Kreml um sie herum mehrere Tausend Soldaten des Innenministeriums befanden, alles Männer, die Berija unterstanden. Auf dem Tisch vor Berijas Platz lag ein Zettel, auf den er während der Sitzung mit roter Schrift unzählige Male das Wort »Alarm« geschrieben hatte. Langsam schwante den Moskauern, dass etwas Bedeutsames vor sich ging. Zum einen standen Truppen in Moskau, das hatte es seit der Revolution nicht mehr gegeben und würde es bis zu dem denkwürdigen Putschversuch gegen Gorbatschow 1991 nicht mehr geben. Zum anderen sollte am Abend im Bolschoi-Theater die feierliche Premiere der Oper *Die Dekabristen* im Beisein der Parteiführung stattfinden, ausgerechnet eine Oper, die sich mit dem gescheiterten Putschversuch einer Gruppe adeliger Offiziere gegen den Zaren Nikolaus I. beschäftigte – welch Ironie des Schicksals. Gott besaß Humor. Berijas Loge blieb leer, denn Berija befand sich zu dieser Zeit bereits in einer Zelle im Bunker des Militärbezirksstabes. Am anderen Morgen erfuhren die Moskauer und auch der Praktikant an der Krasnogwardejsker Staatsanwaltschaft, Michail Gorbatschow, aus der *Prawda* von der Verhaftung und Absetzung des Volksfeindes Berija. In den folgenden Wochen ordnete Chruschtschow die Macht neu. Ging er anfangs ein Bündnis mit Malenkow ein, schickte er ihn doch schon bald in die Provinz, ebenfalls Mikojan und Kaganowitsch. Molotow wurde aufs Altenteil abgeschoben. Spätestens nach dem XX. Parteitag hatte Chruschtschow seine Alleinherrschaft gesichert.

Doch vorerst schleppte sich der Geheimprozess gegen Berija und seine engsten Helfer wie Dekonossow hin, weil Berija nur zugab, was man ihm wirklich beweisen konnte und Chruschtschow in der Zwickmühle saß, nicht alle Beweismaterialien nutzen zu können, weil bei vielen Verbrechen auch andere Mitglieder des Politbüros, auch er selbst, beteiligt waren. Nach Berijas Verhaftung ließ Chruscht-

schow alle Aktenstücke, derer
er habhaft werden konnte und
die ihn belasteten, vernichten. Ohne Berijas Verbrechen
relativieren zu wollen: Völlig
sicher ist, dass jedes andere
Politbüromitglied, Chruschtschow eingeschlossen, an Berijas Stelle Stalin den gleichen
Blutdienst erwiesen hätte. Der
Prozess bot die günstige Gelegenheit, die gesamte Schuld
auf Berija zu schieben.
Inzwischen verlief Michails
Begegnung mit der Praxis
mehr als ernüchternd. Er saß
im Büro der Staatsanwalt-
schaft von Krasnogwardejsk,
also in dem Ort, in dem er vor
noch nicht allzu langer Zeit

Nikita Sergejewitsch Chruschtschow –
der Erste Sekretär in Marschallsuniform
mit allen Auszeichnungen.

die neunte und zehnte Klasse besucht hatte, in dem er verliebt und
schwärmerisch Händchen haltend mit einer Mitschülerin durch den
Stadtpark spaziert war, Theater gespielt und die ersten Reden als
Komsomolsekretär gehalten hatte. Dem Bauernjungen aus Priwolnoje kam die Siedlung damals groß vor, doch für den Praktikanten
der Moskauer Universität schien sie jetzt nur noch winzig zu sein.
Zu Tode hätte er sich gelangweilt, wäre er nicht in Arbeit ertrunken,
weil die vielen unnützen bürokratischen Vorgänge, die sonst liegen
blieben, nun dankbar dem Praktikanten aufgehalst wurden, und er
nicht außerdem jede freie Minute nutzte, um Raissa zu schreiben. In
den letzten drei Jahren hatte er sich komplett verändert. Inzwischen
konnte das Landei mit dem gewieftesten Moskauer Studenten in der
Diskussion mithalten. Durch harte Arbeit war es ihm schließlich gelungen, viele Lücken zu schließen. Aber noch etwas anderes, wichtiges geschah: Durch die Tätigkeit in der hiesigen Staatsanwaltschaft
sah er plötzlich seinen Heimatbezirk quasi von oben, aus der örtli-

chen Herrschaftsperspektive. Er erkannte die Faulheit und die Dreistigkeit der Funktionäre, die nichts ändern, lediglich ihre Macht ab-
sicherten wollten und jede Initiative ins Leere laufen ließen, mochte
sie auch von jungen Fachleuten, die voller Elan von ihren Universitäten kamen, vertreten werden. Voller Verzweiflung über die dumpfen
Verhältnisse schrieb der Praktikant an seine Liebste in Moskau: »Ich
bin so deprimiert wegen der Situation hier. Jedes Mal, wenn ich einen
Brief von Dir erhalte, wird mir das besonders bewusst. Jeder Brief
enthält soviel Gutes, Liebes, Nähe und Verständnis. Und ich spüre
umso deutlicher, wie scheußlich meine Umgebung hier ist, insbeson-
dere die Lebensweise der hiesigen Bonzen. Die Einhaltung von Kon-
ventionen, die Unterordnung unter alles, was einmal festgelegt wurde,
die Unverschämtheit der Funktionäre und ihre Arroganz. Am bemer-
kenswertesten an diesen Funktionären sind ihre Bäuche. Aber welche
Gelassenheit, welche Selbstsicherheit und dazu dieser herablassende,
gönnerhafte Ton.« Den Schlüssel zur Erklärung, warum es trotz der
unfehlbaren marxistischen Lehren im Vaterland der Werktätigen
nicht voranging und die Menschen noch immer unter ausgesprochen
schlechten Lebensbedingungen vegetierten, hielt er in der Hand. Dieses erste Praktikum zeigte ihm, dass sich im Land nichts zum Besseren wendete, wenn nicht der Funktionärsapparat umgekrempelt
würde. Kurz bevor Michail und Raissa in Sokolniki heirateten, war
in Moskau Chruschtschow zum Ersten Sekretär des ZK der KPdSU
gewählt worden und hatte damit zunächst seine Macht gesichert. Die
Funktion des Generalsekretärs hatte man unter dem Vorwand abgeschafft, dass nach Stalin niemand Generalsekretär werden könne.
Bald folgte aber schon der Gedanke, dass die kollektive Führung gestärkt werden müsse und die verschiedenen Kompetenzen von Partei und Regierung einzuhalten wären. Eine Vermengung dürfe nicht
mehr vorkommen. Noch ohne Namensnennung wurden in den offiziellen Publikationen allmählich die Erscheinungen des Personenkultes kritisiert. Es folgte eine Überprüfung der Arbeit der Funktionäre.
Michail und Raissa erlebten an der Universität, wie ein gewisser Lebedew, der als Parteisekretär amtierte, gefeuert wurde, nachdem sein
»Fall« in der offiziellen Parteiversammlung, der Michail beiwohnte,
untersucht und diskutiert worden war. Man warf Lebedew vor, dass

er sich huldigen ließ von Leuten, die er um sich versammelt hatte und die ihm ergeben waren. Diese Leute hatte er auf verschiedene Positionen innerhalb der Universität geschoben und sich somit ein kleines Reich geschaffen, in dem er sich als kleiner Stalin sonnte. Unübersehbar wurden die Diskussionen offener, die Menschen atmeten auf, die Gesellschaft kam in Bewegung. Im Dezember wurde Berija von einem Gericht unter der Leitung von Marschall Konew zum Tode verurteilt. Man führte Berija den Gang hinunter zum Keller, dort sollte er angebunden und erschossen werden. Aber irgendjemand verlor auf dem Weg die Nerven und feuerte in Berijas Rücken, sodass er bereits auf dem Weg zur Hinrichtung starb.

Das Jahr 1953 endete für die Sowjetbürger mit großen Hoffnungen. Raissa und Michail blickten an diesem 31. Dezember 1953, den sie mit anderen jungen Menschen im Säulengang des Gewerkschaftshauses feierten, wo noch vor einem dreiviertel Jahr Stalins Leiche aufgebahrt war, in eine gemeinsame und in eine spannende Zukunft. Als er um Mitternacht in ihre leuchtenden Augen sah und sie das neue Jahr begrüßten, spürten sie plötzlich, dass sie gemeinsam die Welt aus den Angeln heben könnten.

Teil 3

Kapitel 10

Tauwetter

Tauwetter: Schon kann man's sehen,
Kaum ist der Schneesturm verhallt.
Schneewehen schmelzen, vergehen,
Dunkel wird's Schneefeld am Wald
(...)
Noch liegt in schweigenden Träumen
Schneebedeckt schlafend die Welt –
Erde, du darfst nicht mehr säumen,
Mühst dich schon unter dem Feld.

Nikolai Zabolocki

Das Jahr 1954, das Michail und Raissa mit anderen jungen Moskauern im berühmten Säulensaal ärmlich gekleidet, aber voller Hoffnung auf das Leben nach Stalin begrüßten, begann innenpolitisch mit einer seltsamen Kapriole des neuen Parteichefs Nikita Chruschtschow, bei der sich jeder Sowjetbürger erstaunt die Augen rieb – was er noch öfter während der zehnjährigen Herrschaft dieses widersprüchlichen und wegen seiner Augenblickseingebungen gefährlichen Politikers tun sollte. Doch dieser plötzliche Einfall war verglichen mit späteren noch recht harmlos: Per Dekret wurde die Krim vom Volk der Russischen Sowjetrepublik an das Brudervolk der Ukrainischen Sowjetrepublik übergeben. Geografisch bildete die Halbinsel die quasi ins Schwarze Meer hineinreichende Südspitze der Ukraine, doch hatte sie niemals in ihrer wechselvollen Geschichte zur Ukraine gehört. Die Krim hatten die Russen von den Krimtataren und den Türken erobert. Sie schufen hier bedeutende russische Ansiedlungen und gründeten wichtige Städte wie Sewastopol, den Kriegshafen der russischen Schwarzmeerflotte. Chruschtschow wirkte von 1938 bis 1949 als Parteichef in der Ukraine und fühlte sich dem Land verbunden, besonders nachdem er so gründlich seine Verantwortung für den Terror in der Ukraine vergessen hatte. Plötzlich wurde der neue

Parteiführer vom Wunsch getrieben, zum 300. Jahrestag der Wiedervereinigung der Ukraine mit Russland ein pompöses Geschenk und ein eindrucksvolles Ereignis zu stiften. Raissa und Michail wunderten sich wie viele Sowjetbürger doch sehr über den diesbezüglichen Erlass des Obersten Sowjets. Aber nach kurzem Kopfschütteln vertieften sie sich sofort wieder in ihre Studien. Denn als Sowjetbürger wuchsen sie mit jähen Umschwüngen und seltsamen Kampagnen ihrer Führung auf. Das nannte man die »schöpferische Anwendung des Marxismus«. Raissa feilte an ihrer Diplomarbeit und bereitete sich intensiv auf die Abschlussprüfungen vor, denn sie würde in diesem Jahr das Studium als Diplomphilosophin beenden.

Und dann geschah etwas, was für die Liebenden ein riesiges Geschenk bedeutete: Im neuen Wohnheim auf den Leninbergen bekamen sie ein gemeinsames Zimmer, das ihre erste Wohnung wurde. Seit dem Jahr 1954 lebte das Ehepaar Gorbatschow zusammen, verbunden durch eine Liebe, die sich durch das gemeinsame Leben und den Alltag merkwürdigerweise nicht verbrauchte, sondern sich nur immer weiter vertiefte, als habe der liebe Gott diese beiden Menschen ausschließlich füreinander geschaffen. Gemeinsam brüteten sie über ihre Studienaufgaben, büffelten Deutsch und Latein, übersetzten füreinander Texte, diskutierten die aktuellen politischen Veränderungen und besuchten so oft sie konnten Ausstellungen, Kino- und Theatervorstellungen. Diese konzentrierte Gemeinsamkeit sollte im Lauf ihres Lebens bis zu Raissas Tod, den Gorbatschow bis heute nicht überwunden hat, an Intensität zunehmen. Sie wurde zu seiner wichtigsten Ratgeberin. Gorbatschow, das waren immer Michail *und* Raissa.

Zwei Kulturbesessene hatten sich gefunden. Wie Raissa hautnah erlebte und mit großer Anteilnahme verfolgte, ging in der Literatur derweil Erstaunliches vor sich und beeindruckte sofort die lesehungrige Studentin. Sofort machte sie ihren Mann auf die spannenden und unerhörten Diskussionen aufmerksam, die nach vielen Jahren der Friedhofsruhe, der immergleichen leeren Formeln mit unvermuteter Kraft ausbrachen. Es begann damit, dass die von dem renommierten Dichter Alexander Twardowski geleitete Literaturzeitung *Nowy mir* (»Neue Welt«) zunächst Zabolockis Gedicht »Tauwetter«

veröffentlichte, dem kurz darauf der gleichnamige Roman des bedeutenden und populären Schriftstellers Ilja Ehrenburg folgte. Aus heutiger Sicht verwundert das große Interesse, das dieser stilistisch anspruchslose und kompositorisch schlichte Text fand. Dieser Roman gehörte wahrlich nicht zu Ehrenburgs besten Werken. Bereits 1953 hatte Georgi Malenkow im Rahmen des »Neuen Kurses« die Diskussion um die sowjetische Gegenwartsliteratur eröffnet und ein wenig auch mitinitiiert. Es bildeten sich im Verlauf der Diskussion zwei Richtungen heraus, die sich auf eigene Publikationsorgane stützen konnten. Auf der bürokratischen Seite stand die reaktionär-stalinistische Gruppe der Schriftsteller, die zum großen Teil verantwortlich zeichneten für den politisch-gefälligen, aber unsäglichen literarischen Schund der Oberingenieure der Seele. Ihr einflussreichster Funktionär war der Schriftsteller Kotschetow, ein Mann beseelt von denunziatorischem Eros und ohne jede schriftstellerische Begabung. Seine Werke sind heute zu Recht vergessen. Auch Babajewski mit seinem damals viel gepriesenen Roman *Ritter des goldenen Sterns* oder Konstantin Fedin gehörten dazu. Ihnen gegenüber standen der großartige Dichter Twardowski, Ehrenburg, Dudinzew, der junge Daniil Granin und Juri Bondarew, der später so enttäuschen sollte. Ehrenburg hatte bereits Ende 1953 seinen Essay »Über die Arbeit des Schriftstellers« veröffentlicht. Die Forderungen, die er stellte, gefielen Michail und Raissa außerordentlich. Geschickt suggerierte er einen Leserbrief eines Leningrader Ingenieurs als Anlass und als Grund für seine Betrachtungen, als eine Art Antwort auf die drängenden Fragen dieses engagierten Lesers. Der Leser verstand nicht, weshalb die russischen Klassiker, obwohl sie einer rückständigeren Zeit im Vergleich zur sowjetischen Gegenwart angehörten, so viel besser schrieben als die sowjetischen Belletristiker, obwohl die sowjetischen Autoren doch schon in einer höher entwickelten und menschlicheren Gesellschaft lebten. Ehrenburg forderte in seiner Antwort auf diese berechtigte Frage, dass die Sowjetliteratur von der alten Literatur wieder »künstlerische Wahrhaftigkeit, das tiefe Verständnis des Menschen, die Kunst, ihn lebendig darzustellen« lernen müsse. Schönfärberei, unbegründeter Optimismus seien abzulehnen, und vor allem sei jene Verfahrensweise zu vermeiden, bei der die literarischen Figuren nicht entsprechend ihrer Voraussetzungen handelten, sondern vom Autor nach der gewünschten Botschaft des Buches hin und her geschoben würden. Dabei kämen nur schematische Geschichten heraus. Oder wie Lichtenberg solch eine Literatur drastisch nannte:»Arschwische mit Motto«. Genau betrachtet hieß Ehrenburgs Forderung, sich von Stalins Diktum des Schriftstellers als»Ingenieur der Seele« zu verabschieden – wie man es ja ohnehin schon still und heimlich tat. Der Begriff wurde immer weniger benutzt und geriet in Vergessenheit. Natürlich unterließ es Ehrenburg, eine tiefgründige Analyse auf die Frage des Lesers zu geben. Denn die konsequente Beantwortung der Frage hätte vor der frommen Wunschvorstellung eines guten, eines menschlichen Sozialismus nicht Halt machen dürfen. Diese Illusion, die Ehrenburg wie kein Zweiter propagierte, vertraten viele tonangebende Intellektuelle im Osten wie im Westen und nahmen damit ein gewisses Maß an Verantwortung für die Unterstützung der Versklavung ganzer Nationen auf sich. Gorbatschow hegte diese Illusion bis nach dem Putsch 1991. Aber nicht nur er. In Westeuropa gehörte der Philosozialismus bis zum Zusammenbruch des»realexistierenden Sozialismus« zum guten Ton, zur moralischen Weihe. Thomas Mann hatte Unrecht: Nicht der Antikommunismus, sondern der Philokommunismus war die Grundtorheit des zwanzigsten Jahrhunderts. Ehrenburg gefiel sich in der Rolle des international anerkannten, progressiven, durch und durch kultivierten und begabten Autors, der sich für eine Art Salonsozialismus einsetzte und mit einflussreichen Künstlern der europäischen Moderne wenn schon nicht befreundet, dann doch gut bekannt war. Viele später berühmte Maler und Schriftsteller, wie Léger, lernte er als junger Mann in seiner Pariser Zeit kennen. In der aufbrechenden Debatte nach Stalins Tod erkannten die stalinistischen Schriftsteller und Literaturfunktionäre sehr gut, was die Forderungen, die Ehrenburg aufstellte, bedeuteten. In letzter Konsequenz liefen sie darauf hinaus, auf den sozialistischen Realismus wie Stalin und Schdanow ihn 1934 definiert hatten, zu verzichten. Ehrenburg forderte nicht mehr und nicht weniger, natürlich nicht im Klartext, sondern in den Schlüsseln, die jeder für sich ziehen konnte, die Rückkehr zu den Standards der großen russischen Realisten. Das begeisterte den Leser

Michail Gorbatschow, der die russischen Realisten liebte. Er hatte sie durch die Vermittlung des Theoretikers Belinski kennen und lieben gelernt. Die atemberaubenden Veränderungen jener Tage, die in den literarischen Debatten ein Feld und eine Form gefunden hatten, wurden von den jungen Eheleuten heiß diskutiert. Keiner der Studenten konnte sich an eine Zeit erinnern, in der es eine so kontroverse öffentlich geführte Diskussion gab. Sie waren mit dem Dogma aufgewachsen, dass Stalin immer Recht hatte und Feinde stets auch physisch vernichtete, auch wenn diese in Wirklichkeit bestenfalls eine nur in Nuancen andere Meinung vertraten. Zum ersten Mal erlebten diese jungen Menschen eine Debatte, zwei kontroverse Meinungen, die unversöhnlich aufeinander prallten und nicht mit der Hinrichtung eines der beiden Diskutanten endeten. Das war neu. Das war schlicht eine Sensation. Was uns so selbstverständlich vorkommt, bedeutete 1953 in der Sowjetunion eine kleine Revolution im öffentlichen Leben. Man ahnt das Maß der Versklavung, aus der diese Gesellschaft befreit werden musste. Noch Ende 1953 nahmen die Schriftsteller Pomeranzew und Abramow Ehrenburgs Vorlage auf und kritisierten weniger theoretisch verklausuliert, sondern sehr praktisch an ausgewählten Beispielen die fehlenden Qualitätsstandards der stalinistischen Produktions- und Kolchosromane der letzten Jahre. Sie sagten den stereotypen Handlungsmustern, dem Fehlen wirklicher literarischer Konflikte und den makellosen Helden den Kampf an. Die Wirklichkeit sollte nicht mehr »lackiert« werden, sondern der Schriftsteller musste sich bemühen, sie wahrhaftig in all ihrer Widersprüchlichkeit darzustellen. Für diese Forderungen begeisterten sich Michail und Raissa im privaten Gespräch. Noch vor gar nicht so langer Zeit hatte Gorbatschow die Beherrschung beim Ansehen des Films über die Kuban-Kosaken verloren, über die verlogene Darstellung des Lebens der Bauern. Inzwischen trat er vorsichtiger auf. Er hatte verstanden, dass es nichts nutzte, als Märtyrer zu enden, der zwar die Wahrheit aussprach, aber nichts mehr verändern konnte, weil er aus dem Spiel verbannt worden war. Und Michail wollte nichts so sehr, wie in das Spiel zu kommen, um zu verändern. Mit seiner außerordentlichen Willenskraft bezwang er sein hitziges südrussisches Temperament, schuf sich die sprachliche Maske einer ausufernden, wenngleich sich nicht festlegenden Rhetorik. In diesen Tagen begann er, Techniken zu erproben, die ihn eines Tages zu einer Sphinx machen sollten. Diese Techniken würde er über die Jahre vervollkommnen. Nur so konnte er aufsteigen, nur so konnte er intellektuell überleben. Deshalb hielt er sich offiziell an die gegebene Parteilinie und wich keinen Millimeter von ihr ab. Eckpunkte seiner Äußerungen bildeten Zitate von Marx, Engels, Lenin, für die Kommunisten Gott und Kirchenväter in einem. Auch wenn Michail im privaten Kreis anders darüber sprach, hütete er sich, dies in der Öffentlichkeit durchblicken zu lassen. Das Dogma, dass der Sozialismus die Gesellschaft der Zukunft sei, gehörte zur Grundausstattung seines Denkens wie vieler anderer Sowjetmenschen. Das in Frage zu stellen, wäre für Michail ebenso absurd gewesen wie die These, dass die Erde eine Scheibe sei. Diejenigen, die ihm später die Linientreue vorwerfen sollten, handelten zu jener Zeit nicht anders als er. Sie glaubten in ihrer Jugend nicht weniger an den Sozialismus als Gorbatschow. Erst Ende der sechziger Jahre stand man am Scheideweg, doch vorerst gab es keine divergierenden Beurteilungen. Selbst Sacharow notierte zu Stalins Tod: »Ein großer Mann ist gestorben. Ich denke über seine Menschlichkeit nach.« Im Gegenteil, in den fünfziger Jahren galt der Sozialismus vielen jungen Menschen als humanistisches Glaubensbekenntnis, als Sinn und Ziel der Geschichte. Hatte der Kapitalismus nicht Not und Elend in der Weltwirtschaftskrise erzeugt und schließlich Hitler hervorgebracht? Dass Stalins Verbrechen nicht geringer ausfielen, sahen nur wenige, die vom öffentlichen Disput ausgeschlossen waren. Zum Teil waren sie in ihrem Ausmaß auch schlichtweg nicht bekannt. Das Massaker von Katyn hatte man ja geschickt den Deutschen untergeschoben. Die Lüge, dass sich die Sowjetunion für den Frieden einsetzte, für das Selbstbestimmungsrecht der Völker, für eine Gesellschaft, in der der Mensch nicht auf sein finanzielles Vermögen reduziert wurde, sondern als ganze Persönlichkeit willkommen war, verfing bei vielen Menschen innerhalb und außerhalb der Sowjetunion. Selbst Brecht schrieb eine Stalinode und das »Lob des Kommunismus« – und der hätte es wissen müssen, hatte er doch Mitte der dreißiger Jahre schnell das Vaterland der Werktätigen in Richtung USA verlassen. Zurück ließ er, weil sie durch ihre Erkrankung seine schnelle Abreise behinderte, seine enge Mitarbeiterin Margarete Steffin, mit der er auch ein intimes Verhältnis hatte. Erkrankt wie sie war, nahm der große proletarische Dichter B.B. wissend in Kauf, dass sie in Moskau jämmerlich zugrunde gehen würde.

Und noch eins begriff Michail in diesen Monaten: nämlich wie schnell sich die Parteilinie ändern konnte, wie wetterwendisch die Meinung der Oberen war. Noch vor einem dreiviertel Jahr feierte die Führung der KPdSU nach Stalins Tod die neue Kollektivität, die Einheit und Freundschaft der Genossen Berija, Malenkow und Chruschtschow. Im Sommer wurde Berija verhaftet, im Dezember erschossen. Gorbatschow würde mit seiner schlauen Zurückhaltung Recht behalten. Der Sinn des Wortes Tauwetter warnte ihn, denn Tauwetter bedeutet nicht nur das Verschwinden des Eises, es bedeutet auch Unklarheit, Schmutz, Morast, in dem man versinken konnte, graues, regnerisches Wetter, Nebel und vorübergehende Fröste, die jederzeit wieder einsetzen können. Von seinem Lieblingstheoretiker Belinski wusste Gorbatschow, dass der Begriff »Tauwetter« eine Analogie im 19. Jahrhundert besaß. Als Tauwetter-Periode bezeichnete man die Regierungszeit Alexanders II., des »Befreierzarens«, der die Leibeigenschaft aufgehoben hatte (1855–1881). Sie endete mit der Ermordung Alexanders II. durch die Anarchisten. Sein Sohn, Zar Alexander III., schloß sich wieder den Ansichten des strengen Dekabristenverfolgers Nikolaus I. an, hatte seiner Ansicht nach die Liberalisierung doch nur zum Attentat auf seinen Vater geführt. Und auch das neue Tauwetter würde nicht ewig währen. Doch einstweilen erlebte das junge Ehepaar eine spannende, geistig aufwühlende Zeit. Aber das Jahr gestaltete sich neben allem Glück auch als ein Jahr der Sorge, in dem sich der Ehemann sehr intensiv um seine junge Frau kümmerte. Raissas Gesundheit verschlechterte sich zusehends. Sie litt an einer verschleppten Erkältung, die chronisch wurde, und an zunehmendem Rheuma. Sie hofften, dass sich ihr Gesundheitszustand besserte, doch das Gegenteil war der Fall. Das Gesundheitssystem, das wie alles im Vaterland der Werktätigen zum besten der Welt erklärt wurde, war in Wirklichkeit ein einziger zum Himmel schreiender Skandal. Auch unter Chruschtschow änderte sich nichts an der bolschewistischen Angewohnheit, auf Menschenleben wenig Rücksichten zu nehmen:»Menschen können wir immer wieder machen, aber probier mal, ein Pferd zu machen.«Malenkows eingeschlagener Kurs, die Konsumgüterindustrie auf Kosten der Schwerindustrie zu verbessern, damit es den Menschen besser ginge, wurde bald schon von Chruschtschow massiv behindert.

Dennoch konnte man wie ein Frühlingshauch am Ende des Winters in Moskau den Geist der Änderung und einer vorsichtigen Liberalisierung spüren. Die beiden fühlten, dass eine sehr zurückhaltende Entstalinisierung ihren Anfang nahm. Auf dem Juni-Plenum 1953 wurde gründlich mit Berija abgerechnet. Dass dieser Prozess nicht nur Berija galt, ahnten Michail, Raissa und die Freunde, mit denen man im vertrauten Kreis die politischen Ereignisse und die Erlebnisse aus den verschiedenen Praktika diskutierte. Außerdem merkten so bewusst wahrnehmende Zeitgenossen wie die beiden, dass zur Metapher für Stalin der Begriff des Personenkultes wurde, einstweilen noch ohne explizite Nennung des toten Diktators. Doch es war deutlich: Wenn der Personenkult verurteilt wurde, meinte man eigentlich Stalin. Im internen Kreis begann Chruschtschow anfangs zurückhaltend kritisch, schließlich offen negativ über Stalin zu sprechen. Diese Distanzierung des Parteichefs breitete sich natürlich in einem so byzantinischen System wie dem der KPdSU wie ein Lauffeuer nach unten aus, bis es die einzelnen Parteigruppen erfasste, besonders die Parteigruppe der Moskauer Universität, die nah am Zentrum war. Die Gesellschaft benötigte dringend Reformen, das erkannte Chruschtschow. Deshalb senkte er als erste Maßnahme nach Stalins Tod die Preise für Konsumgüter.

Michail kehrte vom Praktikum aus Krasnogwardejsk mit dem festen Vorsatz zurück, unbedingt in Moskau zu bleiben und nicht wieder in die Provinz zurückzugehen. Er hatte gleichsam mit Moskauer Augen auf den Flecken Krasnogwardejsk geschaut, in dem es keine Theater, keinen intellektuellen Austausch, keine Konzerte, keine Kunstausstellungen und nur ein Kino gab, in dem nur veraltete Filme liefen – und die ungewöhnlich lange. Neue Filme bildeten ohnehin die Ausnahme, vor allem waren es amerikanische oder deutsche Beutefilme oder regimetreue Streifen wie *Ritter des goldenen Sterns*, die Verfilmung des unsäglichen Romans von Semjon Babajewski, oder *Die Kosaken des Kuban*. Letztgenannten sah Gorbatschow mit Freund Mlynář in Moskau. Wütend und wie ein Rohrspatz schimpfend verließ er das Kino. Die Kuban-Kosaken siedelten auch im Stawropolschen, nicht allzu weit von Gorbatschows unmittelbarer Heimat. Deshalb kannte er die Verhältnisse aus eigener Anschauung. Wenn ihm im Film vorgeführt wurde, wie die Kosaken ständig fröhlich tanzten und sangen und sich an übervolle Tafeln setzten, dann wurde ihm nur übel von so viel Lüge, weil er wusste, wie die Menschen in dieser Region Hunger litten und an Hunger starben. Diese Filme entsprangen der Doktrin des sozialistischen Realismus, wie er in Ostdeutschland in literarischen »Meisterwerken« wie Claudius' *Menschen an unserer Seite* oder Marschwitzas *Golden fließt der Strahl* unselige Gestalt gewann. Literarisch so gekonnt wie präzise hat Wladimir Sorokin diesen Romantyp in seiner Parodie *Marinas dreißigste Liebe* in den neunziger Jahren karikiert.

In Krasnogwardejsk hatte Michail die jedes menschliche Gefühl abtötende bleierne Solidarität der geistig völlig verödeten örtlichen Eliten erlebt, an deren Ignoranz jeder, der nur eine Winzigkeit verändern wollte, komplett zerschellte. Diese Provinzbonzen gaben nicht eher auf, bis sie alle auf ihr erbärmliches Niveau herabgezwungen hatten. Vom inspirierenden geistigen Leben, das Michail in der Hauptstadt faszinierte, war man in der Provinz völlig abgeschnitten. Doch das musste ihm keine Sorgen bereiten, denn die Chancen, in Moskau zu bleiben, standen für ihn sehr gut. Als Komsomolsekretär der Fakultät gehörte er dem Ausschuss für die Lenkung des Berufseinsatzes der Absolventen an. Im Studium zeigte er hervorragende Leistungen und manch Oberen fiel der junge, ordentliche und verlässliche Student positiv auf. Aufgrund des eklatanten Mangels daran gilt in Russland Verlässlichkeit als positivste Eigenschaft eines Menschen.

Michail durfte sich in Sicherheit wiegen, dass er in der Hauptstadt bleiben würde und der Provinz entronnen war. Raissa begann nach abgeschlossenem Studium im Herbst 1954 die Aspirantur, die mit der Promotion abschließen sollte, während Michail an seiner Diplomarbeit über die »Beteiligung der Massen an der Verwaltung des Staates am Beispiel des örtlichen Sowjets« schrieb. Praktische Erfahrungen hatte er nicht nur in Krasnogwardejsk, sondern vor allem während seines Praktikums beim Kiewski-Stadtbezirk in Moskau gesammelt. Als engagierter Student wollte er sich natürlich theoretisch mit dem beschäftigen, was ihm praktisch unter den Nägeln brannte. So war es kein Zufall, dass er sich ein Thema wählte, das sich weniger mit rechtswissenschaftlichen, sondern stärker mit politischen oder, wie wir es heute nennen würden, politikwissenschaftlichen Problemen beschäftigte. Wie wenig er in der Rechtspflege erreichen konnte, begriff er bei seinen Praktika in den Staatsanwaltschaften in Krasnogwardejsk und in Moskau. Merkwürdigerweise sympathisierten die Studenten nicht mit der Rolle des Rechtsanwalts, des Verteidigers, sodass nach absolviertem Studium kaum jemand Rechtsanwalt werden wollte. Dazu waren sie »ihrem« Staat zu ergeben. Es fehlte ein wirklich kritisches Bewusstsein und eine Konzeption vom Menschen, der eigene Rechte besaß und diese notfalls gegen den Staat einklagen konnte. Nicht nur dass der Verteidiger im sowjetischen Rechtswesen als Paria galt, sahen in ihm die Studenten auch den Winkeladvokaten, den Störenfried, das asoziale Element, das Überbleibsel des Bürgertums. Denn vorausgesetzt, dass die Anklageerhebung der Staatsanwaltschaft stets zu Recht erfolgte, dann erübrigte sich jede Verteidigung des Missetäters, und der Verteidiger focht automatisch für das Unrecht. Die Richter bemühten sich doch, die Wahrheit herauszufinden, wozu benötigte man dann noch einen Verteidiger, der ja nur zwielichtige Winkelzüge und dunkle Wege benutzen würde. Die jungen Juristen kamen nicht auf den Gedanken, dass eine Anklageerhebung irrtümlich geschehen und der Angeklagte unschuldig sein könnte, weil ja der Staat die Anklage erhoben hatte. Der Staat aber wurde durch die Partei geleitet, und die Partei hatte immer Recht und irrte niemals. In Wahrheit ging natürlich von der Partei das Unrecht aus, und zur Partei kehrte es zurück. Der Rechtsschluss des Marxismus wurde so zu einer Tautologie, die kein Recht mehr zuließ, sondern sich vor dem machiavellistischen Grundsatz verneigte: »Die Macht hat immer Recht.« Oder: »Recht ist, was der Macht nützt.« Und die Macht legitimierte sich dadurch, dass sie den Willen des Proletariats durch die Diktatur des Proletariats ausübte

– in Wirklichkeit natürlich eine Diktatur über das Proletariat durch eine öde Oligarchie, durch eine kleine Gruppe von Parteibonzen.

In dieser idealistischen Konzeption des sich materialistisch nennenden Leninismus wurde die Macht dem Endzweck der Geschichte untergeordnet, der kommunistischen Gesellschaft, unter der Führung der Partei der Arbeiterklasse, sprich unter der Leitung des Genossen Stalin, des Genossen Chruschtschow, des Genossen Breschnew, je nachdem wer gerade Chefkommunist war. Das korrespondierte mit dem Grundsatz: Der Einzelne ist nichts, der Staat ist alles und der Mensch nur ein Schräubchen im Räderwerk der wohlmeinenden, väterlichen Macht der Partei, die in Wahrheit einer Diktatur oder einer Oligarchie unterstand.

Unter dieser Voraussetzung konnte in der Sowjetunion kein Recht existieren, sondern nur mehr schlecht als recht juristisch bemäntelte Willkür. Wir werden sehen, wie Gorbatschow während der Perestroika sich bemühte, einen Rechtsstaat zu schaffen, den Putin als ehemaliger KGB-Agent komplett demontierte. Das Verfahren gegen Chodorkowski, das prominenteste unter vielen, zeigte, dass wieder der Staat bestimmt, wer schuldig ist, und dass Richter und Staatsanwaltschaft Putins Schuldspruch nur entsprechend juristisch zu verpacken hatten. Die dümmste und zynischste aller westeuropäischen Aussagen dazu ist, dass Russland vielleicht den Zaren, in diesem Fall Putin, brauche, weil dieses große Land nicht demokratisch regierbar sei. In Wahrheit ist in Russland diese Regierungsform nie wirklich ausprobiert worden. Lange Zeit wurde Russland durch eine Monarchie beherrscht, die in ihrer Endphase zwar zaghafte, doch für russische Verhältnisse die bisher weitreichendsten Demokratisierungsversuche unternahm. Es folgte die Tyrannei unter Lenin, die sich mit verschiedenen Nuancierungen im Grunde bis Breschnew an der Macht hielt. Schließlich der kurze Versuch, den Gorbatschow unternahm, die Tyrannis in eine Demokratie zu wandeln. Dieser Versuch kippte alsbald in eine Oligarcho-Bürokratie unter Jelzin, um letztendlich in einer Tyranno-Bürokratie zu enden, in einer neuen Tyrannis mit einer stark bürokratischen Note. In Wirklichkeit ist auch Putin eine Gefangener der Bürokratie, womit wir wieder bei der seit Jahrhunderten eigentlich in Russland herrschenden Klasse angelangt

Freund Zdeněk Mlynář, der hochintelligente und charmante Kommilitone aus Prag.

wären. Und mit der Macht der Bürokratie wuchsen die Gorbatschows wie alle Sowjetmenschen auf.

Eines Abends im neuen Studentenwohnheim in den Leninbergen nahm Mlynář seinen Freund Michail am Arm, führte ihn an das Fenster seines Zimmers und wies auf die Dunkelheit in der Ferne. Eigentlich, begann er, müssten dort hinten die Lichter verschiedener Dörfer funkeln. Dann berichtete er entrüstet von einer Episode aus seinem Rechtspraktikum. Er war einem Staatsanwalt zugeordnet, der sich mit Beschwerden der Bürger zu beschäftigen hatte. Vor ein paar Wochen kamen die Bauern aus diesen Dörfern, die man am Tage und bei klarer Sicht vom Wohnheim aus sehen konnte, und teilten dem Staatsanwalt mit, dass man ihnen, um das neue Studentenwohnheim auf den Leninbergen mit Energie versorgen zu können, vorübergehend den Strom abklemmen musste. Dabei sei es geblieben. Der Strom wurde nicht mehr angeschaltet. Jener Staatsanwalt, der nur widerwillig und ausgesprochen unhöflich den Bauern zuhörte, redete sich heraus, dass dies nicht seine Angelegenheit sei. Darauf antwortete ein findiger Mushik, dass sie nun wieder die alten Petroleumlampen nutzen müssten, die eine erhöhte Brandgefahr mit sich brächten. Schließlich wollten die Bauern nicht im Falle eines Brandes wegen leichtsinnigen Umgangs mit offenem Feuer zur Verantwortung gezogen werden. Der Staatsanwalt ärgerte sich über den listigen Bauern, dachte einen Moment nach, dann donnerte er los, dass sie ja früher immer mit der Petroleumlampe Licht gemacht hätten, folglich den Umgang mit der Petroleumlampe gewohnt sein dürften und wenn ein Feuer ausbräche, er sie selbstverständlich wegen Sabotage einlochen würde. Dann warf er sie hinaus. Bitter schloss Mlynář seine Geschichte mit der Beschreibung, wie die »herrschende« Klasse, unter der Dreistigkeit des Bürokraten erzitternd und untertänig die Mütze vor Verlegenheit in der Hand knetend, den Raum unter angedeuteten Bücklingen verließ. Die Szenerie, die aus den Romanen und Erzählungen Nikolai Gogols bestens bekannt ist, stammte aber gerade nicht aus der Zarenzeit, sondern gehörte zum sowjetischen Alltag. Immer, wenn Mlynář jetzt das Licht in seinem Zimmer anschaltete, müsse er an die Bauern denken, die im Dunkeln säßen. Der besagte Staatsanwalt hätte ihm aber auf seine Frage hin erklärt, wenn er die Beschwerde aufnehme, er sie zum Stadtsowjet weiterleiten müsste. Der Chef des Stadtsowjets würde sich postwendend bei seinem Chef beschweren. Daraufhin würde sein Chef ihn bestrafen und das wär's. Außerdem, die Bauern sollen sich nicht verstellen, sie können mit Petroleumlampen umgehen, schloss der Staatsanwalt wütend. Zu dieser Zeit und noch viele Jahre später erklärten Raissa und Michail diese Widersprüche zwischen Realität und offizieller Propaganda zu Missständen, denen man mit Geduld zu Leibe rücken müsste, um zum wirklichen Sozialismus zu kommen. Wer hat denn behauptet, dass der Aufbau des Sozialismus leicht wäre und der alte Adam schnell zu überwinden sei? Der neue Mensch wüchse nun mal sehr langsam. Und gäbe es nicht auch ungeheure Fortschritte? Der Sozialismus befand sich in der Welt auf dem Vormarsch. Freilich, was die beiden Studenten nicht bedachten, nur aus dem einen Grund: Weil die sowjetische Militärmacht einfach die Länder, die sie von den Nazis befreit hatte, nicht mehr verließ und Marionettenregierungen installierte aus ausnahmslos in Moskau getrimmten Parteikadern der Komintern, die seinerzeit aus ihren Länder in das Vaterland der Werktätigen geflohen waren und die Stalin nun mit der terroristischen Autorität seiner Panzer und NKWD-Abteilungen an die Macht geschoben hatte. So definierte Moskau das Selbstbestimmungsrecht der Völker. Wer das Moskauer Komintern-Exil überlebt hatte, durfte in der Heimat den örtlichen Stalin geben.

Michail und Raissa, frisch verheiratet, über beide Ohren verliebt, mit glänzenden Zukunftsaussichten, sahen der Zukunft mit immenser Energie und großen Erwartungen entgegen – sie hatten am eigenen Leib den Hunger und das bittere Elend erlebt –, und Stalin war tot. In der ganzen Gesellschaft bröckelten die Verkrustungen. Das gab Michail und Raissa und all den anderen jungen idealistisch gesinnten Studenten eine Hoffnung, die nur durch einsetzende Veränderungen ausgelöst werden kann. Noch unter Berija leitete die Führung der KPdSU den so genannten »Neuen Kurs« ein. Die rigorose Entwicklung der Schwerindustrie wurde zugunsten der Entwicklung der Konsumgüterindustrie gebremst. Michail war dafür vorgesehen, in der Generalstaatsanwaltschaft der UdSSR eingesetzt zu werden. Und so blieben die Gorbatschows voller Zuversicht bis zu dem Tag, an dem er sich bei seiner Dienststelle einfinden sollte. Raissa verabschiedete ihren Mann, wünschte ihm alles Gute und war gespannt, mit welchen Aufgaben ihr Michail künftig betraut sein würde. Bei ihr war alles geklärt. Sie wusste, dass sie promovieren und an der Universität wissenschaftlich arbeiten würde. Gemeinsam hatten sie über Einsatzgebiete, Wünsche und Fragen diskutiert, auch darüber, worauf bei dem Gespräch zu achten wäre. Doch die ganze Diskussion führten sie umsonst. Denn Michail musste Raissa bei seiner Heimkehr zerknirscht berichten, dass er keine Arbeit bei der Generalstaatsanwaltschaft bekäme, weil es einen neuen Geheimerlass gebe, der den Einsatz von Absolventen, denen es aufgrund ihrer jungen Alters an Erfahrungen mangelte, bei den Strafverfolgungsorganen verbot. Begründet wurde dieser Erlass mit dem wenig überzeugenden Argument, dass die Rechtsbeugungen der Vergangenheit so widerspruchslos und ohne Skrupel ausgeführt worden wären, weil junge Menschen, die nur ihre Karriere im Auge hatten, erheblich zu den Verletzungen der sozialistischen Gesetze beigetragen hätten. Aber Folterknechte und Mörder fanden die Parteibonzen in allen Altersklassen. Chruschtschow spürte, dass die erste Bedingung für die Gesundung des Landes darin bestand, mit den Gespenstern des Stalinismus aufzuräumen. Wie der junge Absolvent, der ihm Jahrzehnte später im Amt folgen sollte, glaubte Chruschtschow, die Lösung bestünde in der Wiederherstellung des Leninismus. Es ging also in erster Linie darum, sich vom Stalinismus zu befreien. Dazu mussten die Verbrechen Stalins aufgelistet und die Opfer rehabilitiert werden. Zu diesem Zweck wurde ein neuer Generalstaatsanwalt eingesetzt, der weitgehend unbelastet von den vorgefallenen Rechtsverletzungen war. Rudenko nahm seine Arbeit auf. Die Aufarbeitung der Verbrechen folgte dem Muster des Vorgehens gegen Berija. Auf ihn und seine Helfer wurde ja bereits ein Teil der Schuld geschoben. Einen anderen Teil der Schuld sollten nun Stalin und weitere Spitzenfunktionäre übernehmen, wie beispielsweise der frühere Staatssicherheitsminister Abakumow. Alle, Stalin eingeschlossen, trugen genügend Schuld, und alles, was ihnen vorgeworfen wurde, hatten sie auch begangen. Allerdings wollte Chruschtschow damit die Untersuchungen beenden. Er hatte an zweierlei kein Interesse: Erstens, dass er oder weitere Spitzenfunktionäre sich für ihre Verbrechen, die nicht geringer waren, verantworten mussten, etwa Woroschilow, Molotow, Mikojan, Malenkow oder der fürchterliche Lazar Kaganowitsch, auch der »eiserne Lazar« genannt, weil er es bei den Terrormaßnahmen in Belorussland besonders toll getrieben hatte. Zweitens sollte die Entstalinisierung nur an der Oberfläche stattfinden. Die Wurzeln des Stalinismus im Leninismus durften keinesfalls untersucht oder auch nur im entferntesten berührt werden. Einer der schlimmsten Verbrecher, Iwan Serow, der den Terror im Nordkaukasus und die Deportationen ganzer Völker zu verantworten hatte, diente sich Chruschtschow im Machtkampf gegen seinen Dienstherren Berija an und rettete somit sein Leben und seine Karriere. Außerdem vernichtete Serow für Chruschtschow 1955 Akten, die das ganze Ausmaß von Chruschtschows Verwicklung in das stalinistische Terrorregime zeigten. Bei diesem Prozess, der für die Akteure eine Gratwanderung bedeutete, konnte man keine jungen Leute gebrauchen, die die Spielregeln noch nicht kannten und womöglich zu viel fragten und die Aufklärung weiter als erwünscht trieben. Nur erfahrene Stalinisten durften die Entstalinisierung vornehmen. Insofern wurde der junge Absolvent ein Opfer der Entstalinisierung à la Chruschtschow.

Nun allerdings war guter Rat teuer. Beide Gorbatschows saßen sich mit langen Gesichtern gegenüber. Natürlich gab es noch Möglichkeiten, in Moskau zu bleiben. Michail konnte versuchen, in einer Bezirksstaatsanwaltschaft in Moskau unterzukommen. Wie die Arbeit dort aussah, wusste er aus eigener und aus Erfahrung von Freunden wie Mlynář. Nicht ausgeschlossen, dass er verpflichtet würde, Beschwerden anzuhören und möglichst abzuweisen. Das kam für Michail nicht in Frage, das konnte er nicht, denn die Würde des Menschen war für ihn ein hohes, unverzichtbares Gut. Dieses Amt hätte er nur ausführen können, indem er permanent die Würde des Beschwerdeführers, oder besser des Bittstellers, mit Füßen getreten hätte. Außerdem, und das war kein geringes Hindernis, konnten die Moskauer Bezirksstaatsanwaltschaften vielleicht eine miserabel bezahlte Stelle bieten, aber keine Wohnung. Unmöglich konnte er das Angebot annehmen, wissenschaftlich an der Universität am Lehrstuhl für Kolchosenrecht zu arbeiten, weil das Kolchosenrecht nach seiner Erfahrung ein einziger Schwindel war. Den Kolchosbauern, die sich zu diesem Zeitpunkt ohne staatliche Genehmigung nicht einmal von ihrem Ort fortbewegen durften – Stalin hatte ihre Ausweise eingesammelt, sie sollten sie erst 1955 von Chruschtschow zurückbekommen –, hatte man in der Praxis jedes Recht, jedes Eigentum und jeden Besitz genommen. Stalin verwandelte sie in moderne Sklaven. Aber das hatte beste marxistische Tradition: Marx sprach bereits von der Idiotie des Landlebens, und Lenin hielt die Bauern im Grunde für Feinde. An diesem Betrug, der den Namen Kolchosenrecht trug, wollte Gorbatschow nicht teilnehmen. Angeboten wurden ihm nun Assistenzen in den Staatsanwaltschaften von Tomsk, Blagowestschensk, in der Republikstaatsanwaltschaft von Tadschikistan. Hinzu kam Raissas angegriffener Gesundheitszustand. Ohne Wohnung konnten sie nicht in Moskau bleiben. Schließlich entschied das junge Paar, dass sie, wenn sie schon nichts vor der Provinz bewahrte, es für sie das Klügste hielten, in Michails Heimat zurückzukehren. Im Gebiet Stawropol lagen die Staatsbäder Mineralnye Wody und Kislowodsk. Das Klima würde sich mildernd und heilend auf Raissas verschleppten Infekt und das Rheuma auswirken. In Stawropol wäre Michail kein Fremder. Für den Aufstieg konnte es hilfreich sein, dass er die Mentalität der Menschen kannte und sich als einer von ihnen darstellen konnte. Über die gemeinsame Arbeit mit seinem Vater hatte seinerzeit die Gebietspresse berichtet und hier hatte er seinen Orden erhalten. Er konnte deutlich machen, dass er zu den Seinen zurückgekehrt war, gebildet inzwischen, aber voller Verbundenheit mit ihnen. Großvater Pantelej, der 1953 gestorben war, hatten viele im Parteiaktiv der Region noch in bester Erinnerung. Der Name Gorbatschow und der Name Gopkalo besaßen einen guten Klang im Gebiet. Nahm man alle Argumente zusammen, sprach viel dafür und nichts dagegen, den Start ins gemeinsame Leben in Stawropol zu beginnen.

Kapitel II

Unerwünschte Heimkehr

»Mit Volldampf rast der Zug von dannen,
Und ratternd dröhnt der Rädersang,
Im Wald ist Duft nach Harz und Tannen –
Wer weiß wohin, wer weiß von wannen –
Und Birken wachsen auf dem Hang.«

Boris Pasternak

Bevor der Umzug begann, besuchte das junge Paar Raissas Eltern. Das war höchste Zeit. Michail musste endlich seinen Antrittsbesuch bei den Schwiegereltern vornehmen. Raissa sollte dann für einen Monat bei ihren Eltern bleiben und sich erholen, während Michail den Transport ihrer Habseligkeiten, die vor allem aus zwei großen Kisten mit Büchern bestanden, nach Stawropol organisieren, ihr Zimmer im Studentenwohnheim in Moskau auflösen und ihre erste Unterkunft in Stawropol finden und einrichten würde. Zunächst reiste er jedoch mit äußerst flauen Gefühlen zu den Schwiegereltern, und das zu Recht. Raissas Mutter war überhaupt nicht gut auf den jungen Mann zu sprechen. In schlimmen Zeiten hatte sie zeitweise allein die Familie durchgebracht, dafür gesorgt, dass Raissa lernen und sich entwickeln konnte. Wie stolz war sie auf ihre Tochter, die im Gegensatz zu ihr, die kaum Lesen und Schreiben gelernt hatte, an der besten Universität des Landes studierte. Und damit nicht genug. Wer hätte jemals geahnt, dass ihre Tochter sich auf eine glänzende Universitätskarriere vorbereitete und bereits an ihrer Dissertation schrieb. Alexandra Titarenko verwirklichte ihre wirklich große Sehnsucht nach Bildung durch ihre Tochter. Schön und klug wie Raissa war, hätte sie sich in Moskau zudem vorteilhaft verheiraten können. Doch dann kam dieser Habenichts aus Südrussland, verdrehte ihrer klugen Tochter den Kopf, heiratete sie heimlich, verdarb ihre Promotion und entführte sie in die dunkelste südrussische Provinz, dorthin, wo sich die Füchse Gute Nacht sagten. Und Alexandra Titarenko kannte die Provinz zur Genüge. In der Provinz geboren, zog sie mit ihrem Mann von Dienstort zu Dienstort, von einer trostlosen Siedlung in die nächste noch trostlosere. Zeitweilig wohnten sie in einem ausrangierten Eisenbahnwaggon. Und nun kam plötzlich dieser Tunichtgut von seinem Kaff daher und vernichtete mit einem Schlag die glänzenden Aussichten ihrer Tochter. Nur notdürftig wurde der familiäre Frieden gewahrt, doch die Vorwürfe wollten kein Ende nehmen. Alexandra konnte aus ihrem Herzen keine Mördergrube machen. Ganz gleich was Michail sagte, es konnte nur falsch sein. Mochte er noch so schweigsam sein, er redete ihr entschieden zu viel, trat er noch so bescheiden auf, er war ihr zu selbstgefällig. Hinzu kam dieser südrussische Singsang, der ständig in den Ohren schrillte. Nichts hatte dieser junge Mann ihrer Tochter zu bieten, aber ihr bereits alles verdorben!

Michail ließ Raissa schweren Herzens bei den Schwiegereltern zurück, um ihr neues Zuhause in Stawropol herzurichten.

So stand Anfang August 1955 der junge Assistent der Staatsanwaltschaft von Stawropol am Bahnhof und begab sich auf Wohnungssuche. Stawropol, obwohl administratives Zentrum einer der größten Regionen Russlands, erinnerte an Gogols »Mirgorod«, eine langweilige kleine Provinzstadt, nicht annähernd mit Moskau zu vergleichen. Befestigte Straßen gab es kaum. Alle Wege wurden von den Bewohnern zu Fuß zurückgelegt, weshalb der Rhythmus der Stadt sich wesentlich von der Moskauer Hektik abhob. Öffentliche Nahverkehrsmittel waren zu dieser Zeit hier noch unbekannt. Es war, als sei unser junger Mann in Stawropol ins Postkutschenzeitalter zurückgefallen, während er in Moskau die Metro benutzt hatte. Im Zentrum der Stadt fläzte sich eine riesige Pfütze über die Straße, die jeden zum Umweg zwang, weil sie zu Fuß nicht passierbar war und selbst im Sommer nicht gänzlich austrocknete. Die Altstadt blieb aber noch weitgehend erhalten, und das Stadtbild prägte das überbordende Grün der Alleen und Parks. Stawropol, dieser 120 000-Seelen-Flecken, galt als grünste Stadt Russlands. Allerdings stand es in diesem Ort, in dem kaum gebaut wurde, mit Wohnraum nicht zum Besten. Michail musste schon sehr suchen, zumal ihm das schmale Salär, das er in der Staatsanwaltschaft der Region erhielt, keine große Wahl ließ. Schließlich fand er durch die Vermittlung einer erfahrenen Maklerin ein 11 Quadratmeter großes Zimmer in einem kleinen Holzhaus, das einem pensionierten Lehrerehepaar gehörte. Die Hälfte des Zimmers nahm ein gusseiserner Ofen ein. Die Fenster schlossen sehr schlecht, weil das ganze Haus sich verzogen hatte und vollkommen schief stand. Die traurige Verwohntheit des Zimmers fiel sofort ins Auge. Eine Matratze und ein Bettgestell befanden sich darin und heiterten das Domizil der Gorbatschows mitnichten auf. Das Ganze wirkte wie ein von Repin oder Spitzweg gemaltes Gemälde. In die Mitte des Raumes stellte Michail als Tisch und Bücherregal zugleich die Funierholzkisten, die aus Moskau mit den Büchern inzwischen angekommen waren. Er kaufte zwei Stühle, bastelte einen Kleiderständer und komplettierte damit die spärliche Einrichtung ihrer ersten gemeinsamen Stawropoler Wohnung.

Am 5. August begann er seinen Dienst bei der Staatsanwaltschaft. Zu diesem Zeitpunkt stand für ihn bereits fest, dass er nicht einmal die Probezeit absolvieren wollte, sondern so schnell wie möglich in die Politik wechseln würde. Das konnte er nirgends besser betreiben als in seiner Heimat. Die einzige Möglichkeit, diesen Vorsatz zu realisieren, bestand darin, in den Apparat des Kommunistischen Jugendverbandes (Komsomol) zu wechseln. Geschäftstüchtig und kommunikativ begabt, wie er nun einmal war, traf er sich bereits kurz nach seinem Eintreffen mit ein paar örtlichen Funktionären, die er von früher kannte. Er wusste, dass der Wechsel nach absolvierter Probezeit viel komplizierter zu gestalten wäre. So galt es, keine Zeit zu verlieren. Kurz darauf schon konnte Raissa in Michails Briefen lesen, dass er den gemeinsam gefassten Entschluss erfolgreicher als erhofft in die Tat umgesetzt hatte: »Ich habe ein paar Genossen getroffen, mit denen ich im Komsomol zusammengearbeitet habe.« Das Treffen fand nicht zufällig statt, Michail kannte die örtlichen Verhältnisse und ihre Funktionäre sehr gut. Die Gespräche führten zum innig gewünschten Ergebnis: »Aufgrund der Erfahrungen, die ich bei der Arbeit im Komsomol, sowohl in der Schule als auch an der Universität, gesammelt habe, hat man mir einen Posten in der regionalen Organisation des Komsomol angeboten.« Das klingt ein wenig so, als habe man nur auf ihn gewartet und mit einem tollen

Posten gewinkt. Die Wirklichkeit sah wesentlich prosaischer aus. Gorbatschow musste sich schon sehr bemühen, um einen Posten zu ergattern. Seine hervorragende Qualifikation hinderte ihn eher, als dass sie ihm nützte. Er traf auf die festen Karrierenetzwerke der Provinz, die einen Auswärtigen nicht hereinlassen wollten, und schon gar nicht, wenn er ihnen hinsichtlich der Qualifikation so sehr überlegen war. Hier schwelten tiefsitzende Ressentiments gegenüber dem Moskauer Absolventen, die aus einem Minderwertigkeitskomplex der guten Jungs und netten Mädels aus der Region resultierten, die nur über eine primitive Ausbildung verfügten. Gemessen an dem Bildungsgrad der Komsomolfunktionäre war der junge Gorbatschow wirklich eklatant überqualifiziert. Mit seinem Abschluss der Moskauer Universität stellte er eine Ausnahme unter den Kadern der örtlichen Elite dar und, nicht zu verkennen, auch eine Gefahr. So jemanden ließ man lieber draußen. Wozu sollte man sich überlegene Konkurrenten schaffen? Dem konnte er nur begegnen, indem er auf seine einfache Herkunft verwies, Funktionäre ansprach, die ihn kannten, die von ihm wussten. Denn in der Tat, Michail Gorbatschow war ja kein Auswärtiger. Den Bildungsvorsprung spielte er geschickt herunter, indem er die landsmännische und volkstümliche Seite seiner Persönlichkeit hervorkehrte. Zum politischen Kapital bereits des jungen Gorbatschow gehörte die immense Fähigkeit, Vertrauen bei seinem Gegenüber zu erzeugen. Diese Fähigkeit führte ihn an die Spitze der Parteihierarchie. Ohne sich zu verbiegen, ohne opportunistisch zu erscheinen, gelang es ihm, seinen Gesprächspartner in der Überzeugung zu wiegen, dass er völlig seiner Meinung sei. In dieser Zeit gehörte die Redewendung, dass man alles dialektisch sehen müsse, zu seinen liebsten Wendungen. Man darf sich keine allzu großen Vorstellungen machen, was der Begriff dialektisch für Gorbatschow bedeutete. Er hatte ja Dialektik im dialektischen Materialismus als eine Art Rechtfertigungsautomat kennen gelernt. Im Grunde bestand das Dialektische in einer simplen Einerseits-Andererseits-Sophistik, wobei sich der Zuhörer, je nach Belieben, die dialektische Zusammenfassung selbst aussuchen konnte. Gorbatschow vermied so geschickt verhängnisvolle Festlegungen. Überdies ließ die Eitelkeit den Gesprächspartner ohnehin glauben, dass Gorbatschow mit ihm übereinstimmte. So simpel wie die Methode war, so durchschlagend wirkte sie. Gorbatschow hinterließ immer einen guten Eindruck. Seine angenehme Erscheinung, seine Vertrauen erweckenden Augen, seine einnehmende Stimmlage hatte ihm die Natur geschenkt. Nestwärme konnte er wie kein Zweiter erzeugen. So gelang es ihm, das Misstrauen der örtlichen Funktionäre zu zerstreuen. Bereits wenige Tage nach seiner Ankunft hatte er mit alten Bekannten, die im Apparat des Komsomols und der Partei arbeiteten, gesprochen und wurde von Viktor Mironenko, dem 1. Sekretär des Regionskomitees des Komsomols, zu einem Gespräch eingeladen. So kam es, dass Gorbatschow bereits in seiner ersten Woche in Stawropol im Dienstzimmer des 1. Sekretärs saß, in dem das übliche billige Leninporträt hing. Mironenko bot dem Absolventen, von dem er gehört hatte, dass er nichts sehnlicher wünschte, als im Komsomol tätig zu werden, eine Stelle an, die allerdings weit unter dessen Möglichkeiten und von sehr untergeordneter Bedeutung war, nämlich die eines stellvertretenden Sekretärs für Agitation und Propaganda. Zum einen prüfte Mironenko, wie ernst es der Bewerber meinte, und zum anderen wollte er die Bäume auch nicht gleich in den Himmel wachsen lassen und den jungen Mann vorerst etwas beobachten.

Gorbatschows unmittelbar nach dem Gespräch verfasstes Gesuch an seinen Chef, dem Staatsanwalt Petuchow, beendete der junge Assistent mit den entschlossenen und selbstgewissen Worten:»Sie haben das Recht zu entscheiden, ob Sie mich gehen lassen oder nicht. Aber ich bitte Sie, meinem Wunsch zu entsprechen.« Petuchow bebte vor Zorn, als er die Zeilen seines Assistenten auf Probezeit las, der gerade eine Woche bei ihm arbeitete und sich schon erfrechte, Forderungen zu stellen – nämlich die, den gerade erst aufgenommenen Dienst zu quittieren. Die Stelle hätte er auch gleich anders besetzen können. Der Groll seines Dienstherrn entstand nicht zu Unrecht, denn Petuchow war ein erfahrener Staatsanwalt und Untersuchungsrichter, der schon beim Lesen der Zeilen den Braten gerochen hatte. Die ganze Geschichte wirkte sehr fingiert. Der junge Mann hatte sich nur an die Staatsanwaltschaft nach Stawropol versetzen lassen, um so schnell wie möglich in den Komsomol zu verschwinden. Möglicherweise hatte er den Wechsel bereits vorbesprochen, und die ganze

Angelegenheit war abgekartet. Petuchow wollte sich nicht benutzen lassen. Es folgte eine ganze Reihe höchst unangenehmer Unterredungen und harter Aussprachen, in denen von mangelndem Verantwortungsbewusstsein, fehlendem Klassenbewusstsein, Vertrauensbruch, dem Vorwurf des Karrierismus und von Charakterlosigkeit die Rede war, bevor Petuchow bereit war, den jungen Mann ziehen zu lassen.

Zwar konnte Petuchow nicht allen Ernstes die Tätigkeit im Komsomol als klassenfeindlich darstellen, doch musste Gorbatschow in den Gesprächen sehr aufpassen, dass ihm Petuchow aus seinen Antworten auf die Frage, weshalb er eine Tätigkeit im Komsomol der staatswichtigen Arbeit in der Staatsanwaltschaft vorziehe, für die er schließlich auf Kosten der Arbeiter und Bauern eigens ausgebildet worden war, nicht einen Strick drehen konnte, der ihn die angebotene Stelle im Komsomol gekostet hätte. Die Unterredungen erwiesen sich also nicht nur als höchst unangenehm, sie hatten auch eine gefährliche Komponente. Wie man unschuldige Menschen zu Klassenfeinden macht, hatte Petuchow von der Pike auf gelernt. Doch Gorbatschow erwies sich als viel zu geschmeidig, als dass Petuchow ihm etwas anhaben konnte. Vermutlich wollte er das auch gar nicht ernsthaft, sondern er begnügte sich damit, dem Jüngelchen eine Lehre zu erteilen – was ihm zweifelsohne auch gelang. Michail konnte gute zehn Tage nach dem Beginn seiner Tätigkeit in der Staatsanwaltschaft in den Komsomol wechseln. Statt 1 000 Rubel verdiente er nun 865 Rubel, davon brauchte er allein 285 Rubel im Monat für die Miete. Mit Geld konnten ihn die Eltern nicht unterstützen, aber sie schickten der jungen Familie von Zeit zu Zeit kleine Pakete mit Lebensmitteln. Leider harmonierten Michails Mutter und Raissa überhaupt nicht miteinander. Für die herrische Mutter war die selbstbewusste Schwiegertochter ein rotes Tuch. Zudem wirkte sie auf die Bauersfrau wie ein feines Dämchen, das ihr Sohn ernähren musste, anstatt dass sie arbeitete und mitverdiente. Dass sie keine Stelle bekam, focht Maria Pantelejewna nicht an, es gab, wenn man arbeiten wollte, auch andere Möglichkeiten, vielleicht nicht entsprechend ihrer Qualifikation, aber der Mensch hatte sich dem Leben anzupassen und nicht das Leben dem Menschen. Die Beziehungen blieben gespannt.

Im Komsomol bekam Michail zwar weniger Geld, hatte eine

Funktion, die weit unter seinen Abschlüssen lag, aber er war in der Politik angekommen. Damit beginnt auf einer völlig unbedeutenden und winzigen Stelle in der tiefsten sowjetischen Provinz die Karriere des Politikers Michail Gorbatschow.

Kapitel 12

Die Menschen verdienen wirklich ein besseres Leben

»Tapfre Jugend kühn und voller Mut
Das Land ist dein
Junges Volk gestählt in Kampf und Blut
Wird siegreich sein
Junges Volk gestählt in Kampf und Blut
Hasst den Krieg, denn Häuserbauen ist gut
(...)
Überall soll Frieden sein
Frieden der Welt.«

Marsch der Sowjetjugend

Gorbatschow war hauptberuflich im politischen Leben angekommen. Von nun an benötigte er 23 Jahre, um von Stawropol wieder nach Moskau zurückzukehren, 23 Jahre, in denen er mit viel taktischem Geschick und Ausdauer Karrieresprosse um Karrieresprosse nahm. Es gab in dieser Zeit keine Karrieresprünge, sondern der Aufstieg verlief stetig, und mit Erfolg wechselte er von Position zu Position innerhalb der Hierarchie, bis aus dem kleinen Komsomolsekretär der mächtige 1. Sekretär des Parteikomitees der KPdSU der Region Stawropol wurde. Das Korps der Ersten Sekretäre bildete die nächste Hierarchieebene nach dem Politbüro. Die Ersten Sekretäre gehörten automatisch dem Zentralkomitee an. Sie waren außerordentlich mächtige Provinzfürsten, mit denen es sich kein Generalsekretär verscherzen wollte. In diesen 23 Jahren lernte Gorbatschow den Apparat gründlich kennen und erwarb sich ein Arsenal sämtlicher Finten und Schachzüge, die ein kommunistischer Politiker in einem kommunistischen Land benötigte, um Macht zu akquirieren und sich durchzusetzen. Dabei hatte er viele Eigenschaften eines Funktionärs angenommen, die ihn schließlich zu seinem Reformwerk befähigen sollten und gleichzeitig bei diesem notwendigen Werk begrenzen würden. Erfolg und Misserfolg der Perestroika hingen entscheidend mit der persönlichen Weitsicht Gorbatschows und gleichzeitig mit seinen aus der Apparatschikschule herrührenden Grenzen zusammen. Außerdem lag die Perestroika nicht als ausgearbeitetes Programm vor, sondern als mühseliges Suchen nach dem rettenden Ausweg vor dem drohenden Bankrott.

Diesen Weg zu gehen, verlangte viel Geschick, viel Geduld, viel Engagement und einen nie versagenden Motor, der ihn durch die Widrigkeiten, durch die tägliche Ochsentour trieb. Die ersten Erfahrungen politischer Arbeit erlief er sich förmlich als eine Art kommunistischer Wanderprediger. Er reiste viel in der Region umher, um die Lebensbedingungen der jungen Menschen, ihre Wünsche und Schwierigkeiten kennen zu lernen. Diese Reisen gestalteten sich zu wahren Abenteuern. Da ihm kein Wagen zur Verfügung stand, trampte er oder ging zu Fuß. In den Ortschaften selbst gab es keine Hotels, Cafés oder Restaurants. Er konnte von Glück sagen, wenn ihn einer der Jugendlichen zu sich nach Hause einlud oder bei einer Tante unterbrachte und ihm dann am Abend ein schmales Essen vorgesetzt wurde, oftmals das erste, was er nach einem langen Tag auf den Beinen bekam. Die Region, die Gorbatschow auf diese sehr altertümliche Weise durchreiste, hatte annähernd die Größe Bayerns oder Tschechiens. Was sich seinen Augen bot, erschütterte sogar den Einheimischen. Die bodenlose Armut, das intellektuelle Elend, die geistige Öde, die Perspektivlosigkeit der Menschen und vor allem der Jugendlichen, die das bedrückende Gefühl hatten, von der Welt abgeschnitten zu sein und ihr Leben zu vergeuden, schnitt dem jungen Funktionär ins Herz. Fernsehen gab es nicht, Bücher blieben Mangelware, Wanderkinos kamen nur selten und Zeitungen Tage oder gar Wochen später. Ganz abgesehen davon, dass die Zeitungen ja eher Fantasieprodukte waren, die die Welt so wiedergaben, wie sie die Chefideologen der Partei definierten. Diese elend lebenden Menschen glaubten allen Ernstes bis in die siebziger, teilweise bis zum Anfang der achtziger Jahre, dass es ihnen besser ginge als den ausgebeuteten Arbeitern in den kapitalistischen Staaten Europas. Der Eiserne Vorhang leistete vorzügliche Dienste.

Diese jungen Menschen in den rückständigen und armen russischen

Dörfern waren so etwas wie eine vergessene Generation, die dem Dorf gern den Rücken gekehrt hätte, weil sie für sich keine Zukunft in den verelendenden Dörfern fand. Diese Erlebnisse schockierten den jungen Funktionär. Er entdeckte, dass es in seiner Heimatregion wesentlich ärmere Gebiete als Priwolnoje gab, ja, dass er angesichts dieser Armut geradezu privilegiert aufgewachsen war. Seine Betroffenheit, seine Suche nach Auswegen drückten sich sehr plastisch in den Briefen aus, die er seiner jungen Frau von unterwegs schrieb. (»Ich weiß nicht, wie oft ich bei meinen Besuchen in Priwolnoje gehört habe, dass sie sich wegen 20 Rubel den Kopf zerbrachen. Wo sollten sie eine solche Summe auftreiben? Und dabei arbeitete mein Vater Tag und Nacht, das ganze Jahr hindurch. Ich bin von Scham überwältigt. Ehrlich, ich kann dann meine Tränen nicht zurückhalten. Gleichzeitig schießt es einem durch den Kopf, dass es ihnen doch gar nicht so schlecht geht. Aber was ist mit den anderen? Es gibt noch viel zu tun. Unsere Eltern und Tausende anderer Menschen verdienen wirklich ein besseres Leben.«) Weil es Raissa und Michail nicht ertrugen, getrennt zu sein, weil sie emotional zutiefst darauf angewiesen waren, sich auszusprechen, sich miteinander zu beraten, aber zu dieser Zeit kein flächendeckendes Telefonnetz existierte, wählten sie die Form des Briefes. So wurden seine Briefe ungewollt zu einer reportagehaften Beschreibung des Lebens der Landbevölkerung in diesem Gebiet und später zum empirischen Material für Raissas soziologische Dissertation. Doch vorerst saß die junge begabte Absolventin zu Hause und fand keine Arbeit. Endlich bekam sie für ein Semester eine Stelle als Lehrkraft an einer der Stawropoler Hochschulen, dann fiel die Beschäftigung der Mittelkürzung zum Opfer, schließlich erhielt sie erneut eine Zeitstelle. Das zog sich in dieser diskontinuierlichen Art vier Jahre hin, bis ihr endlich 1959 eine Dozentur für das Grundlagenstudium Marxismus-Leninismus an der Landwirtschaftlichen Hochschule in Stawropol angeboten wurde. Man sollte meinen, dass bei Raissas Qualifikation die Vertreter der verschiedenen Hochschulen in der Regionshauptstadt einen scharfen Wettstreit um diese hoch qualifizierte und engagierte Kraft geführt hätten. Weit gefehlt: Man fürchtete sich vor ihr. Ein Teil der Dozenten war gar nicht dazu in der Lage, zu forschen und zu lehren. Manche fürchteten sich vor den

Vorlesungen und lasen sklavisch Skripte vor, die andere für sie verfasst hatten, oder ließen gleich ihre Vorlesungen von anderen halten. Die Situation war trostlos, denn die Solidarität des Mittelmaßes legte sich bleiern wie ein Schutzring um die lokalen Matadore. Es erging Raissa nicht anders als Michail, nur konnte sich der als Landsmann und durch seine menschelnden Fähigkeiten durchsetzen, während Raissas stolzes Wesen Abwehr und Feindseligkeit erzeugte. Ihre Bildung, die sie liebte und die sie weder verstecken noch verleugnen konnte, wirkte auf das penetrante Mittelmaß wie ein permanenter Angriff. Dabei versuchte sie ja, sich anzupassen. Als ein Prüfling auf keine ihrer Fragen, mochten sie auch noch so einfach sein, antworten konnte, bemitleidete er noch die passionierte Dozentin, dass sie sich so sehr bemühte. Die anderen fragten ihn gar nicht erst, sondern gaben gleich eine Drei – fertig war die Prüfung. Sie kapitulierte und gab ihm ebenfalls diese Note, obwohl sie ihn hätte durchfallen lassen müssen. Sie konnte sich nicht anpassen, auch wenn sie es versuchte, und wie eine der übrigen erscheinen. Sie war zu schön, sie war zu klug, sie war zu gut ausgebildet und zu selbstbewusst, die blanke Provokation für minderbemittelte Männer und matronenhafte Frauen. Diese sozialistische Form des Peter-Prinzips unterschied sich von der im Westen nur durch das monströse Ausmaß, ansonsten funktionierte es nach den gleichen Mechanismen, durch den Ausschluss des Guten und die zunehmende Verschlechterung der Gesellschaft durch die unselige Allianz derer, die nichts so sehr fürchten müssen wie wahre Leistung. Der Sozialismus bot, weil er das Kriterium der Ideologie über die Gesetze der Wirtschaft und der Wirklichkeit stellte, den idealen Nährboden dafür. Was die Sozialisten aller Glaubensrichtungen immer vermieden, war, den Satz ihres Hausheiligen Karl Marx aus der *Deutschen Ideologie* ernsthaft zu rezipieren, in dem er eindrucksvoll die Ideologie als falsches Bewusstsein der Wirklichkeit enttarnte. Insofern ist der sozialistische Satz: »Die Wirtschaft ist für die Menschen da«, der Sieg der Ideologie über die Wirklichkeit, der zum Ruin des sozialistischen Wirtschaftssytems geführt hat.

In der Provinz erlebten Raissa und Michail auf Schritt und Tritt die schmerzliche, ja katastrophale Diskrepanz zwischen offizieller, über jeden Zweifel erhabener Ideologie und der Wirklichkeit des Lebens der einfachen Sowjetbürger. Was sie studiert hatten, war nicht Theorie, sondern reine Ideologie. Deshalb befanden sie sich unversehens in der Situation, dass die Befunde der Wirklichkeit und die ideologischen Postulate auseinander klafften. Sie hatten nicht gelernt, was die Theorie von der Ideologie unterscheidet oder ihre Voraussetzungen zu hinterfragen. In dem schmerzlich empfundenen und täglich wahrgenommenen Riss zwischen guter Ideologie und schlechter Realität kam für sie als Vermittlung nur der Begriff des gesellschaftlichen Fortschritts in Frage. Auch die sozialistische Welt ist noch schlecht und unvollkommen, sagten sie sich, richtig, wir aber haben die Mittel und Möglichkeiten, in geduldiger Arbeit unsere Welt zu verbessern. In diesen ersten Wochen als Funktionär, die ihn mit dem realen Elend der Menschen in der besten aller Gesellschaftsordnungen auf so elementare Weise konfrontierten, bildete sich der Grundsatz des Politikers Michail Gorbatschow heraus: Die Menschen verdienen es nicht, so schlecht zu leben. In diesen Jahren formte sich Gorbatschows Motivation, nämlich das Leben der Menschen zu verbessern, indem der Sozialismus als eine Gesellschaft freier und gleicher Menschen die volle Entfaltung der menschlichen Kreativität in würdigen Verhältnissen verwirklichen sollte. Zum Ankerpunkt wurde ihm Lenin. Fehlerhafte Entwicklungen interpretierte er als Verletzungen der Prinzipien des Leninismus. Auf Lenin bezog er sich immer wieder, sodass er schließlich zu Lenins letztem Stellvertreter auf Erden avancierte und geradezu tragisch scheitern musste, weil er im Versuch, den Leninismus authentisch zu verwirklichen, ihn praktisch widerlegte und den Sozialismus, der innerlich bereits verfault war, zerstörte. Unter Gorbatschows Reformen brachen die morschen Säulen des Leninismus. Vorerst aber versuchte der junge Funktionär, in seinem Einflussbereich die Missstände zu beheben. Auf den Dörfern gründete er Klubs, zu denen die Jugendlichen in ihrer Freizeit gehen konnten. Er schickte Referenten aus der Stadt auf das Dorf, um dort Vorträge zu halten. Und die Jugendlichen nahmen dankbar an, dass sie plötzlich Informationen bekamen und sich mit kompetenten Rednern austauschen durften. Und nicht nur sie. Auch die Erwachsenen strömten in den endlich genutzten Dorfklub. Aus den niedrigen Lehmkaten, die sich ungeordnet an den Dorfwegen duckten, sich hinter schwarzen groben Reisigzäunen versteckten, kamen die Menschen, die froh und neugierig im Gemeindesaal Platz nahmen, vergnügt dem Referenten lauschten, der die Welt ins Dorf brachte. Manche kauten Sonnenblumenkerne. Plötzlich unterbrach der Dorfspaßvogel den Vortragenden mit einem Scherz, die meisten lachten, andere schauten ihn mit Missbilligung an, doch da der Referent mitlachte, gaben auch die Vorsichtigen ihre Missbilligung auf. Dieses neue Freizeitangebot wurde dankbar von den Menschen in den Dörfern angenommen. Das kam bei den Bezirksoberen nicht immer gut an. Der Bezirkssekretär Dimitrijew, ein alter Provinzbürokrat mit autokratischen Neigungen, reagierte alarmiert. Wenn ein junger Komsomolfunktionär aus der Regionshauptstadt in seinem Bezirk etwas Neues einführte, hielt der junge Spund das für notwendig. Wenn er das aber für notwendig hielt, hatte er vorher den Eindruck gehabt, dass ein Mangel in Dimitrijews Bezirk herrschte. Wenn es aber einen Mangel gab, hatte die Führung im Bezirk versagt, also er Dimitrijew. Dem musste vorgebeugt werden. Also beschwerte er sich beim Regionssekretär der Partei: Bei mir im Bezirk verunsichert ein Komsomolsekretär aus Stawropol, ein gewisser Gorbatschow, die Menschen und erzeugt Unruhe, anstatt für Ordnung, Sicherheit und Pflichterfüllung zu sorgen. Schaut euch den mal genauer an. Das muss ein Provokateur sein.

Die Denunziation hatte es in sich. Gorbatschow wurde ins Parteikomitee der Region geladen und befragt. Doch ihm gelang es, die Vorwürfe zu entkräften. Das Ergebnis war ein Patt. Im Regionalkomitee der Partei hegte keiner Zweifel an dem jungen Komsomolsekretär, aber Typen wie Dimitrijew, die alle wichtigen Positionen in ihrem Bezirk mit ihren Gefolgsleuten und Günstlingen besetzt hatten, schikanierten weiter die Bevölkerung. Gegen die Macht der Bonzen kam Gorbatschow nicht an. Und Dimitrijew stellte leider keinen Einzelfall dar, sondern die Regel. Der junge und enthusiastische Funktionär Michail Gorbatschow verkannte, dass der Bonze nicht Resultat der alten Gesellschaft war, sondern dass der Sozialismus den Bonzen als originären Typen hervorbrachte, ja geradezu massenhaft hervorbringen musste, weil er das soziale Biotop für ihn schuf. »Moskau ist weit entfernt«, sagt ein russisches Sprichwort, und Moskau konnte Reformen einleiten, wie es wollte, ihre Umsetzung sollte immer wieder an den Dimitrijews scheitern. Wenn Putin heute den starken Staat verlangt, dann stärkt und fördert er lediglich die Dimitrijews. Bisher sind alle russischen und sowjetischen Reformen an den Bonzen und Bürokraten der mittleren und unteren Ebene gescheitert, an einem allmächtigen Apparat. Gorbatschows Kritik am Apparat lautete, dass nur die falschen Leute an den Schaltstellen der Macht saßen. Wenn man das änderte, müsste sich das Paradies fast von allein einstellen. Ihren Beitrag wollten die Gorbatschows dazu leisten, dazu waren sie fest entschlossen.

Und dann geschah etwas, mit dem niemand gerechnet hatte und was das Leben des jungen Paares veränderte. Eine Rede erschütterte die sozialistische Welt.

Kapitel 13

Gott ist ein Gauner

»Stalins Aktivitäten zu untersuchen würde bedeuten, dass die
Ergebnisse des gewaltigen Weges der KPdSU revidiert werden.
Wem würde das nutzen?«

Molotow

»Was werden Sie über sich selbst sagen, Nikita? Schließlich
waren wir alle beteiligt.«

Kaganowitsch

Als die Gorbatschows am 31. Dezember 1955 in Stawropol auf das
neue, auf ein hoffnungsvolles Jahr 1956 anstießen, konnten sie nicht
wissen, dass in Moskau der oberste Führungszirkel der KPdSU über
die Vorbereitungen für den für Februar 1956 einberufenen Parteitag, den ersten nach Stalins Tod, debattierte. Nach äußerst heftiger
und sehr kontroverser Diskussion billigte er Chruschtschows Plan,
eine Kommission einzurichten, die die »Brüche der sozialistischen
Rechtsstaatlichkeit« und die Rolle Stalins dabei untersuchen sollte.
Das kam dem Sturz Gottes gleich. Vom großen Stalin, vom Vater
der Völker, vom angebeteten Gott der Kommunisten zum Schwer-
kriminellen – ein tieferer Sturz ist kaum denkbar. Chruschtschows
Gegner hatten sich nach verzweifeltem, letztlich aber aussichtslosem
Widerstand ausbedungen, dass erst nach Vorlage der Ergebnisse der
Kommission über das weitere Vorgehen entschieden würde. Zum
Vorsitzenden der Kommission wurde das ZK-Mitglied Pospelow ernannt, der als Mitverfasser von Stalins *Kurzer Biographie* sozusagen
ein Fachmann war. Jemand, der die Tatsachen verdrehen konnte,
kannte sie zumindest, dachte man.

Viele Gründe werden genannt, weshalb Chruschtschow die Abrechnung mit Stalin einleitete und zumindest einen Teil seiner Verbrechen veröffentlichte, doch letztlich bleibt es bei allen Erwägungen
ein Rätsel, was für ihn den Ausschlag gab, diese wagemutige Aktion

zu starten. In Wahrheit gab es nicht nur einen Grund, sondern verknüpften sich mehrere Motivationen. Chruschtschow spürte, dass er das Land nur durch Reformen vor der sich abzeichnenden Krise bewahren konnte. Als tief gläubiger Kommunist, wollte er mit ganzem Herzen den Kommunismus verwirklichen und das möglichst schnell. Das erforderte eine neue, eine außerordentliche Dynamik. Diese konnte aber nur erzeugt werden, wenn man die Menschen aktivierte, wenn man in der Tat die Initiative der Sowjetbürger im wahrsten Sinne des Wortes entfesselte. Dazu musste die Gesellschaft sich vom Albdruck des Stalinismus befreien. Wie wollte man mit Sklaven die Assoziation freier und gleicher Menschen errichten, als die der Kommunismus von Marx im *Kommunistischen Manifest* beschrieben wurde? Chruschtschow spürte instinktiv, wenn er die Gesellschaft entwickeln wollte, musste er die Menschen befreien. Wie Gorbatschow später bei der Überwindung der Breschnewschen Stagnation, berief sich Chruschtschow bei der Überwindung des Stalinismus auf die Wiederherstellung des Leninismus. Beiden war nicht bewusst, dass der Stalinismus lediglich unverhüllter und in die Konsequenz getriebener Leninismus war. Deshalb konservierte Chruschtschow entgegen den eigenen, ihn antreibenden Absichten, in der Berufung auf den Leninismus den Stalinismus. Dem Bösen, das er aus der Gesellschaft zu verbannen suchte, schuf er einen sicheren Platz zum Überleben, weil er den Teufel mit Beelzebub austrieb – selten stimmte dieses Wort präziser. Dennoch war die Untersuchung von Stalins Verbrechen ein mutiger Schritt, zu dem kein anderer der Sowjetführer bereit war. Molotow, Kaganowitsch und Woroschilow, die Helden des stalinistischen Terrors, hatten ihre Hände tief in Blut getaucht und mussten zu Recht fürchten, dass eine Untersuchung ihre Komplizenschaft aufdecken und sie mit in den Abgrund reißen würde. Bedenkt man, dass Chruschtschow zwar weit weniger Schuld trug als Stalins alte Mitstreiter, dennoch aber beileibe kein Unschuldslamm war, vermag man seinen Mut, das Thema anzugehen, erst wirklich zu beurteilen. Deshalb spielten Kaganowitsch und Molotow ja auch auf Chruschtschows Mitschuld an, hofften sie, ihn nach dem alten Ganovenwort »mitgegangen, mitgefangen, mitgehangen« in Komplizenschaft zu nehmen. Doch Chruschtschow wies nur kühl darauf hin, dass er in den Jahren des großen Terrors nicht dem Politbüro angehört hatte. Die Hunderttausende unschuldiger Menschen umfassenden Erschießungslisten hatte er im Gegensatz zu seinen Genossen weder gegengezeichnet noch mit höhnischen Bemerkungen verziert, wie »geschieht ihnen Recht«, »erschießen wie tollwütige Hunde« und was der kriminellen Kommentare mehr waren. Chruschtschow selbst hatte als Parteichef der Ukraine die Säuberungen vor Ort vorangetrieben und mit Reden propagiert und angespornt: »Wir haben gerade erst begonnen, die Ukraine zu säubern. Wir werden alle Feinde zerschmettern und die Aufgabe zu Ende führen.« Doch so weit wollte Chruschtschow die Untersuchungen nicht führen. Die gesamte Schuld sollte auf Stalin konzentriert werden, so wie man vorher die alleinige Schuld Berija zugeschoben hatte. Auch Stalins Henkersknechte Molotow, Kaganowitsch, Malenkow und Woroschilow sollten nicht angetastet werden. Trotzdem hatten die Untersuchungen für den neuen Parteiführer den schönen Nebeneffekt, dass er über seine Konkurrenten kompromittierendes Material (Kompromat) in die Hände bekam. Material, das ihn betraf, hatte Serow ja bereits für ihn vernichtet. Aber man wird Chruschtschow wohl nicht gerecht, wenn man die Gründe für den epochalen Schritt allein in gesellschaftspolitischen und machtpolitischen Erwägungen sucht. Gerade weil Chruschtschow aus nächster Nähe den Terror erlebt hatte, weil er Freunde und Genossen, von deren Unschuld er überzeugt war, für nichts und wieder nichts in die Erschießungskeller und Lager wandern sah, spürte er ein heftiges Verlangen nach Gerechtigkeit. Die Gefährten sollten rehabilitiert werden. In ihm selbst mag der Wunsch nach Wiedergutmachung gewachsen sein. Der Historiker weiß, wie schnell eine Legende in Umlauf gebracht und wie zählebig sie in der Geschichte ist. Es gibt sie zu Hunderten, aber selbst wenn sie wissenschaftlich widerlegt sind, halten sie sich im allgemeinen Bewusstsein. Chruschtschow lud wie kein zweiter zur Legendenbildung ein. Sein Arbeitsstil war widersprüchlich, eruptiv, von Eingebungen getrieben, seine Vorstellungen naiv und seine Entstalinisierung erfolgte nach dem berühmten Leninschen Diktum »Ein Schritt vorwärts, zwei Schritt zurück«. Chruschtschow betrieb diese halbherzige Entstalinisierung nicht ganz aus freien Stücken und aus den schon genannten Gründen nicht vollständig. So paradox es klingen mag, leitete diesen Prozess Berija ein. Er war der Erste, der erkannt hatte, dass sich nach Stalins Tod das repressive System nicht aufrechterhalten ließ, wenn es sich nicht selbst kannibalisieren sollte. Ebenfalls hatte er entdeckt, dass unter all den Schuldigen derjenige, der als Erster »Haltet den Dieb« schrie, die Richtung der Aufarbeitung bestimmen und sie als Waffe im Machtkampf gegen die politischen Konkurrenten benutzen konnte. Ob der blutige Berija nicht sogar eine liberalere Politik durchgesetzt hätte als der bauernschlaue Chruschtschow, wird zwar immer ungeklärt bleiben, doch Anhaltspunkte gibt es dafür. Nachdem Berija die Kampagne gegen die Ärzte unterbunden hatte, erließ er eine erste Amnestie für Häftlinge. Malenkow, anfangs Berijas Verbündeter, stärkte die Konsumgüterindustrie auf Kosten der Schwerindustrie, was Chruschtschow später zum Anlass nahm, Malenkow von der Macht zu verdrängen und Bulganin als Ministerpräsidenten einzusetzen. Während Chruschtschow den Aufbau des Sozialismus in der DDR durchprügeln wollte und seine Politik im Mauerbau gipfelte, plädierte Berija für die Rücknahme dieser Beschlüsse und für die Verwirklichung einer bürgerlich-demokratischen Gesellschaft in Ostdeutschland. Chruschtschow wurde mit den Anfängen der Entstalinisierung, die als Rehabilitierung begann, konfrontiert und musste diese Politik fortsetzen, um sie gegen Berija selbst zu wenden. Die Gorbatschows spürten die Unruhe, die 1954 und 1955 im Land gärte. Aus den Lagern kehrten erste Gefangene zurück, die über ihr schweres Schicksal berichteten. Im ganzen Land fanden Prozesse gegen Berijas Marionetten statt. Zu Recht hatten diese Leute sich vor Gericht wegen ihrer grausamen und massenhaften Verbrechen zu verantworten. Doch wurde eben nur ein Teil der Henker angeklagt, nämlich nur diejenigen, die Berija nahe standen. Aber Berijas Scherge Abakumow hatte nicht mehr Verbrechen gegen die Menschlichkeit begangen als Chruschtschows Paladin Iwan Serow, der für seine Verbrechen mit einer Staatspension entlohnt wurde. Er hatte rechtzeitig die Seiten gewechselt. Zu den Prozessen wurden örtliche Parteivertreter geladen. Dadurch entstanden schnell erste Gerüchte darüber, dass die Massenrepressalien der dreißiger Jahre von allerhöchster Stelle geplant worden waren. Die Fama vom guten Gott Stalin, der von allem nichts gewusst hatte, wurde immer unglaubwürdiger. Immer noch vegetierten in den Lagern über eine Million unschuldiger Menschen, die wegen eines politischen Vergehens, das sie nie begangen hatten, verurteilt worden waren. Auch diese »toten Seelen« stellten einen immensen Druck dar. In den Lagern in Workuta und in Kasachstan kam es zu Häftlingsaufständen, die nur unter Einsatz von Panzerwagen und mit brutalster Gewalt niedergeschlagen werden konnten. Davon allerdings erfuhr der Sowjetbürger nichts. Erst Gorbatschow offenbarte das ganze Ausmaß der Stalinschen Verbrechen durch die von ihm eingesetzte Historikerkommission unter Leitung von Alexander Jakowlew.

Insofern trat Chruschtschow die Flucht nach vorn an und konnte dabei die alte Garde marginalisieren. Molotow, Woroschilow und Kaganowitsch wussten das, deshalb wehrten sie sich mit Händen und Füßen dagegen. Der Parteitag begann am 14. Februar 1956 im Großen Kremlpalast mit Chruschtschows Rechenschaftsbericht. In ihm wurde Stalins als großen Führer und Fortsetzer Lenins, als Heros des Großen Vaterländischen Krieges gedacht. Dem Parteitag kam richtungweisende Bedeutung zu. Auch wenn es eine vom ZK festgelegte Dramaturgie gab, von der nicht abgewichen werden durfte, veröffentlichte der Parteitag die offizielle Linie, wie die letzte Zeit einzuschätzen sei und wie die großen Linien der gesellschaftlichen Entwicklung in den nächsten Jahren verlaufen sollten. Die Art der Reden und ihrer Platzierungen spiegelte die Machtverhältnisse wider. Wer den Rechenschaftsbericht verlas, in diesem Fall Chruschtschow, war der Chef im Ring. Der Parteitag wählte das Zentralkomitee (ZK), und dieses wiederum die Sekretäre, das Politbüro und den Ersten oder den Generalsekretär. (In der Geschichte der Partei wurden zeitweilig die Institutionen umbenannt: Aus dem Politbüro wurde für ein paar Jahre das Präsidium des ZK, bevor dann wieder das Politbüro eingeführt wurde. Diese feinen Unterscheidungen sollen hier aber nicht weiter betrachtet werden. Genauso verhält es sich mit dem Parteichef, der mal Erster Sekretär des ZK und mal Generalsekretär des ZK hieß.) Zwischen den Parteitagen traf sich zweimal im Jahr das ZK als höchstes Organ der Partei zu einem Plenum, um aktuelle Entwicklungen zu besprechen und weitreichende Entscheidungen zu treffen. Und zwischen den Plenen des ZK nahm das Politbüro, das im Wesentlichen aus den ZK-Sekretären und wichtigen Ministern, zeitweilig dem Minister für Staatssicherheit und dem Verteidigungsminister, bestand, die praktische politische Arbeit wahr. Besondere Erwartungen verknüpften sich zudem mit diesem Parteitag, weil er der erste nach Stalins Tod sein würde. Der Berufsfunktionär Michail Gorbatschow verfolgte ihn also aufmerksam in Radio und Presse. Abends diskutierte er mit Raissa die Ergebnisse. Chruschtschows Rechenschaftsbericht enttäuschte, denn außer den üblichen Treuebekundungen an die großen kommunistischen Ideale, der selbstzufriedenen Feststellung der großen Erfolge und dem billigen Optimismus über das zukünftige Erreichen noch größerer Erfolge bot der Bericht nichts Neues. Aufhorchen ließ Mikojans Rede, der bereits Repressalien und Verletzungen der Rechtsstaatlichkeit als Folge des Personenkults annoncierte, ohne freilich Ross und Reiter zu benennen. So schien der Parteitag dahinzudämmern, ohne dem Land die Impulse zu geben, die es benötigte. Chruschtschows Rede, die von Pospelow ausgearbeitet worden war, wurde immer noch von einem Teil der Führung abgelehnt und lag wie ein stummer Vorwurf da und wirkte wie ein Stachel im Fleisch. Schließlich brachte Chruschtschow, nachdem das neue ZK bereits gewählt worden war und sich niemand um seine Wiederwahl sorgen musste, das Thema in einer Sitzungspause erneut zur Sprache, als das Präsidium in einem Extrazimmer weilte. Wieder folgte eine heftige Auseinandersetzung. Allein die Drohung Chruschtschows, er werde den Parteitag als einfacher Delegierter fragen, ob das Plenum seinen Diskussionsbeitrag anhören wolle, brachte die anderen unter äußerst ablehnenden Gefühlen zum Einlenken. (Die Frage als einfacher Delegierter hätte vollkommen der Satzung entsprochen, war aber seit Ende der zwanziger Jahren nicht mehr vorgekommen.) Chruschtschows Drohung stellte sie vor die Wahl, ob sie auf der Seite der Aufklärer stehen oder auf der Anklagebank sitzen wollten. Deshalb entschieden sie schließlich, dass Chruschtschow die Rede im Namen des gesamten Präsidiums halten sollte, aber in einer geheimen Sitzung, an der nur die Delegierten, aber keine Presse und keine Gäste teilnahmen. Eine Diskussion über die Rede kam nicht in Frage, und die Rede durfte nicht veröffentlicht werden, was bis 1989

in der Sowjetunion auch befolgt wurde. Der Text sollte den Partei-
aktiven in den Regionen und Unionsrepubliken verlesen werden. Gemessen an den heute bekannten Verbrechen des Stalinismus fiel die
Rede glimpflich aus, dennoch schockierte sie und löste ein Beben
aus. Am Morgen des 25. Februar 1956 hielt Chruschtschow sie hinter verschlossenen Türen. Und kurze Zeit später wurde der Komsomolsekretär Gorbatschow in Stawropol gebeten, sich ein geheimes
Informationsblatt des ZK in den Räumen des Parteiaktivs durchzu-
lesen und nach der Lektüre wieder zurückzugeben. Notizen durfte
er nicht machen, ein Exzerpt nicht herstellen. Das Informationsblatt
enthielt nahezu die gesamte Rede Chruschtschows. Die Lektüre glich
einem Schlag in die Magengrube. Auch wenn man von Repressalien
wusste oder selbst schon erste skeptische Blicke auf Stalin geworfen
hatte, erschütterte das neue Bild alles, woran man geglaubt hatte,
weil es organisch mit dem Namen Stalins verbunden war. Nicht nur
der unbedarfte Komsomolsekretär im provinziellen Stawropol sah
plötzlich in den düsteren Abgrund aus menschlicher Niedertracht,
der sich so jäh auftat. In ihn schauten genauso fassungslos die Führer
der kommunistischen Parteien in der ganzen Welt und Westeuropas
Linksintellektuelle, die einem aparten Stalin-Kult huldigten, wie sie
schon bald einen Mao-Kult kreieren würden.

Michails Großvater Pantelej nahm den Glauben, dass Stalin von
den Rechtsbrüchen nichts wusste, noch mit ins Grab. Sein Enkel las
nun die sensationelle Enthüllung: Schuld an dem massenhaften Morden, Foltern und Verschleppen waren nicht irgendwelche subalternen
Beamten. Stalin, Gott selbst also, stand dahinter. Er war der dämo-
nische Konstrukteur und Lenker der gewaltigen Todesmaschine.
Chruschtschow zeichnete zu Beginn seiner Rede ein Bild des voll-
kommenen Marxisten Lenin, dessen bolschewistische Bescheidenheit vorbildlich erstrahlte, um vor diesem Heiligenbild das düstere
Bild des Verderbers umso besser hervortreten zu lassen. Dieser Teufel
hatte durch seinen Hochmut, durch den Kult um seine Person, durch
sein paranoides Misstrauen die leninistischen Normen verletzt, und
diese müssten nun dringend wiederhergestellt werden. Nachdem das
klar definiert war, listete Chruschtschow einige Verbrechen Stalins
auf. Der staunende Michail erfuhr, dass Stalin eine dubiose Rolle bei

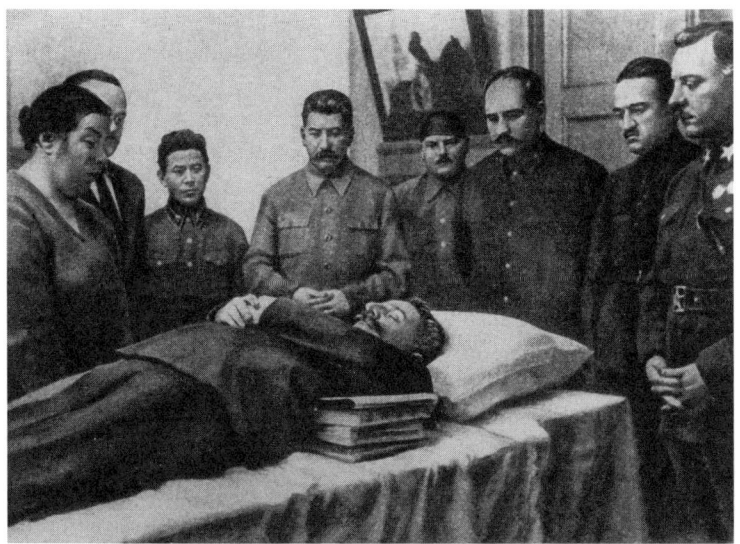

Vorn links die trauernde Witwe Sinaida Ordschonikidse neben den Tätern, die ihr Werk betrachten: Auf den toten Ordschonikidse schauen von links nach rechts Molotow, Jeschow, Stalin, Schdanow, Kaganowitsch, Mikojan und Woroschilow.

der Ermordung Kirows gespielt und seinen engsten Kampfgefährten Sergo Ordschonikidse in den Selbstmord getrieben hatte.

Kurz vor dem Zweiten Weltkrieg hatte Stalin die Rote Armee enthaupten und viele treu ergebene Funktionäre ermorden lassen. Zum ersten Mal las Gorbatschow etwas über Lenins Testament, in dem der todkranke Führer Stalins Ablösung forderte, sie aber nicht mehr durchzusetzen vermochte. Stalin als Generalsekretär kontrollierte den Todgeweihten und hatte alle Verbindungen zur Außenwelt gekappt. Dass der Weg zur menschlichsten aller Gesellschaften über die Rückkehr zum Leninismus führte, was bereits der Student glaubte, bestätigte Chruschtschows Rede. Mehr als interessant bleibt dabei, dass Chruschtschow selbst zur jungen Stalinschen Garde gehört hatte, zu denen, die gegen Bucharin, gegen Sinowjew, gegen Kamenew, gegen Trotzki sowieso, kurz: gegen die alte Garde der Bolschewiki angetreten waren. Diese junge Garde, die erst während der Revolution oder später der Kommunistischen Partei beigetreten war, besaß weder das theoretische Wissen noch die internationale

Erfahrung noch die Bildung der Alten, die zumeist dem Bürgertum entstammten und einen Großteil ihres Lebens im westeuropäischen Exil zugebracht hatten. Die Jungen waren ungebildet, fanatisch, gläubig, skrupellos und voller Tatendrang. Ihre Herzen eroberte der geschickt hinter den Kulissen agierende Generalsekretär Stalin, der damals noch mit seiner großen Bescheidenheit die einfachen Funktionäre für sich einnahm. Nachdem Stalin in den dreißiger Jahren mit den alten Bolschewiki abgerechnet hatte, traf der Terror mehr und mehr die eigenen Leute, überzeugte Stalinisten wie Kirow, Ordschonikidse und viele aus der jungen stalinistischen Garde. Nur um die Rehabilitierung dieser Leute ging es Chruschtschow. Trotzki, Bucharin, Rykow, Tomski, Sinowjew, Kamenew blieben Unpersonen. Bucharin wurde erst unter dem Generalsekretär Gorbatschow rehabilitiert. In Chruschtschows Rede blieb die stalinistische Sicht auf die Parteigeschichte erhalten, nur ohne Stalin. An die Stelle Stalins trat geradezu mystisch die Partei oder das Parteiaktiv. Diese Sicht teilte der junge Funktionär. Obwohl sie sehr halbherzig war, ging sie vielen Apparatschiks schon zu weit. Sie rückte plötzlich eine neue Dimension in den Mittelpunkt, die Dimension der persönlichen Verantwortung. Bisher legte der oberste Kommunist die Bedürfnisse und Gesetze des gesellschaftlichen Fortschritts aus. Mit seinen Taten erfüllte er die historische Notwendigkeit. Für die Erfüllung dieser objektiven Aufgaben traf ihn keine persönliche Schuld, denn er handelte ja gemäß den objektiven Gesetzen der Geschichte. Das machte den Marxismus ja so attraktiv. Als Frucht des fortschrittsgläubigen 19. Jahrhunderts übernahm er den positivistischen Wissenschaftsoptimismus und wandte ihn rigoros auf die Gesellschaft an. Die utopischen Glaubenssätze des Marxismus wurden dem staunenden Publikum als Wissenschaft verkauft. In der ganzen Menschheitsgeschichte findet sich kein größerer intellektueller Coup als dieser: eine biedere utilitaristische Moral als gewaltige Wissenschaft herauszuputzen, die dreist behauptet, die Gesetzmäßigkeiten der Geschichte erkannt zu haben. Plötzlich wurde das Stammtischgrummeln, das Weltanschauung genannt wurde, wissenschaftlich. Die Jünger dieser Bewegung stießen Gott vom Thron und setzten an seine Stelle *Die Geschichte*. Sie verlagerten das jenseitige Paradies einfach in das Diesseits, das bald zu erreichen sei, wenn man nur eifrig klassenkämpft. Die Aufgabe, den Klassenkampf zu führen, fiel der Arbeiterklasse zu, die durch ihre bloße Existenz geheiligt war und eine historische Mission zu erfüllen hatte. Und da der arme Arbeiter seine historische Mission trotz Klassenbewusstsein nur unzureichend verstand, bedurfte er der revolutionären Avantgarde, der Partei, die ihm sagte, was er zu denken, was er zu tun und was er zu lassen hatte. Denn die Partei, und hier vor allem der leitende Genosse, las in der Geschichte wie vormals die Schamanen im Vogelflug. Das alles schien hübsch objektiv, Defekte ausgeschlossen. Diskussionen erübrigten sich, denn man war fortschrittlich und ohnehin der bessere Mensch, dem jede Maßnahme, sei sie auch noch so grausam, erlaubt war, denn er tat sie für ein moralisches Ziel, für eine gute Welt. Plötzlich bekam diese Sicht einen Riss. Auf einmal hatte der oberste Kommunist nicht in der Geschichte, sondern in den Wünschen seines sadistischen Herzens gelesen. Zum ersten Mal musste er sich verantworten für Verfehlungen, wenn auch nur posthum. Damit erhob sich aber auch die Frage der Verantwortung der Funktionäre. Warum taten sie mit, warum fielen sie ihm nicht in den Arm? Das ganze hübsche Maschinchen des historischen Materialismus hatte versagt. Wenn man plötzlich Stalin nach seiner persönlichen Verantwortung und nach seinen Verfehlungen fragte, dann konnte man auch jeden anderen Funktionär dafür zur Rechenschaft ziehen. Sie waren nicht mehr im objektiven Auftrag unterwegs, sondern sie verwandelten sich in fehlbare Menschen. Darin bestanden die Sprengkraft der Rede und die Angst des Apparates, der nur ein Ziel kannte, die Rede – koste es, was es wolle – zurückzunehmen, ein Ziel, das er schließlich erreichte.

Als Gorbatschow in Stawropol Chruschtschows Schritt unterstützte, spürte er, dass die meisten Mitarbeiter des Parteiapparats sich reserviert verhielten oder gar die Rede ablehnten. Wozu, meinten sie wie die Molotows und Kaganowitschs, müsse man vor aller Welt schmutzige Wäsche waschen und das Volk aufwiegeln? Die Aufarbeitung des Stalinismus in der Sowjetunion hätte eine zentrale gesellschaftliche Aufgabe werden müssen, wie es in Deutschland die Aufarbeitung des Nationalsozialismus war.

Im Partei- und im Komsomolaktiv beriet man, wie man mit der

Rede umgehen sollte und entschloss sich schließlich, die Sekretäre in die Bezirke zu schicken, um an der Basis das Gespräch mit den einfachen Partei- und Komsomolmitgliedern zu suchen. Gorbatschow wurde in den Bezirk Nowoalexandrowsk geschickt, ein Bezirk im Nordwesten von Stawropol, der unmittelbar an seinen Heimatbezirk Krasnogwardejsk grenzt. Die örtlichen Funktionäre bedauerten den jungen Mann, dass er diese diffizile Aufgabe übernehmen musste. In ihr Bedauern verpackten sie eine deutliche Warnung. Sie kannten den jungen Mann nicht und wollten auf alle Fälle vermeiden, dass er ihre Untertanen aufwiegeln oder sie zu Fragen ermuntern würde und ihnen den Respekt vor der Ortsobrigkeit nahm. In ihren Augen konnte sie diese verflixte und unnötige Entstalinisierung, die sich die in Moskau ausgedacht hatten, schnell ihrer Pfründe berauben. Also gaben sie dem jungen Mann unverblümt zu verstehen, dass er vorsichtig sein solle, denn das Volk sei gegen die Rede. Mit Volk meinten sie natürlich sich selbst, die Vertreter des Apparates. Auf allen Ebenen mauerte die Parteibürokratie und versuchte, Chruschtschows Rede zu sabotieren. In diesen Tagen erfuhr Gorbatschow zum ersten Mal, wie mächtig dieser farblose und dröge Apparat war, welch riesiges reaktionäres Beharrungspotenzial er in sich barg. In der Tat erfuhr er in den Gesprächen vor Ort, wie verschieden die Meinungen waren. Die Jüngeren unterstützten Chruschtschows Vorgehen, bei den Älteren erlebte er Ablehnung, Unterstützung und Unglauben. Einige wollten die Wahrheit nicht für wahr halten. Der enthusiastische Komsomolsekretär verfolgte in diesen Wochen und Monaten hautnah das wechselvolle Schicksal der Entstalinisierung, die letzendlich doch keine war. In Polen und vor allem in Ungarn kam es zu einem Aufleben von Demokratisierungsbestrebungen weiter Teile der Bevölkerung, die sogar in die kommunistischen Parteien hineinreichten. Der stalinistische Henker Ungarns, Partei- und Regierungschef Rakosi, beschwerte sich bitter bei dem sowjetischen Botschafter in Budapest, Andropow, über Chruschtschows Rede, die allen Kommunisten zum Schaden gereichen würde. Kurze Zeit später setzten sich in der ungarischen KP die Vertreter des Reformkurses unter Imre Nagy durch, die mit der Demokratiebewegung verhandelten. Inmitten stürmischer Ereignisse, von denen Gorbatschow aus der *Prawda* und aus internen Parteiinformationen erfuhr, verließ am 1. November 1956 Ungarn unter der Reformregierung Nagy den Warschauer Vertrag. Das sowjetische Imperium wankte. Chruschtschow aber hatte bereits eine Kehrtwendung in Sachen Entstalinisierung vollzogen. Bereits im Frühjahr hörte der Funktionär Gorbatschow, der noch damit beschäftigt war, seinen Komsomolzen Chruschtschows Rede zu erklären, dass Chruschtschow sie bereits widerrufen hätte. Das wollte er nicht glauben. Doch dann las er in der *Prawda* einen unkommentierten Abdruck aus der Zeitung der chinesischen KP, dem *Renmin Ribao*, unter dem tönenden Titel »Über die geschichtlichen Erfahrungen der Diktatur des Proletariats«, in dem Stalin als »herausragender Streiter für den Marxismus-Leninimus« und Vollstrecker des Volkswillens gelobt wurde. Genauer konnte man, natürlich ungewollt, den Marxismus-Leninismus nicht definieren, nämlich als eine Ideologie zur Rechtfertigung von Unterdrückung und massenhaftem Terror, zur Versklavung der Menschen. Denn wenn ein Jahrhundertverbrecher – und das war Stalin unzweifelhaft – der herausragende Streiter für den Marxismus-Leninismus gewesen sein soll, stellt sich im Umkehrschluss die Frage, ob der Marxismus-Leninismus nichts anderes als eine Ideologie für Verbrecher ist. Dem jungen Funktionär schien es geraten, im Eifer für die Propagierung von Chruschtschows Rede deutlich nachzulassen, zumal das ZK ihre Verlesung in den Basisorganisationen der Partei aussetzte. Schließlich war bereits am 30. Juni 1956 der »Beschluss des ZK der KPdSU über die Überwindung des Personenkults und seiner Folgen« ergangen, dessen Thema gerade nicht die Überwindung des Personenkults war, sondern der einen Schlussstrich unter die Entstalinisierung setzte – und Stalin im Grunde rehabilitierte. »Gleichzeitig darf man jedoch nicht vergessen, dass die Sowjetmenschen Stalin als einen Menschen kannten, der stets für den Schutz der UdSSR vor den Anschlägen des Feindes eintrat und für die Sache des Sozialismus kämpfte. Er wandte zuweilen in diesem Kampf unwürdige Methoden an und verletzte die Leninschen Prinzipien und Normen des Parteilebens. Darin bestand die Tragödie Stalins.« Grausame physische Folter über Monate, manchmal über Jahre hinweg, nur um Unschuldige zum Geständnis von Hirngespinsten zu zwingen, die sich eifrige KGB-Schergen ausgedacht hatten, die Verschleppung und Ermordung von Millionen Menschen – das alles lediglich als »unwürdige Methode« zu klassifizieren und nicht als Verbrechen gegen die Menschlichkeit anzuprangern, kennzeichnet kommunistisches Denken hinlänglich! Es war also nicht die Tragödie der Kinder, deren Eltern man in Lager verschleppt hatte, während sie selbst in Kinderheime oder in Arbeitslager für Jugendliche gesteckt oder der Einfachheit halber gleich erschossen worden waren – unter Stalin galt Sippenhaft –, es war die »Tragödie Stalins«. Er war das eigentliche Opfer, er, der gute Kommunist, der würdige Nachfolger Lenins, der bis zur Mitte der dreißiger Jahre nur Gutes getan und am Ende seines Lebens leider wegen zunehmenden Misstrauens ein wenig »die Leninschen Prinzipien und Normen des Parteilebens« verletzt hatte, nicht aber etwa die elementaren Menschenrechte. Chruschtschow sah nur in dem entfesselten Terror gegen die eigene, gegen die stalinistische Fraktion ein Verbrechen. Und ansonsten kehrte man getrost zum guten Lenin zurück, der auch austeilen konnte, wenn es nötig war. Und nötig war es immer, denn der Klassenfeind schlief nicht. Im Grunde war der Klassenfeind der Klebstoff, der den ganzen brutalen und eklektischen Mischmasch des praktischen Marxismus zusammenhielt. Keine sozialistische Gesellschaft hätte ohne die Fiktion des Klassenfeinds auch nur ein Jahr existiert. Gorbatschow hatte schnell begriffen, dass inzwischen nichts gefährlicher war, als die Rede des Parteichefs zu zitieren, denn bald schon folgten Parteiverfahren und politische Prozesse gegen »Elemente«, die »unter dem Vorwand der Überwindung des Personenkults« die Grundlagen des Sozialismus angriffen. Nicht die Stalinisten gerieten in das Visier der Strafverfolgung, sondern diejenigen, die Chruschtschows Aufruf zur Entstalinisierung ernst nahmen. Und so zynisch es auch klingen mag: Chruschtschow und seine Apparatschiks hatten Recht, denn die Grundlagen des Sozialismus bestanden im Stalinismus, der zu sich selbst gekommener Leninismus war.

Als in den Herbsttagen des Jahres 1956 die ungarischen Reformkommunisten um Nagy und General Maleter sich mit der demokratischen Bewegung arrangierten, um ein demokratisches und selbstbestimmtes Ungarn zu schaffen, fragte Chruschtschow Marschall Konew, den Oberkommandierenden der Warschauer Vertragsstaa-

ten, wie lange er benötigen würde, um die ungarische Demokratiebewegung niederzuschlagen. Der Kriegsheld Konew antwortete, dass
ihm drei Tage genügten. Die bewilligte ihm Chruschtschow.
Seitens des Politbüros wurde Suslow beauftragt, die ungarische Strafaktion
zu leiten. Im sowjetischen Machtbereich dufte es keine Freiheit, keine
nationale Selbstbestimmung, keine Menschenrechte geben, da wurde
jeder Mensch unter Androhung von Strafen beglückt. In Moskau
stellte der aus Budapest geflohene János Kádár eilig eine Exilregie-
rung zusammen und verriet nicht nur seinen Genossen Imre Nagy –
das sollte er später noch infamer tun –, sondern vor allem sein Volk.
Währenddessen saß in Budapest der Sowjetbotschafter Andropow
und redete auf Nagy ein, der den sowjetischen Vormarsch noch für
ein Missverständnis hielt. Im Kreml mag man gehofft haben, dass in
der hoch emotionalisierten Situation in Budapest jemand aus der Bewegung die Nerven verlieren und den Sowjetbotschafter töten würde
– was wäre das für eine gelungene Rechtfertigung des sowjetischen
Einmarschs gewesen. Die Zyniker der Macht ließen ihren hoch ge-
fährdeten Botschafter vor Ort in der Hoffnung auf einen propagan-
distischen Coup erster Ordnung. Doch nicht Andropow starb, sondern Nagy und mit ihm 3 000 Ungarn. Die ruhmreiche Sowjetarmee
unter Marschall Konew ging schwer bewaffnet mit Panzern gegen
Zivilisten vor. Mit unvergleichlichem Heldenmut eroberte sie gegen
den unbewaffneten Widerstand von Männern, Frauen und Kindern
Budapest. 3 000 Menschen wurden im Verlauf der Kämpfe getötet,
15 000 verletzt. Danach hielten Kádár und Genossen mit brüderlicher Unterstützung der Spezialisten des KGB grausame Abrechnung:
100 000 Menschen waren davon betroffen, 10 000 wurden in Lagern
interniert, 26 000 nach gerichtlicher Untersuchung eingekerkert,
Tausende von ihnen, die Unglücklichsten, in die sowjetischen Gulags
und KGB-Gefängnisse verschleppt, 229 Demokraten hingerichtet.
200 000 Ungarn, ungefähr 2 Prozent der Gesamtbevölkerung, gingen ins Exil. Imre Nagy floh in die jugoslawische Botschaft. Und
nun folgte eine Lektion in kommunistischer Wahrhaftigkeit (»Wahr
ist, was nutzt«). Nagys Genosse Kádár sicherte ihm freies Geleit zu.
Kaum hatte Nagy die Botschaft verlassen, wurde er auch schon verhaftet, gefoltert und in einem Geheimprozess am 15. Juni 1958 zum

Tode verurteilt, weil er sich weigerte, die Rechtmäßigkeit der sowjetischen Schlächterei und die Legitimation der Marionettenregierung unter Kádár anzuerkennen. Mit ihm starb Pal Maleter, der General, der ungarische Soldaten nicht gegen das ungarische Volk eingesetzt hatte. Und nach bester stalinistischer Tradition vollstreckte man das Urteil gleich am nächsten Morgen. Und der Westen sah zu, ließ Ungarn im Stich wie er 1938 in München die Tschechoslowakei verraten hatte. Diesmal ließ er es zu, weil er 1944 in Jalta Stalins Aufteilung der Einflusssphären akzeptiert hatte. Was wie ein paar harmlose Striche auf der Landkarte aussah, bedeutete für halb Europa komunistische Kolonisation mit Billigung der Demokratien. Auch die Ungarn hätten gern frei ihre Geschicke bestimmt wie die Italiener, auch die Polen wünschten Pluralismus wie die Franzosen. Allein, die Übereinkunft der »großen Drei« trat ihr Selbstbestimmungsrecht mit Füßen.

Chruschtschow lockerte die stalinistische Repression, aber er hatte nicht den Stalinismus beseitigt. Als der Jugendfunktionär Michail Gorbatschow, der erst 25 Jahre alt war, in der *Prawda* las, dass ungarische Patrioten mit brüderlicher Hilfe der Sowjetunion einen konterrevolutionären Aufstand in Ungarn niedergeschlagen hatten, kannte er keinen der Zusammenhänge und glaubte zunächst der *Prawda*. Doch dieses Bild würde sich differenzieren, denn sein späterer Mentor Juri Andropow, der nicht stolz auf die ungarischen Ereignisse war, wiewohl er die sowjetische Reaktion letztlich für notwendig hielt, zeichnete ihm ein detaillierteres Bild. Und schließlich würden Jahrzehnte später die Ungarn ein zweites Mal darangehen, aus der sozialistischen Zwangsgemeinschaft auszubrechen und den Eisernen Vorhang niederzureißen. Da sollte ein neuer, erstaunlich junger Generalsekretär mit Namen Michail Gorbatschow in Moskau sitzen, der erste Generalsekretär der KPdSU, dessen Parteikarriere nicht unter Stalin begonnen hat. Mit den Erfahrungen der ungarischen Ereignisse des Jahres 1956 wird er sich bei seiner Entscheidungsfindung auseinander setzen müssen, ob er wieder, wie weiland Chruschtschow, Truppen einsetzen wird oder nicht. Dem KGB und dem Militär juckte es zumindest kräftig in den blutigen Fingern.

Kapitel 14

An der Peripherie
der Palastrevolte

»Ich bin der Vertreter des großen Sowjetvolkes; des Volkes,
das die große sozialistische Oktoberrevolution unter Lenins
Leitung durchgeführt hat; eines Volkes, das erfolgreich eine
kommunistische Gesellschaft aufbaut und sich dem Kommunismus entgegenbewegt. Wenn ihr mich ausbuht, verstärkt ihr nur
meine Kühnheit im Klassenkampf: Meine Herren, ich will Ihnen
meine Genugtuung nicht verhehlen, es macht mir Spaß, gegen
die Feinde der Arbeiterklasse zu kämpfen. Es gefällt mir, die
imperialistischen Lakaien toben zu hören, ohne dass sie etwas
unternehmen können.«

»Wir haben den Imperialisten eins ausgewischt. ... Wenn die
Katze an der Sahne leckte, packte meine Mutter sie an den
Ohren, schüttelte sie gut durch und steckte dann ihre Nase
hinein. Sollten wir die amerikanischen Imperialisten nicht an
den Ohren packen und sie gut durchschütteln? Präsident Ei-
senhower schlug vor, dass wir einander als *my friend* anreden
sollten. ... Aber an diesem »Freund« riecht etwas nicht gut, es
riecht nach Diebstahl. ... Ihre Arbeiterklasse begrüßt den Sozialismus natürlich, aber sie ist unterdrückt und wird mit Füßen
getreten.«

Chruschtschow auf einer Pressekonferenz

Michail Gorbatschow hatte ein Jahr als stellvertretender Sekretär
des Komsomols der Region Stawropol hart gearbeitet und die Region bereist. Es gelang ihm glänzend, mit seinem ganzen Charme
die Skepsis seiner Kollegen, die heftigen Minderwertigkeitsgefühle
dem Absolventen der besten Universität des Landes gegenüber zu zerstreuen. Überall galt er bald als »guter Kamerad«, der sich nicht zu
fein war, mit allen zu feiern, ohne dass er sich betrank, zu singen und
den jungen Genossinnen aus der Provinz die neuesten Moskauer Mo-

detänze beizubringen. In dieser Zeit war Gorbatschow der Typ des idealen Schwiegersohns: bescheiden, arbeitsam, familienorientiert, loyal. Deshalb schlugen seine Kollegen bereits im August 1956 Gorbatschow für die freiwerdende Stelle des 1. Komsomolsekretärs des Stadtkomitees von Stawropol vor. Es gelang ihm, sich gegen die nicht allzu starke Konkurrenz durchzusetzen. Im September wechselte er in die neue Funktion. Diese Stelle konnte man beim besten Willen immer noch nicht als seiner Qualifikation entsprechend betrachten, aber sie stellte einen Fortschritt dar und, was viel wichtiger war, sie brachte ihn mit den Sekretären des Parteikomitees, dem er beigeordnet wurde, in enge Beziehung. Recht früh begann er, daran zu arbeiten, eines Tages auf eine Parteifunktion zu wechseln. Gorbatschow hatte sich von der kleinsten Stelle in der hintersten Provinz auf die Ochsentour begeben, die ihn eines Tages wieder zurück nach Moskau an die Spitze seines Staates führen würde. Sein Aufstieg vollzog sich zwar langsam, aber stetig Stufe für Stufe, geradezu unaufhaltsam. Er verstand es meisterhaft, zuverlässig, aber nicht allzu ambitioniert zu erscheinen und dennoch seine Karriere fest im Auge zu behalten. Mit dieser offensiven Defensive kam er sicher voran, ohne dass er sich auf dem Weg Feinde schuf. Er hielt sich an die praktischen Arbeiten, denn Michail Gorbatschow war kein Theoretiker, kein Träumer, kein Visionär, und er wusste, dass ein kleiner Funktionär in diesen Zeiten jäher Wendungen bei dem großen ideologischen Schaulaufen schnell unter die Räder kommen konnte. Sollten sich die Himmelsbewohner – so nannte man im Parteijargon die Politbüromitglieder – doch balgen, er hatte hier in Stawropol sehr irdische Probleme. Ein Jugendfunktionär hatte nicht alle Zeit der Welt, denn irgendwann war man einfach zu alt für diese Funktion. Eine Anekdote bezeichnet das treffend: Als Jahre später erwogen wurde, Gorbatschow zum Komsomolchef der UdSSR zu machen, blickte Breschnew auf ein Foto des Aspiranten und meinte nur: »Für einen Jugendfunktionär hat er ein bisschen zu wenig Haare.« Damit kam er für diese Stelle nicht mehr in Betracht.

Komsomolfunktionäre sahen sich frühzeitig nach einer neuen Karriere um, denn der Komsomol konnte ein Sprungbrett, aber keine Lebensstellung bieten. Zumeist wechselten sie in den Parteiapparat oder in den KGB, manche in den Staatsapparat. Letzteres aber galt kaum als lukrativ, weil die Parteifunktionäre in alle Angelegenheiten der staatlichen Verwaltung hineinregierten. Gerade in dieser Zeit stellte der Wechsel in den KGB eine sehr reale Alternative dar, weil Chruschtschow einen seiner Gefolgsleute, den Komsomolchef Schelepin, an die Spitze des KGB stellte. Schelepin besetzte viele Posten auf den verschiedensten Ebenen neu, und alle mit Gefolgsleuten, die er aus dem Komsomol mitbrachte. Er schuf sich bewusst seine Hausmacht im KGB und hatte wohl höhere Ambitionen, die ihm und seinen Leuten schließlich zum Verhängnis wurden. Als Reaktion auf die so genannte »Jugendverschwörung«, ihre Protagonisten entstammten dem Komsomol, wurde Schelepin später seines Postens enthoben und in die Staatliche Plankommission abgeschoben. Dadurch, dass Schelepin Jugendfunktionäre in bedeutender Zahl in den KGB holte, wurden im Apparat des Komsomols Stellen frei. Doch Michail, der sich gerade mühsam und erfolgreich aus dem Dienst in der Staatsanwaltschaft gezogen hatte, lag nichts ferner, als zum KGB zu gehen. Er wollte mit allen Fasern seines Herzens Politiker werden, daran mitwirken, dass die Menschen besser leben würden. Es war und ist die Leidenschaft Michail Gorbatschows bis auf den heutigen Tag, Politiker mit fest umrissenem Ziel zu sein.

Als Komsomolchef von Stawropol besaß er endlich einen eigenen, wenn auch kleinen und ohne große Kompetenzen versehenen Bereich, den er zäh ausweitete. Rasch knüpfte er in der Stadt Beziehungen zur örtlichen Elite, zu den Künstlern, Schriftstellern, Wissenschaftlern, die in der Provinzhauptstadt lebten. Raissa, die zunächst sporadisch, später dann in einer festen Stelle an der Hochschule lehrte, half ihm, wo sie nur konnte. Beide liebten die bildende Kunst, das Theater, die Literatur, die endlosen Diskussionen um den Sinn des Lebens. Raissa begleitete ihren Mann so oft sie konnte und brachte sich in alle Gespräche sehr deutlich ein. Das war damals eine Sensation in dem Provinzort, wo die Ehefrau in der Regel zu Hause blieb oder sie, wenn man schon nicht umhin kam, sie mitzunehmen, einfach zu schweigen oder sich mit anderen Ehefrauen über Frauenthemen zu unterhalten hatte. Eine Nachbarin, die geschickt schneiderte, entwarf und nähte ihre Kleider, sodass Raissa auch äußerlich apart und schick auffiel.

Sie war die kluge, junge, blitzgescheite und außerordentlich schöne, vielleicht ein wenig zu selbstbewusste Frau des jungen Funktionärs, der, wie es so schön hieß, zu großen Hoffnungen berechtigte. Michail stürzte sich in die Arbeit. Er organisierte in Zusammenarbeit mit der Pädagogischen Hochschule gutbesuchte Diskussionsveranstaltungen, in denen man über Themen wie »Soll man über Geschmack streiten?« oder »Was ist der Sinn des Lebens?« leidenschaftlich diskutierte. Die mitunter sehr hitzig verlaufenden Debatten über allgemein-philosophische Themen gehören zu den russischen Leidenschaften, wie sie schon Gontscharow und Tschechow mustergültig darstellten. Diese Diskussionsforen entsprachen, so naiv sie uns anmuten mögen, einem starken Bedürfnis nach Öffentlichkeit. Zudem in einem Land, in dem es keine ernst zu nehmende öffentliche Diskussion in der Presse gab, in einem Provinzort, in dem unter Jugendlichen eine hohe Arbeitslosigkeit grassierte, es nahezu keine Freizeitangebote gab und eine große Studentenschaft existierte. Die hohe Jugendarbeitslosigkeit führte zu erhöhtem Alkoholkonsum, zu Prügeleien und Randalen. Der Komsomolsekretär gründete eine Art schneller Einsatzgruppe aus freiwilligen Helfern, die rasch dorthin fuhren, wo Gewalt unter Jugendlichen eskalierte, um die Streithähne auseinander zu bringen. Diese Idee des jungen Funktionärs schlug mit der Zeit in ihr Gegenteil um, weil die Angehörigen der Operativen Komsomolabteilung (OKA) auch selbst gern mal zulangten oder Unschuldige bedrohten. Das ganze verselbstständigte sich, sodass eine OKA nur in Begleitung eines Milizionärs ausrücken durfte. Weit wichtiger als dieser gut gemeinte Versuch wurde eine andere Initiative. Da es in der Sowjetunion per Ideologie keine Arbeitslosen geben konnte, existierte natürlich auch kein Arbeitsamt. In der Realität stieg die Arbeitslosigkeit gerade in Provinzstädten mit wenig Wirtschaftswachstum. Die jungen Leute erlernten einen Beruf oder studierten, doch nach der Lehre oder dem Studium gab es nur wenige freie Stellen in Betrieben und Hochschulen. De jure gab es für jeden Arbeit, de facto lebte eine wachsende Zahl junger Leute ohne Anstellung. Und niemand fühlte sich für sie zuständig, denn damit halste man sich bestenfalls nur Ärger auf. Die Beseitigung eines Missstandes beginnt bei dessen Anerkennung, und wer wollte schon den Finger in die Wunde legen und die Oberen erzürnen? Das ewige Oblomow-Phänomen: am besten nichts tun, aber am liebsten nach Wodkagenuss langatmig über den Sinn des Lebens und die Schlechtigkeit der Welt lamentieren. Gorbatschow spürte sehr deutlich den Handlungsbedarf, zumal am wenigsten der Komsomol vor diesem Problem die Augen verschließen durfte. Er gründete eine Art Arbeitsamt in Form einer Beratung und Stellenvermittlung. Er nahm Kontakt auf zu Betriebsdirektoren, Institutsleitern, kurz zu allen, die Arbeitsplätze vergeben konnten, um unbesetzte Stellen zu finden. Mit einem bloßen Komsomolvertreter hätten nicht alle Chefs zusammengearbeitet, aber hier half dem jungen Funktionär, dass er auch dem Stadtkomitee der Partei beigeordnet war. Durch gezielte Information und Vermittlung ließ sich der bestehende Zustand verbessern. Darüber hinaus zeigte diese Aktion den Jugendlichen, dass sie nicht fatalistisch ihren Status hinnehmen mussten, sondern dass sie sich sehr wohl mit Erfolg auch selbst kümmern konnten. In einem System, das nach bester Stalinscher Tradition den Menschen als »Schräubchen« im Getriebe des Staates sah, gehörte es zu den grundlegenden Aufgaben, Initiative bei den Menschen zu wecken, sie für sich selbst verantwortlich zu machen, auch wenn die Methoden unkonventionell waren.

Unkonventionell gestaltete sich auch für Raissa die Lösung: Zwei Dozenten an der Landwirtschaftlichen Hochschule, die bereits eine Pension bezogen, gaben jeweils die Hälfte ihrer Stundenzahl und ihres Gehalts ab. So erhielt Raissa ihre erste feste Anstellung als Dozentin nach den Jahren der Zeitverträge. Wahrscheinlich hätte Raissa viel früher eine Dozentur bekommen können, wenn Michail seinen Einfluss geltend gemacht hätte. Doch die Gorbatschows wussten sich einig in dem Grundsatz, den sie ihr ganzes Leben auch durchhalten sollten, ihre Stellung für keinerlei persönliche Protektion zu nutzen, auch wenn die Bitten derjenigen berechtigt waren. Man kann das System nur verbessern, wenn man besser war. Man konnte nicht trinken und gleichzeitig gegen den Alkoholismus predigen, man konnte nicht die Korruption geißeln und selbst, wenn auch in noch so geringem Maße, seine Position nutzen, um für sich selbst oder für Freunde etwas durchzusetzen. Dieser Grundzug wurde von Weggefährten Gorbatschows mit leichtem Bedauern oder mit einem Gefühl der

Verbitterung übereinstimmend hervorgehoben. Er wollte nicht den leisesten Anschein erwecken, mit Gefälligkeiten zu handeln. Geben und Nehmen bindet und macht den Politiker in seinem Handeln unfrei. Hierin wollte er sich die völlige Handlungsfreiheit erhalten.

Den täglichen Arbeitstag des 1. Sekretärs des Komsomol-Stadtkomitees Michail Gorbatschow füllten Berichte an die Leitungen der oberen Ebene, die Organisation der praktischen Jugendarbeit, besonders aber die ideologische Arbeit unter den Jugendlichen und die Durchführung von verordneten Kampagnen wie Erntehilfe, Woche des Buches, Woche des antiimperialistischen Kampfes. Ständig musste eine Kampagne geführt werden, das hielt die Gesellschaft in Bewegung, wenn auch hübsch im Kreisverkehr, eben in einer leeren Bewegung. Daneben galt es, die eigene Person in Netzwerke zu flechten. Dass er auf seiner Ebene rege dienstliche Kontakte zum Stadtparteikomitee unterhielt, half ihm, sich den Genossen als arbeitsamen, fleißigen, bescheidenen, immer loyalen, stets höflichen und linientreuen Komsomolfunktionär zu empfehlen, so wie es die Genossen der leitenden Ebenen liebten.

Das Leben verlief noch immer sehr ärmlich, aber es ging Stück für Stück voran. Am 6. Januar 1957 wurde ihre Tochter Irina geboren, und bald darauf bekamen sie die erste eigene, offizielle Wohnung, eine Zweizimmerwohnung, die eigentlich in einer Büroetage lag. Doch die Büros wurden nach und nach zu Wohnungen umgewandelt. Die einzelnen Wohnungen bildeten eine große Gemeinschaftswohnung, in der die Mietparteien zwar ihre eigenen Räume bekamen, aber Küche und Toilette mussten gemeinschaftlich genutzt werden. Für das Kochen besaß jede Partei ihren Primus- oder Paraffinkocher. In den Briefen, die Michail seiner Frau weiterhin von unterwegs schrieb – aus dem Notbehelf entwickelte sich eine Gewohnheit –, ermahnte er sie scherzhaft, dass es ihre Aufgabe sei, »die diplomatischen Beziehungen zu den anderen souveränen Staaten aufrechtzuerhalten«. Mit den anderen »souveränen Staaten« meinte er teils ironisch, teils merkwürdig verschraubt die weiteren Mietparteien in der Gemeinschaftswohnung. Typisch für Gorbatschows Denkweise bereits in dieser frühen Zeit, die für ihn sein ganzes Leben als Imperativ gelten würde, war die Ermahnung, »nicht das Prinzip des Interessenausgleichs« zu

vergessen. Für den Stil des Politikers Gorbatschow wurden die Einer-
seits-Andererseits-Dialektik und das Prinzip des Interessenausgleichs
bedeutend. In einer multiethnischen Region aufgewachsen, hatte er
dieses Prinzip, das allein den Frieden garantierte, mit der Mutter-
milch aufgesogen. Damit konnte er halsbrecherische Festlegungen
und gefährliche Konfrontationen vermeiden. Für die Familie blieb
die Zeit aufreibend. Irina erkrankte häufig, und Raissa eilte von Arzt
zu Arzt. Und wie es bei Ärzten so ist, rieten sie manchmal geradezu
Gegenteiliges. Wie Hašek im *Schwejk* so gültig formulierte: Immer
mehr Leute haben immer mehr Verstand. Neben den wachsenden
beruflichen Verpflichtungen nahm das ihre Zeit völlig in Anspruch.
War das Kind krank, konnte sie Irina auch nicht in den Kindergarten
schicken. Manchmal benötigte sie einen Babysitter, später brachte sie
ihre Tochter im Kindergarten unter, zuweilen nahm sie sie auch mit
in die Hochschule. Trotz der vielen Arbeit und der knappen, dahin-
eilenden Zeit gestaltete sich für das junge Ehepaar das Leben aufre-
gend und beglückend. Bereits nach wenigen Monaten gehörten sie in
Stawropol zu festen Größen im geistigen und kulturellen Leben der
Stadt. Ein Funktionär, der sich für die Wissenschaften und für die
Kunst wirklich interessierte – wann gab es das schon mal? Dekla-
rationen, so langweilig wie farblos, hörte man von allen, doch bei
Gorbatschow spürte man die echte Neugier, fühlte man, dass Kultur für ihn unbedingt zum Leben gehörte. Später, in den sechziger
Jahren, als es dem Ehepaar finanziell besser ging, reisten sie einmal
im Jahr für ein paar Tage nach Moskau, um alte Freunde zu treffen,
Kontakte zu pflegen, vor allem aber, um Ausstellungen zu besuchen,
sich Konzerte und die neuesten Inszenierungen in den großen Moskauer Theatern anzuschauen. Lebten sie zwar in der Provinz, schlug
ihr Herz weiterhin hauptstädtisch. Gorbatschow war ein Funktionär,
aber kein Apparatschik, keiner, der Chruschtschows Stil der »Volks-
tümlichkeit« imitierte, das heißt entweder unbewegt oder grob war
– wie viele Funktionäre der Zeit. Es war eine weit verbreitete Marotte
unter den Gebiets- und Bezirksparteichefs, den Stil des Allgewaltigen
zu kopieren. Sie verwandelten sich von Miniatur-Stalins in Bonsai-
Chruschtschows in Breschnew-Statuetten.
    Bevor Michail Gorbatschow den Allgewaltigen selbst kennen ler-

nen sollte, wäre dieser fast ins Bodenlose gestürzt. Gorbatschow wurde im fernen Stawropol Zeuge der Ereignisse. Im Frühsommer 1957 gab es konspirative Gespräche unter den Präsidiumsmitgliedern des Zentralkomitees, das später wieder in Politbüro umbenannt wurde. Sie fanden heimlich zwischen Molotow, Malenkow, Kaganowitsch, Woroschilow und den Mitgliedern, die bisher Chruschtschow unterstützt hatten, statt: Bulganin, Saburow und Perwuchin. Als sich das Präsidium am 18. Juni routinemäßig traf, begann es sofort unangenehm für Chruschtschow zu werden. Entgegen der Regel sollte statt Chruschtschow Bulganin die Moderation der Sitzung übernehmen, die sich in Änderung der vorliegenden Tagesordnung mit der Absetzung Chruschtschows befassen sollte. Ein wüster Streit, der alle Regeln zivilisierten Umgangs vermissen ließ, erhob sich. Molotow gelang es, die Abstimmung durchzusetzen, die erwartungsgemäß gegen Chruschtschow ausfiel. Nur Kiritschenko, Mikojan und Suslow stimmten für ihn. Alle Vorwürfe, die Chruschtschows Gegner vorbrachten, waren keineswegs aus der Luft gegriffen, sie trafen vollständig zu: Chruschtschow verletzte tatsächlich die Prinzipien der Kollektivität der Führung, weil er immer stärker zu Alleingängen und Selbstherrlichkeit neigte, er ließ nicht nur einen Kult um seine Person zu, sondern förderte ihn nachgerade, verhielt sich gegenüber den Mitgliedern des Präsidiums oft grob und intolerant, beging katastrophale Fehler in der Landwirtschaft und dilettierte immer gefährlicher in der Außenpolitik. Bockig akzeptierte Chruschtschow die Absetzung nicht, sondern berief sich auf das ZK: »Ein ZK-Plenum hat mich gewählt, und nur ein Plenum kann mich absetzen. Berufen wir also ein Plenum ein!« Das konnte Molotow auf keinen Fall zulassen. Wollte man sich Chruschtschows entledigen, musste es jetzt und hier geschehen, zumal er wusste, dass die Gebietssekretäre, die dem ZK angehörten, Chruschtschow viel Sympathie entgegenbrachten. Niemand von den Gebietssekretären wollte in die Unsicherheit der Stalinzeit zurück, deshalb erweckten Stalins alte Spießgesellen Kaganowitsch, Molotow und Malenkow keinerlei Vertrauen bei ihnen. In den folgenden Tagen stritt man über das Amt des 1. Sekretärs, das man abschaffen wollte, schließlich habe es zwischen März und August 1953 auch keinen Generalsekretär oder Ersten Sekretär gegeben. Molotows Vorstellung zielte darauf, dass alle Präsidiumsmitglieder gleichrangig seien und kein Primus inter Pares seine Macht zur persönlichen Diktatur, zu einem absoluten Primat auszubauen vermochte. Vielleicht hoffte auch Molotow, der am längsten mit Stalin zusammengearbeitet hatte, dass er mit der Zeit Primus würde, hielt er sich doch für besser geeignet als alle anderen, die Macht auszuüben – er, der ewig zweite Mann. Noch am Tag der Abstimmung drang nach außen, dass Chruschtschow abgesetzt werden sollte.

Während er um sein politisches Überleben und um die Einberufung der ZK-Tagung kämpfte, die Rebellen hingegen über einen gültigen Beschluss des Präsidiums verfügten, ihn aber nicht durchsetzen konnten, denn Armee und KGB unterstanden Gefolgsleuten Chruschtschows, formierte sich vor den Toren des Kremls der Widerstand. Der Kandidat des Präsidiums Koslow fehlte eigentlich bei der Sitzung, wurde aber von Serow benachrichtigt, sodass Koslow prompt mit einer Abordnung von ZK-Mitgliedern aus Leningrad erschien und die Einberufung eines ZK-Plenums forderte. Der Antrag wurde abgelehnt. Doch inzwischen trafen aus allen Landesteilen immer mehr ZK-Mitglieder ein, die ein Plenum verlangten. Serow hatte sie über seine KGB-Kanäle informiert und Shukow mit bereitgestellten Militärmaschinen aus den entlegensten Landesteilen in die Hauptstadt fliegen lassen. Serows KGB-Leute bewachten die Hotels und Unterkünfte, in denen die ZK-Mitglieder übernachteten, damit niemandem etwas zustoßen konnte. Schließlich erschien eine neue, weitaus größere Abordnung von ZK-Mitgliedern, die Serow anführte, in der Eingangshalle des Kreml-Gebäudes, in dem das Präsidium tagte. Da Serow die Wache unterstand, konnte man sie nicht abweisen. Den Rebellen fehlte jedes exekutive Mittel, um ihren Beschluss durchzusetzen, nicht ein Soldat ließ sich von ihnen in Bewegung setzen. Notgedrungen schickte das Präsidium Bulganin und Woroschilow zu Gesprächen vor die Tür. Chruschtschow und Mikojan, die erklärten, ebenfalls an den Gesprächen teilzunehmen, folgten ihnen. Vor der Tür spielten sich operettenreife Szenen ab. Woroschilow beschimpfte den Komsomolchef Schelepin: »Dir grünem Jungen sollen wir Erklärungen geben? Lern erst mal in langen Hosen zu gehen!« Dann brüllte er Serow an, der Beschluss sei gefasst, es gebe keinen Grund, die

Mitglieder des Zentralkomitees in Moskau festzuhalten. Doch Serow ließ sich von Woroschilow, den er nicht schätzte wegen der Feigheit, Unfähigkeit, Hinterhältigkeit und Trunksucht des politischen Marschalls, keineswegs in die Schranken weisen und brüllte zurück. Inzwischen hielten sich die meisten ZK-Mitglieder in Moskau auf und die Präsidiumsmehrheit konnte sich der Forderung nach der Einberufung des Plenums nicht mehr verschließen. Breschnew und Shukow sprachen für Chruschtschow, der sich gar nicht erst bei der Verteidigung aufhielt, sondern zum Angriff überging. Shukow sekundierte, indem er die Verantwortung Kaganowitschs, Malenkows und Molotows für die Ermordung der Roten Armee-Führung vor dem Kriegsausbruch verdeutlichte. Die Rebellen sahen sich einem Hagel der Missbilligung seitens des Plenums ausgesetzt und gestanden alle in bester stalinistischer Weise selbstkritisch ihre Fehler ein – alle bis auf Molotow, der konsequent bei seiner Haltung blieb. Am 4. Juli 1957 konnte Michail Gorbatschow in Stawropol in der *Prawda* in einer kargen Notiz lesen, dass der Angriff einer »parteifeindlichen Gruppe«, die aus Molotow, Kaganowitsch, Malenkow und Schepilow bestanden hatte, abgewehrt werden konnte und sie aus der Partei ausgeschlossen worden waren. Schepilows Abgang als Außenminister machte den Weg frei für den Mann, der die sowjetische Außenpolitik wie kein zweiter prägen und schließlich mit seiner Autorität Gorbatschows Wahl zum Generalsekretär durchsetzen sollte: Andrej Gromyko. Die Teilnahme Woroschilows, Bulganins, Saburows und Perwuchins an der »parteifeindlichen Gruppe« wurde verschwiegen. Man wollte die ganze Angelegenheit nicht an die große Glocke hängen. Sie wurden nach und nach aus dem ZK entfernt und erhielten untergeordnete Funktionen. Bulganin sollte der junge Gorbatschow schon bald hin und wieder treffen, denn der wurde als Ministerpräsident abgesetzt und zum Chef des Volkswirtschaftsrates der Region Stawropol ernannt. Viel erfuhr Gorbatschow indessen von Bulganin über diese Vorgänge nicht, denn der zog es verständlicherweise vor, über den Fehler seines Lebens, der darin bestand, sich im Machtspiel auf oberster Ebene verstolpert zu haben, zu schweigen, zumal Stawropols Parteichef Lebedew als konsequenter Kommunist Bulganin schikanierte, wo er nur konnte. Über den gefallenen Spitzenpolitiker ließ Lebedew allerlei schmutziges Gerede verbreiten. Schließlich wollte er ihn degradieren und zum Direktor eines kleinen Werkes machen. Chruschtschow empfand keine Neigung zum Nachtreten und verhinderte das, vielleicht auch, weil er sich an Bulganins wichtige Rolle bei der Ausschaltung Berijas erinnerte. Doch nichts, was im ZK besprochen wurde, konnte wirklich geheim bleiben, schon weil die Russen Geheimnistuerei lieben und sich so mancher Teilnehmer gern als Eingeweihter, als Mensch höherer Ordnung, als Geheimnisträger darstellen wollte. Nicht Geld, Eitelkeit ist der häufigste Grund für Geheimnisverrat, bohrende unbefriedigte Eitelkeit. Die Moskauer Ereignisse sprachen sich in der Provinz schnell in hauptamtlichen Parteikreisen herum, zumal die Juniereignisse genügend Helden, nämlich alle ZK-Mitglieder, erzeugt hatten, also alle, die für Chruschtschow gegen den Restaurationsversuch der alten Stalinisten standen. Und eine Heldentat ist nichts wert, wenn man nicht darüber spricht. Also gab es genügend Gebietssekretäre wie Lebedew, die gern ihren staunenden Untertanen erzählten, wie sie in Moskau Nikita Sergejewitsch vor der parteifeindlichen Brut gerettet hatten, vor Leuten wie diesem Bulganin. Bei Lebedew kam heftiger Neid hinzu, denn Bulganin war so populär in Stawropol, dass täglich Menschen vor seinem Haus erschienen, die ihn sehen wollten, wenn er zur Arbeit ging. Manchmal standen mehrere Hundert Menschen dort geduldig wartend. Vor Lebedews Haus stand niemand – dabei war er der Retter und der Chef im Kraj und nicht dieser Bulganin.

Chruschtschow hatte sich nun fast aller entledigt, die seine unumschränkte Herrschaft behindern oder einschränken konnten, aller bis auf die zwei treuen Helfer Serow und Shukow. Der Marschall, der sich im Volk und in der Armee einer großen Beliebtheit erfreute, weilte mit Chruschtschow während des Sommerurlaubs nach gewonnenem Machtkampf bei einer Feier auf der Datscha des ZK-Mitgliedes Kirilenko. Der ZK-Sekretär Aristow, ebenfalls Gast dieser denkwürdigen Sommerfeier der Halbgötter, nahm eine Ziehharmonika, und es wurde gesungen und getanzt. Schließlich brachte Shukow einen Trinkspruch aus und sprach dabei den ebenfalls anwesenden KGB-Chef Serow an:»Vergiss nicht, Iwan Alexandrowitsch, der KGB ist Auge und Ohr der Armee!«Shukow hatte kaum zu Ende gesprochen, da stand schon wie ausgenüchtert Chruschtschow und verkündete mit lauter Stimme keinen Widerspruch duldend: »Merken Sie sich, Genosse Serow, der KGB ist Auge und Ohr der Partei.« Noch im gleichen Jahr, beim Oktober-Plenum des ZK, hagelte es an die Adresse des gerade in Albanien weilenden Präsidiumsmitglieds Shukow bestellte und konspirativ vorbereitete Kritik. Shukow wurde eilends zurückbeordert, um nur noch seiner Demontage beiwohnen zu dürfen. Als verletzend muss er die boshafte Rede des Helden von Budapest, Marschall Konew, erlebt haben, den er einmal vor Stalin in Schutz genommen und ihm so das Leben gerettet hatte – woran sich Konew nicht mehr erinnern konnte. Keiner der anwesenden Militärs, bis auf Wassiljewski, sprach zugunsten des Marschalls. Zutiefst enttäuschte ihn, dass offenbar Chruschtschow ihn nun stürzen wollte: Chruschtschow, dem er 1953 unter hohem persönlichen Risiko, denn ein Misslingen der Aktion hätte für ihn unverzügliche Liquidierung bedeutet, mit quasi putschistischen Mitteln zur Macht verholfen und dem er noch vor knapp fünf Monaten den Posten gerettet hatte. Der selbstbewusste Marschall trat dem 1. Sekretär einfach zu eigenmächtig auf. Ironie des Schicksals, aber niemand wusste besser, wozu Shukow fähig war, als Chruschtschow. Konnte er, der Meister der politischen Intrige, sicher sein, dass Shukow nicht eines Tages der Ehrgeiz übermannte oder sich in einer heiklen Situation gegen Chruschtschow entscheiden würde? Zumindest war er der einzige im neuen Präsidium, der nicht sein Geschöpf war. Shukow musste dem Parteichef, der nur in den primitiven Kategorien des Machterhalts zu denken verstand, wie ein neuer Tuchatschewski erscheinen, energisch, ehrgeizig, selbstbewusst, von hoher Intelligenz und großer Popularität. Das böse Wort von den »bonapartistischen Neigungen«, das schon Tuchatschewski das Leben gekostet hatte, machte die Runde. Wie bald nach ihm auch Serow wurde Shukow in Pension geschickt. Zum neuen Verteidigungsminister ernannte Chruschtschow Marschall Malinowskij, der ihn in der Kuba-Krise so schlecht beraten sollte. Dass Shukow ihn allerdings besser beraten hätte, darf stark bezweifelt werden: Schließlich hatte der Marschall den Vorschlag unterbreitet, den Test einer Wasserstoffbombe, die 350 Meter über dem Erdboden gezündet werden sollte, in dem recht dicht besiedelten Verwaltungsbezirk Orenburg im Zentrum Russlands durchzuführen. Wäre der Test in Tozk schief gelaufen, hätten sehr viele Menschen verstrahlt werden können. Aber für Menschen hatte man sich nach bolschewistischer Manier noch nie verantwortlich gefühlt. Shukow war auch der Mann, der seine Soldaten unbarmherzig gegen die Seelower Höhen getrieben und so in der Schlussphase des Krieges Tausende von Soldaten seiner Eitelkeit zuliebe geopfert hatte, weil er der erste der sowjetischen Befehlshaber sein wollte, der Berlin erreichte. Gorbatschow, der die Ereignisse sehr aufmerksam verfolgte, konnte ein Lehrstück innerparteilichen Machtkampfs erleben. Lebedew, der als harter Hund galt und alles, was von oben kam, rücksichtslos durchboxte, bereiste beständig die Region, fand überall etwas auszusetzen, ließ vor Ort ein großes Donnerwetter erschallen, beschimpfte bei seiner Rückkehr den direkten Verantwortlichen in seinem Regionskomitee dafür, kontrollierte aber nicht die eingeleiteten Veränderungen, sodass letztlich alles beim Alten blieb. Er kannte sich in den kreativen Methoden, die Planauflagen zu überbieten, so gut aus, dass er zweimal hintereinander den Leninorden erhalten hatte. Den kleinen Komsomolfunktionär Gorbatschow beeindruckte anfangs der eigenständige Stil des Regionsparteichefs, auch wenn das Bramarbasierende, das Laute, der grobe Witz, die derbe Unhöflichkeit, die Lebedew für Ironie hielt, nicht sein Stil war. Die Entzauberung geschah, als Gorbatschow 1958 Chruschtschow aus der Nähe kennen lernte, der gerade auf einer seiner endlosen Reisen durchs Land Stawropol besuchte. Es ernüchterte ihn kolossal, zu sehen, dass der so originelle Lebedew schamlos Chruschtschow nachahmte, nur ohne Chruschtschows Charisma, ohne dessen Grandezza, sehr viel kleiner, sehr viel holzschnittartiger, pöbelhafter. Im plumpen Nachahmungseifer karikierte der Provinzsekretär das Vorbild nur. Von Reformeifer getrieben, setzte Chruschtschow eine Veränderung nach der anderen durch, ohne sich weiter um die differenzierte Durchführung zu kümmern. Das führte dazu, dass Unfug massenhaft reüssierte und Sinnvolles durch die sture Durchsetzung ins Gegenteil kippte. In den Steppen Kasachstans, die seit Menschengedenken von Vieh züchtenden Nomaden genutzt wurden, ließ er das Gras unterpflügen und Millionen Hektar Neuland gewinnen. Die für den Ackerbau ungünstigen klimatischen Bedingungen trieben die Neulandgewinnung in die zu erwartende wirtschaftliche Katastrophe. Gleichzeitig hatte er die über lange Zeiträume gewachsene traditionelle Viehzucht der dortigen Nomadenvölker zerstört. Aus Steppe wurde Wüste. Die örtlichen Parteisekretäre, die Chruschtschow warnten, wurden kurzerhand strafversetzt, wie Beljajew, der kurzzeitig Parteichef von Stawropol war in der Nachfolge von Lebedew.

Erst als Generalsekretär, der mit dem Super-GAU von Tschernobyl umzugehen hatte, erfuhr Gorbatschow, dass bereits am 29. September 1957 im Kombinat Nr. 817 in Tschlejabinsk in einer Kernwaffenfabrik eine Explosion ein größeres Gebiet radioaktiv verseucht hatte. So stolz wie dumm meldete der Minister für Maschinenbau, Slawski, dass keine Fabrik im Kombinat nach der Explosion, die durch Schlampigkeit bei der Kühlung hervorgerufen worden war, ihre Arbeit eingestellt hatte. Erst einen halben Monat nach dem Unfall befassten sich das Präsidium und Chruschtschow in typisch russischer Sorglosigkeit damit und beauftragten den Ministerrat, die erforderlichen Maßnahmen einzuleiten, der sich dann sechs Wochen nach dem GAU mit der Katastrophe das erste Mal auseinander setzte, ohne Ergebnis. Und selbst der Naturliebhaber Gorbatschow wird bei der Tragödie von Tschernobyl zu viel Zeit vergehen lassen und inadäquat handeln. Es wurde zu Gorbatschows Verteidigung immer angeführt, dass man keinerlei Erfahrungen mit Atomunfällen besaß. Atomunfälle geschahen leider zur Genüge in sowjetischer Zeit, man hatte sie nur verdrängt und vor der Öffentlichkeit verborgen und stattdessen den Umweltschutz zum Staatsverbrechen erklärt.

Im April 1958 wurde Michail Gorbatschow zum 2. Sekretär des Regionskomitees des Komsomols der Region Stawropol gewählt. Er war nun der 2. Mann im Komsomol der Region und nahm auch am XIII. Komsomolkongress in Moskau teil. Dementsprechend ordnete man ihn dem Regionskomitee der Partei bei. Nun verfügte er über ständige Arbeitskontakte zum mächtigen Regionssekretär der Partei, der ständiges Mitglied des ZK war. Mit der Karriere ging es weiter stetig aufwärts. Für seine Inspektionsreisen durch die Region wurde ihm ein Kübelwagen gestellt, doch wurden die Stiefel in unwegsamem und unbefestigtem Gelände noch oft genug getragen.

Schwierige Harmonie: Michail und Raissa mit Michails Mutter Maria vor dem Elternhaus in Priwolnoje.

Ab und zu kam Michails Vater in Stawropol vorbei und brachte ein paar Lebensmittel mit, denn der Verdienst des jungen Familienvaters blieb einstweilen dürftig. Nach der Geburt der Tochter arrangierte sich seine Mutter notgedrungen mit der Schwiegertochter, bedauerte, dass Irina nicht getauft worden war und nahmen das heimlich nach, als die Großeltern ihre Enkelin für ein paar Tage nach Priwolnoje nahmen. Doch wirklich näher kamen sie sich nicht, denn die beiden Frauen hatten sich einfach nichts zu sagen. Das sollte so bleiben.

Das wichtigste Ereignis für Gorbatschow in diesen Tagen aber war ein erneuter Wechsel an der Spitze des Regionsparteikomitees. Beljajew wurde von Fjodor Kulakow abgelöst. Mit seinen erst 42 Jahren übernahm ein vergleichsweise junger Mann das Gebietskomitee. Er gehört zu den nachrückenden jungen Kadern, zu Chruschtschows Leuten, wurde von Suslow gefördert und war mit Breschnew bestens bekannt. Als Sohn eines Bauern interessierte er sich für die Landwirtschaft. Kulakow sprühte vor Energie und sah sich in seiner Umgebung sehr genau um. Wie Chruschtschow war er beseelt davon, die Menschen satt und glücklich zu machen, aber ebenfalls wie Chruschtschow entschied *er*, worin das Glück eines Sowjetbürgers zu bestehen hatte. In diesem System blieb der Mensch Pflegefall, alles sollte für ihn getan werden, wobei letztlich naturgemäß wenig dabei herauskam, nichts sollte er selbst bestimmen, sondern sich bestenfalls unter der »weisen Anleitung« der Partei engagieren.

Der 2. Sekretär des Komsomols, den er häufig erlebte, fiel Kulakow bald schon auf. Der begabte Kommunikator Gorbatschow richtete es natürlich auch so ein, dass Kulakow nicht an ihm vorbeisehen konnte. Zudem verband sie die gleiche Herkunft, stammten sie doch beide von Bauern ab. Das hatte in der Nomenklatura Seltenheitswert. Der neue Erste wurde Gorbatschows erster Förderer. Zog man Chruschtschows Impulsivität ab, so wendete sich scheinbar alles zum Guten. Die Gebietssekretäre erkannten, dass sie eine reale Macht und eine Verantwortung für ihr Gebiet besaßen. Sie entwickelten durch Chruschtschow, den sie ja erst vor kurzem gerettet hatten, ein Selbstbewusstsein, das diesem bald schon zum Verhängnis werden sollte.

Im Großen und Ganzen ging es wirtschaftlich voran. Zu einem unglaublichen Prestigegewinn der Sowjetmacht geriet Gagarins Weltraumflug. Der erste Mensch im All war ein Kommunist. Bedurfte es noch eines weiteren Beweises, dass dem Kommunismus die Zukunft gehörte? Auf dem XXII. Parteitag, dem ersten, an dem Michail Gorbatschow teilnahm, konnte er sie mit eigenen Ohren hören: Chruschtschows Verheißung, dass die junge, also Gorbatschows eigene Generation noch den Kommunismus erleben würde. Er verkündete, dass die Sowjetunion die USA in der Produktion ein- und überholen würde. Chruschtschow war ganz von seiner kommunistischen Sendung durchdrungen. Der ostdeutsche Parteichef Ulbricht konnte Chruschtschows Parole sogar noch eine äußerst originelle Wendung abgewinnen: Er machte aus dem Einholen und Überholen ein: Überholen ohne einzuholen.

Auch wenn der junge Funktionär gewiss kein Träumer und kein Visionär war, auch wenn er Zweifel hegen mochte, ob das Ziel innerhalb einer Generation zu erreichen sei, stimmte für ihn die Richtung allemal. Die Entfremdung zwischen Chruschtschow und der Parteibürokratie verstärkte sich auf diesem Parteitag eklatant, nachdem Chruschtschow die neuen Parteistatuten eingeführt hatte, die sich bis auf einen Punkt nicht wesentlich von den alten unterschieden. Doch der eine Punkt hatte es in sich. Er begrenzte nämlich die Zeit beziehungsweise die Wahlperioden, die ein Parteisekretär als Bezirks-, Gebiets- oder ZK-Sekretär tätig sein durfte. Dem lag die richtige Idee zugrunde, für eine Rotation zu sorgen und das in sich ruhende Beharrungsvermögen des Apparates zu zerstören. Damit griff Chruschtschow jedoch den Apparat selbst und noch dazu in seinen Existenzgrundlagen an. Denn die Selbstverständlichkeit, Parteiämter als Pfründe und den Funktionärsposten als lebenslangen Beruf anzusehen, wurde damit zunichte gemacht. Diese Änderung hatte eine unübersehbare soziale Dimension. Was wurde aus den Funktionären, wenn sie ihr Limit der Legislaturperioden erreicht hatten? Im Grunde hatten die meisten nichts anderes gelernt, als »Parteiarbeiter« zu sein. Der Apparat ging auf Distanz. Chruschtschows Anweisungen wurden sabotiert und seine Fehltritte genüsslich in der Öffentlichkeit kolportiert, sodass er für die Sowjetbürger zusehends zur Witzfigur geriet. Er wurde immer mehr zum dumpfen Bauern mit seinem Strohhut, obwohl er ursprünglich den Beruf eines Schlossers erlernt hatte, der den Mais als die »Wurst am Stengel« propagierte. Seine Eskapaden nahmen an Peinlichkeit zu. Der bekannte Auftritt vor der UNO, als er den Schuh auszog, um mit ihm aufs Pult zu schlagen, kann als ein Beispiel von vielen gelten. Aus einer Laune heraus ließ er sowjetische Raketen auf Kuba stationieren, weil er kurz davor erfahren hatte, dass die eigenen Konstrukteure Schwierigkeiten mit den Trägermedien der Kernwaffen hatten. Die Militärs hatten sich bei ihm ausgeweint, dass die Sowjetarmee über keine Raketen verfügte, die die USA erreichen konnten, deshalb benötigte man einen Raketenträger. So lief die aus einer Laune beschlossene Operation Anadyr an, die Kuba zum unsinkbaren Raketenträger der Sowjets vor der Haustür der USA machen und die Welt beinahe ins atomare Inferno stürzen sollte. Ohne Kennedys Professionalität und Kaltblütigkeit hätte Chruschtschows Plan beinahe das Ende der Menschheit bedeutet. Für Chruschtschow hatte das Ganze zunächst eine drollige Seite, wenn er seinen neuen Verteidigungsminister fragte: »Wie wäre es, wenn wir den Amerikanern einen unserer Igel in die Hosentasche steckten?«

Was im Westen oft nicht beachtet wurde, und was die Friedensbewegung (die lieber rot als tot sein wollte) übersah, war, dass alle sowjetischen Führer und ihre osteuropäischen Marionetten, einschließlich Tschernenko und Honecker, in all ihren Überlegungen von der Vernichtung des Kapitalismus ausgingen. Gorbatschow hatte als erster Chef der KPdSU ernst gemacht mit dem Friedensengagement. Der so genannte Friedenswille der Sowjetunion, Lenins System der friedlichen Koexistenz von Staaten unterschiedlicher Gesellschaftsordnung, gehört zu den genialsten Propagandacoups der Geschichte. Die Friedensbewegung in Westeuropa ist jedenfalls völlig realitätsblind in die Falle der kommunistischen Machthaber gelaufen. Was ist das für eine Friedenspolitik, wenn man andere Staaten mittels kommunistischer Parteien, die man nachweislich finanziert und so am Leben erhält, gezielt unterwandert? Dem Prinzip der Nichteinmischung in die inneren Angelegenheiten, auf das sich die kommunistischen Machthaber gern beriefen, wenn es um Menschenrechtsverletzungen in ihren Ländern ging, entsprach das mit Sicherheit nicht. Die Ausweitung und der Erhalt des eigenen Herrschaftsbereiches in Osteuropa, den der Westen so bereitwillig akzeptierte, kann mit Friedensliebe kaum beschrieben werden, wenn man nicht in völligen Zynismus verfallen will. Die brutale militärische Unterdrückung von demokratischen Bewegungen in Ostdeutschland, in Polen, Ungarn und der ČSSR zeigt, was es bedeutete, wenn man rot statt tot war. Es ging – und erst Gorbatschow änderte das – allen Kremlchefs darum, den Kapitalismus zu begraben, denn:»Die Vernichtung des kapitalistischen Systems ist nur eine Frage der Zeit.« Der ideologische Terminus für eine aggressive Außenpolitik lautete »proletarischer und sozialistischer Internationalismus«, je nachdem ob er die oppositionellen Kommunisten in den kapitalistischen Ländern oder die regierenden Kommunisten in den osteuropäischen Satrapien meinte. Das klang besser als Roll-back, das klang nach Brüderlichkeit und sozialer Gerechtigkeit, allerdings im Arbeitshaus des Kommunismus. Friedenspolitik gab es in der Sowjetunion das erste Mal mit dem Machtantritt von Michail Gorbatschow, seine Vorgänger waren allesamt geprägt von der Ideologie des Klassenkampfes:»Die Geschichte aller bisherigen Gesellschaft ist die Geschichte von Klassenkämpfen.

Freier und Sklave, Patrizier und Plebejer, Baron und Leibeigener, Zunftbürger und Gesell, kurz, Unterdrücker und Unterdrückte standen in stetem Gegensatz zueinander, führten einen ununterbrochenen, bald versteckten, bald offenen Kampf, einen Kampf, der jedes Mal mit einer revolutionären Umgestaltung der ganzen Gesellschaft endete oder mit dem gemeinsamen Untergang der kämpfenden Klassen.« Soweit Marx' und Engels' platter Hegelianismus, der zur Glaubensurkunde aller Kremlchefs avancierte. Denn:»Unsere Epoche, die Epoche der Bourgeoisie, zeichnet sich jedoch dadurch aus, dass sie die Klassengegensätze vereinfacht hat. Die ganze Gesellschaft spaltet sich mehr und mehr in zwei große feindliche Lager, in zwei große, einander direkt gegenüberstehende Klassen: Bourgeoisie und Proletariat.« Im Weiteren wird dann diese Schwarz-Weiß-These durchdekliniert bis zu dem Punkt, an dem die Proletarier mithilfe ihrer revolutionären Leitung, der kommunistischen Partei, in der kommunistischen Gesellschaft das Himmelreich auf Erden errichten werden. Auf dem Weg dorthin musste nur noch die Bourgeoisie massakriert, das Kleinbürgertum und die Intelligenz proletarisiert und der Neue Mensch kreiert werden. Und weil das Ziel so erhaben war, galten alle Mittel als erlaubt.

Zunehmend kam es zu einer Entfremdung zwischen dem Ersten Sekretär und dem Parteiapparat wegen Chruschtschows Sprunghaftigkeit, der willkürlichen Ernennung und Absetzung von Funktionären, der ständigen Verwaltungsreformen und seines immer heißer laufenden Veränderungswillens. Chruschtschow betäubte sich immer mehr mit Aktionismus, der aus der Verzweiflung heraus entstand, weil die Reformen nicht griffen. Sie konnten aber gar nicht greifen, denn sie dokterten an den Phänomen herum, anstatt die Wurzel des Problems zu packen. Sie wurden nicht mit Konsequenz und Differenzierung betrieben, denn es passten beispielsweise nicht alle Erntemethoden auch für jedes Gebiet. Zudem wurden die Reformen zunehmend boykottiert. Der Erste Sekretär erging sich stattdessen in stundenlangen Reden und Monologen zu jedem Thema und belehrte alle, egal ob er etwas davon verstand oder nicht. Und die kommunistischen Höflinge, allen voran Breschnew, lobhudelten um die Wette. Chruschtschow hielt sich nicht an Redemanuskripte, er improvisierte und sprach darüber, was ihm gerade in den Kopf kam. Unter seiner Führung war es wunderbarerweise möglich, dass die erste kritische Literatur in Twardowskis Zeitschrift *Nowy mir* erscheinen konnte: Dudinzews *Der Mensch lebt nicht vom Brot allein*, vor allem aber Solschenizyns *Ein Tag im Leben des Iwan Denissowitsch*, die erste Erzählung, die vom Alltag eines politischen Häftlings im Gulag berichtete. Anfang der sechziger Jahre, als Chruschtschow noch einmal auf dem Parteitag, an dem auch der junge Gorbatschow teilnahm, mit dem Stalinismus abrechnete, aber nicht bei Stalin Halt machte, sondern zum ersten Mal Malenkows, Bulganins, Woroschilows, Molotows und Kaganowitschs Verantwortung verdeutlichte, kam ihm dieser Text Solschenizyns wie gerufen. Diesem Umstand verdankte der Text seine Veröffentlichung. Solschenizyns Abrechnung mit Stalin und seinen Helfern beeindruckte Michail sehr. Er erlebte außerdem, wie die alte Bolschewikin Lasurkina, die lange im Lager inhaftiert war und die noch Lenin persönlich gekannt hatte, forderte, dass Stalin aus dem Mausoleum, wo er neben Lenin aufgebahrt war, zu entfernen sei. Das geschah noch während des Parteitages: Man setzte ihn an der Kremlmauer bei und füllte die Grube, in die man seinen Sarg gelassen hatte, mit Beton statt mit Erde. Der junge Funktionär nahm nach Stawropol die Erkenntnis mit, dass es wichtig war, die Gesellschaft zu reformieren, allerdings mit Augenmaß und nicht mit Wunschdenken, und dass eine Voraussetzung dafür die Enstalinisierung und die Rückkehr zu Lenin war. Lasurkina hatte es ihm in der Rede, ein wenig verschroben und mystisch, vorgemacht: »Ich trage Iljitsch [gemeint ist Lenin; der Verf.] stets in meinem Herzen. Und immer bin ich, Genossen, in meinen allerschwersten Augenblicken nur aus dem Grund am Leben geblieben, dass Iljitsch in meinem Herzen war und ich mich mit ihm beraten konnte. ... Gestern habe ich mich wieder mit Iljitsch beraten, und es war mir, als stehe er wie lebend vor mir und als sage er mir: ›Es ist mir unangenehm neben Stalin zu liegen, der so viel Unheil über die Partei gebracht hat. ...‹«

Für Michail, der gerade seinen 30. Geburtstag gefeiert hatte, wurde es nun Zeit, die Anstrengungen zu verstärken, in den Parteidienst zu wechseln. Kulakow musste einen ausgesprochen guten Eindruck von ihm haben, denn er bot ihm schon bald nach seiner Wiederwahl zum

Komsomolsekretär an, in den Parteiapparat zu wechseln. Als Michail Gorbatschow im März 1962 wenige Tage nach seinem 31. Geburtstag Parteiorganisator des Regionskomitees für die Verwaltung Stawropol wurde, die drei landwirtschaftliche Bezirke im unmittelbaren Umfeld Stawropols umfasste, begann im eigentlichen und engeren Sinn seine Parteikarriere. Alles bis dahin war Vorbereitung, Vorspiel und Training. Der erste größere und grundlegende Karrieresprung war in erstaunlich jungem Alter geglückt, denn er hätte noch gute zehn Jahre lang Jugendfunktionär bleiben können. Da das ZK großen Wert auf die Auswahl der Kader legte, fuhr Gorbatschow nach Moskau, um dort ein Vorstellungsgespräch zu führen. Dort hinterließ er wie erwartet einen exzellenten Eindruck: Diesen jungen Gorbatschow sollte man sich merken.

Gorbatschow hatte als Parteiorganisator kaum begonnen zu arbeiten, da spann der Abteilungsleiter für Agitation und Propaganda, Lichota, eine Intrige gegen den jungen aufstrebenden Genossen, die dazu führte, dass er öffentlich gerüffelt wurde, was er nur schwer ertrug. Daraufhin war das Verhältnis zwischen ihm und Kulakow scheinbar gespannt. Doch das war eher die Interpretation des Gemaßregelten. Kulakow, der an dem jungen Gorbatschow Gefallen gefunden hatte, war wohl eher der Ansicht, dass ein Nasenstüber nicht schaden konnte, um den jungen ehrgeizigen Funktionär auf den Boden zurückzuholen. Während dieser noch schmollte, wurde er von Kulakows Büro aufgefordert, seine Arbeitserfahrungen schriftlich darzulegen. Größere organisatorische Veränderungen standen an, und die Gebiets- und Regionssekretäre wurden vom ZK angewiesen, Materialien über die Parteiarbeit in den Kolchosen und Staatsgütern einzureichen. Als das Novemberplenum beschloss, das Produktionsprinzip einzuführen, bedeutete das für viele örtliche Funktionäre Ärger und Verdruss, für Gorbatschow hingegen war es ein Glücksfall. Kulakow, der Chef des neuen landwirtschaftlichen Gebietsparteikomitees wurde, bot dem gerade einmal 31-jährigen Michail Gorbatschow an, im neuen Komitee Leiter der Abteilung Parteiorgane zu werden, also Personalchef in der Region. Keine Ernennung in der Region, sei es in der Partei, sei es in der Gewerkschaft, sei es bei der Besetzung von Chefposten der Staatsgüter oder der Kolchosen, ging an ihm vorbei. Außerdem musste er sich von nun an um »Kader« kümmern. Nun arbeitete er eng und täglich mit Kulakow zusammen. Zu dieser Verwaltungsreform kam es durch eine Veränderung der Parteistruktur, die Chruschtschow verfügt hatte – wieder einmal einer jähen Eingebung folgend. Bisher war die Partei nach dem Territorialprinzip aufgebaut und gliederte sich nach Land-, Regions-, Gebiets-, Bezirks- und Ortsorganisation. Chruschtschow führte das Produktionsprinzip ein. Unterhalb der Allunion- und Republikebene gliederte sich die Partei von nun an in den Gebieten nach landwirtschaftlichen und industriellen Organisationen. Das führte dazu, dass es künftig in Stawropol statt einem Regionskomitee zwei gab, ein landwirtschaftliches und ein industrielles. Da es in der praktischen Arbeit häufig zu Überschneidungen kam, entzündete sich ein mit allen Mitteln geführter Konkurrenzkampf zwischen dem landwirtschaftlichen Sekretär Kulakow und dem industriellen Sekretär Borsenko.

Gorbatschow stellte sich die Aufgabe, die besten Leute, mochten sie auch unbequem sein, zu fördern. Diese Leute versuchte er zu schützen, wenn sie mit der Bürokratie in Schwierigkeiten kamen. Außerdem erstellte er einen Perspektivplan für die Entwicklung der Kader. Diese Leitungsfunktion in so jungen Jahren übernehmen zu können, war das größte Geschenk, das Kulakow ihm machen konnte. Als mächtiger Kaderchef, von dem Karrieren in der Region abhingen, konnte er sich eine Hausmacht in der Partei des Krajs schaffen, ein Netz von Leuten, die sich loyal ihm gegenüber verhielten und ihn unterstützen würden. Das schuf einen Rückhalt auch in schwierigen Zeiten. Obwohl er eng mit ihm zusammenarbeitete, vermied es Kulakow, ihn in die stürmischen Ereignissen einzuweihen, in deren Organisation er verstrickt war. Im Gebiet Stawropol lag die berühmte Minowodgrup, die bekannten Staatsbäder Mineralnye Wody, Kislowodsk, Pjatigorsk und andere, die Bäder, in denen sich auch die Sowjetführer erholten. Der Apparat der Partei, immer mehr Regions- und Gebietssekretäre, aber auch die Präsidiumsmitglieder konnten ihre Unzufriedenheit und ihre Sorgen über die Führung Chruschtschows nicht mehr unterdrücken. Kulakow lud einige ZK-Sekretäre und -Präsidiumsmitglieder in seinem Gebiet bei den Manytsch Seen zur Jagd ein. Gejagt wurde wenig, dafür die politische Situation ausgiebig diskutiert, die sich aus der Perspektive des Apparats immer prekärer entwickelte. Chruschtschow hatte es sich inzwischen mit allen gesellschaftlichen Gruppen verdorben. Der Parteiapparat, der sich nach Chruschtschows Rettung immer mehr als herrschende Schicht empfand, wurde verunsichert durch ständige Verwaltungsreformen, die Begrenzung der Zeit, die man in einer Funktion verbringen durfte, durch die geplante Abschaffung der Sonderläden für Funktionäre, Arbeiter, Angestellte und Rentner, und schließlich durch Preisanstiege bei gleichzeitiger Verschlechterung des Konsumgüter- und Nahrungsmittelangebotes in der Stadt. Die Offiziere verdross die Senkung ihrer Pensionen, die Angestellten des Innenministeriums die Abschaffung ihrer Gehaltszulagen, die Jugend die ideologische Verteufelung und das Verbot neuer Tanzmusik, also des überall aufkommenden Rock'n'Rolls. Bei den Künstlern brachte sich Chruschtschow um allen Kredit, weil er anlässlich eines Besuchs in einer Moskauer Ausstellung moderner Kunst in der »Manege« gegen den Formalismus in der modernen Malerei und Musik wetterte und sich anschickte, seinen Geschmack zum verbindlichen Wertesystem zu erheben. Die Liste könnte endlos fortgesetzt werden. Außerdem, und hier muss man den Männern um Breschnew und Suslow beipflichten, wurde die schnelle Folge der zum Teil wirren Ideen und Eingebungen, die Chruschtschow rasch umgesetzt sehen wollte, immer stärker zu einem beträchtlichen Problem. Der Apparat begann den Ersten Sekretär lächerlich zu machen. Anekdoten, Witze, böse Geschichten wurden gezielt in Umlauf gebracht. Im Oktober 1964 tagte dann das Präsidium des ZK. Chruschtschow, der sich im Urlaub in Pizunda aufhielt, wurde nach Moskau zurückbeordert, um an der Sitzung teilzunehmen. Er ahnte am Telefon nichts Gutes und wurde wütend, weil sich seine Kollegen zusammengesetzt hatten, ohne dass er eine Versammlung einberufen hätte. Deshalb wollte er keine Anstalten unternehmen, seinen Urlaub abzubrechen. Als Breschnew ihm erwiderte, dass dann das Präsidium ohne ihn entscheiden würde, knurrte Chruschtschow, dass man ihm das Flugzeug schicken solle. Breschnew, der ein eitler Feigling war, konnte nur mit Mühe von seinen Mitverschwörern bewegt werden, Chruschtschow

Vom Apparat als neuer Führer favorisiert: Leonid Iljitsch Breschnew.

anzurufen. Beim Telefonat kämpfte er mit heftigen inneren Panikattacken.

In Moskau empfing Chruschtschow zu seinem Erstaunen nur der KGB-Chef Semitschastny, was das ungute Gefühl nur verstärkte. Schlecht gelaunt blaffte Chruschtschow den Mann an: »Und wo sind die restlichen Hurenböcke?« – Gemeint waren die Präsidiumsmitglieder des ZK der KPdSU, die höchsten Politiker des Landes. Semitschastny brachte Chruschtschow unverzüglich in den Kreml, wo die »restlichen Hurenböcke« bereits auf ihn warteten. »Hurenbock« Suslow hielt in einer ein wenig zusammengesuchten Rede Chruschtschow seine Verfehlungen vor. Die mehrstündige Sitzung verlief mit wüsten Beschimpfungen, ohne dass sie zu einem Ergebnis führte. Bis auf Mikojan verlangten alle seinen Rücktritt. Chruschtschow begriff, dass die Situation nicht der von 1957 glich. Er hatte nicht nur ein paar Präsidiumsmitglieder ohne Verbindung zur Exekutive gegen sich, sondern den ganzen Apparat der Partei, die Armee, den KGB, und nirgendwo jemanden, der ihn unterstützen würde. Und was viel schlimmer war: Es waren seine eigenen Leute, die ihn stürzten, der servile Breschnew, der farblose Suslow, der von ihm erhobene Malinowski, der zurechtgestutzte Schelepin ... Wen er auch in der feindseligen Runde anblickte, bei niemandem fand er den Wunsch, sich für ihn einzusetzen. Als Chruschtschow an diesem 13. Oktober am Abend nach Hause kam, sagte er müde zu seiner Frau Nina: »Sie wollen mich nicht mehr.« Am nächsten Tag stimmte Chruschtschow seinem Rücktritt zu. Es begann, wie der spätere Gorbatschow-Berater, Alexander Jakowlew, es treffend ausdrückte, die Zeit ohne Uhren.

Kapitel 15

Der Aufstieg

> »Wissen Sie, es tat richtig gut, einmal nur sich selbst zu gehö-
> ren. Wir fuhren immer aus der Stadt hinaus und gingen dann zu
> Fuß weiter. Die Wälder und Steppen waren unser. Im Gebirge
> gerieten wir oft in gefährliche Situationen, und ich sage Ihnen,
> es gibt nichts schrecklicheres, als im Gebirge in ein Gewitter zu
> geraten. Ein andermal schossen ein paar Rowdys im Wald auf
> uns. Wir mußten in Deckung gehen.«
>
> *Raissa Gorbatschowa, »Leben heißt Hoffen«*

In Stawropol lauschten Raissa und Michail am 16. Oktober 1964
im Rundfunk der offiziellen Verlautbarung darüber, was sie ohnehin
schon seit wenigen Stunden wussten: dass aus Gesundheits- und Al-
tersgründen Nikita Sergejewitsch Chruschtschow als Ministerpräsident und Erster Sekretär des ZK der KPdSU zurückgetreten war. Zum
neuen Ersten Sekretär wählte das ZK Leonid Iljitsch Breschnew, das
Amt des Ministerpräsidenten übernahm Alexej Kosygin, der Mann,
der letztlich vergeblich versuchen wird, eine wichtige Wirtschaftsreform durchzusetzen. Kulakow fuhr Anfang Oktober nach Moskau,
um eine Sonderaufgabe wahrzunehmen. Sie bestand darin, sich mit
anderen Gebiets- und Regionssekretären bereitzuhalten, falls die
Präsidiumsmitglieder beim Sturz Chruschtschows Hilfe der nächsten
Parteiebene benötigten. Dabei durfte Kulakow, der eine sehr aktive
Rolle in der Vorbereitung der »Datschenverschwörung« spielte, in
Moskau nicht fehlen. Spätestens seit seinem Abflug nach Moskau
wusste Gorbatschow, dass große Veränderungen ins Haus standen.
Breschnew vergaß seinen treuen Helfer Kulakow nicht und holte
ihn nach gelungenem Coup nach Moskau. Er wurde verantwortlicher ZK-Sekretär für die Landwirtschaft. Nun hatte Gorbatschow
sogar einen Gönner im Zentrum der Macht. Besser konnte es sich
für ihn nicht gestalten. Neuer Regionssekretär in Stawropol wurde
Jefremow, der als treuer Gefolgsmann Chruschtschows galt. Dabei
liebedienerte er auch nicht mehr, als es Breschnew bis zum Sturz

Chruschtschows getan hatte. Im Wissen, dass seine Äußerungen vom KGB überwacht und Chruschtschow hinterbracht wurden, schrieb Breschnew selbst Lobhudeleien in seinen Tischkalender und sein Tagebuch: Gutes Treffen mit NS. Wegweisende Rede von NS. NS der größte Leninist unserer Zeit und so weiter. Jefremows Stil bestand weniger in dieser Flaschenpostmethode, er hatte einen Band der unvergänglichen Werke Nikita Sergejewitschs auf dem Schreibtisch, voller Lesezeichen. Wurden von Besuchern Anfragen an Jefremow gerichtet, schlug er das Buch auf und zitierte eine Stelle. Das, kommentierte er anschließend, ist es, was Nikita Sergejewitsch dazu sagt. Also handelt danach. Jefremow beseelte nur ein Wunsch, nach Moskau zurückkehren zu dürfen. So hatte Michail Gorbatschow Ende 1964 einen neuen Parteichef in Moskau und einen neuen Chef in Stawropol. Der Übergang verzog sich zunächst zivilisiert. Breschnew hatte nicht nachgetreten. Chruschtschow würde erst dann zur Unperson werden, wenn sich Breschnews Herrschaft stabilisiert hatte.

Woran glaubte, was erhoffte der junge Parteifunktionär? Worin bestanden seine Ziele? Was vermittelte ihm seine Erfahrung? Was konnte man als offener, nicht engstirniger Zeitgenosse, dem ein Maß an Verantwortlichkeit zukam, 1964 denken, fühlen und wünschen? Michail Gorbatschow war in seiner Karriere gut vorangekommen, und der Wohlstand des Ehepaares hob sich spürbar und stetig. Auch wenn die allgemeine wirtschaftliche Entwicklung weit hinter den von Chruschtschow geweckten Erwartungen zurückblieb, stand für den jungen Gorbatschow doch außer Frage, dass der Sozialismus die gerechteste und beste aller Gesellschaftsordnungen sei. Den Stalinismus interpretierte er als Fehlentwicklung, die man durch die Rückkehr zum reinen Leninismus rasch überwinden konnte. Chruschtschows Anstrengungen zur Entstalinisierung verwandelten den Makel des Sozialismus für ihn sogar in eine Stärke, denn offenkundig konnte der Sozialismus reformiert, verbessert, entwickelt werden. Es kam nur darauf an, dass die richtigen Leute an der richtigen Position saßen. Daran konnte er als Kaderchef der Partei in seiner Region aktiv mitwirken. Verglichen mit der Zeit nach dem Krieg, die Michail sehr bewusst erlebt hatte, lebte man in geordneten, wenn auch noch ärmlichen Verhältnissen. Der Siegeszug der Sowjetwissenschaften schien unaufhaltsam aller Welt zu zeigen, dass die Zukunft dem Sozialismus gehörte. Das Weltall war zu dieser Zeit russisch: Die Russen sendeten die erste Rakete mit einem Lebewesen ins All, mit der Hündin Leika; der erste Mann und die erste Frau im Weltraum, Juri Gagarin und Walentina Tereschkowa, die man unter erheblichem Aufwand durch den ganzen Ostblock schickte, waren Flieger der sowjetischen Armee. Das Weltraumprogramm lief auf Hochtouren, alle zwei bis drei Jahre fand ein bemannter Raumflug statt. Die Kernforschung ging voran. Die friedliche Nutzung der Kernenergie in Form von Atomkraftwerken galt als Inbegriff des Fortschritts. Gern verkündete man, dass ein Sechstel der Erde bereits sozialistisch war. Bedurfte es eines besseren Beweises für die Überlegenheit des sowjetischen Gesellschaftsmodells? Unter den unabhängigen Staaten Afrikas und Asiens schlossen sich von Vietnam bis Ägypten viele der Sowjetunion an. Die kommunistische Ideologie fand für sie den gewundenen Begriff der »jungen Nationalstaaten nichtkapitalistischer Entwicklung« – ähnlich wie sie den osteuropäischen Satellitenstaaten den euphemistischen und tautologischen Namen Volksdemokratien gegeben hatte, zu Deutsch also »Volksvolksherrschaft«. Was an den bezahlten Regimes national war, ließ sich mit der Lupe suchen. Gleichviel, bleiben wir nicht bei der Welt, wie sie 1964 war, sondern wie sie sich Gorbatschow zu dieser Zeit darstellte. Trotz Unvollkommenheiten und Ärgernissen lief doch grosso modo alles in die richtige Richtung. Chruschtschow, der vieles Richtige anschob, aber leider übertrieb, wurde nun durch Breschnew ersetzt, der Chruchtschows Werk fortsetzen sollte, aber geordneter, gezielter, planmäßiger, stabilisierender. Es gab für Gorbatschow keinen Grund, an Breschnew oder an der Marschrichtung zu zweifeln. Also vertrat er, wie er es immer getan hatte, die Parteilinie konsequent und vollständig. In einer seiner ersten Maßnahmen hob Breschnew die Teilung der Parteiorganisationen in industrielle und landwirtschaftliche wieder auf und kehrte zum allein gültigen Territorialprinzip zurück. Für Jefremow und seinen Kaderchef Gorbatschow bedeutete das, dass sie erst einmal durch die Hölle gehen mussten, denn die Vereinigung zweier vollständiger Verwaltungen setzte Ängste der Angestellten und einen erbitterten Kampf um Posten frei. In Sachen Personalpolitik stellte das Gorbatschows Feuertaufe dar. Deshalb wollte ihn Jefremow als Leiter der Abteilung Parteiorgane im neuen (vereinigten) Regionskomitee der Partei haben. Dass Gorbatschow bei dieser Veränderung nicht unter die Räder kam, dafür sorgte er selbst dank seiner Verbindungen in der Region und inzwischen nun auch an »höherer Stelle«. Ganz nach seinen Wünschen lief es am Ende doch nicht ab. In der Partei- oder Verwaltungsarbeit gab (und gibt) es zwei sehr unterschiedliche Positionen (jeweils für Stadt, Bezirk, Gebiet, Region, Unionsrepublik, Union). Entweder man arbeitete als Leiter einer Fachabteilung in einem bestimmten Gebiet auf einer bestimmten Ebene oder man war Generalist, also für die Verwaltungseinheit auf regionaler Ebene der erste Mann. Und nur der 1. Sekretär konnte wirklich gestalten, natürlich innerhalb der engen Grenzen des bürokratischen Zentralismus. Für einen Vollblutpolitiker wie Gorbatschow war es zweifellos spannender, eine Verwaltungseinheit zu leiten, erster Mann eines Distrikts zu sein anstatt einer Fachabteilung vorzustehen, die letztlich doch wieder zuarbeitete, nämlich dem betreffenden ersten Mann, der eine gewisse Richtlinienkompetenz besaß. Deshalb bemühte sich Gorbatschow, die Stelle des 1. Sekretärs des Stadtparteikomitees von Stawropol zu bekommen. Das misslang im ersten Anlauf gründlich, doch geduldiges Antichambrieren führte schließlich zum Ziel. Im März 1966 begleitete Gorbatschow seinen Chef Jefremow zum XXIII. Parteitag nach Moskau, hatte dort Gelegenheit zu Gesprächen und wurde schließlich im September 1966 1. Sekretär des Stadtparteikomitees von Stawropol. Viele Vertraute Gorbatschows saßen inzwischen im Komitee, als Kaderchef hatte er ja einen gewissen Einfluss, sodass er nun nicht nur herzlich willkommen und aufgenommen wurde, sondern über ein schlagkräftiges und hoch motiviertes Team verfügte. Zwar war das Prestige dieser neuen Stelle in der Hierarchie etwas niedriger angesiedelt, als die vorige, was sich auch in der geringeren Bezahlung niederschlug, doch die Möglichkeiten zur Politikgestaltung waren wesentlich größer. Zudem erschien diese Stelle auch aus Sicht der Karriere strategisch wesentlich günstiger zu sein. Als Abteilungsleiter konnte man sich nicht in Szene setzen. Erfolge erntete der Chef, für Misserfolge haftete man allein.

Für Gorbatschow bestand die wirklich spannende Aufgabe darin, aus der verschlafenen Provinzhauptstadt ein wirkliches administratives, soziales, wirtschaftliches und kulturelles Zentrum für die Region zu machen. Seine Aufgabenpalette reichte vom Wohnungsbau bis zur Ansiedlung von Industrie. Da für alle diese Aufgaben aber auch gleichzeitig ein zentrales Unionsministerium im fernen Moskau zuständig war, lernte Gorbatschow in diesen Jahren den Kampf mit der Bürokratie und wurde zu einem fähigen und taktisch versierten Apparate-Krieger. Und immer wieder half ihm die Natur in schwierigen Momenten, denn sie hatte ihm die Fähigkeit in die Wiege gelegt, seine Kollegen zu Freunden zu machen, eine Eigenschaft, die, wie alle Geschenke der Natur, auch einen Fluch in sich bergen kann, wie wir später noch sehen werden.

Aber auch privat gestaltete sich das Leben für ihn sehr angenehm. Endlich bekamen sie die erste eigene Wohnung, die nicht wie alle früheren eine Art Gemeinschaftswohnung war, wo sie Küche und sanitäre Einrichtungen mit mehreren Parteien teilen mussten. Raissa verteidigte in Moskau mit großem Erfolg ihre Dissertation, die eine empirisch-soziologische Untersuchung des Lebens der Kolchosbauern in der Region vornahm und Michail wertvolle Aufschlüsse lieferte. Vieles wusste er natürlich, aber die wissenschaftliche Verallgemeinerung erhärtete seine Annahmen und lenkte seinen Blick auf neue Zusammenhänge. Es sollte nicht lange dauern, da wurden die Resultate der Arbeit auch in der täglichen Arbeit für ihn wichtig. Er selbst schloss zur gleichen Zeit ein Fernstudium an der Fakultät für Ökonomie der Hochschule für Landwirtschaft ab. Von einem jungen, aufstrebenden Funktionär, der sich für höhere Aufgaben empfehlen wollte, erwartete man, dass er einen wirtschaftlichen Abschluss vorweisen konnte. Insofern trieb Michail nicht das vordergründig wissenschaftliche Interesse zum Fernstudium. Er spürte, dass theoretisches Wissen in der landwirtschaftlichen Ökonomie seine praktischen Erfahrungen und Kenntnisse abrundeten und in einem stark von der Landwirtschaft geprägten Gebiet nur nützlich sein konnte und zudem seine Aufstiegschance erhöhte. Wie eng Raissa und Michail zusammenarbeiteten, zeigte sich in der zur selben Zeit abgeschlossenen Promotion Raissas und des Diploms von Michail. Das wurde natürlich im nicht allzu kleinen Freundeskreis ausgiebig gefeiert.

So sah inzwischen das Privatleben des neuen 1. Sekretärs aus: Seine Frau leitete den Lehrstuhl für Marxismus-Leninismus an der Hochschule für Landwirtschaft. Diese Lehrstühle gab es an allen Fakultäten. Jeder Student, ganz gleich ob er Medizin oder Slawistik, Betriebswirtschaftslehre oder Ingenieurwissenschaften studierte, musste ein Grundlagenstudium Marxismus-Leninismus, das aus marxistischer Philosophie (dialektischer und historischer Materialismus), politischer Ökonomie und wissenschaftlichem Kommunismus bestand, absolvieren und Prüfungen ablegen. Ohne diese Prüfung bestanden zu haben, durfte er nicht weiterstudieren. Besonders beliebt und anerkannt war dieses Grundlagenstudium nicht, weil es doch mehr oder weniger eine ideologische Klippschule darstellte. Auch wenn Raissa sich später erinnern sollte, dass sie über viele Themen, von der Erkenntnistheorie bis hin zur Religion, Vorträge und Vorlesungen halten musste, so sollte man realistischerweise hinzufügen, dass sie über diese Themen vom marxistischen Standpunkt aus sprach, und das bedeutete letztlich, weder über Erkenntnistheorie noch über Religion zu sprechen. Allerdings lehrte sie nicht in Moskau, wo es unter Studenten diese kritische Sicht auf das Fach gab, sondern in Stawropol, wo junge Frauen und Männern vom Lande das erste Mal etwas über Philosophie, politische Ökonomie hörten und ihnen scheinbar wissenschaftlich entworfen wurde, wie die eigene Welt werden könnte und würde. Unter den Kollegen war die pflichtbewusste und strenge Dozentin geachtet. Freundschaften bildeten sich heraus im Kreis der Stawropoler Intelligenz und Parteibürokratie. Man feierte zusammen, wanderte gemeinsam, grillte und sang.

Besonders das Wandern, weite Strecken in der schönen Landschaft des Nordkaukasus zurückzulegen, liebten beide leidenschaftlich, manchmal mit Freunden, manchmal aber auch allein. Wenn sie zu langen Wanderungen aufbrachen, ließen sie die Tochter schon mal bei den Eltern oder bei Freunden, denn das, was die Gorbatschows dann an Strecken exzessiv erwanderten, war für ein zehnjähriges Kind einfach zu viel. Und gefahrlos waren diese Ausflüge auch nicht immer. Wölfe und Bären gab es in der Gegend, und ein heftiges Unwetter mit Gewitter und Hagel verwandelte ein träges Gebirgsrinnsal augenblicklich in einen reißenden Strom. Und natürlich lasen sie wei-

Lagerfeuer mit Freunden. Ganz rechts: Raissa und Michail, 3. von links Raissas Freundin Lydia Budyka, dahinter ihr Mann.

terhin viel, obwohl es deutlich spürbar wurde, dass die Zensur wieder anzog. Solschenizyn durfte bereits nicht mehr veröffentlichen. Brodsky auch nicht. Andere mussten entstellende Eingriffe in ihre Werke akzeptieren, wollten sie gedruckt werden. Es lag bereits ein Hauch Reaktion in der Luft. Einmal im Jahr fuhren nun die Gorbatschows nach Moskau, um sich die neuen Ausstellungen und Theatervorstellungen anzuschauen und Freunde und Studienkollegen zu besuchen. Außerdem konnte Michail dabei Kontakte in der Zentrale pflegen. Die Karten für die kulturellen Veranstaltungen, die sie besuchen wollten, hatten die Freunde immer schon besorgt. Zeit hatten sie bei diesen Besuchen nie, es war immer eine durchgeplante kulturelle Tour de Force.

Im Sommer 1967 erhielt Michail überraschend Besuch von einem alten lieben Studienfreund aus dem Ausland. Zdeněk Mlynář, der noch an der tschechoslowakischen Akademie arbeitete, bevor er in den Apparat des ZK der Kommunistischen Partei der ČSSR wechselte, reiste nach Moskau, um die beabsichtigten Reformen den sowjetischen Genossen zu erklären. Doch dort holte er sich eine Abfuhr, denn das Barometer stand auf Stillstand. Nichts sollte mehr verändert werden. Mlynář besuchte Georgien und weilte ein paar Tage in Stawropol. Im Grunde ging es um die Frage, wie man den Sozialismus attraktiver machen und seine Möglichkeiten entfesseln konnte. Die Vorstellungen über die Veränderungen gingen in der Wirtschaftspolitik von der Einführung einer sozialistischen Marktwirtschaft aus, in der ein staatlicher und ein privater Sektor nebeneinander bestanden und jeder staatliche Betrieb insofern marktwirtschaftlich funktionieren musste, als dass er nach dem Prinzip der wirtschaftlichen Rechnungsfuhrung arbeitete. Der Betrieb gab nicht alles an den Staat und bekam dafür ein Budget vom Staat zugeteilt, sondern er musste seine produzierten Waren verkaufen und damit Profit erzielen – oder eben nicht. Diese Ideen waren allerdings selbst in der Sowjetunion nicht neu, denn Bucharin und Lenin hatten sie bereits einigermaßen erfolgreich in der NÖP angewandt. Überlegungen hierzu fand man auch bei den Austromarxisten und bei Rosa Luxemburg. Selbst in der Sowjetunion wurde seit Chruschtschows Amtszeit an der Umsetzung der Ideen des Charkower Wirtschaftswissenschaftlers Lisitschkin gearbeitet, die zwar wesentlich inkonsequenter und eingeschränkter die Problematik der wirtschaftlichen Rechnungsführung auf die Sowjetwirtschaft anwenden wollten. Die vom Ministerpräsidenten der UdSSR, Kosygin, vorangetriebene und nach ihm benannte Reform geriet angesichts der reaktionären Kehre im ZK und der Machtübernahme durch die Apparatschiks zum Rohrkrepierer. Die noch von Chruschtschow eingeführten Volkswirtschaftsräte, die eine Dezentralisierung der Entscheidungen ermöglichen sollten, wurden aufgelöst. Dafür wurden auf zentraler, auf Unionsebene wieder unzählige Fachministerien gebildet, die streng zentralistisch und bürokratisch Wirtschaftslenkung als Staatsaufgabe wahrnahmen und mithin völlig fiktionale Entscheidungen trafen. Was sie vor allem produzierten, war eine Scheinwirklichkeit. Die klaffende Lücke zwischen Realität und Fiktion, die jeder Funktionär, der noch Kontakt zur Realität und zum normalen Leben unterhielt, mit Grauen sah, sollte so weit auseinander driften, dass Gorbatschow sie in der Perestroika nicht mehr zu schließen vermochte. Ende der sechziger Jahre war man in der Sowjetunion im Grunde an der letzten Ausfahrt vor der Katastrophe des Systems angekommen, doch ein durch und durch realitätsblinder

Apparat voller strammer Parteisoldaten fürchtete Reformen, fürchtete Veränderungen, fürchtete, dass er mit dem wirklichen Leben in Berührung kam. Vor dem Leben bewahrte sie der KGB, vor der Wirklichkeit der billige Fusel der Ideologie, mit dem sie sich das letzte Denkvermögen wegtranken. Für Gorbatschow bedeutete das Scheitern der Kosygin-Reform einen ungeheuren Tiefschlag, eine Unruhe, die sich im Magen ausbreitete. Darüber sprach er mit Freund Mlynář, der ihm enthusiastisch von den Reformen im tschechoslowakischen Bruderstaat erzählte. Der Sozialismus mit menschlichem Antlitz, der dort versucht wurde, beeindruckte Gorbatschow. Das war es, was auch er für notwendig hielt. Er konnte dem Freund nur gutes Gelingen wünschen – im eigenen Interesse. Wenn die beiden sich zu sehr ereiferten, bremste Raissa, die Vorsichtige, ihren Mann und warnte ihn. Und hämmerte ihm immer wieder ein, dass er abwarten müsse. Der Vogel, der zu früh singt, den holt die Katze. Und wie Recht sie hatte.

Anfang 1968 wurde Alexander Dubček Chef der tschechoslowakischen Kommunisten und begann mit seinen Mitstreitern Mlynář, Černik, Pelikan, Sik, Smrkovsky den Kommunismus zu demokratisieren. Dabei wollten sie nicht mit Moskau brechen, schon gar nicht Dubček, der seine Kindheit und Jugend in der UdSSR verbracht hatte. Doch hatten sie den sozialistischen Internationalismus gründlich missverstanden, wenn sie meinten, dass er gleichberechtigte Beziehungen der sozialistischen Bruderländer untereinander und zur UdSSR meinte anstatt die völlige Unterwerfung unter die älteste und erfolgreichste kommunistische Partei und deren Führer, unter die KPdSU und unter Leonid Breschnew. Sozialistischer Internationalismus hieß in der Praxis vollständige nationale Unterwerfung, im Reich der Gleichen war Big Brother gleicher als die anderen. Breschnew versuchte, Dubček ins Gewissen zu reden, doch der wusste sich im Recht. Als das nichts nützte, hetzte er den tristen Klub seiner Marionetten auf, um Dubček unter Druck zu setzen. Und die alten Gauner, Ulbricht, der die Ostdeutschen einmauern, Kádár, der die ungarische Demokratiebewegung im Blut ersticken ließ, marschierten los, um dem Genossen Dubček gute Ratschläge zu erteilen und unmissverständlich zu drohen. Schaut man sich historisch präzise das Handeln des kommunistischen Führungspersonals an, fühlt man sich nicht selten in eine Mafiaposse versetzt, die nur unendlich brutaler war und mehr Menschenleben und Menschenglück kostete. Mikojan, der sein Leben im sowjetischen Machtzentrum verbrachte, brachte es gegen Ende seines Lebens auf den Punkt:»Wir alle waren Erzgauner.«

Da die tschechoslowakischen Kommunisten von ihrer Sache zutiefst überzeugt waren und sich nicht auf Linie bringen ließen, benötigte man dringend einen Vorwand. Dummerweise fand sich kein tschechoslowakischer Kádár. Ein paar Stalinisten, die ihrer Ämter enthoben worden waren, wie Antonin Kapek, schrieben zwar nach Moskau und baten um Hilfe, weil sonst die Konterrevolution siegen würde. Doch reichten die Briefe, die ihre Verfasser aus Angst vor ihrem Volk auch nicht veröffentlicht sehen wollten, keineswegs aus, um einer Invasion einen halbwegs legitimen Anstrich zu geben, sodass ein anderer Weg beschlossen wurde. Die spätere Friedensbewegung, wäre sie auch nur ein wenig an der Geschichte interessiert gewesen, hätte hier studieren können, was es hieß, lieber rot als tot zu sein, als nämlich die Truppen der friedliebenden Sowjetunion mit militärischer Unterstützung anderer Einheiten des friedliebenden Warschauer Vertrages in die ČSSR einmarschierten. Panzer, die eine schwarze Wolga-Limousine der sowjetischen Botschaft im Schlepptau führten, fuhren in Prag vor das Gebäude des ZK. Und wie in einem amerikanischen B-Movie stürmten Sowjetsoldaten mit Maschinengewehren im Anschlag das Regierungsgebäude eines fremden, souveränen Staates, trieben unter vorgehaltenen Waffen die Regierung aus dem Gebäude, transportierten sie wie Geiseln zum Flughafen, prügelten sie mit Kolbenstößen zum Flugzeug und verschleppten sie am helllichten Tag nach Moskau. Das geschah im August 1968 in Mitteleuropa, nicht irgendwo am Rande der Welt in einer Bananenrepublik. Und wie fast auf den Tag genau vor 30 Jahren verrieten die Westmächte wieder die Tschechoslowakei und nahmen die sowjetische Invasion mit lahmem Protest hin. Durch den engen zeitlichen Zusammenhang mochte es scheinen, als konzipierte Willy Brandt fast wie zur Belohnung und Bestätigung der sowjetischen Machthaber seine neue Ostpolitik. Sicher beinhaltete die Ostpolitik große positive Aspekte, über die hinlänglich gesprochen, die beinah schon ein wenig mystifiziert wurden. Deshalb ist es wichtig ihre Kehrseite mitzubedenken, die darin bestand, der Opposition in den osteuropäischen Ländern zu schaden und die Unrechtsregime zu stärken.

In Moskau angekommen, wurden in langen Verhandlungen die gefangenen Tschechoslowaken dazu gezwungen, den sowjetischen Einmarsch zu akzeptieren. Um ein Blutvergießen zu verhindern, um zu vermeiden, dass aufgebrachte Tschechen und Slowaken mit bloßen Händen gegen schwer bewaffnete Soldateska anrannten und unweigerlich massakriert worden wären, stimmten sie dem sowjetischen Protokoll zu und kehrten gedemütigt und ihrer Ämter enthoben nach Prag zurück.

Zur gleichen Zeit, Anfang August 1968, wurde Gorbatschow zum 2. Sekretär des Regionsparteikomitees gewählt. Der 1. Sekretär des Gebietsparteikomitees Karatschai-Tscherkessien verließ seine Familie und zog zu einer anderen Frau. Das empörte die Gralswächter der sozialistischen Moral, sodass er abgelöst wurde und durch den 2. Sekretär des Regionsparteikomitees der Region Stawropol ersetzt wurde. Der Posten des 2. Sekretärs war nun vakant. Im fernen Moskau kam Gorbatschows Förderer Kulakow auf die Idee, seinen jungen Mann auf diese Stelle zu schieben. Ob Gorbatschow selbst Kulakow auf die Idee brachte, wird sich nicht mehr ermitteln lassen, aber seine Arbeit als 1. Sekretär des Stadtparteikomitees wies ihn jedenfalls als fähigen, zuverlässigen und loyalen jungen Funktionär mit großen politischen Talenten aus. Beschwerden kamen nicht. Und in Stawropol, das Kulakow aus eigener Zeit gut kannte, ging es gut voran. Am 5. August wurde Gorbatschow vom ZK bestätigt. Jefremow ging in den Urlaub, und der 2. Sekretär bekam ein Sommertheater ganz eigener Art geboten, mit dem er in dieser Konsequenz nicht gerechnet hatte. Er wusste von seinem Freund Mlynář, der ihn vor knapp einem Jahr besucht hatte, aus erster Hand, was die tschechoslowakischen Genossen vorhatten. Das fand seine Billigung. Er erlebte, wie die offizielle Kritik seiner Parteichefs an dem tschechoslowakischen Reformkurs heftiger, bitterer, dümmer und gemeiner wurde. Schließlich verkündeten die sowjetischen Medien die Ruhmestat der Sowjetarmee und der verbündeten Streitkräfte, das Volk der Tschechen und Slowaken vor der Konterrevolution gerettet zu haben. Ihm musste sich bei diesen Meldungen der Magen umgedreht haben. Nun erhielt er die Weisung des Politbüros und die verschärfenden Instruktionen seines 1. Sekretärs, der im Urlaub weilte, wonach er die Prager Ereignisse auszuwerten und die Konterrevolution und den Revisionismus harsch zu verurteilen hatte. Eine Kampagne zu organisieren und durchzuführen gegen das, was er eigentlich für richtig hielt? Sie nicht durchzuführen, klar für den Prager Frühling Stellung zu beziehen, wäre so ehrlich wie selbstmörderisch gewesen. Das war der klassische Scheidepunkt. Entweder Reformer oder Dissident. In diesen Tagen bildete sich in Moskau und Leningrad der beherzte und außerordentlich mutige Protest weniger sehr engagierter Männer und Frauen, Intellektueller und Künstler, die brutal verfolgt, verbannt, in die immer noch existierenden Gulags oder in die Nervenheilanstalten verschleppt wurden. Die Idee, Regimekritiker in die Psychiatrie einzuweisen, ging eigentlich auf Chruschtschow zurück, doch erst unter Breschnew und dem KGB-Chef Andropow wurde sie so exzessiv in die Praxis umgesetzt. Der Kommunismus ist die beste Idee der Welt und der Genosse Breschnew das große Glück aller Menschen. Wer das nicht einsieht und anderer Meinung ist, kann nicht ganz richtig im Kopf, der kann nur wahnsinnig sein. Und wer wahnsinnig ist, der gehört in die Psychiatrie. Eigentlich doch ein humaner Akt, den man den armen Irren zuteil werden lässt. Man muss sich mit dem blanken Zynismus dieser Argumentation nicht weiter auseinander setzen.

Der Weg des öffentlichen Protests, des kühnen Versuchs, die Bevölkerung wachzurütteln, reichte kaum über die Stadtgrenzen hinaus. So wichtig er war, so folgenlos blieb er auch. Allerdings entstand aus dieser Bewegung der Samisdat, der Selbstverlag, wenn man so will eine parallele Öffentlichkeit. Literarische, politische und philosophische Texte, die aus rein ideologischen Gründen keine Chance auf Veröffentlichung hatten, wurden nun hektografiert und herausgegeben und in künstlerischen und intellektuellen Kreisen von Hand zu Hand verbreitet.

Der andere Weg bestand darin, mit den Wölfen zu heulen und darauf zu hoffen und zu warten, Veränderungen durchzusetzen. Gorbatschow konnte sich nur vorstellen, in und mit seiner Partei zu wirken. Deshalb führte er wider besseres Wissen die Kampagne, die man von ihm erwartete, auch korrekt durch. Seine ganze Karriere hatte er die Umschwünge erlebt, mal ging es voran, dann verebbte jede Bewegung wieder. Auf der einen Seite marschierten sowjetische Truppen in Ungarn ein, auf der anderen Seite trieb Chruschtschow die Entstalinisierung weiter und es konnten kritische Werke wie die von Solschenizyn erscheinen. Auf der einen Seite verurteilte die Führung die Prager Reformideen, auf der anderen Seite gab es in der Sowjetunion immer noch eine breite Diskussion der Wirtschaftsreformen, die auf den Ideen von Lisitschkin beruhte und die Ministerpräsident Kosygin realisieren wollte, auch wenn die Begeisterung in der Nomenklatura dafür sehr abgeflaut war.

Dass er sich die Situation ein wenig schönredete, musste Gorbatschow alsbald schon sehr direkt erfahren. Professor Sadykow, der Philosophie an der Landwirtschaftlichen Hochschule lehrte, veröffentlichte in einem Verlag in der Region ein Buch mit dem Titel *Die Einheit des Volkes und die Widersprüche des Sozialismus*. Geschrieben war es Mitte der sechziger Jahre, als das Klima der gesellschaftlichen Diskussion noch die relative Offenheit der Chruschtschow-Zeit atmete, Kosygin an der grundlegenden Wirtschaftsreform arbeitete und die Frage gestellt wurde, wie man den Sozialismus verbessern konnte, um eines Tages den Kommunismus aufzubauen. War bereits diese Diskussion dem Apparatschik Breschnew ein Dorn im Auge, fand er in den Ereignissen des Prager Frühlings für sich und seine Kumpane die Rechtfertigung, gegen jedes auch nur halbwegs eigenständige Denken abseits der toten und leeren Formeln eines byzantinischen Marxismus brutal vorzugehen. Das Regionsparteikomitee bekam aus Moskau die Weisung, den Verfasser zur Rechenschaft zu ziehen und das Buch »herunterzumachen«. Der Ideologie-Sekretär, der bereits unter Kulakow gegen Gorbatschow intrigierte, weil selbst der linientreue Gorbatschow ihm nicht orthodox genug war, forderte den Ausschluss Sadykows aus der Partei. Jefremow schloss sich dem nicht an, Gorbatschow tat, was man von ihm erwartete, er kritisierte das Buch wider besseres Wissen in Grund und Boden. Das Buch wurde zurückgezogen, Sadykow wurde zwar nicht aus der Partei ausgeschlossen, aber er erhielt eine Rüge und wurde als Leiter des Lehrstuhls abgelöst. So gebrandmarkt, verließ er alsbald Stawropol und ging an eine andere Hochschule in der Provinz. Gorbatschow glaubte zwar nicht anders handeln zu können, und Raissa unterstützte ihn in dieser Ansicht, dennoch wusste er, dass er sich menschlich nicht integer verhalten hatte. Sadykow wurde schweres Unrecht angetan. Und Gorbatschow war unter denen, die ihm dieses Unrecht widerfahren ließen, anstatt ihn zu schützen, wie es ihre Pflicht gewesen wäre. Die Affäre stellte für ihn als Parteifunktionär wie auch persönlich einen Sündenfall dar. Sollte er sich opfern, sollte er sich weigern mitzumachen und sich jeglicher Möglichkeit berauben, Einfluss zu nehmen? Er glaubte immer noch an das System, es war seiner Ansicht nach stark genug, auch Verirrungen und fehlerhafte Phasen zu überstehen, um sich dann mit noch größerer Dynamik vorwärts zu entwickeln. Dennoch spürte er, dass die ungute Veränderung in der Gesellschaft, die beginnende Lähmung, die er erlebte, sich vertiefte und eine Weile dauern könnte. Wohin entwickelte sich die Gesellschaft? Was machte diese Entwicklung aus jedem von ihnen? Waren sie wie die Lemminge, die blind im Schwarm ihrem Untergang entgegenschwammen? Durchstehen oder opponieren – das war die Frage, die sich ihm in aller Konsequenz stellte! Verborgener, heimlicher Reformer sein oder öffentlicher Dissident?

Teil 4

Kapitel 16

Der Parteisoldat

> Der einzelne hat zwei Augen
> Die Partei hat tausend Augen.
> Die Partei sieht sieben Staaten
> Der einzelne sieht eine Stadt.
> Der einzelne hat seine Stunde
> Aber die Partei hat viele Stunden.
> Der einzelne kann vernichtet werden
> Aber die Partei kann nicht vernichtet werden
> Denn sie ist der Vortrupp der Massen
> Und führt ihren Kampf
> Mit den Methoden der Klassiker, welche geschöpft sind
> Aus der Kenntnis der Wirklichkeit.
>
> *Bertolt Brecht*

Die Zeit zwischen 1967 und 1970 verlangte Gorbatschow grundsätzliche Entscheidungen ab. Zdeněk Mlynář, der bewunderte Freund, hatte ihm eine Alternative aufgezeigt, den Weg, wie das System zu verbessern wäre, gleichzeitig aber reagierte die neue Führung der KPdSU unter Breschnew brutal und ausgesprochen feindselig auf jeden Versuch, etwas zu verändern, etwas zu entwickeln, überhaupt auf jede Form von Bewegung und Denken im Land. Die Gesellschaft stand am Scheideweg. Für jeden, der über die gesellschaftliche Entwicklung nachdachte, stellte sich die Frage: Einfügen oder opponieren. Fast alle Bürger der Sowjetunion, denen man durch den Terror der Bolschewiki, sei es unter Lenin, sei es unter Stalin, jede Initiative, jede freie Meinungsäußerung ausgetrieben und sie von allen Informationen ferngehalten hatte, fügten sich widerspruchslos in die beschränkte Form von Existenz, die ihnen eine paternalistisch-totalitäre Partei zuwies. Diese Tradition der Unterdrückung riss selbst in der liberaleren Zeit des Tauwetters nicht ab. Selbst unter Chruschtschow kam es zu Willkürakten, von denen weder die Welt noch die

Sowjetbürger noch ein Funktionär auf mittlerer Ebene wie Gorbatschow etwas erfuhr: Am Morgen des 1. Juni 1962 versammelten sich die Arbeiter des E-Lok-Werkes von Nowotscherkassk auf dem Werkhof. Die wiederholte Überprüfung der Arbeitsnormen hatte zur Folge gehabt, dass die Löhne der Arbeiter real um 30 Prozent gesunken waren. Die Arbeiter diskutierten heftig und erzürnt über die gleichzeitige Erhöhung der Einzelhandelspreise für Fleisch- und Milchprodukte, über den Mangel an Sicherheit am Arbeitsplatz und die miserablen Arbeitsbedingungen. Die weitere Verschlechterung der Lebensbedingungen wollten und konnten sie nicht länger hinnehmen. Sie verlangten, dass der Direktor ihnen Rede und Antwort stünde. Der ließ sich zwar dazu herab, im Hof zu erscheinen, aber nur, um den Arbeitern zu verdeutlichen, dass er es als sowjetischer Funktionär, von der Partei auf diesen Posten gestellt, nicht nötig habe zu diskutieren. Er war nur erschienen, um sie aufzufordern, wieder an die Arbeit zurückzukehren, andernfalls würde es zu Lohnabzug kommen. Als die Arbeiter ihn fragten, wie sie bitte sich und ihre Familien ernähren sollten, antwortete der nur zynisch: »Wenn ihr kein Geld für Brot habt, dann fresst halt Brötchen mit Geschlinge.« Das war der berühmte Tropfen, der das Fass zum Überlaufen brachte. Die Arbeiter formierten sich zu einem Demonstrationszug, der durch die Stadt führte. Durch die spontane Aktion der Arbeiter zutiefst erschreckt, traf bereits mittags das Mitglied des ZK-Präsidiums Kirilenko im zuständigen Verwaltungszentrum in Rostow am Don ein und beschimpfte wegen ihrer Untätigkeit den Chef des Militärbezirkes General Plijew und den Chef der Politverwaltung General Iwaschenko. Mit Chruschtschows Einverständnis befahl er, Armeeeinheiten gegen die unbewaffneten Arbeiter einzusetzen. Die gleiche Aktion, die für die Funktionäre der Arbeiterklasse im Kapitalismus legitimer Klassenkampf war, galt ihnen im Vaterland der Werktätigen als schieres Rowdytum. Am Nachmittag begaben sich Kirilenko, Plijew und Iwaschenko nach Nowotscherkassk. Mikojan, Koslow, Schelepin sowie hohe Funktionäre des KGB und der Truppen des Innenministeriums trafen noch am 1. Juni ein. Am 2. Juni schlossen sich die Arbeiter weiterer Betriebe den Lok-Werkern an. Sie zogen in einem friedlichen, unbewaffneten Demonstrationszug mit roten Fahnen und Leninbildern ins Zentrum der Stadt. Nicht wenige Frauen und Kindern folgten dem Zug. Die Szenerie ähnelte den bekannten Bildern aus Eisensteins Film *Panzerkreuzer Potemkin*. Doch im Gebäude des Parteikomitees saßen keine zaristischen Beamten und Generäle, sondern die Vertreter der Arbeiterklasse, die den Befehl gaben, auf die Arbeiter, die sich inzwischen mit ihren Familien gut 100 Meter dem Gebäude genähert hatten, das Feuer zu eröffnen. 20 Demonstranten wurden erschossen, 87 verletzt. Die Partei der Arbeiterklasse hielt mit der Arbeiterklasse grausame Abrechnung: 116 Menschen wurden verurteilt, sieben von ihnen zum Tod durch Erschießen – das wurde dann nach guter alter bolschewistischer Tradition auch sogleich vollstreckt –, die anderen erhielten lange Haftstrafen, zwischen zehn und fünfzehn Jahren. Und wofür? Für eine friedliche Demonstration, die sich mit ihren Transparenten, roten Fahnen und Leninbildern ausdrücklich zum Sozialismus und zur Sowjetunion bekannte und lediglich auf Missstände aufmerksam machen wollte. Schließlich konnte Michail doch noch einen kleinen Artikel am 6. Juni über die Ereignisse von Nowotscherkassk in der *Prawda* lesen: Die Arbeiter hätten die Erhöhung der Einzelhandelspreise »richtig eingeschätzt«, das hatten sie auch tatsächlich. Nur wurde jetzt jedem Leser das Gegenteil erzählt: sie seien für die Erhöhung der Preise gewesen, und die Arbeiter des E-Lok-Werkes arbeiteten »schön und gut«. Ein Teil der Werktätigen war inzwischen allerdings im Gulag. Da sparte der Staat den Lohn ganz ein. Diesen Fakt vergaß natürlich die *Prawda* zu erwähnen, obwohl der Name der Zeitung zu Deutsch »die Wahrheit« bedeutet.

Nach diesen ständigen und niemals versiegenden Disziplinierungsmaßnahmen durfte niemand, der dem Regime widerstand und die Einhaltung der Menschenrechte einklagte, sich Hoffnungen hingeben, vom Volk gehört und unterstützt zu werden. Dem Volk hatte man Initiative und freie Meinungsäußerung gründlich ausgetrieben. Umso mutiger war die Entscheidung von Menschen, die ihr Gewissen nicht länger beruhigen konnten, einen einsamen und persönlich opferbereiten Kampf für Menschenrechte und Meinungsfreiheit noch am Ende der sechziger Jahre zu beginnen, als alle Hoffnungen auf Veränderung Schiffbruch erlitten und Breschnew das Land in eine gerontologische Station mit KGB-Leuten als Pflegepersonal verwandelt hatte.

Auch wenn Gorbatschow von den Ereignissen in Nowotscherkassk nichts erfuhr, spürte er doch das Ende der Reformwilligkeit sehr deutlich, sah, wie die Kosygin-Reform im Sande verlief, wie der Prager Frühling zusammengeschossen wurde und überzeugte Kommunisten wie sein Freund Mlynář als Konterrevolutionäre beschimpft ins westeuropäische Exil flohen. Ihm selbst wurde die Hauptrolle bei der parteilichen Auswertung des Prager Frühlings in der Region Stawropol aufgetragen. Er lobte wider besseres Wissen die großzügige Unterstützung, die die Sowjetunion dem tschechoslowakischen Volk bei der Abwehr der Konterrevolution gewährt hatte, so wie es die offizielle Linie der Partei vorgab. Kurz darauf spielte er eine wichtige Rolle, als dem einheimischen Ketzer Sadykow auf Anweisung aus Moskau die Instrumente gezeigt werden sollten. Und der junge Funktionär, wie sehr ihn auch innere Zweifel anfochten, exekutierte linientreu, was man von ihm verlangte, ohne Wenn und Aber, ohne Abstriche, denn er hatte sich längst entschieden, der Partei zu dienen. Bei allen Mängeln und allen Widersprüchen schien sie ihm dennoch das einzige Instrument zu sein, mit dem sich eine lichte Zukunft verwirklichen ließ. Der Glaube an die Partei, die das Paradies auf Erden verwirklichen würde, triumphierte über alle Zweifel und Widersprüche. Diesen realitätsblinden Glauben, diese totale Indoktrination können wir uns heute kaum vorstellen. In der Literatur der sozialistischen Schriftsteller, von Brechts *Maßnahme* und seinen kommunistischen Gedichten bis zu den Werken von Maxim Gorki (*Die Mutter*), Nikolai Ostrowski (*Wie der Stahl gehärtet wurde*) und den Abertausend Geschichten über den Genossen Lenin, begegnet uns diese Gläubigkeit und berührt uns peinlich in ihrem naiven Paternalismus und Führerkult.

Sadykow wurde als Leiter des Lehrstuhls für Philosophie abgelöst, weil er es gewagt hatte, im durchaus kommunistischen Sinn über die Widersprüche im Sozialismus zu schreiben. Nicht weil Gorbatschow für ihn eingetreten wäre, sondern der gutmütige Jefremow einen Parteiausschluss für übertrieben hielt, bekam Sadykow »nur« eine strenge Parteirüge. Der Ausschluss aus der Partei hätte seine soziale

Existenz vernichtet, so durfte er zumindest weiter an der Hochschule lehren. Der Gemaßregelte, der ja kein Dissident, sondern ein treuer Marxist war, hielt es in Stawropol nicht länger aus, denn nun galt er ja in diesem überschaubaren Ort für alle als Reaktionär, als Aussätziger, als Paria und zog sich mit gramvollem Herzen noch tiefer in die Provinz zurück. Sadykow verstand die Welt nicht mehr, und er hatte auch allen Grund dazu. Bevor sein Buch veröffentlicht wurde, hatten es ZK-Funktionäre in Moskau diskutiert und für unbedenklich befunden. Die Drucklegung hatte sich nur, wie immer, etwas verspätet. Und genau das wurde Sadykow zum Verhängnis: Was gestern noch unter Chruschtschow von höchster Stelle akzeptiert und diskutiert wurde, galt heute nach Breschnews reaktionärer Kehre als revisionistisch, als Ketzerei. Später räumte Gorbatschow ein, dass man Sadykow damals schweres Unrecht antat, doch hatte auch er damals nicht versucht, dessen Los zu erleichtern. Er gehörte zu den Falken, und nicht er, sondern sein Chef Jefremow fiel dem ideologischen Provinzscharfrichter Lichota in den Arm. Dabei arbeiteten Sadykow und Raissa als Kollegen zusammen. Natürlich hätte Gorbatschow Sadykow nicht retten können und wäre nur selbst in Ungnade, ja ins Bodenlose gefallen. Partei für den Abweichler zu ergreifen, hätte die Situation für alle Beteiligten, auch für Sadykow, verschlimmert, weil sich dann in Stawropol ein »oppositionelles Zentrum«, eine »Fraktion« gezeigt hätte, statt eines Einzelnen, der sich irrte. Die Weisung lautete »heruntermachen«, jedoch mit welcher Konsequenz, blieb offen. Lichota wollte ein Exempel statuieren, Jefremow die Weisung erfüllen, dann aber Ruhe haben, und Gorbatschow stellte sich als prinzipienfester Genosse dar. Etwas weniger Prinzipienfestigkeit hätte ihm zwar auch nicht geschadet, aber er befand sich auf dem Weg zum 1. Sekretär, den nächsten Karrieresprung fest im Blick. Dafür hatte er bereits die Ideen seines Freundes Mlynář verraten, die er durchaus teilte, da würde er nun auch in der Causa Sadykow nicht zimperlich agieren. Er wollte keine halbe Parteikarriere. Und gewisse Andeutungen aus Moskau bestätigten ihm, dass durchaus Höheres im Bereich des Möglichen lag. Im Übrigen gab es nur den Karriereweg über die Partei, Alternativen in einem Einparteiensystem existierten schlichtweg nicht.

Im Frühjahr 1969 kam es für Michail Gorbatschow zur zweiten außerordentlich wichtigen, vielleicht sogar zur wichtigsten Begegnung seines Lebens. Bedeutete es für ihn bereits einen Glücksfall, mit Kulakow, seinem Gönner im fernen Moskau, zusammengearbeitet und sich mit ihm angefreundet zu haben, so gelang ihm nun die entscheidende Bekanntschaft: mit Juri Wladimirowitsch Andropow, neben Suslow der mächtigste Mann im Politbüro unter Breschnew, außerdem Chef des KGB. Andropow verbrachte seinen Urlaub wie immer in Kislowodsk. Zu den Pflichten des 1. Sekretärs des Regionsparteikomitees gehörte es, die zur Erholung und zum Urlaub einreffenden Politbüromitglieder zu begrüßen. Andropow verspürte wenig Lust, Chruschtschows ehemals rechte Hand Jefremow zu treffen, der nun 1. Sekretär in Stawropol war. Um den Eklat durch die brüskierende Zurückweisung zu vertuschen, bot sich Gorbatschow an, in die Bresche zu springen. So kam es schließlich doch noch zu der offiziellen Begrüßung des Politbüromitglieds des ZK der KPdSU durch das Regionskomitee Stawropol, wenngleich nur durch seinen 2. Sekretär Michail Gorbatschow. Fast 15 Jahre hatte Michail inzwischen hauptamtlich im Komsomol- und Parteiapparat verbracht und Stufe für Stufe nicht nur Karriere gemacht, sondern immer eine höhere Form der Apparatspiele kennen gelernt. Kontaktfreudig und ausgesprochen neugierig, gesegnet mit einem echten und authentisch wirkenden Interesse an Menschen, war er ohnehin. Also packte er die Chance beim Schopfe, den mächtigen Mann, dessen Spezialität es war, hinter den Kulissen zu wirken, seine Aufwartung zu machen. Im Sanatorium »Dubowaja roschtscha« hatte der allmächtige KGB-Chef eine Dreizimmer-Suite bezogen. Zunächst, wie es sich für die Mächtigen dieser Welt gehört, ließ er den jungen Funktionär 40 Minuten warten, um ihm Zeit zu geben, darüber nachzudenken, welch bedeutenden Mann der junge Funktionär gleich kennen lernen durfte. Dann kam Andropow freundlich in den Vorraum, fast entschuldigend, dass ihn wichtige Amtsgeschäfte aufhielten. Er kam gleich zur Sache: Er habe mit Moskau telefoniert. Es gebe gute Nachrichten. Gustav Husák war zum Ersten Sekretär der KP der Tschechoslowakei gewählt worden. Im Klartext: Moskau hatte seinen willigen Statthalter durchgesetzt, und die Prager Angelegenheit war damit zur völligen Zufriedenheit des sowjetischen Imperialismus beendet. Redseligkeit gehörte nicht zu Andropows Lastern. Die vermeintliche informative Bemerkung diente in Wirklichkeit als Test. Andropow kannte nicht nur Gorbatschows Akte, er wusste, dass einer der Prager Ketzer, Mlynář, nicht nur ein Studienfreund des jungen Mannes war, sondern ihn auch vor anderthalb Jahren in Stawropol besucht hatte. Doch Gorbatschow, der bereits den Prager Frühling heftig verurteilt hatte, quittierte die Information mit echt wirkender Erleichterung. Er verstand genau Andropows hinter der Information lauernde Frage und beantwortete sie zur Zufriedenheit des hohen Funktionärs. Im Patronagesystem der KPdSU existierte eine doppelte Abhängigkeit: So entscheidend für die eigene Karriere es war, dass man einen Gönner weiter oben besaß, so wichtig wurde es für den Gönner zur Festigung seiner Hausmacht, ein möglichst dichtes und auf den verschiedenen Parteiebenen arbeitendes einflussreiches Netzwerk von Günstlingen zu unterhalten. Macht musste immer wieder austariert werden. So lautete die Spielregel. Spätestens wenn sich die Günstlinge abwendeten, wusste der Gönner, dass er seine Macht verloren hatte. Allerdings geschah der Prozess meist in anderer Richtung: Wenn der Gönner fiel, mussten die Günstlinge sich schnell absentieren, um nicht mit in den Abgrund gerissen zu werden. Gorbatschow konnte bei diesem ersten Treffen Andropow für sich einnehmen. Er stellte sich als absolut linientreuen und prinzipienfesten Parteisoldaten dar, der kein Speichellecker war, sondern dem es allein um die Sache ging. Aus den Akten wusste Andropow ohnehin, dass Gorbatschow sich weder kaufen ließ noch übermäßig dem Alkohol zusprach, wie es leider bei allzu vielen Funktionären vorkam. Im Gegenteil, der junge Mann vermied jede persönliche Vorteilnahme im Amt, lebte bescheiden und maßvoll. Ein Mann ganz nach Andropows Gusto.

Unter Andropows Leitung wurde der KGB immer mehr zum Staat im Staate. Als Politbüromitglied konnte er den KGB zunehmend der Kontrolle des Politbüros und des Generalsekretärs entziehen. Und nicht nur das, er ließ das ZK-Gebäude verwanzen und seine Kollegen abhören. Über alles und jeden war Andropow, der Aktenfresser, informiert. Im Übrigen nicht nur über gegenwärtige, sondern auch über vergangene Vorgänge. Nach der Öffnung des Parteiarchivs unter Jelzin fand man in den Akten über den deutsch-sowjetischen Nichtangriffspakt von 1939, die auch das geheime Zusatzprotokoll enthielten, und über die Ermordung der polnischen Offiziere in Katyn die Paraphe Andropows: ein Beweis, dass er diese Akten zur Kenntnis genommen hatte. Aber auch unter Andropow wurde weiterhin die Existenz des geheimen Zusatzprotokolls bestritten und die Schuld am Massaker von Katyn der deutschen Wehrmacht zugeschoben. Warum? Andropow fürchtete, die Wahrheit könne der KPdSU schaden. Nicht dem Wohl das Landes, nicht der marxistisch-leninistischen Lehre, nicht dem Kommunismus gebührte Priorität – obwohl ihm das alles wichtig blieb –, nein wirkliche Priorität kam allein dem Wohl und Wehe der Partei zu. Er hatte die Apparatschule durchlaufen mit dem Ergebnis, dass er sich im Denken, Fühlen und Handeln in erster Linie als kompromissloser Parteisoldat empfand. Eher durfte die Welt zum Teufel gehen als die Partei. Für ihn blieb die Wahrheit wie für alle Bolschewiki seit Lenin eine Funktion der Macht, was in dem Euphemismus der Dialektik von Strategie und Taktik ausgedrückt wurde. Im Grunde erlaubte dieser Euphemismus zu lügen, dass sich die Balken bogen. Der Kommunist Bertolt Brecht hatte daraus noch eine Tugend gemacht in seiner Schrift: »Fünf Schwierigkeiten beim Sagen der Wahrheit« – dabei ist es, wenn man das ganze Gespinst von Strategie und Taktik wegnimmt, geradezu simpel: Wer Schwierigkeiten beim Sagen der Wahrheit empfindet, ist ein Lügner. In dieser hermetischen Tradition wurde auch Gorbatschow sozialisiert. So saßen sich an diesem freundlichen Sommertag in Kislowodsk zwei Parteisoldaten gegenüber und erkannten einander. Mochte Michail auch Zweifel hegen an der Richtigkeit des Einmarsches in Prag, sollte er auch mit Wehmut an seinen Freund Zdeněk Mlynář denken, die Partei hatte entschieden und die Linie vorgegeben, die der junge Funktionär vollständig umsetzte, denn die Partei hatte immer Recht. Andropow, der in Stawropol geboren wurde, begegnete an diesem Tag einem jungen, sehr nützlichen Landsmann und nahm sich fest vor, ihn im Auge zu behalten. Und er blieb nicht der Einzige, der seine Karriere wohlwollend beobachtete. Der Chefideologe der Partei, der überdies über den Funktionärsapparat der Partei wachte, Michail Suslow, ebenfalls bekannt als großer Asket, hatte während des Krieges die Parteiorganisation des Gebietes Stawropol und den Partisanenkampf geleitet. Aus dieser Zeit kannte er Michails Großvater, Pantelej.

Michail hatte als 2. Sekretär die Stufe im Apparat erreicht, auf der man bereits die Chance hatte, ins Blickfeld der Himmelsbewohner zu geraten. Und er tat alles dafür, dass es auch geschah.

Kurz nach der Begegnung mit Andropow examinierten seine Gönner ihn. Das Examensthema lautete: Bewährung an der ideologischen Front. Ausgerechnet er musste im Herbst 1969 mit einer Delegation in die Tschechoslowakei reisen, um den tschechischen Genossen ideologische Schützenhilfe zu leisten bei der ideologischen Ausrottung der Ideen des Prager Frühlings. Die Unterdrückten sollten jetzt lernen, auch heftige Freude an der Unterdrückung zu empfinden. Freund Mlynář lebte bereits im Exil. Andropow wollte Michail prüfen und seine Prinzipienfestigkeit erproben, schien er doch gewisse Sympathien für den Prager Frühling gehegt zu haben. Die Zusammenstellung der Delegation spiegelte die Absicht der Moskauer Genossen wider. Ein anderer jüngerer Genosse sollte sich bei dieser Reise ebenfalls erste Meriten erwerben und auf höhere Verwendung geprüft werden, der Parteisekretär von Tomsk: Jegor Ligatschow. Beide Funktionäre verstanden sich bestens, denn sie ähnelten sich in ihrer Prinzipienfestigkeit, in ihrem gehorsamen Parteisoldatentum, in ihrer Abneigung gegen Funktionäre, die sich als absolute Fürsten aufspielten und ihrem Hass auf die allgemeine Korruption, die unter Breschnew zu blühen begann. Den beiden jungen Funktionären wurde ein Komsomol-ZK-Mitglied beigegeben, der den Moskauer Genossen Bericht erstatten würde über das Verhalten beider Prüflinge. Es war nicht Gorbatschows erste Auslandsreise, zuvor hatte er bereits die DDR und Bulgarien besucht.

Aber es sollte seine komplizierteste sein. Er fuhr in ein besetztes Land, dem man Gewalt angetan hatte und dessen Wunden bluteten. In Prag, Bratislava und Brno spürte er die Feindseligkeit der Bevölkerung, las an den Häuserwänden antisowjetische Parolen. Die Szenerie blieb gespenstisch. Die Diskussionen im Parteiapparat verliefen lau. Aus Sicherheitsgründen ließ man die sowjetischen Genossen nicht zu den Arbeitern in die Betriebe, trauten sich doch nicht einmal die

Die ersten Auslandsreisen: 1966 besucht Gorbatschow die DDR und informiert sich über die Landwirtschaft im Bruderland.

tschechoslowakischen Funktionäre selbst in die Werkhallen, als müssten sie in die Höhle des Löwen. In Brno durften sie dann doch noch unter strengen Sicherheitsvorkehrungen ein Werk besuchen. Doch es kam zu keinen Gesprächen. Die Arbeiter wendeten sich demonstrativ ab. Die Mitglieder des Parteikomitees des Werkes, die wenigstens zu einem Gespräch zur Verfügung standen, sagten ihren sowjetischen Genossen, dass sie die sowjetische Intervention für einen Gewaltakt hielten und ihn verurteilten. In Brno selbst kam es noch gut einen Monat vor Gorbatschows Eintreffen zu Massenkundgebungen gegen die sowjetische Annektion. In Bratislava entdeckte Michail, als er zum Stadtparteikomitee gefahren wurde, in den Häuserwänden frische Einschüsse. Widerwillig und mit professioneller Freundlichkeit empfing der Parteichef von Bratislava, Slavik, die sowjetischen Genossen. Man setzte sich zum Gespräch, tauschte allgemeine Formeln aus. Dann sprachen die Russen über das Problem des Föderalismus, den es zwar nach Lenin im Staatsaufbau geben dürfe, nicht aber im Aufbau der Partei. Slavik hörte sich missmutig den belehrenden Satz zu Ende an, dann stand er auf und verließ den Raum. Der Eklat war komplett. Die Russen hatten ihm gerade erklärt, dass es zwar unterschiedliche sozialistische Staaten geben dürfe, aber alle kommunistischen Parteien Sektionen der Moskauer Zentrale seien. Dieses Axiom gehörte zu den Glaubenssätzen der Komintern, jener imperialistischen Organisation, mit denen die Sowjets die ganze Welt auf dem Weg zur Weltrevolution mithilfe ausländischer Kollaborateure zu untergraben suchten. Auch wenn Gorbatschow dieses Dogma in den Diskussionen vertrat, spürte er doch hier sehr deutlich, wie veraltet und schädlich es war. Für Gorbatschow setzte ein immenser und doppelter Lernprozess ein. Später, kaum Generalsekretär geworden, würde er mit der Internationalen Abteilung die Grundsätze der Außenpolitik auch im Verhältnis zu den befreundeten Staaten und Parteien diskutieren, weil er die traditionelle Komintern-Doktrin, wie er sie hier studieren konnte, für überlebt hielt. Äußerlich verhielt er sich wie ein kompromissloser und engagierter Parteisoldat, innerlich und in der Diskussion mit Raissa überprüfte er die kommunistischen Dogmen und suchte nach Möglichkeiten, den Holzweg ins Unzeitgemäße zu verlassen, auf den sie von Breschnew gestoßen wurden.

Gorbatschows Chef Jefremow, der sich danach sehnte, wieder nach Moskau zurückzukehren, hatte mit seinen ständigen Bitten und Flehen endlich Erfolg. Man machte ihn zum 1. Stellvertretenden Vorsitzenden des Staatskomitees für Wissenschaft und Technik, schusterte ihm eine Funktion zu, die niemand brauchte, wie dieses ominöse Staatskomitee auch nur eine der vielen überflüssigen und letztlich bremsenden Einrichtungen war, die zusätzliche bürokratische Hürden errichteten, anstatt Probleme zu lösen. Die Breschnew-Entourage hatte ihre Herrschaft inzwischen so weit gefestigt, dass man auch einem Chruschtschow-Mann wie Jefremow wieder die Rückkehr nach Moskau gestattete, wenn auch auf einen völlig peripheren Posten. Doch um Macht ging es Jefremow nicht, sondern lediglich um ein Amt, dass er in Moskau bis zu seiner Pensionierung in Ruhe bekleiden konnte. Deshalb hatte ihn der unruhige und umtriebige 2. Sekretär Gorbatschow stets verunsichert. Der Vorschlag, dass er Jefremows 2. Sekretär würde, kam damals nicht von Jefremow, sondern aus Moskau. Aber ihm blieb nichts weiter übrig, als ihn zu akzeptieren, denn Gorbatschow besaß einflussreiche Gönner in der

Zentrale. Außerdem half Gorbatschow dem eher etwas lethargischen und konfliktscheuen Jefremow, den Laden am Laufen zu halten, denn schnell konnte es einem schwachen 1. Sekretär passieren, dass ihm die Bezirkssekretäre – die nächste Hierarchiebene – auf der Nase herumtanzten. Und wie schwach er war, zeigte bereits die Tatsache, dass er sich die Abfuhr von Andropow holte und dann den Mann schickte, dem er das aus Karrieregründen niemals hätte ermöglichen dürfen: seinen 2. Sekretär und Stellvertreter. Denn was wollte der 2. anderes als 1. werden! Und das wurde er dann auch ein dreiviertel Jahr später. Im Sommer 1969 traf Gorbatschow Andropow, im Herbst 1969 bewährte er sich auf seiner Reise in die ČSSR, im Frühjahr 1970 ging Jefremow nach Moskau zurück, und am 10. April wurde Michail Sergejewitsch Gorbatschow 1. Sekretär des Regionskomitees der KPdSU der Region Stawropol. Er war vor gerade einem Monat 39 Jahre alt geworden. Der Posten ist mutatis mutandis vergleichbar mit dem eines Ministerpräsidenten in Deutschland. Eigentlich sah man üblicherweise bei der Besetzung dieser Art Position immer davon ab, jemanden aus der Region zu nehmen. Man schickte entweder einen Funktionär aus dem Apparat des Zentralkomitees aus Moskau, der für höhere Weihen vorgesehen war und deshalb noch ein paar Jahre praktische Erfahrungen als 1. Sekretär eines Gebietsparteikomitees sammeln sollte. Oder es wurde, sozusagen horizontal, aus einem anderen Gebiet in das betreffende versetzt. Im Winter 1969/70 deutete sich die Beförderung bereits an. Gorbatschow wurde zu Gesprächen nach Moskau eingeladen. Er besuchte der Reihe nach die verschiedenen ZK-Sekretäre: Kulakow, Suslow, den für Personalfragen zuständigen Kapitonow und Kirilenko, den Helden von Nowotscherkassk. Als 1. Sekretär würde Gorbatschow automatisch auf dem nächsten ZK-Plenum auch in das Zentralkomitee gewählt. Und denjenigen, der in diesen Rat der Halbgötter – der Rat der Götter war das Politbüro – aufgenommen werden sollte, wollten sich die Himmelsbewohner persönlich anschauen. Das einzelne Mitglied des Zentralkomitees wurde in seinen Möglichkeiten zwar extrem beschränkt, aber das ZK als Ganzes besaß wiederum eine unermessliche Macht. Ein ZK-Plenum hat Chruschtschow gerettet, ein ZK-Plenum hat ihn gestürzt. Und alle ZK-Sekretäre, die Gorbatschow empfingen, hatten sich damals aktiv an der Fronde gegen Chruschtschow beteiligt. Sie wussten also um die Möglichkeiten dieses Herrschaftsordens. Doch der junge Gorbatschow, ein Protegé Kulakows, von mächtigen Männern wie Andropow und Suslow wohl gelitten, machte, worauf er sich exzellent verstand, in den Plauderstunden den besten Eindruck. Die Zusammenkünfte entbehrten nämlich nicht eines absurden Beigeschmacks: Man sprach über alles, außer über das Thema des Treffens. Darüber konnte nur der letzte Gesprächspartner reden, der Generalsekretär selbst. (Breschnew hatte 1966 die Bezeichnung 1. Sekretär wieder in Generalsekretär geändert – nun stand er in direkter Linie mit Stalin.) Im Gespräch mit Breschnew gelang ihm die richtige Mischung aus jungem vorpreschendem, engagiertem Genossen und absolut zuverlässigem Parteisoldaten. Seine ausgeprägte Intelligenz half ihm in den Jahren im Apparat, extrem gründlich zu lernen, vor allem immer das Maß der erlaubten Provokation zu treffen. Man musste auffallen, um weiterzukommen, doch fiel man zu sehr auf, erreichte man am Ende das Gegenteil. Man musste engagiert sein, ohne ambitioniert zu wirken, auf sich aufmerksam machen, dabei aber als bescheiden gelten. Außerdem galt es zu entscheiden, wessen Interesse man wecken und wen man für sich einnehmen wollte. Diese Frage, die als Gebietssekretär noch bedeutender wurde, hatte er für sich bereits entschieden. Man konnte zur Breschnew-Equipe gehören, die aus Speichelleckern und korrupten Funktionären bestand, bis in die eigene Verwandtschaft des Generalsekretärs hinein. Oder man biederte sich bei den »Asketen« an, also bei Andropow und Suslow, die Breschnew achtete und fürchtete. Die allerdings verachteten Speichellecker, Alkoholiker und korrupte Politiker und wünschten eine Reinigung. Disziplin und Prinzipientreue galten ihnen als Haupttugenden. Dieser Richtung wollte sich Gorbatschow weiterempfehlen, traf sie doch sein eigenes Naturell, denn Gorbatschow war nie korrupt noch ein Trinker und auch kein Kriecher. Und abgesehen von der eigenen Karriere, die ihm wirklich am Herzen lag, beschäftigte es ihn wirklich, wie man das Leben der Menschen verbessern und die vermeintlichen Vorzüge des Sozialismus entwickeln, ja entfesseln konnte. Auch wenn er den Prager Frühling pflichtschuldig verurteilt hatte, beschäftigte er sich doch weiter mit dem theoretischen Erbe des »Sozialismus mit menschlichem Antlitz«. Die ganze Perestroika liest sich wie eine Neuauflage des Prager Frühlings.

In dem Gespräch mit Breschnew hatte Gorbatschow also eine gute Figur gemacht, auf Breschnews Frage erläutert, was er in der Region anpacken und wie er die Landwirtschaft verbessern würde und überdies Breschnew gebeten, der Region zu helfen, weil sie durch die Missernte in eine schwierige Situation geraten sei. Breschnew bewilligte Gorbatschow das »Brautgeschenk« und sprach die erlösenden und bindenden Worte: Ich empfehle Genosse Gorbatschow als 1. Sekretär des Regionskomitees der Partei von Stawropol.

Voller Elan nahm Gorbatschow seine Arbeit auf und hatte nun Gelegenheit, Erfahrungen in der Leitungstätigkeit auf diesem Niveau zu erlangen und seinen speziellen Stil zu entwickeln. Als er gleich bei seiner ersten Sitzung mit einem weitreichenden Plan kam, spürte er die Mauer seiner Kollegen. Er fühlte deutlich, dass er sie nicht mit ins Boot genommen, sondern sie einfach mit seinen Ideen überrannt hatte. Von nun an band er alle mit ein, bevor er mit weitreichenden Ideen kam. Es sollte zu einer wichtigen Komponente des Gorbatschowschen Stils werden, möglichst *vor* den entscheidenden Gesprächen wichtige Leute mit in die Entscheidungsfindung und Ausformulierung einzubeziehen. Das Prinzip des Interessenausgleichs entwickelte sich bei ihm in der praktischen Arbeit immer mehr zu einer Jagd nach Kompromissen. Darin lag die sich nun entwickelnde Stärke und zugleich die Schwäche des Spitzenpolitikers Gorbatschow. In den nächsten acht Jahren kümmerte er sich wenig um theoretische Erwägungen, schon gar nicht öffentlich, denn dabei konnte man nur alles verlieren, aber nichts gewinnen. Vielmehr arbeitete er mit einer wahren Arbeitswut daran, konkrete Verbesserungen in seiner Region zu erreichen. Oft reiste er, um mit den Menschen vor Ort zu reden, um der konkreten Wirklichkeit immer wieder zu begegnen und zu verstehen, was vordringlich geändert werden musste. Aber die Reisen blieben nicht auf seine Region beschränkt. Mit den Chefs der Nachbarregionen Rostow am Don und Krasnodar unterhielt er gute Beziehungen, denn manches Problem ließ sich ja auch auf dem »kleinen Dienstweg« lösen. Sie bildeten das kaukasische Dreieck. Die drei Regionen verband, dass sie vor allem durch die Landwirtschaft bestimmt wurden und mit den klimatischen Bedingungen kämpfen mussten. Die Frage der Bewässerung schob sich in den Vordergrund. Die Parteichefs von Stawropol und von Krasnodar sorgten sich zudem um die Datschen der »Himmelsbewohner« und deren Sanatorien, die am Schwarzen Meer lagen und zum Stawropoler und zum Krasnodarer Gebiet gehörten. Während der Stawropoler ein Auge auf die Sanatorien haben musste, kümmerte sich der Krasnodarer um Breschnews Datscha, die in seinem Gebiet in Pizunda lag. Übrigens verbrachten in diesem Gebiet auch die osteuropäischen Vasallen ihren Urlaub mit ihren sowjetischen Genossen, die Shiwkows, Kádárs, Ulbrichts und Honeckers. Ihren Urlaub benutzten die hohen und werten Genossen der Bruderländer intensiv dazu, sich vor den sowjetischen Spitzengenossen nach altem Kominternbrauch zu erniedrigen. Der KGB hat die Gespräche sicher mitgeschnitten; ihre Veröffentlichung ließe uns tief in die Abgründe menschlicher Niedertracht, fehlender Kultur und Dreistigkeit schauen und erschauern. Vielleicht findet sie ja noch jemand in den Archiven!

Bei seinen Reisen durch das Land lernte der junge 1. Sekretär die anderen Regionen und deren Probleme kennen und die wichtigen Leute im Korps der Ersten Sekretäre, die er ja auch bei den ZK-Plenen zweimal im Jahr in Moskau traf.

Er sah arme Gebiete und solche, in denen die Menschen reich sein könnten, wenn nicht alles in die Kassen einer korrupten örtlichen Elite fließen würde. Den Urlaub 1975 verbrachte das Ehepaar auf Einladung des örtlichen Parteichefs Scharaf Raschidow in Usbekistan. Sie wurden in Taschkent, das nach dem Erdbeben von 1966 sehr modern wieder aufgebaut worden war, nach orientalischer Gastfreundschaft mit einem großen Willkommensessen herzlich von Raschidow begrüßt. Raissa und Michail waren, was auch der Zweck war, beeindruckt, und ebenso von dem reichen orientalischen Markt, den sie bald darauf schon besuchen sollten. Traumhafte Städte wie Buchara und Samarkand, die faszinierende Wüste Kysylkum stellten allerdings nur den äußeren Glanz eines durch und durch korrupten Systems dar. Von einem alten Freund aus den Komsomolzeiten, der in Buchara als mittlerer Funktionär arbeitete, wurde er in einer ruhigen Minute darauf aufmerksam gemacht. Gorbatschow entdeckte die unnötige Armut hinter der orientalischen Fassade, den Reichtum der Funktionärskaste, die im wahrsten Sinne des Wortes mit Raschidow versippt und verschwägert war, und den täglichen Verzicht des Durchschnittsusbeken. Gorbatschow mochte das zur Kenntnis nehmen, doch unternehmen konnte er nichts dagegen. Allerdings hatte er nun die Korruption, die sich unter Breschnews persönlichem Schutz ausbreitete, mit eigenen Augen gesehen. Wenn in den neunziger Jahren der Westen von einer bestens organisierten russischen Mafia überschwemmt wurde, so deshalb, weil sich ihre Strukturen in den siebziger Jahren unter Breschnew gebildet und verfestigt hatten. Ein ahnungsloses Westeuropa wurde von erfahrenen Mafiaverbänden buchstäblich aufgerollt.

Mit seinem neuen Nachbarn als Gebietssekretär in Krasnodar, Medunow, der ein enger Vertrauensmann Breschnews war, erkalteten die Beziehungen sehr rasch, die er mit seinem Vorgänger so herzlich gepflegt hatte. Weshalb sollte Medunow auch mit dem jungen Genossen Zeit verschwenden. Er liebte den Reichtum, die unbeschränkte Macht in seinem Gebiet, die Partys, die jungen Frauen, hielt markige lokalpatriotische Reden und hatte einen direkten Draht zu Breschnew, dessen Datscha er verwaltete und für den er, wenn sich der Generalsekretär in Pizunda befand, alle Lustbarkeiten, die sich der Parteichef wünschte, reibungslos organisierte. Da alles in der UdSSR von höchster Stelle verwaltet wurde und sich in Moskau eine gewaltige Bürokratie konzentrierte, die alles aus den Provinzen nahm und ihnen alles zuteilte, konnte ein Regionssekretär nur erfolgreich wirtschaften, »etwas für seine Region herausholen«, wenn er direkten Zugang zu den »Himmelsbewohnern« hatte und somit die Bürokratie ausheblen konnte. Diesen Zugang hatte Medunow. Und auch Gorbatschow besaß ihn dank der Staatssanatorien in seinem Gebiet, in dem sich die alten Parteiführer gern kurierten. Da er sie immer zu begrüßen hatte, wenn sie die Sanatorien, und also auch sein Gebiet, besuchten, ergab sich ganz selbstverständlich die Möglichkeit, Kontakte zu knüpfen und zu pflegen. Dieser Glücksfall spielte für Gorbatschows Karriere eine wichtige Rolle.

Doch nicht nur in Krasnodar, auch beim zweiten Nachbarn, in Rostow entstand in diesen Jahren eine starke Mafia, die immer mehr die öffentliche Verwaltung und die Polizei kontrollierte. In der Nähe von Rostow wuchsen Fabriken aus dem Boden, in denen Jeanshosen produziert wurden: die so genannte Schattenwirtschaft. Allerdings kamen diese Hosen nicht in den Handel, und die Fabriken tauchten in keiner Statistik auf. Offiziell gab es sie auch nicht. Einer öffentlichen Verwaltung musste es auffallen, wenn Hunderte Menschen schwarz arbeiten. Sie bemerkte nichts. Wurde man gut bezahlt, wurde man am Gewinn beteiligt, schaute man über kriminelle Delikte gern hinweg.

Die Kriminalität breitete sich in den siebziger Jahren wie eine Seuche aus. In dieser Zeit überrollte eine Welle schwerer Delikte auch die Region Stawropol: Morde und Vergewaltigungen. Das entnahm Gorbatschow nicht der glänzenden Kriminalstatistik, sondern der um sich greifenden Angst in der Bevölkerung. Schnell stellte der 1. Sekretär eine Truppe aus pensionierten Staatsanwälten und Untersuchungsrichtern aus anderen Regionen zusammen, um dem Phänomen auf den Grund zu gehen. Das Ergebnis verblüffte: Die Kriminalität wuchs, weil sie nicht mehr verfolgt wurde. Sie wurde nicht mehr verfolgt, weil der Innenminister der UdSSR, Schtscholokow, Erfolge vorweisen wollte und mithin die Statistik bereinigte. Mit seinem demagogischen Satz »Das Gefängnis verbessert niemanden«, seiner Forderung, schwere Straftaten sollten nicht mehr in der Statistik erscheinen und die Täter nicht mit Gefängnis, sondern mit anderen Maßnahmen bestraft werden, forderte er geradezu die Passivität der Miliz heraus. In der Praxis sah das so aus, dass jemand umgebracht oder vergewaltigt wurde, die Strafverfolgungsorgane aber das Verbrechen weder registrierten noch verfolgten und folglich der Täter weiterhin frei herumlief. Gorbatschow entschloss sich unter hohem persönlichen Risiko, zur Tat zu schreiten. Er setzte in der Region Stawropol alle Generäle in der Regionsverwaltung des Innenministeriums ab. Der Zusammenstoß mit dem mächtigen Innenminister Schtscholokow wurde dadurch unvermeidlich, denn Gorbatschow griff massiv in dessen Zuständigkeit ein. Deshalb hatte er die Aktion gründlich vorbereitet und sich Rückendeckung im Zentralkomitee geholt. Andropow konnte zwar gegen Breschnews Günstling nicht direkt agieren, aber er konnte Gorbatschow schützen. Und er schickte den unerschrockenen Stellvertretenden Staatsanwalt Russlands, Viktor Naidjonow, zur Unterstützung. Schnell hatten sie die Beweise für die ungeheure Vertuschungsaktion des Innenministeriums zusammen. Der Leiter der Ermittlungsbehörde der Region, der Mann, der unmittelbare Verantwortung für den Skandal trug, versuchte sich umzubringen, um der Verurteilung zu entgehen. Ein Drittel der örtlichen Milizchefs in der Region wurde ausgewechselt. Schtschkolow versuchte, die Notbremse zu ziehen, und schickte einen seiner Stellvertreter, Schumilin, in die Region. Da mit der Aufnahme der Straftaten in der Region diese jetzt auch in die Statistik einflossen, wodurch Stawropol von Platz elf auf Platz 67 fiel, versuchte der Demagoge Schumilin, den Spieß umzudrehen. Er stellte Gorbatschow zur Rede. Überall in der Union herrsche Ordnung, nur in Stawropol das Chaos. Da stelle sich doch die Frage, was das Regionsparteikomitee dagegen unternommen habe. In bester sowjetischer Tradition wurden nicht die Schuldigen verantwortlich gemacht, sondern die, die den Skandal aufklären wollten. Doch Gorbatschow, ein kluger und geschickter Taktiker, hatte erstens die Fakten auf seiner Seite und zweitens Andropows und möglicherweise auch Suslows Rückendeckung. So konnte er standhaft entgegnen, dass er von seiner Position nicht weichen werde. Das hieß auch: Wenn Schtschokolow eine Untersuchung wollte, würde man in der Region nicht Halt machen, sondern weitergehende Fragen stellen. Zähneknirschend akzeptierte Schtscholokow Gorbatschows Maßnahmen in Stawropol. Wie sicher er im Sattel saß, zeigt eine andere Episode. Der unbestechliche Naidjonow widmete sich bald darauf dem Kampf gegen die überbordende Kriminalität im Kuban-Gebiet. Hier traf er allerdings nicht auf einen Parteichef, der der Kriminalität den Kampf angesagt, sondern sich mit der Mafia eingelassen hatte, eben jenen Medunow, der noch dazu von Breschnew und Schtscholokow gedeckt wurde. Naidjonow wurde seines Amtes enthoben, und die Zustände verschlimmerten sich drastisch. Der örtliche Filz von Politik und Korruption fand seine Entsprechung auf der Führungsebene. Als zentrale Figur in diesem Geflecht agierte die Breschnew-Tochter Galina, die mit einem anderen stellvertretenden Innenminister der UdSSR, Tschurbanow, verheiratet war. Galina lenkte zunehmend ihren Vater. Damit hatte das kriminelle und korrupte Geflecht Tentakeln bis in die oberste Stelle. Andropow wusste das, doch konnte er nur wirksam dagegen vorgehen, wenn er den Generalsekretär entmachtete, und das war für den Parteisoldaten Andropow undenkbar. Einstweilen konnte er nur Männer wie Gorbatschow decken und fördern. Andropow wartete sehr geduldig auf seine Stunde, die, wie wir sehen werden, bald kommen würde. Doch zunächst einmal zerfielen die wirtschaftlichen und moralischen Werte des Landes, so tapfer auch einige hoch motivierte Provinzfürsten wie Gorbatschow, Schewardnadse, Jelzin oder Ligatschow dagegen steuern sollten, blieben sie doch mehr oder weniger das bemitleidenswerte »Mächtige Häuflein« in einem Meer von Korruption, Gedankenlosigkeit und Kriminalität bis in die höchsten Stellen hinein. Aber Gorbatschow nutzte seine Zeit. Immer wieder bot der Umstand, dass die Parteielite sich in seinem Gebiet erholte, ihm die Möglichkeit, Kontakte zu schmieden und zu festigen. Häufig verlebte er den Urlaub in Kislowodsk in unmittelbarer Nähe von Andropow.

So blieb es nicht aus, dass sie gemeinsam ausgedehnte Wanderungen in der wunderschönen Umgebung unternahmen. Nicht selten wurde abends ein Lagerfeuer entzündet, Kartoffeln gebraten und Lieder gesungen, denn sowohl Andropow als auch sein junger Protegé liebten es, Kosakenlieder zu intonieren. Sie waren Südrussen mit einer Schwäche für romantische Sentimentalität nach Dienstschluss. Andropow galt in Parteikreisen als Intellektueller, der Bücher las und hin und wieder Gedichte verfasste. Wenn an diesen romantischen Lagerfeuerabenden im Kaukasus Gorbatschow aus seinem enormen Gedächtnis ganze Gedichte von Lermontow gefühlvoll rezitierte, mochte dem älteren Genossen das Herz übergehen. Wenn alle jungen Funktionäre so wären wie dieser, ehrlich, prinzipienfest, sauber, dann müsste einem um die Sowjetunion nicht bange sein. Alles, so meinte Andropow, sei nur eine Frage der Disziplin und Ordnung ... und freilich der Kader.

Gorbatschow hatte auf Anraten von Kulakow eine Denkschrift mit Vorschlägen verfasst, was man in der Landwirtschaft konkret ändern müsste. Im Kern ging es um das ewige Problem, wie die materiellen Anreize so gestaltet werden könnten, dass es sich

Andropow, in der Bildmitte, beim erholsamen Dominospiel mit Gorbatschow, der mit dem Rücken zu uns sitzt, als Partner.

auch lohne, gut zu arbeiten. Wenn aber die Produktionskosten für landwirtschaftliche Produkte bei weitem höher lagen als die Aufkaufspreise für diese Produkte, resultierte daraus, dass die landwirtschaftlichen Betriebe umso mehr Verluste machten, je mehr sie produzierten. Das System erinnert an den alten jüdischen Witz, wonach der Kleinkrämer, der jeden Tag nur Verluste schrieb, gefragt wurde, wovon er denn leben würde, und antwortete: vom Samstag, weil da der Laden geschlossen sei. Doch niemand schien bereit, sich dem Problem anzunehmen, weil man sonst die Preise für Lebensmittel ebenfalls hätte anheben müssen, was überaus unpopulär war, und man deshalb besser tunlichst die Finger davon ließ. Die Frage, die Gorbatschow kühn in der Denkschrift aufwarf, würde ihm als Generalsekretär dereinst wieder vorliegen und dann hatte er zu entscheiden. Ein zweiter Schwerpunkt der Denkschrift befasste sich mit dem weit verbreiteten und von Anfang an in der Sowjetwirtschaft, ganz gleich ob Landwirtschaft oder Industrie, praktizierten horrenden Unfug, leistungsfähige Betriebe nicht zu unterstützen, dafür Gelder und Kredite in marode zu pumpen. Das hatte zur Folge, dass sich die leistungsfähigen nicht entwickelten und die maroden alimentiert wurden und nichts Nützliches schufen. Schon Franz Jung hatte in den zwanziger Jahren damit zu kämpfen und entschloss sich müde des Kampfes mit der sowjetischen Wirtschaftsbürokratie, nach Deutschland zurückzukehren, obwohl ihn dort ein Strafverfahren wegen Hochseemeuterei erwartete. Nachdem er gründlich seine sowjetischen Erfahrungen durchdacht hatte, entschied sich der deutsche Kommunist, lieber ins deutsche Gefängnis zu gehen, als in der Sowjetunion die Wirtschaft aufzubauen.

Gorbatschow legte seine Denkschrift vor und sprach im Juli 1978 auf dem Landwirtschaftsplenum des Zentralkomitees. Das Resultat des Plenums enttäuschte den engagierten Funktionär tief: nichts außer den rituellen Beschwörungen, mithilfe der kommunistischen Partei die Erträge zu steigern, und diversen Lobhudeleien für den verehrten Leonid Iljtsch, den großen Leninisten und Theoretiker der Partei, dessen tiefe Analyse den sowjetischen Kommunisten entscheidend half, beim Aufbau des Sozialismus voranzukommen. Gedroschenes Stroh. Am 4. Juli endete das Plenum, von dem sich Michail so viel erhofft hatte. Einen Tag später feierte er mit Raissa und vielen anderen Gästen Kulakows 40. Hochzeitstag in Moskau.

Fjodor Kulakow war kein Kind von Traurigkeit und liebte die großen Bankette, die ausufernden und lauten Trinkgelage. Zudem befand er sich als ZK-Sekretär für den desaströsen landwirtschaftlichen Bereich in einer Art Dauerstress. Wenige Tage nach der Feier blieb mitten in der Nacht im Schlaf sein überlastetes Herz stehen. Da er mit seinen 60 Jahren zu den Jungen im Rat der Greise gehört hatte, entstanden diverse Gerüchte und Verschwörungstheorien über den merkwürdig frühen Tod dieses Mannes. Kulakow stand Breschnew nahe und unterstützte ihn. Es gab keinen Grund, sich seiner zu entledigen. Der Organismus hielt die exzessiv ungesunde Lebensweise Kulakows nicht aus. So stand Gorbatschow zum ersten Mal auf dem Mausoleum, im Rücken die Kremlmauer, dort, wo einst Stalin winkte und Chruschtschow und die vielen anderen Götter, und hielt seine vom ZK genehmigte Trauerrede für seinen ersten und treuen

Förderer, dem er so viel zu verdanken hatte. Dessen Stelle war nun verwaist.

Im August 1978 rief Andropow aus heiterem Himmel Gorbatschow in Stawropol an, erkundigte sich nach dem Stand der Ernte und verabredet sich mit ihm für den bald anbrechenden Urlaub. Ein scheinbar beiläufiges Telefonat. Andropow nutzte die regelmäßigen Treffen auch, um Gorbatschow en passant und unmerklich zu schulen. Bei diesem Treffen sprach Gorbatschow das Problem der Überalterung des Politbüros an, das Quelle vieler Witze und der Resignation der Bevölkerung war. Das Thema besaß hohe Aktualität, weil wieder jemand in den Rat der Götter nachrücken musste. Andropow hielt Michail entgegen, dass es gerade auf die Lebenserfahrung ankäme und dass, hier irrte Andropow gründlich, ein älterer Mann frei von Karrieregründen handeln könnte, während diese Frage für einen jüngeren Mann im Zentrum seines Tuns stünde. Wenn Andropows These stimmte, hätten kranke Männer, die nicht mehr in der Lage waren, die Amtsgeschäfte zu führen, zurücktreten müssen. Das tat keiner von ihnen, auch Andropow nicht. Gorbatschow zitierte im Gespräch Lenin, dass es auf die Kombination von jungen und älteren Kadern ankäme. Und schloss mit dem Sprichwort: »Es gibt keinen Wald ohne Unterholz.«

Noch während des gemeinsam verbrachten Urlaubs der beiden Funktionäre, kam es im September 1978 zu einem denkwürdigen Ereignis, zu einer bezaubernd-absurden Ironie der Geschichte. Ende September fuhr Breschnew mit dem Zug zu Feierlichkeiten nach Baku. Unterwegs stoppte der Zug mehrfach, sodass die jeweiligen Provinzchefs dem Generalsekretär ihre Aufwartung machen konnten, so beispielsweise Medunow in Krasnodar. Spät abends traf Breschnew von Krasnodar kommend mit dem Zug in Mineralnye Wody ein, und Andropow und Gorbatschow standen in dieser lauen Nacht unter dem enormen Himmel des Südens auf der provinziellen Bahnstation zum Empfang des mächtigen Mannes bereit. Andropow als der Ältere erteilte Gorbatschow in seiner Eigenschaft als Chef der Provinz und mithin als Gastgeber die Aufgabe, das Gespräch zu führen. Mühsam stieg Breschnew aus, gefolgt von Tschernenko im Trainingsanzug. So kam es, dass an diesem Abend auf einer kleinen

Bahnstation in der von Tschechow so gültig beschriebenen südrussischen Provinz vier Männer beieinander standen, die sich im Amt des Generalsekretärs nacheinander abwechseln sollten, und nichtssagende und banale Gespräche führten. Gorbatschow, der ein begnadeter Unterhalter ist, mühte sich redlich ab, konnte aber in dem maulfaulen Breschnew nicht das Feuer der Kommunikation entfachen. So schleppte sich die Unterhaltung qualvoll eine halbe Stunde hin, bis der Generalsekretär mühsam die Treppe des Waggons erklomm und der Zug abfuhr. Gorbatschow, der nicht verstand, was das Ganze sollte, und überdies kein Feedback seiner Wirkung erhielt, war verunsichert, während Andropow zufrieden schien. Zwei Monate später, im November, weilte Gorbatschow turnusmäßig zum ZK-Plenum wieder in Moskau. Am 25. flog er von Stawropol in die Hauptstadt, besuchte gegen Mittag die Geburtstagsfeier eines Stawropolers, der in Moskau arbeitete, und feierte mit den alten Freunden. Zur gleichen Zeit ließ ihn Breschnews rechte Hand Tschernenko suchen. Als er ihn endlich gegen Abend ausfindig gemacht hatte, befahl er ihm, sofort in den Kreml zu kommen, weil Breschnew ihn dringend treffen wollte. Kurz darauf betrat er schon Tschernenkos Arbeitszimmer. Der teilte ihm nur dünnlippig mit, dass Breschnew bereits auf dem Weg nach Hause war. Ihm solle er nur von Leonid Iljitsch ausrichten, dass der Generalsekretär dem ZK morgen empfehlen würde, Michail Gorbatschow zum Nachfolger Kulakows als Sekretär des ZK zu wählen. Andropows Kaderpolitik schien Früchte zu tragen, denn kein anderer als Andropow hatte die »Brautschau« auf dem Bahnhof von Mineralnye Wody arrangiert, und kein anderer als er hatte mit Suslow gemeinsam die Entscheidung vorangetrieben. Nach der Wahl gratulierte Andropow fein lächelnd dem »Genossen Unterholz«. Gorbatschows Nominierung resultierte, wie Schewardnadses Wahl zum Kandidaten des Politbüros, aus einem Kuhhandel. Im Gegenzug wurden Breschnews Günstlinge Tschernenko und Tichonow zu Mitgliedern des Politbüros gekürt. Weder Breschnew noch Tschernenko hatten Aversionen gegen Andropows Protegé, hatte der sich doch immer wieder bemüht, mit beiden ein gutes Verhältnis zu pflegen. Dennoch gab Tschernenko Gorbatschow einen wichtigen Satz mit auf den Weg: Leonid Iljitsch erwartet Loyalität. Als Gorbatschow

Das Zentrum der Macht: Der Kreml. Blick auf die Basilius-Kathedrale.

an diesem Abend sein Zimmer im Hotel »Rossija« betrat, sich einen Stuhl ans Fenster stellte und auf den Kreml blickte, wusste er, dass er nun endlich im Zentrum der Macht angekommen war.

Der mühselige Weg hatte sich gelohnt, auch die Selbstverleugnung, ja auch der Verrat an Ideen und Menschen. Er näherte sich immer stärker dem Ort, an dem er Entscheidungen wirklich beeinflussen konnte, immer dichter kam er dem archimedischen Punkt, von dem aus er das russische Verhängnis ausheben und ein selbstbestimmtes würdevolles Leben den Menschen in einem Sozialismus mit menschlichem Antlitz eröffnen konnte. Er rief Raissa an und sagte ihr, sie solle sich die Nachrichten anschauen. Er wusste ja, dass seine Leitung abgehört wurde. Doch mehr musste er nicht sagen. Da Kulakows Nachfolge das wichtigste Thema in Parteikreisen war, begriff sie sofort, was geschah. Und Tausende Kilometer entfernt dürften zwei Menschen das Gleiche gedacht haben. Oft genug hatten sie ja darüber spekuliert, was wäre wenn …, was müsste man, was könnte man tun. Nur sich nicht zu früh verheizen lassen oder in Fallen treten. Mit der Hoffnung, eines Tages nach Moskau zurückzukehren, gingen sie nach Stawropol, die tief im Herzen gehegte Überzeugung, über alle dafür nötigen Fähigkeiten zu verfügen, befähigte sie, ganz klein anzufangen, an unbedeutendster Stelle. Sie lebten sich in Stawropol ein, fühlten sich dort heimisch, und manchmal mochte in den vielen Jahren das Ziel Moskau verschwommen sein, doch aus dem Blickfeld verschwand es nie. Sie hatten alle notwendigen Kontakte auf den verschiedensten Hierarchieebenen sorgfältig gepflegt. Einmal im Jahr weilten sie in Moskau, trafen Landsleute, Studienfreunde, Gönner. Sie hatten die Gabe, besonders Michail, Menschen durch ihren Besuch im wahrsten Sinne des Wortes zu erfreuen. Die Gorbatschows hatten alles dafür getan, dass sich der Erfolg einstellen musste und dass sich nun in der Hauptstadt die Fama eines unkonventionellen, jungen und dynamischen ZK-Sekretärs namens Gorbatschow verbreiten würde. Wissenschaftler, Künstler – denn Gorbatschow unterhielt bereits als einfaches ZK-Mitglied und Gebietssekretär Kontakte zu Moskauer Malern, Schriftstellern und Theaterleuten – und Funktionäre verbreiteten hinter vorgehaltener Hand ihre in den jungen Mann gesetzte Hoffnung. So erwartete ihn in der Hauptstadt bereits der Beginn seiner Legende, die er in den nächsten Jahren kräftig nähren sollte. Doch einstweilen hieß es Sachen packen, Abschied nehmen und nach Moskau umziehen. Ihre Tochter Irina, die im Frühjahr Anatolij Wirganskij, einen Kommilitonen, geheiratet hatte, freute sich sehr auf den Umzug. Und für Raissa und Michail hieß es, Abschied zu nehmen von einem langen Abschnitt ihres Lebens.

Kapitel 17

Die Legende Gorbatschow und die vertanen Jahre einer Großmacht

> »An den Beziehungen zwischen den Familienmitgliedern fiel mir auf, dass sie den gleichen Respekt vor dem Rang widerspiegelten, der auch unter den Parteiführern vorhanden war. Ich erinnere mich, wie ich einmal laut meine Verwunderung über das Verhalten einer Gruppe junger Leute aussprach. Die Frau, mit der ich mich gerade unterhielt, war entsetzt und stieß hervor: ›Was sagen Sie da, das sind Breschnews Enkel!‹«
>
> *Raissa Gorbatschowa, »Leben heißt Hoffen«*

Beflügelt von den neuen Möglichkeiten, diese aber nicht überschätzend, ging der neue ZK-Sekretär an die Arbeit. Zunächst wurde den Gorbatschows eine Staatsdatscha in einem Regierungsgebiet im Umland Moskaus zugewiesen, dann eine andere und wieder eine andere, bis die Gorbatschows endlich nach Jahren in der Moskauer Schtschusew-Straße eine Stadtwohnung in einem bewachten Haus für Regierungsmitglieder und Parteiobere beziehen konnten. Irina und Anatolij blieben zunächst noch etwas in Stawropol, bis Raissa mit der Einrichtung der Staatsdatscha fertig war. In der ersten Datscha, in der sie gewohnt hatten, lebte früher einmal Ordschonikidse, in der zweiten Gorbatschows Vorgänger Kulakow.

Im Vergleich zu Stawropol wechselten die Gorbatschows in eine sehr einsame und ausgesprochen kühle Atmosphäre. Zu seinen Kollegen im ZK ergab sich kein außerdienstlicher Kontakt. Einmal rief er am Wochenende Andropow an, mit dem er jahrelang den Urlaub gemeinsam verlebt und ausgedehnte Wanderungen unternommen hatte. Er habe nach Stawropoler Art eine Tafel gedeckt, ob er und seine Frau nicht zu ihnen herüberkommen wollten. Doch Andropow lehnte zu Michails Erstaunen ab. Wenn sich Andropow heute privat mit Gorbatschow träfe, wüsste es morgen bereits Breschnew, und es entstünden Fragen, warum und zu welchem Zweck sie sich getroffen hätten. Ein Hauch von Verschwörung würde fortan um sie sein. Das sollten sie sich im eigenen Interesse besser ersparen. Für die kluge und aparte Raissa bedeutete der Kreis der Ehefrauen der Parteiführer eine Qual. Dicke, dreiste und maßlos überhebliche Matronen, die bösartig auf die Reihenfolge achteten. Als Raissa im Kreml zu einer Feierstunde anlässlich des Internationalen Frauentages am 8. März erschien, stellte sie sich in die Reihe der Frauen der Sekretäre und Politbüromitglieder der KPdSU. Kirilenkos Frau plusterte sich auf, zeigte mit dem Finger auf den letzten Platz in der Reihe und krähte mit durchdringender Stimme:»Ihr Platz ist dort.« Wie war das doch mit sozialer Gerechtigkeit und Gleichheit in der kommunistischen Gesellschaft? Wie bei den Ehefrauen galt auch bei den Männern eine streng festgelegte Reihenfolge, sowohl am großen Besprechungstisch im ZK-Sekretariat als auch im Präsidium von Plenen und Parteitagen. Aufgefordert zu werden, auf einem Plenum, einem Parteitag oder zum Jahrestag der Oktoberrevolution, dem Hauptfeiertag des Regimes, eine Rede zu halten, verdeutlichte den Status des Auserwählten. In dem streng ritualisierten Byzantinismus, den Breschnew vervollkommnete, zeigte sich die Macht und Bedeutung eines kommunistischen Politikers anhand des Platzes, an dem er bei öffentlichen Anlässen hinter dem Generalsekretär, stehen durfte; anhand der öffentlichen Reden, mit denen er beauftragt wurde. Keiner jedoch durfte öfter sprechen als der Generalsekretär. Selbst wenn sie physisch nicht mehr in der Lage dazu waren, sie niemand im Auditorium mehr verstand, weil sie die mit großen Buchstaben vom Apparat verfassten Reden nur noch herunternuscheln konnten, liebten sie es über alles auf der Welt, die Reden zu halten und vom Fernsehen gezeigt zu werden. Die Eitelkeit der bescheidenen Spitzenkommunisten war zu groß. Bei Breschnew und bei Tschernenko entstand eine wahre Sucht nach Auszeichnungen, die sie sich ständig verleihen ließen, sodass sie bei feierlichen Anlässen bereits aussahen wie kommunistische Pfingstochsen. Ihre Sucht, im Fernsehen zu sein, bescherte schließlich der Welt das zweifelhafte Vergnügen, ihrem körperlichen Verfall beiwohnen zu dürfen. Deshalb warnte auch ein von Sympathie getragener Brief an Gorbatschow kurz nach seiner Wahl zum Generalsekretär, dass er für das Volk erledigt wäre, wenn er sich Orden an die Brust heften ließ. Das Volk war von diesen Herrschaftsbräuchen zutiefst angewidert.

Die Gorbatschows entschlossen sich, einen eigenen Freundes- und Bekanntenkreis in der Hauptstadt aufzubauen, der wenig mit dem Zentralkomitee gemein hatte. Vor allem bestand er aus Wissenschaftlern und Künstlern. Raissa hatte schnell Kontakt zu ihrer alten Universität hergestellt. An den Wochenenden erkundeten sie Moskau Stadtteil für Stadtteil und erwanderten die Stadt in ihrer historischen Entwicklung, zunächst das Moskau des 13. Jahrhunderts, danach das des 14. Jahrhunderts und so weiter. Dank Raissas wieder auflebender Verbindungen zur Universität begleiteten sie Historiker, die an einem Projekt zur geschichtlichen Erforschung Moskaus arbeiteten. Hinzu kam natürlich das reichhaltige kulturelle Angebot der Hauptstadt. Das weltberühmte Wachtangow-Theater, das Moskauer Künstlertheater, begeisterte sie mit seinen Aufführungen. Meisterregisseure wie Twostwogonow oder Ljubimow verblüfften durch Inszenierungen, die zu Erlebnissen wurden, mit einem Theater, das wirkliche Menschen auf der Bühne darstellte, wie es das heute nicht mehr gibt. Allerdings musste der ZK-Sekretär aufpassen, dass er nicht von den Künstlern vor ihren Karren gespannt wurde. Die Zeit der Stagnation empörte die Intellektuellen. Sie veröffentlichten im Selbstverlag (Samisdat) Regimekritisches. Manche Inszenierung wurde verboten. Der sowjetische Dramatiker Alexander Gelman erzählt, dass man zu einer Aufführung, die die Zensur verbieten wollte, Gorbatschow einlud, der sich die Inszenierung tatsächlich anschaute. Als ihn die Künstler anschließend nach seiner Meinung fragten, blieb er so allgemein, dass man nichts mit seiner Äußerung anfangen konnte. Dennoch, der Mann kam wenigstens, interessierte sich – und niemand konnte ein Interesse daran haben, dass er sich so weit aus dem Fenster lehnte, dass er unweigerlich stürzen musste. Alle kannten die Spielregeln. Es war die Zeit, als der Doku-Dramatiker Schatrow auf sich aufmerksam machte. Schatrow untersuchte mit seinen Dokumentardramen, die an Stücke von Peter Weiss und Heinar Kipphardt erinnerten, die frühe sowjetische Geschichte und den Stalinismus. Er ließ Lenin, aber auch Stalin, Bucharin, Trotzki und andere sowjetische Unpersonen auftreten und holte sie so aus der Geschichte in die Gegenwart. Damit befragte er die Grundlagen des stagnierenden Systems. Das war den Apparatschiks um Breschnew, die nur zu gern einen neuen, allerdings bürokratischen und nicht ganz so blutigen Stalinismus ins Leben rufen wollten, ein Dorn im Auge. Deshalb arbeitete ihre Kulturbürokratie mit Behinderungen und Verboten. Furore machte in diesen Jahren auch Rosows Stück *Das Nest des Auerhahns*, das eine glänzende Satire auf die korrupten Parteibonzen, auf die Medunows und Raschidows darstellte. Was nicht offiziell erscheinen konnte, wurde im Samisdat gedruckt und von Hand zu Hand weitergegeben, oder man veröffentlichte es gleich im Ausland. Das Theater und die Literatur ließen sich immer weniger gängeln. Mit der Ausweisung von Alexander Solschenizyn und Joseph Brodsky, die Andropow, der Parteiintellektuelle und Hobbylyriker, betrieben hatte, blamierte sich die sowjetische Kulturpolitik bis aufs Hemd. Selbst linientreue Funktionäre wie Gorbatschow empfanden das als überspitzt und falsch, also half er, wo er konnte, ohne aber sich selbst und seine Stellung zu gefährden. Einmal schleppte er einfach Tschernenko mit in eine Inszenierung, die dann vor der Zensur gerettet wurde. Das allerdings blieben Einzelfälle.

Gorbatschows Arbeitsalltag bestand darin, zunächst zu überleben. Er übernahm keinen Bereich, er übernahm ein Desaster. Die Sowjetunion musste trotz ihrer enormen Flächen fruchtbarer Schwarzerde Getreide aus dem Ausland importieren. Hätte sie nicht dieses Wirtschaftssystem gehabt, wäre sie selbst in der Lage gewesen, genügend zu erzeugen. Erst nach und nach erkannte Gorbatschow, dass die Ursache nicht bei den Kadern, sondern im System selbst begründet lag. Der agrar-industrielle Komplex gliederte sich erstens in die landwirtschaftlichen Erzeuger, zweitens in die Verarbeiter landwirtschaftlicher Produkte und drittens in die Hersteller landwirtschaftlicher Maschinen und Ausrüstungen. Es existierte kein Markt, der die Beziehungen untereinander regulierte, sondern alle drei Bereiche unterstanden verschiedenen, voneinander strikt getrennt arbeitenden Ministerien und verschiedenen ZK-Abteilungen. Gemeinsame Planung fand nicht statt. Alles, was erzeugt wurde, musste dem Staat abgetreten werden, der wiederum über seine Bürokratien das Produzierte verteilte. So breiteten sich nicht Beziehungen wirtschaftlicher Notwendigkeiten aus, sondern willkürliche Geflechte persönlicher Vorteilnahme. Wer etwas zu verteilen hatte, ließ sich seine Zuteilungen auf die eine oder andere Art vergüten: die Einfallslosen mit Geld, die Subtileren mit Einladungen in den Urlaub, zur Jagd und anderen Vergnügungen. Als durchsetzungsfähig galten Leiter und Gebietssekretäre, die bei den Unionsverwaltungen möglichst viel für das eigene Gebiet herausschlagen konnten. Wie bereits erwähnt, entfiel der Anreiz für die Kolchosen, möglichst viel zu produzieren, weil die Differenz zwischen Ankaufspreisen landwirtschaftlicher Güter und Verkaufspreisen von Maschinen und Ausrüstungen jegliche Produktion für die Kolchose zum defizitären Geschäft machte. Das ökonomische Grundgesetz des Sozialismus lautete: Wer arbeitet, wird bestraft. In der Sowjetunion galt deshalb der Witz: Wir tun so, als ob wir arbeiten, und sie tun so, als ob sie uns bezahlen. Ein bolschewistischer Grundsatz aus den Tagen des Kriegskommunismus, der zur Leitmelodie der Kollektivierung wurde und nichts an Aktualität einbüßte, lautete: denen, die viel produzierten, weil sie fleißig waren, zu nehmen, damit sie nicht den erwirtschafteten Überfluss»vergeuden« konnten, um dann denen, die wenig produzierten, weil sie Pech hatten oder schlicht faul waren, zu geben. Nur der Staatsbürokrat konnte einschätzen, was mit den Mitteln sinnvoll zu geschehen hatte. Unter diesen Bedingungen war es nicht sinnvoll, zu arbeiten. Welche Verwüstung dieser wirtschaftliche Unfug mental bei den Menschen hinterließ, verdeutlicht folgende Anekdote. Als die Fast-Food Kette Mc Donald's Anfang der neunziger Jahre die erste Filiale auf dem Roten Platz in Moskau eröffnete, schulten sie das russische Verkaufspersonal. Die Russen hörten sich die Ausführungen über Verkaufspsychologie mit finsterer Miene an, bis schließlich eine Frau aufstand und fassungslos fragte:»Wieso soll ich freundlich sein? Ich hab doch das Fleisch!« Auf diese jahrzentelang eintrainierte Haltung traf die Perestroika mit der Forderung, selbst Verantwortung zu übernehmen.

Den Einblick in die Problematik organisatorischer Überzentralisierung bei dem gleichzeitigen Entstehen eines Wirrwarrs sollte Gorbatschow nach und nach erhalten. Doch zunächst musste er seine Hausmacht sichern. Seit jeher schimpfte die Industriepartei auf die Landwirtschaftsleute und befanden sich die Landwirtschaftsfunktionäre in einem Abwehrkampf. Die Industrie verkörperte das fortschrittliche, die Landwirtschaft das reaktionäre Element. Ständig monierten die Industrieleute, dass sie der unfähigen Landwirtschaft helfen mussten. Dabei unterschlugen sie geflissentlich oder wussten es tatsächlich nicht, dass schon das schiefe Preisverhältnis die Industrie eindeutig bevorteilte. Hinzu kam eine bedeutende Tatsache, die schlicht und ergreifend unterschlagen wurde: Ohne den Besitz eines TV-Gerätes konnte man leben, nicht aber ohne Nahrungsmittel. Somit ließen sich Engpässe in der Versorgung industrieller Güter leichter verschleiern als Engpässe bei der Bereitstellung von Nahrungsmitteln. Insofern befand sich Gorbatschow, ohne dass er etwas dafür konnte, in einer schwierigen Lage. In dieser Situation ging er in die Vorwärtsverteidigung und verfasste eine Denkschrift, in der er nachwies, dass die aktuelle Ernte aus meteorologischen Gründen nicht den Erwartungen entsprach und deshalb Getreide und Futter importiert werden müssten, um der Landwirtschaft zu helfen. Ministerpräsident Kosygin, der Mann, der seinerzeit mit den bescheidenen Ideen einer noch bescheideneren Wirtschaftsreform am bolschewistischen Establishment gescheitert war, hatte ohnehin schon Probleme genug, seinen Haushalt zu gestalten, denn zum einen fraßen ihn die explodierenden Forderungen des militärindustriellen Komplexes und der ausufernden Rüstung auf, zum anderen zerfiel die sowjetische Wirtschaft zusehends. Wenn sich heute nicht wenige ehemalige Sowjetmenschen nach Stalin zurücksehnen, haben sie gründlich vergessen, dass die sowjetische Wirtschaft nur in der Zeit halbwegs funktionierte, als Hunderttausende Arbeitssklaven in Gestalt der Gulag-Häftlinge unentgeltlich eingesetzt wurden und der allgemeine Lebensstandard sich auf einem jämmerlichen Niveau befand. Das wird allerdings geflissentlich übersehen. Man konnte bei Gorbatschows Wirtschaftspolitik während der Perestroika erleben, wie mit atemberaubender Konsequenz jede Wirtschaftsreform, wenn sie die sozialistischen Voraussetzungen nicht verließ, scheitern musste, es sei denn, sie kehrte zu den stalinistischen Methoden zurück. Denn politisch und wirtschaftlich hat der Sozialismus in Gestalt des Stalinismus zu seiner einzigen authentischen Form gefunden. Das Scheitern aller reformkommunistischer oder eurokommunistischer Ansätze hat das präzise bewiesen.

Der alte Fuchs Kosygin erkannte sofort in Gorbatschows Memorandum den klugen Schachzug, die Landwirtschaft zu entlasten, indem die Erntedefizite mit Importen ausgeglichen würden, die Devisen verschlangen, welche Kosygin allerdings nicht hatte. Als Gorbatschow, der Breschnew zu einer Gala begleitete, den Katharinensaal im Kreml betreten wollte, traf er auf Kosygin. Kosygin nutzte die Gelegenheit, um den neuen ZK-Sekretär im Beisein Breschnews zu demütigen. Für den Ministerpräsidenten war das wichtig, um die Machtverhältnisse zu klären. Er warf Gorbatschow vor, Staatsgelder vergeuden zu wollen, weil er zu feige war, anständig bei der Lebensmittelbeschaffung durchzugreifen. Er sei schwach, ein Liberaler, der sich nicht durchsetzen könne. Gefährlich war der Angriff in mehrfacher Hinsicht. Gorbatschow wusste aus eigener Erfahrung, dass man den Bauern nicht die Produktionsmittel nehmen konnte, also das letzte Vieh und das Saatgetreide. Außerdem durfte man die, die gut gewirtschaftet hatten, nicht bestrafen, indem man ihnen alles wegnahm. Aber da war noch ein Punkt. Kosygin gebrauchte das ideologisch am meisten verseuchte Schimpfwort, das möglich war: Liberaler. Die Sozialisten sehen im Liberalen, also in demjenigen, der den Menschen die Freiheit lässt, die Inkarnation des Teufels, weil der Sozialismus die Freiheit hasst. Er will den Menschen immer zum Guten zwingen und muss ihn deshalb leider bevormunden, weil der Mensch das Gute nicht selbstständig erkennen kann. Dafür braucht er dann all die Bonzen und Bürokraten. Das Rechtsgut der Freiheit des Bürgers existiert nicht in der sozialistischen Vorstellung, auch nicht in der Vorstellung eines demokratischen Sozialismus, denn Sozialismus kann seinem Wesen nach niemals wirklich demokratisch sein, weil er nicht die Rechte des Bürgers, sondern die des Staates höher bewertet.

Gegen beide Unterstellungen wehrte sich Gorbatschow mit einem südrussischen Temperamentsausbruch. Wenn der Genosse Kosygin meine, dass er mehr bei der Beschaffung erzielen würde, dann solle er das auch machen, schließlich sei Gorbatschow noch neu und würde gern von Kosygin in der Frage lernen. Zudem sei die Beschaffung eine Aufgabe der Regierung und nicht des Zentralkomitees. Für Gorbatschow endete die Auseinandersetzung als Erfolg und Stärkung seiner Position. Kosygin durfte ja nicht demonstrieren, wie er scheitern würde, übernähme er die Beschaffung. Und Kosygin wusste, dass er scheitern musste wie jeder andere auch, beim Versuch eine unlösbare Aufgabe zu erfüllen. Breschnew unterstützte seinen jungen Sekretär gegen den alten Mitstreiter, dessen Tage als Ministerpräsident ohnehin gezählt waren. Als Chruschtschow gestürzt wurde, entstand ein Triumvirat: Breschnew als Parteichef, Kosygin als Ministerpräsident und Podgorny als Vorsitzender des Obersten Sowjets, also als Staatspräsident. Podgorny wurde von Breschnew 1977 aufs politische Altenteil geschoben, nun wollte er sich Kosygins entledigen, was sich ein knappes Jahr später, 1980 durch Kosygins Tod von selbst erledigte. In dieser Auseinandersetzung hatte der junge ZK-Sekretär seine Feuertaufe bestanden und den Ministerpräsidenten in seine Schranken verwiesen. Zwar hatte sich Gorbatschow durchgesetzt und die Carte blanche für Importe erhalten, da traf ihn ein unerwartetes Problem in Form eines Getreideembargos, das aus einer der größten Fehlentscheidungen der sowjetischen Geschichte herrührte.

Im afghanischen Kabul hatte am 27. April 1978 der politische Zögling Moskaus Noor Mohammed Taraki mit einigen Hundert Anhängern seiner Demokratischen Volkspartei, einem Fliegergeschwader und einem Panzerbataillon den Königspalast erobert und den Ministerpräsidenten Prinz Mohammed Daoud ermordet. In diese Aktion war auf unheilvolle Weise der KGB verstrickt. Taraki träumte von einem sozialistischen Afghanistan und bettelte Breschnew an, ihm derweil finanziell beträchtlich unter die Arme zu greifen. Nicht wenige afghanische Offiziere hatten an Lehreinrichtungen der sowjetischen Streitkräfte in der UdSSR studiert. Als im April 1979 der sowjetische General Jepischew mit einer Militärdelegation Afghanistan besuchte, bat Taraki Jepischew: »Lassen Sie Breschnew wissen, dass er nun einen weiteren zuverlässigen Verbündeten hat.« Unter vier Augen bot Taraki Jepischew an, dass er einen Aufstand unter den Belutschen in Pakistan initiieren könnte. Dann hätte die Sowjetunion einen Zugang zum Indischen Meer, vorausgesetzt, sie würde

Taraki unterstützen. Jepischew konterte nüchtern: »Sprechen wir nicht darüber. Im Moment besteht Ihre Hauptaufgabe darin, Ihr Regime zu festigen.« Spätestens hier hätten sich die Sowjets aus Afghanistan zurückziehen müssen, denn es zeigte sich, dass die Abenteurer um Taraki die Weltmacht in schlimmste Konflikte ziehen konnten. Bei einem Treffen zwischen Breschnew und Carter am 17. Juni 1979 nach der Unterzeichnung des Abkommens über die Begrenzung der strategischen Rüstung warnte Carter Breschnew, dass die USA eine Intervention in Iran und in Afghanistan weder planten noch zulassen würden. Er gehe davon aus, dass die Sowjetunion den gleichen Standpunkt vertreten würde. Breschnew, durch die unabgesprochene und unvorbereitete Frage, die ihm der amerikanische Präsident außerhalb des Protokolls stellte, verunsichert, flüchtete sich etwas konfus in die Retourkutsche, dass auch er seinerseits hoffe, dass sich die USA nicht einmischen würden. Das geschah zu einem Zeitpunkt, an dem sowjetische Militärberater und Geheimdienstexperten sich in Kabul die sprichwörtliche Klinke in die Hand gaben. Von diesen Vorgängen erfuhr der ZK-Sekretär Gorbatschow nichts, obwohl er bald schon mit den Auswirkungen zu kämpfen haben würde. Das entscheidende Memorandum an Breschnew, das dringend empfahl, die afghanische Volksmacht im Kampf gegen die Konterrevolution zu unterstützen, trug die Unterschriften von Gromyko (Außenminister), Andropow (KGB-Chef), Ustinow (Verteidigungsminister) und Ponomarjow (Chef der Internationalen Abteilung des ZK). Breschnew konnte nicht anders, als dem zustimmen, denn sieht man von Ponomarjow ab, der eher dem Typ des willigen Beamten entsprach, hatten die mächtigsten sowjetischen Politiker die Denkschrift unterschrieben, die Politiker, die man die Fraktion der Falken nennen könnte. Erst später sollte eine Hoffnung, die aus einer tiefen Verzweiflung geboren worden war, Andropow verklären. Ponomarjow reiste nach Kabul, um die afghanische Regierung anzuleiten, um sie zu stabilisieren. Für die Russen ging es darum, dass das Regime in Kabul sich von Träumereien verabschiedete, sich nicht gegenseitig zerfleischte und die nächstliegenden Aufgaben Stück für Stück in Angriff nahm. Kurz darauf besuchte Taraki Moskau, bat um militärische Unterstützung, weil er sonst sich außer Stande sähe, die Revolution zu verteidigen, und beklagte sich bitter über seinen Außenminister Amin, der gegen ihn einen Obstruktionskurs steuerte. Breschnew und Andropow sagten Taraki die erbettelte Militärhilfe zu und versprachen ihm, sich um Amin zu kümmern. Andropow war der entscheidende Mann in dieser Angelegenheit und wurde von Ustinow unterstützt. Breschnew akzeptierte lediglich und hatte sich auf Taraki festgelegt, weil der KGB ihn als zuverlässiger einschätzte. Amin verdächtigte man, sich eines Tages dem Westen öffnen zu wollen. Doch Taraki, sei es weil die Furcht vor seinem Außenminister ins Unermessliche stieg oder weil er den Sowjets nicht traute, beschloss das Problem Amin selbst zu lösen und unterschrieb damit sein Todesurteil, denn die Aktion schlug gründlich fehl. Wieder einmal finden wir uns auf der Ebene eines B-Movies wieder. Taraki lud Amin zu einer Unterredung in seine Residenz ein. Amins Sorge, dass es sich um eine Falle handeln könnte, zerstreute der sowjetische Botschafter Pusanow überzeugend. Amin willigte ein, fuhr zu Taraki, nahm aber ein paar Leibwächter mit. Als Amin die Residenz betrat, eröffnete Tarakis Adjutant das Feuer und tötete einen Mann Amins, kurz darauf brach im einsetzenden Kugelhagel Amins Adjutant schwer verletzt zusammen. Wie durch ein Wunder überlebte der Außenminister die Schießerei und entkam. Der Gegenschlag erfolgte umgehend. Amin wurde Generalsekretär der Demokratischen Volkspartei, Vorsitzender des Revolutionsrates und Verteidigungsminister. Er ließ Taraki und dessen Frau verhaften und anschließend von seinen Leuten auf ihren Gefängnispritschen erwürgen. Offiziell hieß es, sie seien plötzlich verstorben. Breschnew tobte in Moskau. Er hatte Taraki noch vor einem Monat im Kreml empfangen. Amin schickte ein Ergebenheitstelegramm nach dem anderen an Breschnew, doch der wollte mit dem Mann nichts zu tun haben. Bis jetzt hätten die Sowjets sich noch arrangieren und eine Katastrophe vermeiden können, doch Andropow besaß eine festgefügte Meinung von Amin. Jetzt wollte man auf Nummer sicher gehen. Den Anlass für die Operation »Achat«, wie die Ausschaltung Amins benannt wurde, bot dessen verständliche Forderung nach der Ablösung des sowjetischen Botschafters Pusanow, der die falschen Garantien gegeben hatte. Aber was von sowjetischen Garantien zu halten war, sahen wir bereits im Fall Imre Nagy

– auch hier war Juri Wladimirowitsch entscheidend mit von der Partie. Nachdem Andropow einen handschriftlichen Brief an Breschnew schrieb, in dem er von Amins geheimen Aktivitäten ein düsteres Bild malte, legte Ustinow am 8. Dezember den Invasionsplan vor. Der Einmarsch sowjetischer Truppen, die Amin noch für eine Unterstützung seiner Regierung im Kampf gegen die Konterrevolution hielt, begann am 25. Dezember 1979. Zwei Tage später stürmten KGB-Truppen unter Führung von Oberst Grigori Bojarinow, der bei der Operation ums Leben kam, in afghanischen Uniformen den Präsidentenpalast und töteten Amin auf der Stelle. Der KGB hatte Wort gehalten und sich gekümmert. Und wie immer bei diesen Aktionen wurde ein treuer Vasall als großer einheimischer Führer der Revolution installiert: nach Kádár in Budapest und Husák in Prag nun der afghanische KGB-Agent Babrak Karmal. Für Andropow verlief die Operation erfolgreich, er hatte einen Mann an die Macht gebracht, der auf seiner Gehaltsliste stand. Der Jubel sollte nicht lange anhalten, denn der Weg führte unmittelbar in die Katastrophe.

Michail Gorbatschow, von den Ereignissen überrascht, tauschte sich mit einem alten Freund bei einem Spaziergang in Pitzunda entlang des winterlich-ungemütlichen Schwarzen Meeres sehr schokkiert über die verheerende sowjetische Aktion aus, von der beide aus der Presse erfahren hatten, obwohl Gorbatschow ZK-Sekretär und Schewardnadse Kandidat des Politbüros war. Sie sahen beide darin einen Fehler und standen der traditionellen sowjetischen Außenpolitik ablehnend gegenüber, der Politik der Stärke und der Breschnew-Doktrin, wonach die Sowjetunion das Recht habe, in ihrem Einflussbereich auch militärisch zu intervenieren, um ein Herausbrechen eines Landes aus dem sowjetischen Block zu verhindern. Wie eng Außen- und Innenpolitik zusammenhängen, wurde dem Verantwortlichen für Landwirtschaft und Lebensmittelbeschaffung bewusst, als er nun, nachdem er unter vielen Schwierigkeiten und Kämpfen das Geld für die Importe losgeeist hatte, mit dem Getreideembargo der USA zu kämpfen hatte als Reaktion auf den völkerrechtswidrigen Einmarsch sowjetischer Truppen in Afghanistan. Er musste andere Lieferanten bedeutender Mengen Getreide finden. Obwohl er den Einmarsch ablehnte, vermied er es aus politischer Klugheit, seinen

Gönner Andropow zur Rede zu stellen, denn Michail begriff immer mehr, dass er selbst auf so hohem Posten, auf dem er sich nun befand, nur wenig ausrichten konnte. Zwar gehörte er nicht dem inneren, aber immerhin dem höchsten Führungszirkel an und erfuhr trotzdem von der Invasion in Afghanistan aus der Zeitung – wie jeder andere Sowjetbürger auch. Den Haushaltsplan der UdSSR bekam er nicht zu Gesicht. Der gehörte zu den Geheimnissen ersten Ranges, denn im Staatsbudget musste auch die Etatgröße, die der mächtige militärindustrielle Komplex verschlang, ausgewiesen werden.

Gorbatschow verstand es, so gute Beziehungen zu Breschnew herzustellen, dass Breschnew auf die Idee kam, den Sekretär ins Politbüro zu holen. Das scheiterte am wohl gemeinten Widerstand Suslows, der Gorbatschow erklärte, dass dieser schnelle Aufstieg ihm wenig nützen, aber immens schaden würde, weil Neider, Missgünstige, Leute, die Angst vor ihm hätten, alarmiert wären und eine Fronde bilden würden. Einstweilen würde es genügen, wenn er zum Kandidaten des Politbüros aufstieg. Natürlich wusste Michail, dass es die Apparatefraktion unter Tschernenko, Breschnews Büroleiter und Chef der mächtigen Allgemeinen Abteilung, gab, mit Tichonow, Kosygins Nachfolger als Ministerpräsident, und mit Gromyko. Diese Leute mochte er zwar nicht reizen, sie von Zeit zu Zeit sogar umgarnen, dennoch zweifelte er keine Sekunde daran, dass er im reaktionären Apparat, in der korrupten Bürokratie keine Freunde besaß. Er stand auf der anderen Seite, auf der Seite von Leuten wie Suslow, der bald darauf starb, von Andropow und von Ustinow, die gegen Korruption, Schlendrian, Vergeudung von Volksgütern, Amtsmissbrauch vorgehen wollten. Selbst Breschnews Schwiegersohn, Tschurbanow, der als stellvertretender Innenminister der UdSSR fungierte, war in die mafiösen Strukturen verstrickt. Andropow wusste, dass das Innenministerium seiner Aufgabe der Verbrechensbekämpfung immer weniger nachzukommen vermochte, weil es selbst vollständig kriminell unterwandert und zersetzt war. Aber so viel er auch an Beweisen horten sollte, das Innenministerium stand unter persönlichem Schutz von Breschnew, da kam auch der mächtige KGB-Chef nicht ran, noch nicht. Aber Breschnews langsames Sterben fand vor aller Augen statt, und sein Tod würde nicht mehr lange auf sich warten lassen.

Überleben in der Funktion war alles, sich aufheben und Einfluss-
möglichkeiten für die Zeit danach sichern, darum ging es. Gorbatschow versuchte, in Analogie zum militärindustriellen Komplex
einen agrarindustriellen Komplex zu schaffen, um die Beziehungen
aller an der Agrarwirtschaft beteiligten Betriebe zu koordinieren.
Außerdem entwickelte er ein Lebensmittelprogramm. Geschickt gewann er den eitlen Breschnew, das Programm als große leninistische
Neuerung auf dem ZK-Plenum vorzutragen. Da er sich für die Finanzierung des Programms mit Tichonow einigen musste, der keinerlei Gelder zur Verfügung stellen wollte, hatte er mit Breschnews
Einwilligung zur Verkündung des Programms ein Druckmittel in der
Hand. Eine Lösung *musste* gefunden werden. Stundenlang saßen
sich beide Kontrahenten in Gorbatschows Arbeitszimmer gegenüber. Eine High-Noon-Situation. Tichonow mauerte. Gorbatschow
erläuterte, dass die Investitionen kostenneutral wären. Denn zurzeit
gäbe es keinerlei Investitionszuschüsse, aber der Staat stellte nicht
rückzahlbare Kredite zur Verfügung. Das führte dazu, dass, immer
wenn die Kolchosen Geld brauchten, sie einen Kredit aufnahmen,
über deren Rückzahlung sie nicht nachdenken mussten. Der Staat
konnte das Geld abschreiben und hatte obendrein keine Kontrolle,
ob es für sinnvolle, investitive Erfordernisse oder rein konsumtiv
genutzt wurde. Das gleiche Geld sollte nun für dringend benötigte
Investitionen bereitgestellt und die Kredite im Gegenzug abgeschafft
werden. Tichonow mauerte immer noch. Nach langen Diskussionen
bildete sich eine Kompromisslinie heraus, die Gorbatschow endlich
verstehen ließ, worin Tichonows eigentliches Problem lag. Nicht das
Geld, über das sie die ganze Zeit gestritten hatten, war das Problem,
sondern die Bildung des agrarindustriellen Komplexes. Auf Bezirks-
und Gebietsebene beziehungsweise auf der Ebene der Unionsrepubliken wollte man sich diese Organisationsform gefallen lassen, nicht
aber auf Unionsebene. Tichonow hatte erkannt, ob von Gorbatschow
beabsichtigt oder nicht, dass die Einführung des Komplexes Gorbatschows Macht steigern würde. Der Landwirtschaftssekretär hätte
plötzlich Zugriff auf den Ministerrat, auf die Industriebetriebe, die
landwirtschaftliche Ausrüstungen produzierten, sogar auf die Zu-
lieferer und Rohstoffproduzenten, die wiederum diese Betriebe ver-

sorgten. Das musste er verhindern! Deshalb einigte man sich auf den Kompromiss. Letztlich blieben alle Maßnahmen Gorbatschows in der Landwirtschaft erfolglos, weil er das System nur retuschieren, nicht aber zu ändern vermochte. Auch wenn er nichts umgestalten konnte, musste er Aktivität demonstrieren, sich als engagierten, tatkräftigen Funktionär empfehlen. Und er reiste durch die Sowjetunion, um seine Hausmacht aufzubauen, um ZK-Mitglieder in den Unionsrepubliken und den Gebieten Russlands für sich zu gewinnen. Außerdem wusste der Mann, der selbst eine Weile für die Kader im Stawropoler Gebiet zuständig gewesen war, wie wichtig es war, eine Mannschaft aufzubauen. In Stawropol hatte er einen alten Freund, Murachowski, zu seinem Nachfolger gemacht und sich gegen den zweiten Anwärter Kasnatschejew entschieden. Der hatte ihm das nie verziehen und ein böses, verleumderisches Buch geschrieben: *Na perelome* (»Im Umbruch«).

Zu dieser Zeit wartete, wie Gorbatschow, das ganze Land auf den Tod Leonid Iljitsch Breschnews.

Kapitel 18

Die Zeit der Wirren

»Denen, die jetzt vergehn, lass ich ihr Weh.
Solln mit der Jugend
Schritt die Greise halten?
(...)
Wer wirft in solchen Teich den Stein?
Nein, rührt nicht dran!
Da steigt Gestank.
Sie sterben in sich selber und allein
Wie Laub abfällt im Herbst: müde und krank...«

Sergej Jessenin, »Die vergehende Russ«

Für die Männer an der Spitze galt jenseits der eigenen Karrierepläne die Stabilität des Politbüros, die ausbalancierte Macht als politisches Fundament. Keiner verkörperte das mit mehr Autorität als Suslow, die graue Eminenz, die niemals Ambitionen auf den Posten des Generalsekretärs erhob. Im Januar 1982 starb Suslow. Alle im Politbüro empfanden das als Signal, sich für die Zeit nach Breschnew in Position zu bringen. Für einige von ihnen ging es tatsächlich um die Nachfolge. Da gab es den mächtigen Parteichef der Ukraine, Schtscherbitzki, dem Breschnew einmal versprochen hatte, dass er ihn im Amt beerben würde. Da gab es aber auch den ewigen Lakaien Tschernenko, der immer größeren Einfluss auf Breschnew ausübte und sich selbst als idealen Nachfolger sah, obwohl er nur mindere Geistesgaben besaß. Die Amtsgeschäfte entglitten dem todkranken Generalsekretär immer mehr. Häufig leitete Tschernenko die Sitzung, las ein vom ZK-Apparat ausgearbeitetes Schriftstück vor, verkündete, dass Leonid Iljitsch es gebilligt hatte, und es wurde ohne Widerspruch angenommen. Die Themen spreizten sich grotesk weit auseinander, auch in ihrer Bedeutung. Es ging um Krieg und Frieden, aber mit der gleichen Ernsthaftigkeit behandelte das Politbüro eine periphere Baunorm, von der sowieso keiner etwas am Tisch verstand.

Die kleinsten und die größten Angelegenheiten wurden hier verhandelt, ohne dass man das Wichtige vom Unwichtigen geschieden hätte. Dieser Gipfelpunkt der Bürokratie war Tschernenkos eigentliches Element. Als Anwärter auf den Posten des Generalsekretärs kam auch Andropow in Frage, und es scheint, als ob auch Gromyko nicht ohne Ambitionen war. Schließlich spitzte sich der Machtkampf zwischen Tschernenko und Andropow zu, der sich darin ausdrückte, dass beide um den Einfluss auf den sterbenden Generalsekretär wetteiferten. Andropow wurde von Gorbatschow, der seit 1982 als Vollmitglied dem Politbüros angehörte, und von Ustinow unterstützt. Tschernenko wusste den Apparat hinter sich, außerdem besaß er die Unterstützung von Tichonow, Romanow und Grischin. Allerdings hielten sich Grischin und Romanow ebenfalls für besonders befähigt, Generalsekretär zu werden. Und Schtscherbitzki meinte ohnehin von sich, dass er der von Breschnew Auserwählte sei. Allerdings lag das denkwürdige Gespräch zwischen Breschnew und Schtscherbitzki bereits ein paar Jahre zurück. Gorbatschow unterstützte vorbehaltlos Andropow, durfte es sich aber auch nicht mit Tschernenko verscherzen. Um welch absurde Dinge es bei dem Machtkampf ging, zeigt folgende Episode: Normalerweise leitete die Sitzung der Parteiführung der Generalsekretär. Er konnte aber auch einen anderen dazu bestimmen, und im Krankheits- oder Abwesenheitsfall musste ohnehin ein anderer die Leitung übernehmen. Die Leitung der Sitzung galt als ungeheurer Prestigegewinn, zeigte, dass man im Götterrat vor den anderen rangierte und eventuell einmal Generalsekretär wurde. Breschnew hatte Andropow beauftragt, in seiner Abwesenheit die Sitzungen durchzuführen, wollte das aber gegenüber seinem getreuen Paladin Tschernenko nicht durchsetzen, der die Sitzungsleitung an sich gerissen hatte. Eines Tages warteten alle Mitglieder des Politbüros wie immer im Vorraum des Sitzungszimmers, dem so genannten »Ankleidezimmer«. Nachdem alle eingetroffen waren, sagte Andropow laut und vernehmlich: »Dann lasst uns anfangen!«, ging in den Sitzungssaal und setzte sich auf den Stuhl des Versammlungsleiters. Tschernenko knickte merklich zusammen, als er den Raum betrat. Doch Widerspruch wäre ihm übel bekommen, weil er die Einheit des Politbüros angegriffen hätte. So kleinlich ging es zu. Nach der Sitzung fragte Gorbatschow seinen Mentor, ob Breschnew das Vorgehen angeordnet hätte. Andropow antwortete listig, dass er ohne den ausdrücklichen Wunsch des Generalsekretärs das niemals gewagt hätte. Breschnew hatte tatsächlich Andropow angerufen und ihn angewiesen, die Sitzungen zu leiten, doch tat er das nur, weil Andropows Freund Ustinow den kranken Generalsekretär dazu gedrängt hatte. Reichte Breschnews Kraft gerade noch dazu, Andropow aufzufordern, die Versammlungsleitung zu übernehmen, so erlahmte sie völlig bei dem Gedanken, Tschernenko zurückzupfeifen.

Am 10. November 1982 wurde Gorbatschow, der sich gerade im lebhaften Gespräch mit einer slowakischen Delegation befand, ein Zettel von Andropow überbracht. Er möge, auch wenn er gerade in einer Besprechung sei, sich entschuldigen und sofort zu ihm kommen. Als Gorbatschow das Dienstzimmer seines Förderers betrat, teilte der ihm mit, dass Breschnew in der Nacht gestorben war. Das Heft des Handelns lag von vornherein in Andropows Hand. Davon lernte Gorbatschow und sollte diese Lektion später wortwörtlich befolgen. Wie er Gorbatschow erzählte, erfuhr er als Erster vom Tod des Generalsekretärs. Sogleich begab er sich zu Breschnews Datscha, kondolierte der Witwe, besprach mit ihr die nächsten Schritte für die Trauer und verständigte sich mit den Ärzten. Dann informierte er Ustinow und stimmte sich mit ihm ab. Schließlich rief er den engsten Kreis zusammen. Zehn Stunden nach Breschnews Tod versammelte Andropow das Politbüro, doch die Entscheidung fiel eigentlich schon in den Konsultationen zuvor. Ustinow ging zu Tschernenko und schlug Andropow als neuen Generalsekretär vor. Tschernenko konnte dem Vertreter des mächtigen militärindustriellen Komplexes nicht widersprechen und musste das Votum akzeptieren. Er hatte den Kampf um die Macht verloren. Die Militärs schätzten den Drückeberger Tschernenko, der den Zweiten Weltkrieg als Komsomolfunktionär weit im Hinterland verbrachte hatte, nicht allzu sehr. So kam es, dass Andropow die Politbürositzung leitete, einige Worte des Gedenkens an Breschnew sprach, die sehr formelhaft klangen, und dann um Vorschläge bat, »wer das Amt des Generalsekretärs des Zentralkomitees der KPdSU übernehmen soll ...«. Es meldete sich nur Tschernenko, der, wie von ihm verlangt, Andropow vorschlug.

Gorbatschow konnte aufatmen. Besonders für ihn verbanden sich mit Andropow Hoffnungen. Aber damit stand er nicht allein. Für die Sowjetbürger war Andropow eine zwiespältige Gestalt. Man kannte ihn kaum, und er galt als Chef des mächtigen Sicherheitsapparates. Andererseits weckte er durchaus Hoffnungen, dass er die Stagnation beenden und mit der allgegenwärtigen Korruption aufräumen konnte. Als Chef des Sicherheitsdienstes musste er doch besser als jeder andere aus dem Götterrat die reale Lage im Land kennen. Gorbatschow unterstützte Andropow bei der Zusammenstellung einer Mannschaft. Neue reformwillige Funktionäre sollten ins Politbüro und ins Sekretariat des ZK aufsteigen, um Andropows Machtbasis zu stärken, indem sie ein Äquivalent gegen die Kräfte des Apparates und der Beharrung bildeten. Im ZK wurde als Gegengewicht zu Tichonow eine Wirtschaftsabteilung installiert, die Ryschkow übertragen wurde, ein Mann, der an Lösungen interessiert war und den Gorbatschow ausgesucht hatte. Ebenfalls ging der neue Leiter der Abteilung Wissenschaft und Hochschulwesen Medwedew auf Gorbatschows Initiative zurück. Kaderarbeit hatte er ja in Stawropol gelernt und für Kulakow seinerzeit ausgeführt. Michail fühlte sich ganz in seinem Element. Es galt, eine schlagkräftige Truppe zusammenzubauen, mit der man das Land nach vorne bringen, aus dem Winterschlaf erwecken konnte. Raissa erkannte ihren Mann nicht wieder. Er lebte förmlich auf. Keine Grabenkämpfe mehr, sondern Angriff. Auch das langjährige Politbüromitglied Kapitonow, das eigentlich die Kader der Partei führen sollte, stattdessen sich um jede Entscheidung herumdrückte, musste dringend ersetzt werden, wollte man die Partei aktivieren und eine dynamische Kaderpolitik führen, die fähige Leute förderte und sich von unfähigen trennte. Für diese Funktion entschied sich Andropow – nicht ohne Gorbatschows Zutun – für Jegor Ligatschow. Die nachfolgenden Ereignisse haben es verdunkelt, aber zu jener Zeit arbeiteten Ligatschow und Gorbatschow glänzend zusammen, verfochten sie das Ziel, konsequent gegen Korruption, Ämtermissbrauch, Schlendrian, Unordnung, Einfallslosigkeit und Schematismus vorzugehen. Schewardnadse wurde zum Vollmitglied im Politbüro gewählt. Den altersschwachen Kirilenko bat man, in den Ruhestand zu gehen. Damit schuf Andropow die Voraussetzung für die nächsten Schritte. Als alter KGB-Mann glaubte er tatsächlich, dass er nur Ordnung und Disziplin wiederherstellen müsste, dann würde das Staatsschiff schon wieder flott werden. An tiefgreifende Reformen in der Gesellschaft, in der Wirtschaft und in der Ideologie dachte er nicht. Er war und blieb ein bolschewistischer Parteisoldat, der wie Chruschtschow – und wie Gorbatschow – das Heil in der Wiederherstellung des Leninismus sah. Als erste Maßnahme war es richtig, mit der Korruption und der kriminellen Verfilzung der Bürokratie aufzuräumen. Er entmachtete Schtschokolow und schickte ihn in den Ruhestand. Breschnews Schwiegersohn Tschurbanow wurde in die Arktis strafversetzt. Im Innenministerium wurde aufgeräumt. Medunow wurde seines Posten enthoben und unter Hausarrest gestellt. Raschidow starb rechtzeitig. Man durfte nur bei diesen Maßnahmen nicht stehen bleiben, doch dafür fehlte Andropow die Einsicht, die Kraft und die Zeit. Als er endlich an die Macht kam, war er bereits ein schwer kranker Mann. Hinzu kamen unwürdige Maßnahmen, die zu nichts außer Verärgerung führen sollten. Um dem Schlendrian und der grassierenden Arbeitsbummelei Herr zu werden, verfügte Andropow polizeiliche Kontrollen der Passanten, um diejenigen bestrafen zu können, die sich während ihrer regulären Arbeitszeit nicht an ihrem Arbeitsplatz, sondern auf der Straße, beim Friseur oder im Geschäft befanden. Das zeigte, wie tief Andropows Denken bereits geheimdienstlich und polizeilich geprägt war. Die verhängnisvolle Alkoholkampagne hatte Andropow noch im Kern konzipiert, Gorbatschow setzte sie dann als Generalsekretär etwas gedankenlos, dafür aber umso verhängnisvoller durch, doch dazu später.

Viel ist in Andropow hineininterpretiert worden, oftmals wurde er überschätzt. Sein Verdienst bestand darin, die Breschnewsche Verkrustung aufgebrochen und die nächste Generation von Führern an die Position gebracht zu haben, von der aus sie zumindest starten konnten. Das alles wiegt nicht die blutige Rolle auf, die er in Ungarn gespielt hatte, die von ihm perfektionierte Verfolgung der Dissidenten, die Invasion in der ČSSR und schließlich das Desaster des Afghanistankrieges, in das er sein Land gestürzt hatte.

Im Herbst 1983 verschlechterte sich Andropows Gesundheitszustand abrupt. Er zog sich nach Kislowodsk, ins geliebte Sanatorium

»Dubowaja roschtscha« zurück. Gorbatschow hielt ständig mit ihm Verbindung. Tschernenko leitete zumeist die Sitzungen, manchmal auch Gorbatschow, und man konnte es fast mit Händen greifen, dass der Apparat, die Tschernenkos und Tichonows die Verschlechterung von Andropows Gesundheitszustand mit Freude verfolgten und auf ihre Stunde warteten. Andropows zaghafte, vor allem bei den Kadern der Partei durchgesetzte Reformen hatten viele verdiente Genossen in helle Aufregung versetzt. Sie wünschten sich sehr die gute alte Stabilität der Breschnew-Zeit zurück.

Andropow wurde nach Moskau zurückgebracht und in eine Spezialklinik eingeliefert. Er musste sich täglich der Dialyse unterziehen. So wie er körperlich zerfiel, konnte Gorbatschow beobachten, verfiel auch das Tempo der Reformen und die Macht der reformentschlossenen Spitzenfunktionäre.

Am 9. Februar 1984 starb Andropow. Das Politbüro tagte fast zur gleichen Zeit und sprach über den sozialistischen Wettbewerb, über die Frühjahrsaussaat, über all die Themen, über die sie immer sprachen.

Es heißt, es hatte ein politisches Testament Andropows gegeben, in dem er dringend Gorbatschow als Nachfolger empfahl. Doch dieses Testament wurde nirgends aufgefunden. Auch hätte Andropow, der spätestens nach Weihnachten 1983 keine Illusionen über seinen Gesundheitszustand mehr hegen konnte, seine Nachfolge regeln müssen. Er spürte den Zerfall seiner Kräfte. Welch Hybris steckte dahinter, mit so eingeschränkten Kräften ein so großes Reich wie die Sowjetunion regieren zu wollen? Gegen die These des Testaments spricht, dass der sieche Generalsekretär nichts für die Regelung seiner Nachfolge tat, als verhelfe ihm der Posten des Generalsekretärs zum ewigen Leben. Gleichviel fand am 10. Februar die Politbürositzung statt, die sich mit der Nachfolge befassen musste. Gorbatschow ahnte, dass die Würfel schon gefallen waren. Tschernenko hatte die Sitzung kaum eröffnet, Worte der Trauer mühsam von einem Zettel abgelesen und dazu aufgefordert, Vorschläge für einen neuen Generalsekretär zu unterbreiten, da begann Tichonow bereits zu sprechen – aus Sorge, jemand könnte ihm mit einem Vorschlag zuvorkommen, den nach altem Brauch dann alle anzunehmen und zu lobpreisen hatten. Wer nur den leisesten Zweifel äußerte, stellte die Einheit des Politbüros in Frage, neigte zur Fraktionsbildung und war folglich ein Verräter, Ketzer, ein Feind. Natürlich schlug Tichonow seinen engen Freund Tschernenko vor. Wie Salböl troff es an ihm herunter, als er von allen Politbüromitgliedern Einverständnis und Lob vernahm. Gromyko, der gleich nach Tichonow sprach, verlieh dem Ganzen noch eine groteske Note, als er sein Einverständnis mit den Worten begründete: »Wir müssen vorausblicken und daran denken, dass das Zentralkomitee der Partei und alle unsere Organisationen mit großen Aufgaben konfrontiert sind.« Vorausblickender konnte man in der Tat nicht handeln, als einen kranken, altersschwachen Greis mit geringem Intellekt als Option für die Zukunft zu bestimmen. Was die großen Anforderungen betraf, hatte Gromyko allerdings Recht. Die Amerikaner stationierten in Westeuropa ihre Pershing II-Raketen, von denen dann oft im Westen und im Osten die Rede sein sollte, und die Russen in der DDR und in der ČSSR ihre SS-20-Raketen, von denen weder im Osten noch im Westen die Rede war. Die Stationierung hatte allerdings noch der sterbende Andropow als letzten Kraftakt und um Handlungsfähigkeit zu demonstrieren verfügt.

Auch Gorbatschows Zustimmung zur Kandidatur Tschernenkos fiel rhetorisch ein wenig wie dadaistisches Kabarett aus: »Die Umstände erfordern, dass die Partei und vor allem ihre Führungsorgane, das Politbüro und das Sekretariat, so einig sind wie nie zuvor. ... Die Einmütigkeit in dem, was wir heute über den Kandidaten für den Generalsekretärsposten sagen, wenn wir einstimmig Konstantin Ustinowitsch als Kandidaten vorschlagen, ist der Beweis für die Tatsache, dass wir im Politbüro in dieser Hinsicht wirklich ganz und gar einig sind.« Die Einmütigkeit ist der Beweis für die Einmütigkeit, tautologischer geht es nimmer, aber in der Tautologie wird ja bekanntlich die Logik besonders zwingend. Gorbatschows Worte sind die Worte eines Mannes, der eine tiefe Enttäuschung zu verwinden hatte. Er hatte nicht damit rechnen können, gewählt zu werden, dennoch mag er gehofft haben, dass Ustinow sich für ihn einsetzte. Er wäre der Einzige gewesen, der die Autorität besaß, einen Kandidaten wie Gorbatschow vorzuschlagen. Doch nicht genug damit. Die Apparatschik-Fraktion hatte gesiegt und sein unmittelbarer Widersacher Tichonow die Weichen dafür gestellt. Er musste auf der Hut sein, sich vorsehen, aber auch nicht zurückweichen, denn bei Tschernenkos Anblick wusste man, dass es nur eine Frage der Zeit war, wann sie wieder dieses Thema an diesem Ort besprechen durften. Allzu lange konnte es nicht dauern. Alles hing davon ab, dass man dann noch an diesem Tisch saß. Andropow hatte ihn in eine exzellente Position gebracht. Auch als Tschernenko nach Andropow der zweite Mann war, stand Gorbatschow nicht weit entfernt. Nun galt er als der zweite Mann. Diesen Rang durfte er sich nicht streitig machen lassen. Auch wenn es schwer fiel, musste er eng mit Tschernenko arbeiten und sich geschickt in Position halten. Schließlich war er nicht ganz ohne Rückhalt, und der wichtigste Mann im Politbüro, Ustinow, stand zu ihm, schon aus Verbundenheit zu Andropow. Und all die anderen: Schewardnadse, Ligatschow, Alijew, Ryschkow, alles Leute, die auch ihm ihr Amt zu verdanken hatten und die mit ihm die Not im Lande kannten und nur zu genau spürten, dass ihnen der Laden bald um die Ohren fliegen konnte. Was hatte Andropow Gorbatschow geraten: Michail, du darfst dich nicht auf die Landwirtschaft konzentrieren, du musst deinen Bereich erweitern, dir weitere Politikfelder erschließen. Und das tat Gorbatschow. Solange er geschickt angriff und Tschernenko vor seinen Karren spannte, konnte ihm nicht viel passieren.

Teil 5

Kapitel 19

Prolog zur Macht

> »Es existiert in diesem Land auch eine öffentliche Meinung,
> obwohl diese in den Jahren vor der Perestroika anders ihren
> Ausdruck fand als in demokratischen Ländern. Die Menschen
> taten ihre Meinung schweigend kund. Aber wichtig war die
> Art, wie sie schwiegen. ... Die (langsame) Art, wie sie zu einer
> obligatorischen Versammlung gingen, und die (blitzschnelle)
> Art, wie sie diese wieder verließen. Trotz der Verachtung und
> Arroganz, die die Machthaber für die Gesellschaft empfanden,
> achteten sie doch genau auf ihr Schweigen. ... Und alle diese
> Krisen, die das Imperium damals, international wie auch im
> Inneren, durchmachte, spielten sich vor dem Hintergrund der
> täglichen menschlichen Armut, des materiellen Mangels, der
> Hoffnungslosigkeit ab.«
>
> *Ryszard Kapuściński*

Glomm mit Andropows Wahl so etwas wie Hoffnung bei den Bürgern auf, so folgte nun gespanntes Warten auf die Wahl des Nachfolgers, doch überwog ein ungutes Gefühl, denn wann hatte das Schicksal es schon einmal gut gemeint mit Russland? Tschechows Diktum: »Das russische Leben schlägt den russischen Menschen so, dass kein nasser Fleck übrig bleibt, es schlägt zu wie ein tausend Pud schwerer Stein« besaß für viele Sowjetbürger emotionale Gültigkeit. Im kalten und trostlosen Februar versammelten sich die Mitglieder des Zentralkomitees gegen 13.30 Uhr im Swerdlow-Saal nur zu einem, aber sehr wichtigen Tagesordnungspunkt, zur Wahl des Generalsekretärs. Zunächst herrschte eine fröhliche, ausgelassene Stimmung, wie bei einem Absolvententreffen, kamen doch die Funktionäre aus den Weiten des Landes zusammen und freuten sich, einander zu sehen. Niemand sprach über Andropow. Sie begrüßten sich untereinander über Sitzreihen hinweg, tauschten Neuigkeiten aus, eine Gruppe von Leuten, die sich kennen, ähnliche Verantwortungen tragen und sich nicht täglich sehen. Wer nach 13.30 Uhr eintraf, hatte es schwer, noch einen Sitzplatz zu finden. Gorbatschow weilte mit den anderen Mitgliedern des Politbüros noch in einem Nebenraum. Wohl war ihm nicht zumute, weil er wusste, was sie gleich verkünden mussten. Scham erfüllte ihn. Das Politbüro hatte einen Entschluss gefasst – und er mit –, der einer Farce glich, eigentlich eine Verhöhnung der Bürger gleichkam. Tichonow hingegen konnte sich vor guter Laune kaum halten. Schließlich betraten durch einen Nebeneingang die Mitglieder des ZK-Sekretariats den Saal, allen voran der Sekretär für Internationale Beziehungen, Boris Ponomarjow. Die Spannung wuchs im Auditorium. Die Augen aller richteten sich nun auf die linke Tür hinter dem Präsidium. Wer diese Tür als Erster durchschritt, der wäre der neue erste Mann. Die Spannung erreichte ihren Höhepunkt, die eben noch so fröhlich geführten Gespräche verstummten. Um 14 Uhr betrat Konstantin Tschernenko als erstes Politbüromitglied den Saal. Inneres Entsetzen machte sich unter den Anwesenden breit. Es folgten Tichonow, Gromyko, Ustinow und Gorbatschow, Dolgich und die anderen Politbüromitglieder. Als Andropow vor einem Jahr in den Saal trat, brandete Applaus auf, doch dieses Mal herrschte die panische Ruhe der Fassungslosigkeit. Sie werden doch keinen alten, kranken Mann gewählt haben, dessen einziges Verdienst darin bestand, Breschnews getreuer Paladin gewesen zu sein, und der als Breschnews Günstling im Schatten des Meisters Stufe um Stufe in der Parteihierarchie erklommen hatte, bis er schließlich vor der obersten Stufe stand, vor der Stufe zur absoluten Macht. Es gibt in der Geschichte kein einziges Beispiel, dass so viel Macht über ein so großes Reich einem so unbegabten und noch dazu siechen Bürokraten in die zittrigen Hände gelegt wurde. Was man immer über die letzten römischen Kaiser geschrieben und gesagt haben mag, keiner von ihnen vereinigte so eklatant komplettes Siechtum mit einer derartigen geistigen Plattheit wie dieser Greis, dessen bürokratische und liebedienerische Durchtriebenheit ihn so weit nach oben getragen hatte.

Gorbatschow setzte sich mit undurchdringlicher Miene neben Tschernenko. Ein Fünkchen Hoffnung mochte bei einigen noch bestanden haben, so tief saß der Schock, dass es vielleicht der jüngere, der kluge und dynamische Mann neben Tschernenko sei, der auserkoren worden war. Die Menschen im Saal setzten sich auf ihre Plätze, schweigend. Tschernenko eröffnete das Plenum, nuschelte ein paar Worte zum Andenken an Andropow und gab das Wort an Tichonow weiter. Der konnte es kaum erwarten. Nach einer als endlos empfundenen Gedenkrede auf Andropow, die nichts als leere Formeln enthielt, sprach er schließlich die verhängnisvollen Sätze, dass das Politbüro entschieden habe, »… dem Plenum die Kandidatur des Genossen Tschernenko zur Prüfung vorzuschlagen«. Im Saal vergingen Sekunden, die wie Minuten zählten, ehe ein matter Applaus erklang, sich eine kurze Weile schleppte und wieder verebbte. Die Enttäuschung konnte man mit den Händen greifen. Viele im Saal hielten den Entschluss schlicht für verantwortungslos. Sie arbeiteten in den Provinzen und kannten die konkreten Probleme bestens. Sollte das Land nicht zusammenbrechen, musste gehandelt und reformiert werden. Auf Weitsichtige wirkte Tschernenkos Wahl wie ein unerwünschtes Symbol, als hätte sich in dem untalentierten und sterbenden Mann die sieche Weltmacht den adäquaten Führer gewählt. Gorbatschow spürte die verheerende Wirkung dieser Entscheidung. Er hatte versucht, mittelbar die Macht zu erobern. Auch wenn viele ihn, Andropows Kronprinzen, für den kommenden Mann hielten, konnte er sich nicht direkt ins Spiel bringen, und Andropow hatte nicht mehr versucht, die Nachfolge zu regeln. Ernstzunehmende Gerüchte besagen, Andropow habe kurz vor seinem Tod ein politisches Testament verfasst, in dem er dringend das Politbüro ersuchte, Gorbatschow als seinen Nachfolger dem ZK-Plenum vorzuschlagen. Eine Art Testament wurde zwar verteilt, doch diese Sätze fehlten darin. Gleichviel, Gorbatschow sah nur einen Weg: Er musste Ustinow dazu bewegen, sich zur Wahl zu stellen. In jedem Fall konnte er bei diesem Gespräch nur gewinnen. Ustinows Stellung im Politbüro als Vertreter des militärindustriellen Komplexes war äußerst stark. Gorbatschows Initiative stärkte die Verbundenheit zwischen Ustinow und ihm, denn Gorbatschow versicherte dem Marschall dadurch seiner Loyalität. Andropow hatte seinem Freund Ustinow den jungen ZK-Sekretär wärmstens ans Herz gelegt. Das Gespräch bestärkte nur Ustinows positive Haltung zu Gorbatschow. Der besaß nun unter den »Alten« einen wichtigen Gönner. Zudem konnte Gorbatschow hoffen, dass Ustinow als Generalsekretär die bürokratische Reaktion und Tschernenko gestoppt und ausmanövriert und somit eine auf Gorbatschow hinauslaufende geordnete Nachfolgeregelung verfügt hätte. Nicht ausgeschlossen, dass Ustinow zwar ablehnte, aber dafür den Weg für Gorbatschow freimachen würde.

Warum auch immer, aber Ustinow kandidierte nicht, und er hatte sich auf Tschernenko festlegen lassen, was ihm selbst als schwerer Fehler bewusst war. In der entscheidenden Vorbesprechung zwischen Tschernenko, Gromyko, Tichonow und Ustinow schlug Tichonow sogleich Tschernenko vor. Ustinow brachte Gorbatschow in die Diskussion, wurde aber von Tichonow und Gromyko bedrängt. Gorbatschow sei, bei all seinen Talenten, noch zu jung und könne immer noch Generalsekretär werden. Ein paar Jährchen, in denen der verehrte Konstantin Ustinowitsch das Staatsschiff sicher lenken würde und der »junge Mann« noch Erfahrungen sammeln könnte, täten sicher ihm und dem Lande gut. Schließlich ließ sich Ustinow widerstrebend, aber dennoch mit der Verabredung überzeugen, dass Gorbatschow dereinst Tschernenko im Amt folgen würde. Das war der Kuhhandel! Gorbatschow übernahm Tschernenkos Bereich im Politbüro, wurde für Ideologie und Kultur zuständig und leitete die Sitzungen des ZK-Sekretariats. Er war der zweite Mann im ZK nach dem Generalsekretär. In den folgenden Monaten schwelte mit giftigen Dämpfen ein Machtkampf, den der intrigante Tichonow mit aller Kunst des erfahrenen Apparatschiks führte. Denn Tichonow hatte nicht vor, sich an die Verabredung zu halten. Gleich in der ersten Sitzung erhob er starke Einwände, dass Gorbatschow weiter die Sitzungen des ZK-Sekretariats leiten würde. Die Begründung konnte an Lächerlichkeit nicht überboten werden: Als ZK-Sekretär für Landwirtschaft führte Gorbatschows Leitung unweigerlich dazu, dass die Landwirtschaft in den Besprechungen eine überproportional große Bedeutung erlangte. Ustinow, der sich über Tichonows Verschlagenheit ärgerte, konterte hart und unmissverständlich, dass Gorbatschow auch früher schon die Sitzungen geleitet habe, ohne die Folgen hervorzurufen, die Tichonow an die Wand malte. Der Marschall musste deutlich werden, um Tichonow zumindest auf dem direkten Weg zu stoppen. Hinter Tichonow stand die große und reaktionäre Fraktion der Apparatschiks, der Leute, die ihre Funktionen als Pfründe verstanden, nichts ändern und nichts bewegen wollten, am liebsten wieder in die Stagnation der Breschnew-Zeit zurückgekrochen wären und geistigen Rückhalt in den leeren Formeln der Ideologie fanden, die sie in den Jahren verinnerlicht und auswendig gelernt hatten. Ihr größtes erlebtes Unglück hatte in Breschnews Tod bestanden, sodass sie der Coup beruhigte, mit Tschernenko eine Art Ersatz-Breschnew an die Spitze geschoben zu haben. Wären sie gläubig gewesen, hätten sie jeden Tag gebetet, dass wenigstens der so lange leben würde, wie sie ihr Amt noch bekleideten. Andropows beginnende Reformen hatten sie zutiefst verschreckt, Andropows Tod jedoch mit größter Zufriedenheit und Erleichterung erfüllt. Gorbatschows Stil, der leere Formeln nicht gelten ließ, sondern auf die sachliche Erläuterung von Problemen und die Beantwortung von Fragen zielte, verunsicherte sie nicht nur, sondern zeigte ihre Grenzen auf, machte aus den Unsterblichen gewöhnliche Sterbliche, die an ihren Leistungen gemessen wurden und mithin auch das Amt, das sie bekleideten, verlieren konnten. Gorbatschow begann, diesen neuen, an Sachfragen orientierten Stil immer stärker in der täglichen Arbeit anzuwenden. Und er stand nicht allein. Im ZK-Sekretariat konnte er auf Ryschkow und Ligatschow zählen. Ustinow hielt schützend seine Hand über ihn. Eines Tages, am 30. April 1984, rief Tschernenko Gorbatschow zu sich und wollte die ungeklärte Frage der Sitzungsleitung besprechen. In der Tat leitete Gorbatschow die Sitzungen aus Gewohnheit, nur bestand seine Achillesferse darin, dass Tschernenko es bisher vermieden hatte, die Gewohnheit zu legalisieren. Nachdem Tichonow sein Ziel nicht auf direktem Weg erreichte, instrumentalisierte er den Generalsekretär. Gorbatschow schlug Tschernenko vor, die Frage im Politbüro zu klären, weil dies eine Vertrauensfrage sei. Dann ging Gorbatschow zum Gegenangriff über und warf in seinem aufbrausenden südrussischen Temperament dem Generalsekretär indirekt vor, dass hinter dieser Frage der Wunsch von Leuten stünde, die Arbeit des Sekretariats zu behindern, denn die Aktivitäten des Sekretariats seien ihnen offenbar ein Dorn im Auge. Geschickt erinnerte er Tschernenko daran, dass er als Generalsekretär der Partei das eigene Sekretariat schützen müsse. Gorbatschows Wutausbruch dürfte kalkuliert gewesen sei. Eine Szene folgte, die an Peinlichkeit nur schwer überboten werden konnte – bald darauf aber mit Tschernenko als Marionette tatsächlich noch gesteigert wurde. Der Bürokrat als Generalsekretär bat Gorbatschow, das alles noch einmal langsam zu wiederholen, um die Argumente mitschreiben zu können. Gorbatschow wiederholte also langsam und mit größter Ruhe noch einmal seine Gedanken, die Tschernenko peinlich genau notierte. Schließlich musste der Generalsekretär Tichonow erklären, warum er die Entscheidung immer noch nicht gefällt hatte. Tschernenko und Gorbatschow einigten sich darauf, die Frage auf der Politbürositzung vom 3. Mai 1984 zu diskutieren, wünschten sich einen schönen Feiertag, nämlich den 1. Mai, den höchst überflüssigen Internationalen Kampftag der Werktätigen, und verließen einander mit unguten Gefühlen in der Magengrube. Der eine hatte trotz aller Machtbefugnisse sein Ziel nicht erreicht, der andere spürte die Gefahr der Intrigen. Gorbatschow hatte Zeit gewonnen, mehr nicht. Er wusste, dass seine Gegner nichts unversucht ließen, um ihn aus der Anwartschaft auf die höchste Macht im Reich zu drängen. Derart beunruhigt telefonierte er noch am gleichen Abend mit Ustinow. Der alte Fuchs wusste sofort, dass dahinter eine größere Intrige steckte. Der feige Kostja hätte kaum allein den Angriff gestartet. Dann stärkte er Gorbatschow den Rücken. Michail solle sich nicht verunsichern lassen und durchhalten. Darauf kam alles an. Der Druck stieg. Seine Gegner suchten in seiner Vergangenheit, in seinem Privatleben, aber sie konnten nichts finden. Gorbatschow hatte niemanden begünstigt, trank nicht, ging nicht fremd, nahm keine Bestechungsgelder noch Vergünstigungen. Weder seiner Frau hatte er als Stawropoler Herrscher bei der Karriere geholfen noch Tochter Irina einen Weg geebnet. Man konnte mit der Lupe suchen, nichts, aber auch rein gar nichts wurde gefunden, nicht einmal die kleinste Verfehlung. Raissas und seine Haltung, sich nicht zu kompromittieren, ging glänzend auf.

Auf der Politbürositzung am 3. Mai kam das Thema nicht mehr zur Sprache. Nach der Sitzung nuschelte ihm Tschernenko zu, dass er es sich überlegt hätte und Gorbatschow wie bisher weiterarbeiten sollte. Das Eis blieb dünn, denn Tschernenko hatte ihn wieder nicht offiziell bestätigt, es blieb beim Provisorium.

Ein Jahr zuvor hatte Gorbatschow auf einer Reise in Kanada den sowjetischen Botschafter Alexander Nikolajewitsch Jakowlew kennen gelernt, einen der fähigsten politischen und zeitgeschichtlichen Denker der Sowjetunion. Er hatte im ZK-Apparat als kommissarischer Referatsleiter gearbeitet und am 15. November 1972 einen Artikel in der *Literaturnaja Gaseta* veröffentlicht. Der Artikel trug den Titel »Protiw antiistorisma« (»Gegen den Antihistorismus«). Zu dieser Zeit entstanden in der Sowjetunion durch das Erstarken der Vertreter der Bürokratie, die sich immer ungenierter als die Herren des Landes und ein wenig auch der Welt aufspielten, starke Neigungen zu einem russischen Großmachtchauvinismus mit starken traditionell antisemitischen Zügen. Jakowlew kritisierte sowohl den erstarkenden Antisemitismus wie den grassierenden Nationalismus in den Regionen. In den russischen Regionen lebten viele nichtrussische Völker, die man keinesfalls zu Menschen zweiter Klasse machen durfte, wie es der russische Nationalismus zunehmend tat. Zum Wortführer der guten und zutiefst beleidigten russischen Patrioten machte sich der greise Schriftsteller Michail Scholochow, der auf seine alten Tage mit dem Antisemitismus liebäugelte. Er schrieb an das ZK und beschwerte sich bitter, dass Jakowlew die russischen Patrioten tief verletzt hätte. Suslow, der diesem Chauvinismus zuneigte und aufrichtig den Schriftsteller Scholochow bewunderte, nahm sich der Sache höchstpersönlich an. Dabei hatte Jakowlew ins Schwarze getroffen und dadurch diesen Sturm erzeugt. Scholochow fühlte sich persönlich angegriffen, als Russe und in seinen antisemitischen Neigungen. So hatte er kurz vor Erscheinen des Artikels noch gefordert, dass das Kulturministerium Schriftstellerpseudonyme verbieten sollte, damit man erkennen könne, hinter welchen Veröffentlichungen ein Jude stecke. Jakowlew wurde geschasst und als Botschafter nach Kanada abgeschoben. Und hier lernte ihn Gorbatschow 1983 kennen und schätzen. Die beiden freundeten sich an. Ein knappes Jahr später holte er ihn wieder zurück nach Moskau und machte ihn zum Direktor einer wichtigen Denkfabrik der Parteiführung, des Instituts für Weltwirtschaft und Internationale Beziehungen (IMEMO). Im Frühjahr 1984 hatte Gorbatschow entweder alle wichtigen Protagonisten und Verbündeten der Perestroika versammelt oder zu ihnen Verbindung aufgenommen. Die Mannschaft, mit der er an den Start gehen wollte, hatte er um sich versammelt. Mit Raissa diskutierte er weiterhin die Lage des Landes und die Frage, was zu tun wäre. Sie blieb sein wichtigster Gesprächspartner, der einzige, zu dem er rückhaltlos offen und ehrlich war. Nur Raissa gestattete er bis auf den Grund seines Herzens und seiner Gedanken zu schauen.

Aber zunächst und zuallererst musste die Macht erobert werden. Erste Maßnahmen, die man bereits vorsichtig einleiten konnte, wurden in Angriff genommen. Michail und Raissa empfanden sich nach wie vor als Kommunisten. Der Kommunismus blieb für sie das große humanistische Gesellschaftsvorbild, in dem die »freie Entwicklung eines jeden die Voraussetzung für die freie Entwicklung aller ist«, wie Marx und Engels postulierten. Gorbatschow unterschied sich von den kommunistischen Dogmatikern darin, dass er den Marxschen Satz so las, wie er auch tatsächlich geschrieben stand, die anderen, die Suslows, die Ulbrichts, die Honeckers stellten den Satz stets auf den Kopf beim Lesen. Für sie war »die freie Entwicklung aller die Voraussetzung für die freie Entwicklung eines jeden«. Zum Teil zitierten sie tatsächlich so falsch. Darin lag keine bewusste Verdrehung, ihr Denken verdrehte den Satz bereits auf der Ebene des Unterbewusstseins. Der Einzelne hatte sich der Sache, der Partei unterzuordnen. Der Mensch als Konkretum bedeutete nichts, die Partei alles, die immer für den Menschen als Abstraktum kämpfte. Doch der abstrakte Mensch wuchs und entwickelte sich schließlich zum schlimmsten Feind des konkreten Menschen.

Als ZK-Mitglied durfte Gorbatschow Bücher über den Buchhandel des ZK beziehen, Bücher, die für den normalen Sowjetbürger unerreichbar blieben. Der geistige Horizont selbst sowjetischer Spitzenpolitiker blieb in der Regel eng und hermetisch. Dabei bildete Gorbatschow eine rühmliche Ausnahme, beschäftigte er sich doch mit Denkansätzen, von denen seine Kollegen kaum etwas wussten, außer durch die dummen Einschätzungen, die ihre Akademien und ihre Apparate für sie produzierten. Am meisten interessierten die Gorbatschows in den siebziger und achtziger Jahren unorthodoxe marxistische und kommunistische Gedanken – nicht die Redundanzen der inzwischen in leeren Formeln laufenden Forschungseinrichtungen der gesellschaftswissenschaftlichen Akademien der herrschenden kommunistischen Parteien. Nein, ungewöhnliches, auch ketzerisches oder verketzertes Denken faszinierte sie: nichtsowjetische marxistische Ansätze, wie sie Gramsci in seinen *Gefängnisheften*, die Gorbatschow erwarb, formuliert hatte, die eurokommunistischen Konzepte des Italieners Berlinguer oder die Vorstellungen des großen Ketzers des französischen Kommunismus, Roger Garaudy. Im Grunde kreisten alle diese Ideen um einen demokratischen Sozialismus, um einen »Sozialismus mit menschlichem Antlitz«. Von diesen Denkansätzen kam Gorbatschow immer wieder zurück zu Lenin, zu Lenin dem Pragmatiker des sozialistischen Aufbaus, zu dem Lenin der Neuen Ökonomischen Politik. Doch seine Beschäftigung blieb auf einen eng gefassten Leninismus beschränkt, denn die Ideen Trotzkis oder Karl Korschs, der in seinen Thesen zum Marxismus formuliert hatte, dass dem revolutionären Marxismus in Gestalt des Leninismus die Spitze abgebrochen worden war, rezipierte er nicht. Auch Bucharin sollte er erst 1988 für sich entdecken. Gorbatschow wollte den Sozialismus verbessern, vervollkommnen, indem er ihn zu vermenschlichen gedachte. Der Einmarsch der sowjetischen Truppen in Prag 1968 bedeutete nicht nur einen Wendepunkt im Denken der westeuropäischen Kommunisten, die seit dem Sündenfall stärker über demokratische Ansätze nachdachten, unbeschadet der Tatsache, dass sie weiter von Moskau finanziert wurden. Interessanterweise wurden die französische und die italienische kommunistische Partei mit den höchsten Summen aus einem Fonds versorgt, in den alle sozialistischen Länder, allen voran natürlich die Sowjetunion, einzahlten. Aber auch bei jüngeren kommunistischen Theoretikern und Politikern fanden die Ideale des Prager Frühlings Eingang im Denken, auch wenn sie im Gegensatz zu ihren Glaubensbrüdern im Westen das nicht nur nicht offen äußern durften, sondern offiziell den Prager Frühling wie Gorbatschow verurteilen mussten. Wie es in ihrem Herzen und ihrem Denken aussah, stand dabei auf einem anderen Blatt. Wohin es führen kann, wenn man die frühen Träume der Jugend verspätet zu verwirklichen versucht, werden wir am Beispiel Gorbatschow noch sehen.

Was die reaktionären Kräfte im Apparat an Gorbatschows Leitung der Sekretariatssitzung vor allem störte, war der neue Stil.

Tschernenkos Gesundheitszustand verschlechterte sich so weit, dass er inzwischen die meiste Zeit auf seiner Datscha außerhalb Moskaus zubrachte. In Tschernenkos Abwesenheit leitete Gorbatschow die Sitzungen des Sekretariats und des Politbüros. Entweder besuchte er Tschernenko auf seiner Datscha, oder er stimmte sich mit ihm telefonisch ab. Diesen engen Kontakt musste er halten, weil seine Gegner, allen voran Tichonow und der Moskauer Parteichef Grischin, ständig versuchten, bei Tschernenko gegen ihn zu intrigieren, Lügen und Gerüchte hinterbrachten und Ängste bei ihm platzierten. Gorbatschow gelang es, diese Versuche geschickt auszumanövrieren. Ein Gespräch mit Tschernenko lenkte er in eine Richtung, dass auch der Generalsekretär die Gepflogenheit, sich ständig und auch bei der kleinsten Angelegenheit auf ihn zu berufen, als Unart empfand und zustimmte, hier zurückhaltender und distanzierter zu agieren. Gorbatschow benutzte Tschernenkos Eitelkeit, indem er ihm darstellte, dass die stete Berufung auf Tschernenko im Endeffekt seine Bedeutung und Autorität minderte. Im August bat Gorbatschow nach einer Sitzung des ZK-Sekretariats die stellvertretenden Abteilungsleiter, noch einen Moment zu bleiben. Er benutzte Tschernenkos Zugeständnis und stellte es so dar, dass der Generalsekretär fordere, seine Autorität nicht mehr bei kleinen und kleineren Ereignissen, sondern nur noch bei grundlegenden Fragen in Anspruch zu nehmen. Mit diesen praktischen Schritten räumte er mit den leeren Floskeln auf, die beispielsweise lauteten: »Der Generalsekretär der KPdSU und Vorsitzende des Obersten Sowjets Genosse Konstantin Ustinowitsch Tschernenko ordnete an, …« oder »In Erfüllung der Beschlüsse des XVI. Parteitages …«. Stattdessen versuchte er einen Stil durchzusetzen, der sich sachlich und realistisch mit den tatsächlichen Problemen und Fragen auseinander setzte und keine Zeit für Floskeln vergeudete. Im September wies er einen 1. Sekretär eines Gebietes, der während einer ZK-Sitzung Rechenschaft für seine schlechten Ernteergebnisse ablegte, harsch zurecht. Wie es immer stärker zu seiner Angewohnheit wurde, unterbrach er den Funktionär brüsk während dessen Vortrages: »Wenn das so weitergeht, werden wir dich absetzen. Und zwar nicht nur, weil du sämtliche Produktionspläne vereitelt hast, sondern auch wegen der Ursachen deiner Verfehlungen: Wegen allzu großer

Nachsicht gegenüber Speichelleckerei, wegen Schönrednerei und Politpossen, wegen Unfähigkeit und Schamlosigkeit.« Dass er dafür vom Apparat nicht geliebt wurde, lag auf der Hand. Und dass sture Apparatschiks, für die diese Apparatespiele einen Schutz darstellten, um nicht denkend gefordert zu werden, wo Denken nicht erwartet werden konnte, sich bloßgestellt fühlten, bedarf keines Kommentars. Gorbatschow zog immer stärker fähige Leute aus den verschiedensten Abteilungen des Zentralkomitees zu sich heran, wie Georgi Arbatow, Anatoli Tschernajew oder Wladimir Medwedew, und Leute, die in der Forschung an wissenschaftlichen Instituten arbeiteten, wie Abel Aganbegjan oder Alexander Jakowlew. Schließlich startete er zwei wichtige Initiativen, die man auch als Kampfansage ans Establishment deuten konnte, mit denen er aber seinen Wirkungskreis bedeutend erweiterte, dem Rat seines verstorbenen Mentors Andropow folgend. Durch Tschernenko berief er erstens eine Allunionskonferenz über ideologische Grundsatzfragen ein, in der er das Hauptreferat halten wollte. Zweitens setzte er außerdem gegen Gromykos Widerstand eine Reise nach England durch, um mit Margaret Thatcher zusammenzutreffen. Beide Ereignisse, die im Dezember 1984 stattfanden, bedeuteten für den zweiten Mann eine enorme Öffentlichkeit. Auf der Konferenz konnte er sich seinen Landsleuten als kommender Politiker vorstellen und seine Fama weit aus den Zirkeln der Partei ins ganze Land hineintragen, und auf der Reise nach England stellte er sich zum ersten Mal der Welt als sowjetischer Politiker vor, mit dem künftig zu rechnen sei. Mit der Erstellung des Referats war er von Amtswegen verpflichtet, die zuständige Abteilung Propaganda des ZK zu beauftragen, im Wissen, dass dabei nur leeres Stroh herauskommen konnte. Deshalb bat er parallel Boldin, Medwedew, Bikkenin und Jakowlew einen Entwurf zu erstellen. Die Schwierigkeit des Referats bestand in seiner kaum erfüllbaren doppelten Gestalt, es sollte einerseits aufmerksam machen ohne andererseits herauszufordern. Es sollte nicht die alten Formeln verwenden und etwas Neues darstellen, gleichzeitig durfte es in der gegenwärtigen Situation des Machtkampfes nicht Tschernenko beunruhigen und seinen Gegnern Argumente in die Hände spielen. Der Redeentwurf, den Gorbatschow von der Abteilung Agitation bekam, erzeugte nur

Wut in ihm. Er wusste, dass sie das ernst meinten, und gleichzeitig hätte er wie der letzte Trottel dagestanden, wenn er das so vorgetragen hätte. Also ging der Entwurf zur Gruppe seiner Assistenten, die ihn zwar zur Kenntnis nahmen, aber dann aus seinen Ideen, mit sehr viel Lenin-Zitaten, vor allem Lenins Worten zur Neuen Ökonomischen Politik, und ihren Gedanken eine Redetext bastelten, der das Kunststück vollbrachte, Lenin durch Lenin auszuspielen. Kurz vor der Konferenz rief Tschernenko Gorbatschow an, wollte plötzlich die Konferenz verschieben und wartete mit Einwänden gegen das Referat auf, die ihm Kossolapow, der borniere Chefredakteur der theoretischen Zeitschrift *Kommunist* notiert hatte und die er nun am Telefon ablas. Immer weniger ertrug Gorbatschow die Dummheit, die Trägheit, das Geschwätz und diesen unfähigen und eitlen Generalsekretär. Wieder sollte er sich mit den bornierten Einwänden irgendwelcher Hofschranzen auseinander setzen, die sich des Generalsekretärs bemächtigten und nur das Ziel hatten, Gorbatschow zu Fall zu bringen. Der erste Mann verkam zur Marionette seiner jeweiligen Einflüsterer. Gorbatschow wurde immer dünnhäutiger, immer schwerer ertrug er es, zumal in den letzten Wochen auch der letzte Rest Achtung vor Tschernenko zerfiel. Barsch unterbrach er den stammelnden Generalsekretär, der sich in den Allgemeinplätzen, die er vorlas, verheddere, mit der Mitteilung, dass die Konferenz sich nicht verschieben ließ, weil aus allen Teilen des Landes die Teilnehmer eingeladen waren und eine Verschiebung oder eine Absage ein hohes Maß an Unruhe in die Partei tragen würde. Was aber die Einwände gegen das Referat betraf, könne Gorbatschow sie nur als haltlos und konstruiert bewerten. Tschernenkos Haupteinwand gipfelte in der Feststellung, dass die Rolle des Zentralkomitees herabgesetzt würde. Gorbatschow begriff sofort, dass hinter dem Einwand die Befürchtung Tschernenkos stand, seine eigene Rolle auf der Konferenz könne marginal bleiben. Deshalb ordnete Gorbatschow an, dass an den Anfang des Referats ein paar lobende Worte über Tschernenko gestellt würden. Diese Änderung sandte er Tschernenko zu, nahm so dessen Einflüsterern den Wind aus den Segeln und führte die Konferenz durch. Abgesehen vom Lobgesang auf Tschernenko blieb die Rede so, wie sie Gorbatschows Assistenten formuliert hatten. Die

Raissa und Michail im Flugzeug. Für sowjetische Verhältnisse eine Revolution:
Ein Spitzenpolitiker, der seine Frau, die seine Beraterin war, stets mitnahm.

Konferenz wurde für ihn ein großer Erfolg. Die Partei sah, dass sich
ein neuer Führer auf die Machtübernahme vorbereitete. Weit erfolgreicher noch gestaltete sich seine Reise nach London.

Andropows Stationierung der SS-20-Raketen und Reagans Auf-
stellen der Pershing-Raketen in der Bundesrepublik, die Realisierung
des amerikanischen SDI-Programms und Moskaus schmutziger Krieg
in Afghanistan hatten die sowjetisch-amerikanischen Beziehungen
schockgefroren. In der Diskussion Gorbatschows mit seinen Beratern Jakowlew, Tschernajew und Abatow entwickelte sich eine für
kommunistisches Denken völlig neue Idee. Gorbatschow begriff als
Erster, dass es etwas gäbe, das über den sakrosankten Klasseninteressen stand, nämlich allgemeingültige Menschheitsinteressen. Dieses
Primat bestritten Marx, Engels und Lenin immer, für die letztlich
nur Klasseninteressen existierten. Natürlich gab es zu ihrer Zeit noch
nicht die Möglichkeit, das Leben der Menschheit in Minutenschnelle
per Knopfdruck auszulöschen. Das Überleben der Menschheit war
das allgemeine Interesse, das Gorbatschow als Erstes anerkannte und
dem absoluter Vorrang zukam. Außerdem zeigte sich in den gehei-

men Analysen der Wirtschaftsfachleute, dass die Sowjetwirtschaft vor der Implosion stand, die eine neue Runde des Wettrüstens auslösen konnte. Das Konzept des polnischstämmigen Sicherheitsberaters des amerikanischen Präsidenten, Zbigniew Brzezinski, ging glänzend auf. Er empfahl, die Sowjetunion totzurüsten, sie durch den Rüstungswettlauf wirtschaftlich auszubluten. Gorbatschows Idee bestand darin, an den Amerikanern vorbei die Gespräche mit den Briten in Gang zu setzen, um in der europäischen und in der transatlantischen Politik für eine positive Unruhe zu sorgen. Mitterrand und Kohl mussten befürchten, dass Frau Thatcher sich auf ihre Kosten profiliere, und Reagan, dass Thatcher durch Separatverhandlungen die westliche Linie aufweichen würde.

Am 15. Dezember flog Gorbatschow nach London und überzeugte die britische Öffentlichkeit. Der Charme des sowjetischen Spitzenpolitikers, die Eleganz und Klugheit seiner Frau, die ihn nicht passiv begleitete, sondern die sich auch äußerte, ins Gespräch einmischte, bezauberte die Londoner. Bisher kannte man nur das tote Gesicht Breschnews und das mumienhafte Antlitz Tschernenkos, die statt Frauen schweigende Matronen mit sich führten, schlecht gekleidet und unförmig. Weder auf den Gesichtern ihrer Männer noch auf ihren eigenen war je eine Regung entdeckt worden, noch erinnert sich jemand, ihre Stimme vernommen zu haben – wenn sie überhaupt mitkamen, was kaum vorkam. Während Breschnew und Tschernenko Zettel, auf denen ihre Statements mit großen Buchstaben vom Außenministerium in Zusammenarbeit mit der zuständigen ZK-Abteilung notiert worden waren, mühselig und nuschelnd vorlasen, benötigte dieser Gorbatschow keinen Zettel und sprach frei. Er konnte herzlich sein und verbindlich, verbat sich aber andererseits jede Einmischung in die inneren Angelegenheiten. Als sie beim Gespräch über Menschenrechtsfragen in eine scharfe Diskussion gerieten, gestand Gorbatschow Thatcher zu, dass sie ihre Werte habe und vertrete, doch das Gleiche reklamiere er auch für sich. Und fügte scherzend hinzu, dass er keinen »Auftrag des Politbüros habe, Sie zum Eintritt in die Kommunistische Partei zu bewegen«. Frau Thatcher war entzückt und resümierte später, dass man mit dem Mann ins Geschäft kommen könne. So lief es in diesem Monat für Michail

Gorbatschow glänzend, erst die Konferenz, dann die Tage in London. Gorbatschows Ansehen wuchs, was seine Gegner, vor allem Tichonow und Grischin, aber auch Gromyko, sichtlich verdross. In dieser Situation erreichte ihn mitten in den erfolgreichen Gesprächen in London die Nachricht vom Tod Marschall Ustinows. Gorbatschow sagte alle weiteren Gespräche ab und brach unverzüglich nach Moskau auf. Mit Ustinow verlor er den letzten Verbündeten unter den »Alten«. Die Situation spitzte sich für ihn gefährlich zu. Tschernenkos nahes Ende wurde immer deutlicher und auch, dass die Intrigen und der verdeckte Machtkampf zunahmen. Nun musste er in Moskau sein. Es gab keinen mächtigen Verbündeten mehr, der mit Argusaugen darüber wachte, dass sich keine gefährliche Verschwörung gegen ihn zusammenbraute. Deshalb erforderte Ustinows Tod, dass Gorbatschow am Ort des Geschehens blieb. Er sagte alle Auslandsbesuche ab, sogar ein Treffen mit dem französischen Präsidenten in Paris.

Hinzu kam, dass Tschernenko täglich sterben konnte, und dann war es wichtig zu verhindern, dass in Moskau während seiner Abwesenheit vollendete Tatsachen geschaffen wurden. Gorbatschow kehrte am 19. Dezember nach Moskau zurück. Konstantin Tschernenko wurde Ende des Jahres ins Krankenhaus eingeliefert.

Gorbatschow bereitete sich nun auf den entscheidenden Machtkampf vor und versicherte sich seiner Unterstützer.

Kapitel 20

Der Kampf um die Macht

»Schaffen wollt ihr noch die Welt, vor der ihr knien könnt:
so ist es eure letzte Hoffnung und Trunkenheit.«

Friedrich Nietzsche

Für den Politiker Michail Gorbatschow gab es kein Zaudern mehr und keine Zweifel, sondern nur noch den Willen zur Macht. Im Februar 1985 fanden die Wahlen zum Obersten Sowjet der Russischen Föderation statt. Grischin, der sich immer noch Hoffnungen machte, Tschernenko zu beerben, kümmerte sich dementsprechend um den eitlen, alten Toren und überredete den Todgeweihten, eine Wahlrede zu halten, vor Fernsehkameras seine Stimme abzugeben und den Deputiertenausweis ebenfalls vor laufenden Kameras entgegenzunehmen. Nicht Pflichtbewusstsein trieb den kranken, alten Mann, der nur noch schwer atmen konnte und den die Lebenskräfte eilends verließen, an der Macht und am Posten festzuhalten und sogar vor den Kameras zu posieren, anstatt zurückzutreten und auszuruhen. Auch war es nicht das Gefühl zwingender Verantwortung, sondern lediglich übergroße, unverständliche Eitelkeit. Gorbatschow protestierte gegen die makabre Inszenierung. Tschernenkos Leibarzt Tschassow weigerte sich, die medizinische Verantwortung zu übernehmen. Aber sie drangen nicht mehr durch. Auch Tschernenko glaubte, dass dieses Amt ihm Unsterblichkeit verlieh. Grischins Motivation trat deutlich in ihrer ganzen Obszönität zutage. Er wollte sich als engster Freund des Generalsekretärs und als natürlicher Nachfolger zeigen. Da Tschernenko nicht in der Lage war, seine Wahlrede zu halten, übernahm das hilfsbereit und bescheiden Freund Grischin. Beide Eigenschaften hatte man bisher vergebens bei ihm gesucht. So kam es, dass der Moskauer Parteichef im sowjetischen Staatsfernsehen für den Generalsekretär die Wahlrede vorlas, mit jener Monotonie, die man von ihm kannte. Was als Empfehlung gedacht war, was seine Person ins Rampenlicht bringen sollte, stieß bei der Bevölkerung, aber auch bei den Funktionären auf heftige Ablehnung, ja auf Ekel. Hatte sich Grischin mit diesem Auftritt bereits geschadet, sollte die groteske Schmierenkomödie, die auf seine Initiative folgte, Abscheu und Entsetzen hervorrufen. Um dem Sowjetvolk zu beweisen, dass Tschernenko das Amt sehr wohl gesundheitlich ausüben konnte, wurde neben seinem Krankenzimmer ein Wahllokal aufgebaut, das haargenau dem glich, in dem Tschernenko hätte wählen müssen. Dem Zuschauer sollte suggeriert werden, dass Tschernenko zur Wahl ging. Die Helfer hielten ihn, die Kamera begann zu filmen, die Helfer ließen Tschernenko los, er ließ den Wahlzettel in die Urne fallen, und mit dem Zettel fiel auch er. Die Kamera hörte auf zu filmen, die Helfer fingen ihn auf. Doch nicht genug damit. Am 28. Februar 1985 wurde in Anwesenheit Grischins dem Sterbenden der Deputiertenausweis vor laufender Kamera überreicht. Tschernenko hielt eine vorbereitete Rede in seinen Händen, die er mit hoher, brechender Stimme, fast nicht mehr akustisch zu verstehen, vor laufender Kamera mühsam ablas. Die Szene war so abscheulich, dass selbst Tschernenkos abstoßende Eitelkeit das Mitleid mit dem sterbenden Mann nicht ganz erdrücken konnte. Die Seite, die er eben vorgelesen hatte, rutschte ihm aus der zitternden Hand und schwebte zu Boden, während der Greis weiterstammelte und weitere Seiten zu Boden flattern ließ. Irgendwann fiel Tschernenko völlig entkräftet um und wurde von Tschassow aufgefangen. Diese makabre Inszenierung schockierte alle.

In diesen Tagen schickte Gromyko seinen Sohn Anatoli, der ein Institut leitete, das sich mit internationalen Beziehungen befasste, zu Jakowlew, der ebenfalls Institutsleiter war. Über Primakow ließ er anfragen, ob Jakowlew, von dem er wusste, dass er Gorbatschow nahe stand, den aber auch sein Vater schätzte, zu Sondierungsgesprächen bereit sei. Jakowlew fragte bei Gorbatschow an, der bat Jakowlew die Gespräche zu führen. So trafen sich Anfang 1985 Jakowlew und Anatoli Andrejewitsch Gromyko in Jakowlews Dienstzimmer im IMEMO. Jakowlew eröffnete die Unterhaltung mit dem Hinweis, dass er nicht in die Situation eines Kulissenschiebers geraten möchte. Anatoli Gromyko ging darauf nicht ein, sondern legte ihm dar, was er von der politischen Situation hielt. Wenn Jakowlew seine Überlegungen nicht teilen könne, dann war das einfach ein persönliches Gespräch ohne weitere Bedeutung. Gromyko jr. führte aus, dass sein Vater als einzigen künftigen Nachfolger für Tschernenko Michail Gorbatschow sähe. Die Partei könne es sich nicht leisten, wieder einen todkranken Generalsekretär zu wählen. Gromyko wäre bereit, Gorbatschows Wahl zu initiieren. Gleichzeitig fühle sich Gromyko inzwischen zu alt für das Amt des Außenministers. Er würde gern zum Wohle des Staates ihn noch ein Weilchen als Vorsitzender des Obersten Sowjets repräsentieren. Der Vorsitzende des Obersten Sowjets war eine Art Präsident, der rein repräsentative Aufgaben wahrzunehmen hatte. Der Kuhhandel zeichnete sich deutlich ab. Gromyko war klug und realistisch genug zu wissen, dass er nicht ewig Außenminister bleiben konnte, dass er bereits lange, vielleicht etwas zu lange auf diesem Stuhl saß und er jetzt würdevoll in ein ehrenvolles Amt wechseln könnte, das ihn nicht sehr beanspruchen würde. Er hatte im Außenamt alle Parteichefs seit Stalin überlebt, weil er mit einer seltenen Anpassungsgabe und einem Gespür für die kommenden Herren gesegnet war: eine Art Talleyrand, allerdings sehr sowjetischer Art. Jakowlew überbrachte Gorbatschow das Angebot. Der ging im Zimmer auf und ab und durchdachte die Offerte. Sie gefiel ihm. Der Mann, der nach den bereits verstorbenen Andropow und Ustinow die größte Autorität im Politbüro besaß, der letzte Alte, der noch unter Stalin stellvertretender Außenminister geworden war und über ein halbes Jahrhundert sowjetische Außenpolitik repräsentierte, würde ihn nominieren. An dieser Autorität mussten alle Widersacher zerschellen! Zudem bot ihm Gromyko an, dass er den Weg im Außenministerium für einen personellen Neuanfang freimachte und auf ein machtpolitisch unerhebliches, aber sehr schön anzusehendes rein repräsentatives Amt wechseln wollte. Das empfand Gorbatschow als Geschenk. Als Generalsekretär hätte er früher oder später Gromyko absetzen müssen. Aber wer möchte sich schon gern an einer Legende vergehen. Jakowlew übermittelte Anatoli Gromyko Gorbatschows Einverständnis. In der Folge sprachen Gromyko und Gorbatschow das Vorgehen im Falle des absehbaren Todes von Tschernenko durch. Gromyko erinnerte sich vielleicht auch an die Absprache, die er damals in Tschernenkos Zimmer mit Tichonow,

Ustinow und Tschernenko getroffen hatte. Grischins Inszenierung hatte alle aufgeschreckt und maßlos angeekelt. Außerdem kam durch eine gezielte Indiskretion heraus, dass Grischin eine Liste aufgestellt hatte mit den neuen Mitgliedern des ZK-Sekretariats und des Politbüros, auf der sich die Namen Gorbatschow, Schewardnadse, Ligatschow und andere nicht fanden. Im Übrigen sprachen die himmelschreienden Missstände in Grischins Moskauer Parteiorganisation Bände und gingen direkt auf seine Unfähigkeit und Überheblichkeit zurück. Genauer: Sie stanken zum Himmel. Unter Andropow wurde Grischins Freund hingerichtet, der Chef des ersten Moskauer Kaufhauses, der mit großer krimineller Energie, er wusste sich ja von oberster Stelle geschützt, den Menschen Waren vorenthalten hatte, um Breschnews und Grischins Clan und Gefolgschaft zu versorgen. Das machten sich Gorbatschows Leute zunutze. Ligatschow führte Gespräche zugunsten Gorbatschows mit wichtigen ZK-Mitgliedern. Außerdem erreichten Ligatschow, der im ZK für die Kader und die Parteiorganisationen zuständig war, deutliche Voten vieler Gebietssekretäre für Gorbatschow, die in dieser Funktion auch dem ZK angehörten. Im Großen und Ganzen hatte sich das Korps der Ersten Sekretäre für Gorbatschow entschieden. Und nach der traumatischen Erfahrung der Wahl Tschernenkos, als viele ZK-Mitglieder bei der verhaltenen Akklamation sich nur schämten, gab es den starken Willen, keine Kandidatur gegen das Zentralkomitee zu akzeptieren. Auf der Ebene der Ersten Sekretäre hatten vorsichtige Absprachen stattgefunden. Einen Kandidaten Grischin würde man auf dem Plenum durchfallen lassen. Die Mitglieder des Zentralkomitees hatten als junge Funktionäre die Zeit Chruschtschows miterlebt und erinnerten sich gut daran, dass ein ZK-Plenum Chruschtschow gerettet und ein anderes ihn gestürzt hatte. Es gab eine breite Unterstützung für Gorbatschow, und ohne eine breite Unterstützung wollte er es auch nicht machen, denn er wusste, dass eine Reformation an Haupt und Gliedern erfolgen musste. Dafür bedurfte er einer breiten Unterstützung. Er selbst hatte nicht wenig dazu beigetragen, dieses Votum zu erarbeiten, er hatte in einem beinahe westlichen Sinn Mehrheiten organisiert – freilich unter den großen Besonderheiten sowjetischer Verhältnisse.

Schließlich verpflichtete Gorbatschow den Arzt Tschassow, dass er bei Tschernenkos Tod zuallererst ihn und niemanden sonst informierte. Gorbatschow benötigte den zeitlichen Vorsprung. Was man mit ihm anfangen konnte, hatte er seinerzeit von Andropow gelernt. Nichts wollte Gorbatschow dem Zufall überlassen. Diesmal musste es klappen! Das Land, das er liebte, benötigte Reformen und eine Führung, die neue Wege beschritt, wie die Luft zum Atmen.

Am 10. März 1985 rief Tschassow gegen 19.30 Uhr Michail Gorbatschow an und teilte ihm mit, dass um 19.20 Uhr Konstantin Tschernenko verstorben sei. Gorbatschow verpflichtete den Arzt, niemandem darüber Mitteilung zu erstatten. Das würde Gorbatschow selbst erledigen. Zunächst telefonierte er mit Gromyko, dann mit Tichonow. Er informierte über den Tod des Generalsekretärs und berief eine Politbürositzung ein, die um 23 Uhr beginnen sollte. Mit Gromyko einigte er sich, dass sie bereits um 22.40 Uhr zusammentreffen würden. Im Grunde liefen jetzt Maßnahmen und Vorgänge ab, die bereits vereinbart waren. Michail Gorbatschow fuhr zur Sitzung des Politbüros in den Kreml. Dort traf er gegen 22.40 Uhr mit Andrej Gromyko zusammen. Steif und förmlich, in codierter Diplomatensprache versicherten sie sich der Gültigkeit ihrer Absprache. Gorbatschow wies auf den verantwortungsvollen Augenblick hin, und Gromyko erwiderte, dass alles klar sei. Er stand zu seinen Zusagen. Beide hatten in den letzten Tagen und Wochen Hintergrundgespräche mit verschiedenen Funktionären geführt. Gromyko spürte, dass ein Kandidat Tichonow, Grischin, Schtscherbitzki, der ohnehin in diesem Moment mit einer Delegation in den USA weilte, oder gar er selbst maßlose Enttäuschung in der Partei und im Volk hervorrufen würde. Viele Menschen waren der alten und siechen Führer überdrüssig, wollten nicht länger auf einer riesigen gerontologischen Station dahinvegetieren. Sie wünschten sich einen jüngeren und dynamischen Führer, der die ins Gigantische wachsenden Probleme des Landes endlich anpackte. Die Wirtschaft stand vor dem Kollaps. Der Handel verlagerte sich immer stärker auf den schwarzen Markt. Man handelte aus gutem Grund sogar mit kaputten Glühlampen: Da es keine Glühlampen gab, wurden sie in den Fabriken und Verwaltungen gestohlen. Damit das nicht auffiel, tauschte man die funktionierenden durch die kaputten Lampen aus, und schon sah es nicht mehr nach Diebstahl aus. Ohne Korruption ging nichts mehr. Selbst dem Milizionär musste Geld zugesteckt werden, wenn man mit dem Auto angehalten wurde und er mit einer Fahrzeugüberprüfung drohte.

Jeden Tag kamen zehn Zinksärge mit den Leichen junger russischer Soldaten aus Afghanistan zurück. Zuweilen durften die Särge nicht geöffnet werden, weil man den Müttern und Vätern nicht die grausam zugerichteten Körper ihrer Kinder zeigen konnte, denn der Kampfstil nicht weniger afghanischer Einheiten war bestialisch. Das Wort Freiheitskampf ist deshalb auch fehl am Platz für die Machtkämpfe diverser Warlords und ihrer Gefolgschaften.

Inzwischen trudelten die Politbüromitglieder ein. Vor der Sitzung sprach Gorbatschow Grischin direkt an und forderte von ihm zu erfahren, wen er als Vorsitzenden der Beerdigungskommission vorschlagen würde. Unvorstellbar, aber es gab in der KPdSU keine Regelung der Nachfolge im Amt des Generalsekretärs. Laut Statut hatte das Zentralkomitee den Generalsekretär zu wählen. Aber das ZK nickte nur den Vorschlag des Politbüros ab. Auf der vorbereitenden Sitzung des Politbüros, so hatte es sich in den letzten Jahren herausgebildet, wurde der erste Vorschlag gleich angenommen. Es kam also darauf an, wer den ersten Vorschlag machte. Stalin hatte sich in einem jahrelangen Machtkampf an die unangefochtene Spitze gekämpft. Auch Chruschtschow kämpfte und taktierte, bis er die absolute Nummer eins war. Breschnew kam durch einen kalten Putsch, eine Konspiration des ZK gegen Chruschtschow, an die Macht. Bei Andropow und Tschernenko trafen einflussreiche Politbüromitglieder im Vorfeld Absprachen. Es gab, wenn man so will, eine informelle Vorentscheidung. Auch Gorbatschow hatte nichts dem Zufall überlassen. Im ZK hatte er seine Hausmacht gestärkt. Ligatschow, Ryschkow, Schewardnadse, auch der KGB-Chef Tschebrikow, ein alter Protegé von Andropow und ihm mithin auch über den Tod hinaus verbunden, standen zu Gorbatschow. Monate zuvor, noch vor dem Treffen seines Sohnes mit Jakowlew, gab es ein Sondierungsgespräch zwischen Gromyko und Tschebrikow. In dem Gespräch begriff Gromyko, dass der KGB seine Kandidatur nicht unterstützen würde und für Gorbatschow votierte. Alle informellen Gespräche hatten stattgefunden, und auch Grischin musste verstanden haben, dass seine Kandidatur bei den Gesprächen keine Rolle spielte. So blieb ihm nur übrig, sich mit den neuen Verhältnissen zu arrangieren. Seit Breschnews Tod sah das Volk in dem Vorsitzenden des Beerdigungskomitees den neuen Führer. Andropow trug Breschnew zu Grabe, Tschernenko Andropow. Deshalb war es ein kluger taktischer Zug von Gorbatschow, Grischin in diesem Moment apodiktisch und mit einer gewissen Schärfe zu fragen, wen er als Vorsitzenden des Beerdigungskomitees vorschlagen würde. Grischin spürte die Drohung in dieser Frage. Außerdem wusste er, dass Gorbatschow eine breite Unterstützung genoss. Wenn er sich in diesem Moment gegen ihn entschied und Gorbatschow würde gewählt, so könnte er gleich seinen Rücktritt erklären. Für ihn ging es jetzt nur darum, den eigenen Posten zu retten, deshalb antwortete er, dass nur Gorbatschow infrage käme. Damit hatte sich einer der vehementen Gegner auf ihn festgelegt.

Gorbatschow eröffnete die Sitzung und informierte über Tschernenkos Tod. Nach der Gedenkminute berichtete Tschassow kurz über den medizinischen Aspekt des Todes des Generalsekretärs. Gorbatschow forderte die schnelle Einberufung des ZK-Plenums am nächsten Tag und beauftragte Ligatschow, sicherzustellen, dass die ZK-Mitglieder rechtzeitig nach Moskau geholt werden konnten. Gorbatschow machte Tempo. Er brauchte das Korps der Ersten Sekretäre, die seine Machtbasis darstellten, sehr schnell in der Hauptstadt, um zu verhindern, dass eine unvorhergesehene Intrige ihn so kurz vor dem Ziel noch zum Straucheln bringen könnte. Und er benötigte sie als Drohkulisse. Die zeitliche Dramaturgie war geradezu holzschnittartig deutlich und als Disziplinierung gedacht. Um 14 Uhr traf sich das Politbüro und bereits drei Stunden später mussten die Herrschaften mit dem Ergebnis der Sitzung vor das ZK-Plenum treten, von dem sie wussten, dass die meisten ZK-Mitglieder im Saal vom Politbüro einen bestimmten Vorschlag erwarten würden.

Nun wurde die Beerdigungskommission gebildet, dem alle Mitglieder des Politbüros angehörten. Danach kam die wichtige und mit Spannung erwartete Frage, wer der Vorsitzende der Kommission werden würde. Es entstand eine gefährliche Pause. Gorbatschow schaute zu Grischin, der verdrossen sagte: »Warum zögern wir mit der Bestimmung des Vorsitzenden? Alles ist klar. Lasst uns Michail Sergejewitsch damit beauftragen.« Ein euphorischer Vorschlag hätte anders geklungen. Es war das Signum der Niederlage.

Michail Gorbatschow trennten jetzt keine 24 Stunden mehr von der absoluten Macht.

Im Anschluss an die Sitzung traf er sich mit Medwedew, Jakowlew und Boldin, um mit ihnen seine erste Rede auf der Plenartagung zu konzipieren. Zu der Gruppe stießen noch als Mitarbeiter des ZK-Apparates Sagladin, Alexandrow und Lukjanow. Auch diese Rede sollte nach seinem Willen eine taktische Meisterleistung werden. Wieder ging es darum, nach dem Motto zu verfahren: Wasch' mir den Pelz, doch mach' mich nicht nass. Die Welt und das Sowjetvolk sollten vom Beginn einer neuen Ära erfahren, ohne aber den Apparat zu beunruhigen, sodass man ihm Kontinuität versprach. Wahrlich keine leichte Aufgabe. Gegen 4 Uhr kam er auf die Datscha zurück. Raissa hatte ihn schon mit Spannung erwartet. Sie gingen im Garten spazieren, um sich zu unterhalten. Das hielten sie bei wichtigen Gesprächen generell so, weil sie wussten, dass sie vom KGB abgehört wurden. Für beide stand fest, dass sie die Macht wollten. Rückhaltlos und wirklich vertraute Michail nur Raissa, sie war und blieb seine wichtigste Beraterin. Mit ihr besprach er alle Probleme, mit ihr testete er neue Überlegungen zur Gestaltung des Sozialismus. Gemeinsam hatten sie in den Texten der Ketzer gelesen, sie diskutiert und geprüft. Die Symbiose der beiden entwickelte sich in den vielen Jahren so perfekt, dass alle Versuche, ihre Rollenverteilung im Gorbatschow-Tandem zu definieren, letztlich fehlschlugen. Modelle, die Raissa als die Theoretikerin sahen, die ihre Ideen mittels ihres Mannes umsetzte, welchem die Rolle des Praktikers zugeschrieben wurde, kaschierten nur die naiven Erklärungsversuche, wie sie das Tagesgeschäft der Boulevardblätter darstellten. Obwohl Michail bereits in schwindelerregende Höhen aufgestiegen war, hatte er doch letztlich so wenig beeinflussen, so wenig bisher ändern können. Er konnte und er wollte so nicht mehr weiterleben, dieses leere Scheinleben führen, in dem die geleistete Arbeit verpuffte. Alle Änderungsvorschläge, die tatsächlich etwas in der Wirklichkeit hätten verändern können, versandeten im Widerstand eines bürokratischen Apparates, der sich als Marionette einen Generalsekretär hielt. Kafka beschrieb in einem Aphorismus diese Situation: »Sein Ermatten war das des Gladiators nach dem Kampf. Seine Arbeit: das Weißtünchen eines Winkels in einem Büro.«

Diese Einsicht trieb ihn dazu, den Machtkampf aufzunehmen. Aber er würde nicht an der Stelle stehen, an der sich befand, wenn sich darin seine Motivation erschöpfte. Niemals hätte er diese Position erkämpft und sich ihm die Chance eröffnet, die absolute Macht zu erobern, wenn er sich stets allein aus Pflichtgefühl in das Joch der Notwendigkeit begeben hätte. Mochte für ihn die Pflicht vor dem Volk, vor der Partei, die Einsicht in das Erfordernis der Reform ausschlaggebende Gründe liefern, vor allem sich selbst gegenüber, so loderte in dem unbefragten Teil seiner Seele die Grundvoraussetzung für einen Politiker: der Wille zur Macht. Diese merkwürdigste und unerklärlichste aller Leidenschaften regte eine Unzahl von Denkern, Dichtern und das akademische Fußvolk immer wieder zur Betrachtung an, doch niemand hat sie wirklich erkennen können. Nietzsche kam ihr sehr nah, doch in dem Versuch, sie zu erklären, verklärte er sie auch wieder. Gorbatschow kann man mit Fug und Recht als mittleren Charakter verstehen. Er neigte nicht übermäßig zum Alkohol und auch nicht zur Promiskuität. Als er einer Delegation angehörte, die Amsterdam besuchte, mochte er seine Kollegen nicht auf die Streifzüge durch das Rotlichtviertel begleiten.

Michail, der in seinem Dorf von den Großeltern vergöttert als kleiner Prinz aufwuchs und der diesen Status verlieren sollte, wünschte sich nichts sehnlicher als Ansehen und Herrschaft, als Macht. Was ihn auszeichnete, war, dass dieser Wille zur Macht nicht auf einem kalten und technokratischen Machiavellismus fußte, sondern der Wille zur Macht zur Herrschaft des Guten führen sollte. Stalins Menschenfeindlichkeit verachtete er zutiefst. Macht sah er nicht als Mittel, andere zu demütigen, Macht verstand er als Mittel zum Guten. Das war es, was er zeitlebens sein wollte: der gute Zar, so wie er ihn als Schüler in den Laienaufführungen gegeben hatte. Sein Bezugspunkt bildete wie für alle Zaren die mythische Konstruktion des Volkes, von dem er geliebt zu werden wünschte. Dabei stellte er sich gern vor, das Volk zu befreien, indem er ihm die Vision einer guten und gerechten Gesellschaft vermittelte, die dann aber das Volk selbst in die Wirklichkeit umsetzen sollte. An diesem frühen Morgen des 11. März 1985 im Garten der Datscha stand für Michail und Raissa fest, dass sie den imaginären Thron besteigen würden, um das Land vor dem Zusammenbruch zu retten. Sie wollten endlich die Vision des Sozialismus mit menschlichem Antlitz verwirklichen, denn mehr als eine Vision war es nicht, wie sich bald herausstellen sollte, und somit dem Volk Wohlstand und Freiheit bringen. Denn die Sowjetunion war gemessen an ihren Ressourcen ein reiches Land, und trotzdem lebten die Menschen in Armut. Gorbatschow erschien zu diesem Zeitpunkt die Sowjetunion wie der Marmorblock für den Bildhauer, der, um seine Skulptur zu schaffen, sie nur vom überflüssigen Stein befreien musste. Und den überflüssigen Stein erkannte er in der Verkrustung des Apparates und der sowjetischen Bürokratie.

Am Morgen verabschiedete ihn die ganze Familie, Raissa, Tochter Irina, Schwiegersohn Anatolij und Enkelin Xenja, und wünschte ihm an seinem schwersten und wichtigsten Tag viel Glück. Das Ziel schien so nahe.

Seit 7 Uhr lief im sowjetischen Rundfunk statt der allmorgendlichen Sendung *Wieder 25* Trauermusik. Chopins Trauermarsch informierte das Volk über Tschernenkos Tod, noch bevor ihn die Nachrichten verkündeten. Gegen Mittag gab der Rundfunk sein Ableben bekannt.

Nach vielen Telefonaten, nach den letzten Änderungen an der Rede, begab sich Gorbatschow um 14 Uhr in die Sitzung des Politbüros. Über die Eingeweihten und Helfer außerhalb des Politbüros legte sich eine fast berstende Spannung. Jakowlew hatte sich bei Tschebrikows Stellvertreter im KGB, Krjuschkow, eingefunden, der seit einiger Zeit zu den eifrigen Gorbatschow-Unterstützern gehörte und sich als Mann der Reform gab. Später sollte er gegen Gorbatschow putschen. Während das Politbüro tagte, saßen die beiden in aufgeregter Stimmung bei Whisky und Kaffee und hofften auf einen günstigen Verlauf der Ereignisse. Krjuschkow hatte, wie an vielen wichtigen Stellen, auch im Vorzimmer des Politbüros einen Informanten, der ihn auf dem Laufenden hielt. Als der durchgab, das alles normal liefe, entspannten sich die beiden Herren, den sie wussten nun, dass Gorbatschow vom Politbüro nominiert worden war. Tatsächlich hatte Gorbatschow um 14 Uhr die Sitzung eröffnet. Gorbatschows Anhänger, Worotnikow, gelang es, rechtzeitig von einem Besuch Jugoslawiens zurückzukommen. Gorbatschows Gegner Schtscherbitzki, der in den USA weilte, nicht. Es gab keinen Direktflug, sodass er in Havanna umsteigen musste. Angeblich hätten Gorbatschows Vertraute Castro animiert, für Schtscherbitzki einen Empfang zu geben, was ihn zusätzlich Zeit kostete. Diese Anekdote ist zwar hübsch, doch zu diesem Zeitpunkt waren die Würfel bereits gefallen. Entscheidende Bedeutung besaß die Tatsache, dass am Abend zuvor Gromyko sich für Gorbatschow ausgesprochen hatte und es weder Romanow noch Grischin gelang, Abwehrmaßnahmen zu organisieren. Schtscherbitzki hatte längst – als ursprünglich einmal von Breschnew ins Spiel gebrachter Nachfolger – durch seine Niederlagen gegen Andropow und Tschernenko seine Position eingebüßt. Das Leben, wie es so schön im Lexikon des sowjetischen Politikers stand, war über ihn hinweggegangen. Dieses Schicksal würde Gorbatschow teilen, und das wusste er, wenn es dieses Mal nicht gelang, die Macht zu erobern. Er eröffnete die Sitzung und bat die Genossen, ihre Ansicht zu äußern, wen das Politbüro dem ZK als künftigen Generalsekretär vorschlagen sollte. Gromyko ergriff sofort das Wort und schlug Gorbatschow vor. »Ich möchte offen reden«, sagte Gromyko, »Wenn man sich Gedanken über einen Kandidaten für den Posten des Generalsekretärs macht, kommt man natürlich auf Michail Sergejewitsch.« Anschließend begründete Gromyko seinen Vorschlag. Nun konnte nach geltendem Brauch niemand mehr dagegen opponieren. Als Nächster sprach Gorbatschows Feind Tichonow, der sich dem Kandidaten rhetorisch zu Füßen warf und mit einem verräterischen Lob aufwartete: »Er ist der erste Sekretär, der sich in der Ökonomie auskennt.« Grischin schloss sich mit einer mageren Begründung an. Und dann kamen all die anderen. Gorbatschow hörte sich das Lob und die Begründungen für seine Nominierung an und machte sich bereits Notizen. Die originellste Begründung lieferte Dolgich, ein Parteigänger Tichonows, dem ein wohl unbeabsichtigter Witz unterlief:»Er hat nicht nur große Erfahrung hinter sich, sondern auch eine Zukunft.« Gorbatschow hatte kaum die Sitzung beendet, da verbreitete sich in den Reihen der Berater und Gefolgsleute die frohe Kunde von Gorbatschows Sieg. Um 17 Uhr hatten sich die Mitglieder des Zentralkomitees wieder im Swerdlow-Saal versammelt. Als Gorbatschow an der Spitze des Politbüros den Saal betrat, breitete sich im Saal Entspannung aus. Gorbatschow hielt eine kurze Rede, in der er Tschernenkos gedachte. Die meisten im Saal fühlten keine Trauer, als sie pflichtgemäß die Gedenkminute einlegten. Dann bat Gorbatschow Gromyko, den Vorschlag des Politbüros für das Amt des Generalsekretärs dem Zentralkomitee zu unterbreiten. Tichonow zuckte zusammen. Alle im Saal erinnerten sich nur zu gut, mit welcher Voreiligkeit er damals Tschernenko vorgeschlagen und durchgesetzt hatte. Aber die Geste bedeutete mehr als eine simple Retourkutsche. Sie ließ alle wissen, dass Tichonow bereits an Macht eingebüßt hatte. Außerdem wurde Gromyko Gelegenheit gegeben, seine eigene Seite im Buch der Geschichte mit einem großen Finale zu krönen. Nicht nur dass er seit 50 Jahren sowjetische Außenpolitik repräsentierte, er wurde derjenige der alten Garde, der den Übergang zu den »Jungen« vollzog. Als er zu Beginn seiner Rede Gorbatschow vorschlug, brandete ein nicht enden wollender Orkan des Beifalls auf, in den sich Freude, Erleichterung und Hoffnung der Funktionäre mischten – und auch ein wenig Absolution von der Schande ihrer letzten Wahl. Nachdem der Applaus sich endlich gelegt hatte, begründete er den Vorschlag in einer sorgfältig gebauten Rede, die immer wieder von zustimmendem Beifall unterbrochen wurde. Schließlich durfte Romanow noch einiges zum Lobe des neuen Generalsekretärs verkünden. Gorbatschow beendete das Plenum mit einer kurzen Rede, in der er die Kontinuität zum XVI. Parteitag beschwor, aber dann von der Notwendigkeit sprach, den ökonomischen Fortschritt im Einklang mit den sozialen Bedürfnissen der Menschen zu beschleunigen, das Wirtschaftssystem und die Verwaltung zu reformieren. Bei der Lösung der Aufgaben würde es in der Arbeit der Verwaltung und der Partei auf Offenheit, auf »Glasnost« ankommen. In der Außenpolitik verzichtete er auf die Fortsetzung des Wettrüstens. Er beschwor die KPdSU als die gesellschaftsgestaltende Kraft, die in der Lage sei die konstruktiven Kräfte des Sozialismus zu fördern. Wer zwischen den Zeilen zu lesen verstand, und das waren alle Menschen im Ostblock, die sich mit Politik beschäftigten, erkannte, dass hier ein Versprechen abgegeben wurde, endlich Reformen in Angriff zu nehmen. So zurückhaltend die Worte auch klangen, ließen sie aufmerken, weil sie einen Funken Hoffnung enthielten. Nichts kennzeichnete die triste Situation im Ostblock besser, als dass jeder noch so verhaltene Hoffnungsschimmer beinahe als Sonnenaufgang galt.

Kapitel 21

Der Kampf mit der Macht

>»Russland hat in den tausend Jahren seiner Geschichte viel Gro-
>ßes gesehen. ... Nur eines hatte Russland in dem Jahrtausend
>nicht gesehen – die Freiheit.«
>
>*Wassili Grossman*

Gorbatschow stand auf dem Höhepunkt seiner Macht. Er konzentrierte in seiner Hand die Verfügungsgewalt über die Sowjetunion
mittels der allmächtigen KPdSU, deren Chef er nun war. Die Legende,
die sich über ihn gebildet hatte, verlieh ihm Unberührbarkeit, und die
Gegner hatten sich erst einmal zurückgezogen, machten sich ganz
klein, um zu überleben. Die Legende, die ihm half, legte auch ihren
unerbittlichen Maßstab an sein praktisches Handeln an, auf das alle
gespannt und viele wohlwollend warteten. Selten in der Geschichte
hielt jemand mit seiner Legende Schritt, wenn sie schon zu Lebzei-
ten entstand, weil kaum jemand den hoch gesteckten Erwartungen
zu entsprechen vermochte, die die Hoffnung in den Menschen in
trostlosen Situationen zum Leben erweckte. Übermäßige Erwartungen erzeugen tiefe Enttäuschungen. Gorbatschow schritt den ganzen
Kreis aus. Doch wie sich in den folgenden Jahren immer deutlicher
zeigen sollte, stand an diesem 11. Januar 1985 ein mächtiger Feind
gegen ihn auf, der seine Macht aus der simplen Tatsache bezog, dass
Gorbatschow ihn nicht wahrnahm. Darin bestand bereits sein erster
Sieg, dass Gorbatschow sich über ihn erhaben dünkte. Der Feind war
die Macht selbst, und er kämpfte mit den starken Streitmächten der
Eitelkeit, der Täuschung, des »guten Willens«. Gorbatschow startete
mit der Kritik an der verbreiteten Unsitte der Speichelleckerei, der
Liebedienerei, der Phrasendrescherei, der ewig langen leeren Reden,
aber irgendwann holte er selbst immer länger und immer öfter zu
stundenlangen Monologen aus. Am Ende seiner Herrschaft sollten
sich all die kritisierten Phänomene bei ihm selbst finden. Am Ende
wird nicht er die Macht, sondern die Macht ihn besiegt haben. Das

ist weder ehrenrührig noch außergewöhnlich, es ist leider der normale Lauf der Dinge. Die Macht verändert den Menschen, sie veränderte auch Michail Gorbatschow. Irgendwann begann er, von sich in der dritten Person zu reden: »Gorbatschow denkt ... Gorbatschow meint ... Gorbatschow traf ...«. Dennoch hatte er nie das Gefühl für die Würde des Menschen verloren, verleitete ihn die Macht nicht zum zynischen Handeln und machte er sich die Hände weder schmutzig noch blutig. Das ist sehr viel!

Im April fand das erste reguläre Plenum des Zentralkomitees unter dem neuen Generalsekretär statt. Gorbatschow hatte sich, wie es seiner Natur entsprach, für einen kompromisslerischen Kurs entschieden. Er beabsichtigte, den Apparat mithilfe des Apparates und durch ihn selbst umzubauen, mit einem Wort, er wollte den Teufel mit Beelzebub austreiben. Ob er zu diesem Zeitpunkt nicht anders hätte vorgehen können, bleibt insofern eine rein hypothetische Frage, weil zu diesem Zeitpunkt vieles für ihn selbst noch undenkbar war. Noch war er ein kommunistischer Politiker, noch teilte er keine sozial-*demokratischen* Positionen, nach wie vor leitete er die KPdSU, hielt den Sozialismus für die beste aller Gesellschaftsordnungen, wenn man nur endlich sein Potenzial freisetzen würde. Die einzige Kraft, die aus seiner Sicht das verwirklichen konnte, war die Kommunistische Partei. Demokratie verstand er durchweg als sozialistische Demokratie, deren Wesen die Diktatur des Proletariats war, die Herrschaft der Arbeiterklasse durch ihre Partei. Sie allein wies den Weg zur klassenlosen Gesellschaft. Das Herrschaftsmonopol stellte er nicht infrage, er monierte lediglich, dass die Leninschen Normen der innerparteilichen Demokratie in der Praxis nicht mehr galten. Davon kam alles Ungemach. In den Parteiorganisationen mussten wieder wirkliche Diskussionen und Auseinandersetzungen stattfinden. Mehrere Kandidaten sollten sich zur Wahl stellen und nicht von oben zur Wahl befohlen werden. Das Kommandosystem sollte endlich Zug für Zug geschleift werden. Die Rolle der Sowjets wollte er stärken und die Dezentralisierung in Angriff nehmen. Außenpolitisch hatte die Aufrüstung Dimensionen angenommen, die Gorbatschow erkennen ließen, dass es neben den Klasseninteressen, die bei Lichte gesehen ja nur die Hegemonialinteressen des sowjetischen Imperialismus waren, auch übergeordnete Menschheitsinteressen gab. Niemand konnte mehr siegen, alle aber konnten verlieren. Mit diesem Verbund vager Ideen gingen Gorbatschow und seine Verbündeten und Berater in das April-Plenum. Dieses geistige Konglomerat, das sich stark auf Lenin bezog, war das eigentliche Programm und Denkgebäude der Perestroika. Selbst die intelligentesten und unorthodoxesten Parteimitglieder fanden aus der Zitadelle Leninscher Ideologie nicht heraus, sie suchten und verliefen sich in einem quasireligiösen Irrgarten. Alle wesentlichen Aussagen verhielten sich wie ein abgerundetes Universum mit dem Gravitationszentrum der ewigen Wahrheiten des Marxismus-Leninismus, der einen tautologischen Leerlauf hervorbrachte, weil die Aussagen sich nicht auf die Wirklichkeit, sondern nur auf sich selbst bezogen. Für Gorbatschow hatte in diesen Tagen Priorität, die Mannschaft aufzubauen. Es ging schließlich um eine Revolution von oben, und dazu mussten die oberen Etagen der Macht mit »Revolutionären« besetzt werden. Um einen neuen Stil zu demonstrieren, begann er die April-Tagung mit einem Stilbruch. Statt wie bisher zuerst über inhaltliche Programmpunkte und anschließend über organisatorische und Kaderfragen zu diskutieren, eröffnete er die Tagung damit, dass er Tschebrikow, Ligatschow und Ryschkow zu Politbüromitgliedern wählen ließ. Nach der Wahl bat er Ligatschow, im Präsidium Platz zu nehmen und die Versammlung zu leiten. Leutselig meinte er zu ihm: »Nun, Jegor Kusmitsch, erteile mir doch bitte das Wort zum Referat.« Es ging ihm darum, einen neuen Stil zu demonstrieren, der lebendiger, menschlicher, nicht ritualisiert erschien. In seinem Referat gab er die Richtung der Politik vor, wie sie vom XXVII. Parteitag, den er im Februar 1986 abhalten wollte, gebilligt und weiterentwickelt werden sollte. Der erste Fahrplan der Perestroika, der bis zum XXVII. Parteitag reichte, wurde umrissen. Nicht zufällig sollte der Reformparteitag auf den Tag genau 30 Jahre nach Chruschtschows Geheimrede auf dem XX. Parteitag stattfinden. Gorbatschow beabsichtigte, durch Dezentralisierung die Verwaltungs- und Leitungsprozesse zu vereinfachen und zu entbürokratisieren. Die Wirtschaft sollte durch Förderung des wissenschaftlichtechnischen Fortschritts und der Erhöhung der Verantwortung auf Werksebene den Anschluss an das Niveau der Weltwirtschaft erreichen. Gleichzeitig musste auf dem Gebiet des Wohnungsbaus und der Versorgung der Bevölkerung mit Lebensmitteln grundsätzlich eine Besserung eintreten, denn die Lage stellte sich als katastrophal dar. Das Programm erreichte allerdings nicht die Höhe der Forderungen des Prager Frühlings: Dem Reformer Gorbatschow war der Taktiker Gorbatschow in den Arm gefallen. Aus der geistigen Umklammerung des Leninismus vermochten die Reformer nicht auszubrechen. Während in den Denkfabriken der Perestroika weiter an Konzepten gearbeitet wurde – Tschernajew und Sagladin kümmerten sich um die Außenpolitik, teilweise auch Jakowlew, der sich zudem mit Fragen der Geschichte und der Demokratisierung der Gesellschaft beschäftigte, Aganbegjan, Medwedew und Schachnasarow untersuchten Wirtschaftsfragen –, setzte Gorbatschow die Veränderung in der Zusammensetzung der oberen Ränge fort. Dabei erfüllte er eine Aufgabe, die ohnehin anstand, nämlich die Ablösung der alten Garde durch jüngere Kader. Die Generation der in den dreißiger Jahren geborenen Funktionäre sollte in die entscheidenden Positionen aufsteigen. Zunächst holte Gorbatschow den Swerdlowsker 1. Sekretär Boris Jelzin ins Zentralkomitee. Er übernahm die Abteilung, die sich unter anderem mit dem Wohnungsbau beschäftigte, der eines der großen Sorgenkinder und mithin ein wichtiges Reformvorhaben war. Schewardnadse wurde ins Politbüro gewählt, der orthodoxe Kommunist Romanow aus diesem ausgeschlossen. Er herrschte seinerzeit in Leningrad so unumschränkt, dass für die Hochzeit seiner Tochter sogar das Porzellan des Zaren aus der Eremitage geholt wurde. Der Skandal wurde bekannt, weil beim einsetzenden Gelage wertvolles und kulturhistorisch einmaliges Porzellan zu Bruch ging.

Außerdem wechselte Jakowlew ins Zentralkomitee und übernahm die wichtige Abteilung für Propaganda. Anatoli Lukjanow leitete die wichtige Allgemeine Abteilung, die sich mit der praktischen Organisation der Arbeit des Zentralkomitees beschäftigte und die vor noch nicht allzu langer Zeit einmal Konstantin Tschernenko geleitet hatte. Lukjanow, den Gorbatschow förderte und den er später gegen alle Kritik in Schutz nahm, sollte schließlich die Putschisten unterstützen. Unterhält man sich heute mit ihm, vertritt er eine klare stalinistische Haltung: Stalins Herrschaft war zwar hart, aber richtig. Sein Staats-

Auf einer Sitzung des Obersten Sowjets: Jelzin am Rednerpult, hinter ihm
als Tagungsleiter Gorbatschow, rechts Andrej Gromyko, links daneben
Solomenzew.

aufbau, in dem die Menschen als Schräubchen des Systems definiert
wurden, war klug. Den Kommunismus leitet er in typisch russischem
Großmachtchauvinismus aus der russischen Dorfgemeinschaft her,
dem Gemeineigentum an Gemeindeland, dem »Mir«.

Ebenfalls im Juli erfüllte Gorbatschow das Versprechen, das
er Gromyko gegeben hatte. Auf der Tagung des Obersten Sowjets
wurde Andrej Gromyko als Außenminister verabschiedet und zum
Vorsitzenden des Präsidiums des Obersten Sowjets, zum nominellen
Staatsoberhaupt der UdSSR, gewählt.

Für Erstaunen sorgte er anschließend, weil er einen bis dahin in
der Welt kaum bekannten und auf außenpolitischem Gebiet nahezu
unerfahrenen Georgier zum Nachfolger Gromykos machte. Eduard
Schewardnadse wurde der Mann, der die Außenpolitik der Perestroika in Zukunft verkörpern sollte.

Gorbatschows Überlegungen besaßen die Gestalt und das Zwin-
gende eines Zangenschlusses. Auf der einen Seite wurden von oben
Reformen eingeleitet, die auf der anderen Seite durch das erwachende

Engagement des Volkes und die Initiative der kleinen Funktionäre verwirklicht und erweitert werden sollten. Ohne Unterstützung des Volkes würden sie stranden. Deshalb besuchte er Betriebe und Einrichtungen in Moskau und reiste durchs Land, um mit Arbeitern, Kolchosbauern, Ärzten und Wissenschaftlern an der Basis direkt ins Gespräch zu kommen. Er wurde zum ersten Wanderprediger der Perestroika, in der Hoffnung, dass der Funke zünden werde. In Werkshallen und auf den Straßen und Plätzen diskutierte er kontrovers mit den Menschen. Er holte die Menschen aus ihrer Demutshaltung und stritt und zankte auch mit ihnen. In diesen Momenten war er ein wahrer Volkstribun. Widerspruch ertrug er, er schien sogar sein Element zu sein. Denn er besaß eine für einen Politiker, und für einen sowjetischen Funktionär allemal, sehr besondere Eigenschaft: Er war neugierig, er interessierte sich für alles, unabhängig davon, ob es ihm nutzte oder nicht. Und die Menschen spürten, dass er es wirklich wissen wollte. Er brannte förmlich darauf, wachzurütteln, mit seiner Begeisterung anzustecken. In den Jahren 1985 und 1986 bedeutete für ihn Perestroika die Vervollkommnung des sozialistischen Systems. Das System war gut, man musste es nur zum Funktionieren bringen, indem man die bürokratischen Hemmnisse zerstörte und einen neuen Aufbauenthusiasmus bei den Menschen erzeugte, wie es ihn nach dem Zweiten Weltkrieg gegeben hatte. Der Pragmatiker Gorbatschow ging mit dem idealistischen Träumer Gorbatschow die innigste Beziehung ein. Ein fast jugendlicher Charme ging von ihm aus, weil er tatsächlich versuchte, die Träume des jungen Kommunisten, der er einst gewesen war, und die verborgenen Ideen des jungen Funktionärs als gereifter Mann endlich zu verwirklichen. Doch alles im Leben hat seine Zeit, und Träume lassen sich nur bedingt realisieren. Auch der Prager Frühling, der immer ein wichtiger Bezugspunkt für Gorbatschow blieb, hatte vom demokratischen Sozialismus geträumt. Jedoch darf stark bezweifelt werden, dass er diesen auch tatsächlich verwirklicht hätte, wäre ihm die Zeit geblieben, sich zu entfalten. Doch 20 Jahre später war die Geschichte eindeutig über diese Vorstellungen hinweggegangen.

Mit Tichonow, der auf die neue Linie geschwenkt war, führte Gorbatschow ein langes vertrauliches Gespräch, denn er wollte ihn schlicht und ergreifend loswerden. Wie könnte der nun fast 80-jährige Politiker, der nicht nur aus der Stalinzeit kam, sondern ihr Denken auch nie überwunden hatte, die anstehenden Reformen als Ministerpräsident überzeugend und kreativ umsetzen? Gorbatschow gestand ihm einen ehrenvollen Abgang zu. Rachegelüste lagen ihm fern. Warum nachtreten? Im September 1985 folgte Ryschkow Tichonow im Amt als Ministerpräsident. Damit hatte Gorbatschow die Mannschaft, mit der er antreten wollte, im Wesentlichen formiert. Seinen eigenen Bereich, den der Landwirtschaft, übernahm Nikonow, für den agrarindustriellen Komplex wurde sein Landsmann und alter Freund Murachowski zuständig, der seinerzeit schon den Stuhl des 1. Sekretärs der Region Stawropol von ihm geerbt hatte. Ein knappes Jahr später ersetzte er Grischin durch Boris Jelzin. Mit der Übernahme der Moskauer Parteiorganisation begann Jelzins eigentliche und eigenwillige politische Karriere.

Auf dem XXVII. Parteitag im Februar setzte Gorbatschow seine Mannschaft und seinen Stil durch. Er unterbrach häufig die Redner, besonders wenn sie in die alte Litanei verfielen, die im Beraterumfeld Gorbatschows als »Gesangseinlagen« verspottet wurden. Den Schlüssel für die Verbesserung des Sozialismus sah er darin, dass jeder Verantwortung übernehmen, dass jeder bei sich selbst anfangen müsse. Eine grundlegende Wende war notwendig, sonst würden die Menschen wie in Polen die Wende erzwingen. Der Sozialismus müsse in Theorie und Praxis aufgewertet werden. Gorbatschow selbst befand sich jetzt noch weit von pluralistischen Vorstellungen entfernt, wie sie in den Konzepten des Prager Frühlings, an denen ja Freund Mlynář mitgewirkt hatte, gefordert wurden. Immer noch dachte er, die richtigen Kader an der richtigen Stelle würden den Sozialismus ankurbeln. Aber er räumte bereits den Fehler ein, der für die Außenpolitik und die Definition der Menschheitsinteressen entscheidend wurde: dass nämlich bei der Einführung des Marxismus-Leninismus die moralischen Werte leider als bourgeoise Relikte diffamiert worden waren. Die Bekämpfung und Ausrottung, die Diffamierung und Verhöhnung der moralischen Werte führte zur Verwahrlosung der Gesellschaft, ganz gleich ob sie der »wissenschaftlichen Weltanschauung« oder dem Götzen der Freiheit, der bei Lichte besehen nur der träge Götze der Verantwortungslosigkeit war, weichen mussten. Wie eine Gesellschaft ohne diese bourgeoisen Relikte auskam, hat der Stalinismus mit seiner Brutalität hinlänglich demonstriert. Gorbatschow definierte das Neue Denken, das darin bestand, von den festen Lehrsätzen abzugehen und Entscheidungen anhand der Wirklichkeit zu fällen. In der Außenpolitik hieß es, dass man mit dem Westen zu einem gemeinsamen Sicherheitskonzept kommen müsste, indem man dem anderen das Recht auf das eigene System nicht nur als Phrase, sondern wirklich zugestand und man die Unterschiede akzeptierte. Man wohnte schließlich auf einem Planeten. Ein Krieg war nicht zu gewinnen. Das klingt heute alles banal, aber dahinter standen gewaltige ideologische Festungen, die geschliffen werden mussten. Gorbatschow veränderte mit Jakowlew, Sagladin, Tschernajew und Schewardnadse die sowjetische Außenpolitik grundlegend, und der Westen benötigte verständlicherweise eine Weile, bis er begriff, dass dahinter kein Propagandacoup steckte. In der Glaubwürdigkeit bestand anfangs auch ein großes Problem Gorbatschows. Bis zu seinem Amtsantritt funktionierte die sowjetische Friedenspolitik nach leninistischem Muster, das wir gerne auch stalinistisch nennen können, denn beide unterschieden sich nicht in ihrer Heuchelei. Jenes System der friedlichen Koexistenz besagte, dass Systeme mit unterschiedlichen Gesellschaftsordnungen eine Weile friedlich koexistieren, also nebeneinander bestehen durften. Von den friedensbewegten Menschen in West und Ost wurde aber immer übersehen, dass die Doktrin weiterging, denn sie sollten nur so lange friedlich nebeneinander bestehen, bis das rückständigere System, der Kapitalismus, vom Sozialismus besiegt worden war. Die Träger dieser Aktion sollten laut Komintern-Doktrin Sektionen einer einheitlichen kommunistischen Weltbewegung und laut Breschnew-Doktrin der KPdSU hörig sein. Der 17. Juni 1953 in Ostberlin, der Herbst 1956 in Ungarn, der August 1968 in Prag bewiesen das mit schrecklicher Eindeutigkeit. Die Sowjetunion hatte einen Fonds eingerichtet, in den auch alle sozialistischen Staaten einzahlten. Aus diesem Fonds wurden die kommunistischen und befreundeten Parteien in der ganzen Welt großzügig unterstützt, angefangen von der französischen Kommunistischen Partei über die DKP bis hin zu Nicaraguas Sandinisten. Mit dem Fall der Berliner Mauer und der Einstellung dieser Zahlungen brachen die eindrucksvollen Bewegungen zusammen. Plötzlich fehlte ihnen das Geld, und man sah, dass diese Gruppen nicht so stark gewesen waren, weil sie so engagiert unterstützt worden wären, sondern sie waren so engagiert unterstützt worden, weil sie neben dem besten aller Gewissen, man kämpfte ja für die Unterdrückten, auch reichlich Manna austeilen konnten. Als das ausblieb, blieben auch viele Unterstützer fern. Die westeuropäische Friedensbewegung wurde aus diesem Fonds tatkräftig mitfinanziert. Den großartigen sowjetischen Friedens- und Abrüstungsinitiativen folgten, was die Öffentlichkeit dann nicht mehr wahrnahm, die sturen sowjetischen Beamten, die dann die eigenen Anregungen scheitern ließen, die ohnehin immer nur im Sinne der marxistisch-leninistischen Dialektik von Strategie und Taktik Propagandagags gewesen waren. So funktionierte der Apparat. Und Gorbatschow, der mit den Amerikanern über ein Moratorium sprach und über Abrüstung, musste plötzlich erfahren, wie seine Ankündigungen, die er im Unterschied zu seinen Vorgängern nun wirklich ernst meinte, von den sowjetischen Emissären in Genf kaputtverhandelt wurden. Der Apparat funktionierte wie eh und je. Bis 1986, bis zu dem Zeitpunkt als Gorbatschow die sowjetische Außenpolitik in ihren Prinzipien und in ihrer praktischen Umsetzung grundlegend änderte, versündigte sich die Friedensbewegung am Leben, an der Freiheit der Menschen und an den kommenden Generationen. Das ist die nackte historische Wahrheit. Der Held dieser Tage war nicht Willy Brandt, sondern Helmut Schmidt. Der ging nicht den Weg der Beliebtheit, sondern den einsamen Weg der Notwendigkeit. Doch Abbitte, die zu leisten wäre, wird man von der linken Selbstgerechtigkeit nicht erwarten können. Gorbatschow meinte, was er sagte. Und es dauerte eine Weile, bis Reagan, Mitterrand und Kohl das verstanden, denn Gorbatschow musste gegen die Mauer gesunder Skepsis angehen, die von sowjetischer Doppelzüngigkeit in den Jahrzehnten zuvor errichtet worden war, er musste geduldig ihre Bastionen schleifen. Dabei arbeitete der eigene Apparat teilweise gegen ihn. Gorbatschows große Leistung bestand darin, dass er sich aus der Verkrustung und Hermetik kommunistischen Denkens Stück für

Stück mühselig herausarbeitete. Dabei drückte und hinderte ihn ein schweres Erbe. Wie sollte er dem Westen die neue Qualität seines Denkens und die Aufrichtigkeit seiner Vorschläge beweisen, wenn er weiterhin die Pflichten des proletarischen und sozialistischen Internationalismus erledigen musste, die Finanzierung der fünften Kolonnen und den überflüssigen Krieg in Afghanistan, aus dem er nicht ohne weiteres herauskam? Es ist immer leichter, einen Krieg zu beginnen, als ihn zu beenden.

Im Sommer 1986 begriff Gorbatschow, dass die Perestroika keine Vervollkommnung des Sozialismus sein konnte, sondern sie musste eine Revolution von oben werden. Der Parteiapparat hatte gründlich versagt. Nichts von dem, was beschlossen worden war, hatten die Funktionäre der verschiedenen Ebenen umgesetzt und mit Leben erfüllt. Es war nicht einmal Widerstand, es war oftmals lediglich Dummheit, Faulheit und Routine. Und die Menschen warteten ab. Immer mehr schien die Perestroika in eine Flaute zu geraten. Deshalb musste sie revolutionärer werden, indem die Kader größere Verantwortung erhielten, diese aber auch kontrolliert wurde. Gorbatschow glaubte noch immer an das System. Indem er es effektiver zu machen versuchte, führte er es immer mehr ad absurdum. Darin bestand sein persönlicher Lernprozess. Dennoch erfolgte die Abkoppelung der Perestroika von der hergebrachten Ideologie zu langsam. Die Wirklichkeit musste Illusionen und Hoffnungen erst hinreichend widerlegen, bevor man sich von ihnen trennen konnte. Gorbatschow glaubte, wenn alle Menschen so wären wie er, dann würde das System funktionieren. Da aber alle Menschen so sein könnten wie er, warum sollten sie nicht so sein? Wenn alle Menschen selbstlos wären, sich für Kunst interessierten, Kultur besäßen, für die Allgemeinheit arbeiten würden, sich nicht bereichern wollten, lieber arbeiten als faulenzen würden, dann müsste eigentlich der Sozialismus funktionieren. Woher aber kamen dann in der Partei die vielen Natschalniks, die Medunows, die Grischins, die Romanows? Im Grunde gipfelte der Sozialismus in einer Art modernen Feudalismus. Gorbatschow erkannte das, meinte aber, das sei der falsche, von Stalin herrührende Sozialismus und es käme nur darauf an, den wirklichen, den wahren Sozialismus zu verwirklichen. Diesen Versuch unternahm er mit der kleinen Gruppe seiner Berater. Der Versuch blieb so ehrenhaft, so verständlich wie desaströs. Gorbatschow befand sich am Rande eines Vulkans, der jeden Moment ausbrechen konnte. Die Wirtschaft stand vor dem Zusammenbruch, die Menschen wollten keine neuen Experimente, sie mochten sich nicht einmal engagieren, sondern warteten ab, was bei dem Ganzen herauskäme. Der Apparat bremste, anfangs weil er nicht anders konnte, später in bewusster Opposition. Zu allem Überfluss drückten da noch Afghanistan, die verfehlte Alkoholkampagne und Tschernobyl.

In den Tagen, als er noch glaubte, dass er nur den Sozialismus vervollkommnen müsse, stieß er auf die seit langem geplante Kampagne gegen den grassierenden Alkoholismus in der Sowjetunion. Nun war und ist der Alkoholismus in der Tat ein nationales Problem, nein eine nationale Katastrophe. Und Gorbatschow hatte auch nicht Unrecht, wenn er das Alkoholproblem als eine akute Gefahr für die biologisch-genetische Zukunft des Landes betrachtete. Das war keineswegs übertrieben. Nur zeigte die russische Geschichte selbst, dass bislang jeder prohibitionistische Versuch gescheitert war. Einer der klügsten russischen Politiker, der Premierminister der Zaren Alexander III. und Nikolaus II., Graf Witte, hatte sich bereits eine blutige Nase dabei geholt, auch sowjetische Versuche im Jahr 1973 führten nur dazu, dass sich anschließend der Konsum sogar noch bedeutend steigerte. Was erreichte man damit? Doch nur, dass der Schwarzmarkt Auftrieb erhielt, die Leute sich ihre Alkoholika selbst herstellten und der klammen Staatskasse im Gegenzug ein großer Einnahmeposten verloren ging. Denn das staatliche Branntweinmonopol oder die Alkoholsteuer waren sehr große Etatposten im ansonsten defizitären Staatshaushalt. Im Jahr 1986 würden sich die Einnahmen um 4 Milliarden, im Jahr 1987 um 7,5, im Jahr 1988 um 11 Milliarden Rubel verringern, errechnete der Finanzminister Demenzew. Moralisch hatte Gorbatschow Recht, als er den Kritikern der Kampagne im Politbüro entgegenhielt:»Willst du etwa mit dem Alkohol den Kommunismus finanzieren«, doch blieb es, wie sich zeigen sollte, die falsche Kampagne zur falschen Zeit. Es existierten keine reale Geld-Ware-Beziehung und keine realistischen Preise. Ein Brot kostete im Verkauf 1,50 Rubel, in der Herstellung aber 8,50 Rubel. Die fehlenden 7 Rubel subventionierte der Staat. Das nur als ein Beispiel, wie ideologisch und unrealistisch die wirtschaftlichen Beziehungen aussahen. Die Antialkoholkampagne brachte enormen wirtschaftlichen Schaden, größer aber wog noch der Imageverlust. Man will die Menschen befreien, zur eigenen Meinung ermuntern, das Kommandosystem abschaffen, und in diesem Bemühen regiert man harsch, geradezu stalinistisch in ihr privates Leben hinein. War die Alkoholkampagne ein Rohrkrepierer, sollte sich für die Perestroika alsbald eine Tragödie ereignen.

Gorbatschow hatte Glasnost verkündet. Für ihn gehörte Glasnost, also Offenheit, Information der Öffentlichkeit zu einem unverzichtbaren Bestandteil der Entwicklung des Sozialismus, mehr noch zu einer Grundbedingung der Perestroika selbst. Ohne Glasnost konnte die Perestroika nicht gelingen. Als es am Sonnabend, den 26. April 1986, um 1.25 Uhr in der Nacht im Kernkraftwerk Tschernobyl zum Reaktorunglück, zum GAU kam, traf dies die neue Führung unerwartet und hätte sie schlagartig über den Zustand der Verwaltung und die Chancen ihres Regierungshandelns belehren können. Man warf Gorbatschow später immer vor, er hätte das Ganze vertuschen wollen. Das traf nicht zu. Etwas anderes zeigte sich, und daraus zog er keine Schlüsse. Im Morgengrauen wurde er informiert und rief sofort das Politbüro zusammen. Dolgich informierte seine Kollegen, doch er selbst verstand nicht, worüber er redete. Mit einem Wort, es herrschte große Verwirrung. Man war auf ein Reaktorunglück nicht vorbereitet. Alles, was mit der friedlichen oder militärischen Nutzung der Atomenergie zusammenhing, unterstand dem militärindustriellen Komplex, der zu einer riesigen Krake, zu einem Staat im Staate geworden war. Unter dem Vorwand der Geheimhaltung bekam nicht einmal der Generalsekretär die nötigen Informationen. Andererseits trösteten sich alle Generalsekretäre damit, dass in diesem Bereich alles effizient und sicher liefe, weil er KGB und Militär unterstellt war und die besten Wissenschaftler hier arbeiteten. Einzelne Nestbeschmutzer wie Sacharow hörte man erst gar nicht an. Er funktionierte und fertig! Zudem wollte sich auch kein Generalsekretär mit diesem mächtigen Komplex anlegen. Und erst recht nicht Gorbatschow. Die Umgestaltung der Gesellschaft, die Revolution von oben band alle Kraft, da durfte man sich nicht zusätzlich noch ein enormes Arbeitsgebiet eröffnen, in dem es ohnehin gut funktionierte. KGB-Chef Tschebrikow stand zu ihm und andere aus dem militärindustriellen Komplex auch, er benötigte hier wahrlich keine zusätzliche Kampflinie, keinen Konflikt, zumal er die Militärs brauchte, wenn er wirklich auf dem Gebiet der Abrüstung Erfolge erzielen wollte. Es wurde eine Kommission an Ort und Stelle geschickt, die dem Politbüro am 27. April Bericht erstattete. Im Politbüro kam es zur Debatte. Jakowlew wollte die Welt uneingeschränkt informierten, Ligatschow stand auf dem Standpunkt, dem Westen nur eine allgemeine Information zukommen zu lassen über die Havarie, während den sozialistischen Staaten gegenüber das Ausmaß der Katastrophe angedeutet werden sollte. Schließlich einigte man sich auf Gorbatschows Linie der lückenlosen und unterschiedslosen Information der gesamten Öffentlichkeit. Das setzte allerdings voraus, dass man selbst über ausreichende Informationen verfügte. Es dauerte eine ganze Weile, bis Gorbatschow endlich einen ersten Überblick bekam. Der ganze Vorfall ereignete ich in einem Klima der Verantwortungslosigkeit, des Leichtsinns und der Schlamperei. Murachowski, der für den agrarindustriellen Komplex zuständig war, meinte ein paar Tage später, dass alles nicht so schlimm sei, das verstrahlte Getreide könne man als Viehfutter verwenden und die radioaktive Milch zu Käse verarbeiten. Nichts kennzeichnete besser die Situation als das Gespräch, das sich kurz nach der Katastrophe im Politbüro zwischen Slawski, dem zuständigen Minister, und Alexandrow, dem Präsidenten der Akademie der Wissenschaften der UdSSR, entspann. Alexandrow fragte Slawski, ob er sich erinnere, wie viel Röntgenstrahlen damals beide auf Nowaja Semlja bei einer anderen Havarie abbekommen hätten. Es war zwar nicht wenig, aber ihnen sei ja nichts passiert, sie würden immer noch leben. Aber nur, lenkte Slawski ein, weil sie damals jeder einen Liter Wodka getrunken hätten. Beide Herren, die seriös das Politbüro informieren sollten, waren inzwischen über 80 Jahre alt. Und Slawski war bereits 1957 bei dem Unfall in Tscheljabinsk verantwortlicher Minister gewesen und hatte den GAU in der Kernmunitionsfabrik verharmlost. Im Übrigen fanden zwischen 1957 und 1986 immer wieder Unfälle mit radioaktivem Material statt, über die wir nur zum Teil informiert sind, weil es schlichtweg verschwiegen wurde und unter Putin, der eine geradezu Breschnewsche Informationspolitik betreibt, wieder verschwiegen wird. Man gibt nur zu, was sich ohnehin nicht verbergen lässt, und das beschönigt und verharmlost man noch so gut und so lange es geht. Im Umgang mit Tschernobyl stieß Gorbatschow zum ersten Mal an seine Grenzen. Er konstatierte zwar, dass in dem Bereich dringend gehandelt werden müsse, doch konnte er nur hoffen und versuchen, voranzutreiben, dass im militärindustriellen Komplex im Angesicht der Katastrophe eine wirksame Kontrolle eingerichtet würde, die auf der Höhe der Zeit stehen und mit der Sorglosigkeit aufräumen würde. Den Komplex selbst vermochte er nicht zu reformieren. Er wusste, dass er jetzt keinen neuen Gegner gebrauchen konnte. Diese Reform wollte er später beginnen. Außerdem, das sollte sich später rächen, hatte Gorbatschow ein Faible für die Sicherheitsorgane. Tschebrikow stand zu ihm und versorgte ihn mit Informationen, und Tschebrikows Stellvertreter Krjuschkow, dem damals auch Jakowlew auf den Leim gegangen war, diente sich dem Generalsekretär mit geschickter Unterwürfigkeit an, die wie Loyalität und echte Überzeugung wirkte.

Gorbatschow hatte inzwischen den Machtapparat nach dem alten römischen Prinzip *divide et impera* (»teile und herrsche!«) gestaltet und dem ganzen eine byzantinische Note verliehen, indem er mit Gegengewichten arbeitete, einem Reformer auf adäquatem Posten ein Reaktionär gegenübergestellt wurde. So bekämpften sich auf dem wichtigen Gebiet der Ideologie und Kultur Alexander Jakowlew und Jegor Ligatschow, der eine war ZK-Sekretär für Agitation und Propaganda, der andere ZK-Sekretär für Ideologie. Man hatte sich immer gefragt, warum Gorbatschow nicht eindeutig auf die Reformer setzte und nach 1988 immer stärker die reaktionäre Gruppe unterstützte und damit zunächst seine Anhänger verwirrte und sie schließlich vertrieb. Die Jahre 1986 und 1987 brachten außenpolitisch eine unglaubliche Popularität. Er empfing sehr viele ausländische Politiker, lernte dabei von diesen mit der ihm eigenen immensen Lernfähigkeit und wurde so binnen kurzer Zeit ein Politiker von Weltformat, der auch den letzten Staub der Provinz von seinen Schuhen geschüttelt hatte. Die Treffen mit Reagan, mit Kohl, mit Thatcher und Mitterrand wurden für ihn zu Erfolgen seiner Politik. Er erkannte auch immer stärker, dass er sich in Europa engagieren musste, dass Europa für die Sowjetunion ein wichtiger und vor allem natürlicher Partner werden konnte. So entstand aus den Abrüstungsvorstellungen, aus den Ideen des Primats der Menschheitsinteressen vor den Klasseninteressen allmählich die Vorstellung vom gemeinsamen Haus Europa und schließlich die leicht utopisierende Konzeption von Außenpolitik als Weltinnenpolitik. Aber all die Erfolge im Ausland täuschten nicht darüber hinweg, dass die Lage sich in der Sowjetunion zuspitzte und hier die Erfolge der Perestroika auf wirtschaftlichem Gebiet ausblieben. Als Gorbatschow antrat, teilte er die Einschätzung, dass die Vervollkommnung des Sozialismus genügte, inzwischen wusste er, dass er diese Gesellschaft gründlich umbauen musste. Er näherte sich immer mehr der Vorstellung einer sozialistischen Marktwirtschaft. Doch ein Markt ließ sich nicht von heute auf morgen und nicht künstlich erzeugen, schon gar nicht, wenn man die Möglichkeit der Privatisierung ausschloss. Gorbatschow gab den Menschen die Meinungsfreiheit, doch zunächst eingeschränkt. Antisozialistische Positionen wurden nicht geduldet. Am Anfang durften und sollten verschiedene Meinungen innerhalb des sozialistischen Denkens diskutiert werden. Doch die Diskussion endete bereits bei dem Erzketzer Trotzki. Glasnost hieß für Gorbatschow nicht die Öffnung der Archive. Immer noch wurde zum Kriterium über eine Veröffentlichung erhoben, ob sie nutze oder schade. Obwohl Gorbatschow Stalin zutiefst ablehnte, erwies er ihm in seiner Rede zum 70. Jahrestag der Oktoberrevolution seine Reverenz. Hier wurde der Stratege Gorbatschow vom Taktiker Gorbatschow ausgebremst, was mit zunehmender Erfolglosigkeit der wirtschaftlichen Perestroika häufiger geschah. Gorbatschow war besessen von der Idee, dass die Partei, der er alles verdankte, in der Lage sei, den wahren Sozialismus zu verwirklichen, wenn sie wieder die Partei Lenins würde. Und wie Lenin es aus seiner Sicht schaffte, alle Talente einzubinden, von Trotzki über Bucharin bis hin zu Sinowjew, Kamenew und Stalin, so wollte auch er, der letzte Stellvertreter Lenins auf Erden, die Spannbreite des Denkens von Ligatschow bis Jakowlew für die Umgestaltung nutzbar machen. Nur so, glaubte er, könne er die Partei mitnehmen und auch verändern. Dabei übersah er, dass je weiter die Reformen gingen, der passive Widerstand in der Partei zum aktiven Widerstand umschlagen musste, vor allem in der Person von Ligatschow. Hier entstand ein eigenes und durch Ligatschows Stellung geschütztes Widerstandszentrum, dem sich auch Mitglieder des Politbüros wie Worotnikow und später Ryschkow anschlossen. Um Gorbatschow sollte es einsam werden, aber wir eilen den Ereignissen voraus.

In diesen Tagen entstand eine Organisation, die zunächst das unterstützenswerte Ziel verfolgte, Russlands historische, vorkommunistische Denkmäler zu bewahren und zu restaurieren, die sich teilweise in beklagenswertem und katastrophalem Zustand befanden. Die Vereinigung nannte sich Pamjat (»Denkmal«) und entwickelte aber auch eigene ideologische Vorstellungen, die in einem großrussischen Chauvinismus und Antisemitismus gipfelten. Mit heimlicher Unterstützung von Ligatschows Apparat startete sie eine widerliche Hetzkampagne gegen Jakowlew unter dem Motto »Stoppt den Jakowlew!« Jakowlew wurde als Jude diffamiert, der das russische Volk schädigen, die russischen Werte gering schätzen und Russland ans Ausland verkaufen würde. Die Argumentationslinie war altbekannt, sie war nicht einmal originell. Bereits die Schwarzhunderter im zaristischen Russland benutzten sie, deren propagandistische Meisterleistung die so genannten antisemitischen *Protokolle der Weisen von Zion* darstellten, eine Fälschung, die benutzt wurde, um die Russen vor der jüdischen Weltherrschaft zu warnen. Hitler nahm das später dankbar auf.

Als Jakowlew enerviert von der Kampagne zu Gorbatschow kam, antwortete der ihm lediglich, dass er sich nichts vormachen sollte, das ginge doch in Wahrheit nicht gegen Jakowlew, sondern gegen ihn. Die Diagnose stimmte, doch ließ es Gorbatschow dabei bewenden. Er hätte Jakowlew schützen und Ligatschow aus dem Politbüro entfernen müssen. Es muss bei ihm in diesen Tagen die irrationale Vorstellung geherrscht haben, dass er die Reformer ohnehin an seiner Seite hätte, um die müsse er sich nicht kümmern, aber wenn er Ligatschow überzeugte, habe er die Partei überzeugt. Und noch eins ist in diesem Zusammenhang nicht unwichtig. Er soll über Jakowlew gesagt haben, dass dieser ein guter Junge sei,»aber keiner von uns«. Die Reformer schätzte er als wichtige Verbündete, aber sie gehörten nicht zur Partei. Er konnte gedanklich nach vorn gehen wie er wollte, er vermochte es letzten Endes nicht, den Parteisoldaten in sich zu überwinden. Deshalb verpasste er auch zielsicher die nächste Notwendigkeit, sich von Ligatschow zu trennen. Gorbatschow befand sich auf Reisen, Jakowlew auch, da erschien in einer für ihre reaktionäre Ausrichtung bekannten Zeitung der KPdSU, in der *Sowjetskaja Rossija*, ein als Leserbrief getarnter Artikel einer Leningrader Chemieingenieurin. Unter dem Titel »Ich kann meine Prinzipien nicht verraten« plädierte jene Nina Andrejewa für die Beendigung der Perestroika und die Rückkehr zum Stalinismus. Der Leserbrief las sich wie ein Manifest, und er trug deutlich die Handschrift des Apparats, die Handschrift von Ligatschows Leuten. Die Angst vor der Perestroika, wie sie sich inzwischen entwickelte, trieb diese Leute in eine Verzweiflung, in der sie in ihrer Suche nach Alternativen, in ihrer ideologischen Beschränktheit nur wieder beim Stalinismus ankamen. Nach Tschernenkos Tod begriff Ligatschow, dass es so nicht weiterging. Auch er war für die Verbesserung und für die Vervollkommnung des Sozialismus. Darin stimmten er und Gorbatschow überein, darin bestand die Geschäftsgrundlage ihres Bündnisses. Im Unterschied zu Gorbatschow begriff oder spürte er wahrscheinlich schneller, dass die Perestroika eine Richtung nahm, die eines Tages den Sozialismus selbst zur Disposition stellen musste. Das wollte er mit allen Mitteln verhindern. Allerdings übersah er, dass der Sozialismus sich selbst ohnehin schon zur Disposition gestellt hatte und dass die Aufgabe eines jeden verantwortungsvollen Politikers darin bestehen musste, aus diesem Jahrhundertdesaster anständig herauszukommen und nicht die Totalitarismen der Vergangenheit zu reanimieren. Nach Gorbatschows Rückkehr gab es eine heftige Debatte im Politbüro, der Artikel wurde verurteilt, und Ligatschow log frech und stritt seine Beteiligung an dem Artikel ab. Man war endgültig an einer Wegscheide angekommen! Gorbatschow hätte die Reformer stärken und Ligatschow und seine Unterstützer in die Wüste schicken müssen. Mit dieser Unterlassung, mit dem faulen Kompromiss, dem Zurückweichen vor einer notwendigen Konsequenz begann der Weg

des Michail Gorbatschow in den Putsch. Im Sommer 1988 fand die
XIX. Parteikonferenz statt, die zur ersten ernsthaften Niederlage der
Perestroika wurde, einer Niederlage, die durch die fehlende Konsequenz im Umgang mit der Andrejewa-Affäre ermöglicht und eingeleitet worden war. Auf der Parteikonferenz hielt Ligatschow schließlich eine neostalinistische Rede, die noch finsterer war als das Manifest der Andrejewa. Der Versuchsballon hatte seinen Zweck erreicht,
Gorbatschow kniff. Er wollte die Auseinandersetzung mit der Partei
nicht aufnehmen, eine Auseinandersetzung, die ihm dann aufge-
drängt wurde. Noch konnte er nicht an ihrer Führungsrolle zweifeln
und musste schließlich diese Führungsrolle bald schon selbst in Frage
stellen. Er begann, den Ereignissen hinterherzulaufen. Innenpolitisch
bedeutete das Jahr 1988 die erste große Niederlage Gorbatschows.
Auf der Parteikonferenz wurde die wachsende Ablehnung der Gorbatschowschen Perestroika deutlich. Verließen den Politiker mit dem
Willen zur Macht deren Instinkte? Die Ursache lag tiefer. Emotional stand er den Ligatschows nicht so fern, denn Ligatschow selbst
war weder ein Schönredner noch ein Phrasendrescher, er war wie
Gorbatschow nicht korrupt und ehrlich am Sozialismus interessiert.
Die persönliche Integrität konnte man nicht in Abrede stellen, doch
politisch besaß er eine solche nicht. Er war ein Reaktionär, der sich
immer stärker zum Stalinisten wandelte, wie Lukjanow, mit dem er
sich heute gern trifft, um weiter für die gute alte Sache des Stalinismus zu kämpfen. Die Stimmung in der verunsicherten Partei kippte,
und sie kippte gegen die Reformer. Gorbatschow, der Chruschtschows Ende vor Augen hatte, meinte, er müsse sich immer wieder
mit dem Apparat arrangieren. So kam es zu der merkwürdig halbher-
zigen Reformpolitik, zu dem Leninschen »Ein Schritt vorwärts – und
zwei Schritt zurück«. Auf Druck des Apparates gab er auch Jelzin
preis, der sich zwar ungeschickt verhielt, manchmal unter starkem
Alkoholeinfluss, der aber immer stärker darauf drang, dass die Reformen weitergehen müssten. Gorbatschow, der niemanden überfor-
dern wollte, lehnte das ab. Er war selbst an einen Punkt gekommen,
an dem er seinen Vorrat an Ideen aufgebraucht hatte und inzwischen
der Entwicklung der Wirklichkeit hinterherlief, von ihr lernte und
versuchte, sie zu gestalten. Aber er erlebte auch Momente schlichter

Ratlosigkeit. Auf der XIX. Parteikonferenz rehabilitierte er Bucharin. Kurz vorher hatte er dessen Biografie geschickt bekommen, die er geradezu verschlang. Bucharin war der eigentliche Theoretiker der NÖP, derjenige, der Ideen für eine sozialistische Marktwirtschaft entwickelt hatte. Auf ihn berief er sich nun. Doch die Zeit war, wie er bald schon merken musste, über diese Ideen längst hinweggegangen.

Bis 1988 hing er diesem Glauben an, obwohl er immer stärker feststellen musste, dass die Menschen Glasnost nutzten und Fragen stellten, die über das Maß hinausgingen, das er sich gewünscht hatte. Künstler forderten, endlich ihre Werke veröffentlichen zu können. Bücher wie Rybakows *Die Kinder vom Arbat*, ein Schlüsselwerk über den Stalinismus, oder Abuladses Film *Die Reue* wurden gedruckt und gezeigt, aber der Weg zur Veröffentlichung kostete Kraft und mäanderte, da man im Grunde noch nicht so weit gehen wollte. Allerdings entschlossen sich Gorbatschow und Jakowlew letztendlich doch dazu. In der Presse entstand unter Jakowlews Schutz ein Klima der Offenheit. Doch die Presse gewann immer mehr Facetten. Da gab es die alten kommunistischen Ideologen und Betonköpfe, die weiter ihren Unfug veröffentlichten, da gab es die Verbündeten Gorbatschows, die aber bald schon begannen, Gorbatschow dafür zu kritisieren, dass er zu halbherzig agierte. Das verstimmte und verletzte ihn schließlich tief: dass Leute, denen er erst die Möglichkeit gab, sich frei zu äußern, die er gefördert hatte, ihn nun angriffen. Ein wenig mehr Dankbarkeit hätte er erwarten dürfen. So entstand Gorbatschows Misstrauen gegen die Intelligenz, die sich aus seiner Sicht als undankbar und unverlässlich erwies, und von diesem Misstrauen fiel in diesen Tagen nicht ohne Krjuschkows Mitwirken auch etwas auf Jakowlew ab.

Wie weit Gorbatschow gegangen war, zeigte deutlich Honeckers Reaktion. Der Film *Die Reue* lief im ZDF, das nach offizieller Lesart kein DDR-Bürger sah. Dennoch veröffentlichte im SED-Zentralorgan *Neues Deutschland* ein Dr. Harald Wessel eine niederschmetternde und politisch denunziatorische Kritik über einen Film, den per definitionem kein DDR-Bürger gesehen haben konnte. Doch es ging weiter. Im Januar 1988 wurde der *Sputnik*, das Digest der sowjetischen Presse, in der DDR verboten, das heißt, es wurde natürlich nicht verboten, sondern aus der Presseliste der Deutschen Post genommen, was de facto das Gleiche war: Es konnte schlicht und ergreifend nicht mehr erworben werden. Auch die sowjetischen Spielfilme, die man aus den Archiven der Zensur befreite, wurden wieder aus den DDR-Kinos genommen, und der ZK-Sekretär für Ideologie und Kultur Hager erklärte, dass er ja nicht die Tapeten wechseln müsse, nur weil sein Nachbar es täte. Überdies kündigte das Jahr 1988 das Beben an. So erfolgreich Gorbatschow außenpolitisch in den Verhandlungen mit Reagan und den Westeuropäern war, so sehr verschlechterte sich zusehends seine innenpolitische Situation. Im Parteiapparat und im KGB, unter seinem neuen Vorsitzenden Krjuschkow, begann die Verschwörung gegen Gorbatschow, die mit schleichender Obstruktion begann, um schließlich in den offenen Putsch umzuschlagen. Boldin, Krjuschkow, Ligatschow – der am Putsch nicht teilnahm –, Lukjanow, der neue Verteidigungsminister Jasow starteten ihre Zusammenarbeit. Krjuschkow, ein Meister der Desinformation und des Spiels auf dem Klavier der menschlichen Schwächen, erkannte Gorbatschows Neugier und sein Interesse an Information und begriff, dass er mit gezielter Information Gorbatschow beeinflussen konnte. Dabei ging er geschickt vor, indem sein Hauptziel darin bestand, Gorbatschow zunächst von seinen engsten Mitstreitern unter den Reformern, wie Jakowlew und Schewardnadse, zu entfernen. In das menschlich schwierige Verhältnis zu Jelzin goss er wohldosiert Öl ins Feuer, denn er hatte erkannt, dass Gorbatschow und Jelzin sich auf der menschlichen Ebene nicht ausstehen konnten, ja sich abgrundtief hassten. Jelzin war laut, er war ungebildet, er war grob und er trank, auch während der Arbeit, weshalb es zu peinlichen Vorfällen kam. Und er hatte sich gegenüber Raissa schlecht benommen. Das alles nutzte die reaktionäre Clique weidlich aus.

Die Klagen der osteuropäischen Verbündeten, der Honeckers und Shiwkows verstanden sie nur zu gut. Gorbatschow zog den Westen den Freunden vor. Aus Afghanistan ließ er unwiderruflich die Truppen abziehen, die deutsche Frage ließ er sehr zum Zorn Honeckers offen.

Die Erfolge der Perestroika blieben im alltäglichen Leben der Menschen aus, manches verschlechterte sich sogar. In den südlichen Re-

publiken und im Baltikum entstanden starke Unabhängigkeitsbestrebungen. Auf der anderen Seite wuchs sein internationales Ansehen.
Das *Time Magazine* wählte ihn zum Mann des Jahres. Gorbatschow,
der ein guter Zar, der geliebt und angenommen werden wollte, flüchtete immer stärker in die Attitüde der Macht. Bis jetzt hatte er ihr
erfolgreich widerstanden, doch nun begab er sich immer öfter in ihre
tröstenden Arme. Nun hatte sie ihn so weit. Er ließ sich von Lob und
Kriecherei beeindrucken, er verfiel in lange Monologe und fand es
zunehmend lästig, seinen reformfreudigen Beratern Rechenschaft ab-
zulegen, warum er dies nicht getan und vor jenem zurückgeschreckt
sei. Er wollte nicht ständig gefordert, kritisiert und angegriffen, sondern geliebt und gelobt werden. Er verlangte Dankbarkeit für das,
was er ermöglicht hatte. Und er hatte wirklich viel getan und war
wirklich weit gegangen. Doch nun, wo er sich der Macht ergeben
hatte, wo er sich von ihr trösten ließ, wurde sie seiner überdrüssig
und begann, ihn langsam und anfangs unmerklich zu verlassen.

Kapitel 22

Der Verlust der Macht

»Jeder Tag ist für uns schon ein Jahr.«

Gorbatschow zu einer Kommilitonin
in einer Pause der XIX. Parteikonferenz

Raissa und Michail reisten in diesen Jahren viel und befanden sich in einem Wechselbad der Gefühle, im Ausland beliebt, im Inland immer mehr angefeindet. Gorbatschows Feinde versuchten, aus seiner modernen Ehe schmutziges Kapital für ihre Propaganda gegen Gorbatschow zu schlagen. Auf den Märkten gab es Anstecker zu kaufen, auf denen stand:»Ich liebe Gorbatschow«, doch man konnte gleichzeitig auch Anstecker erwerben, auf denen zu lesen war:»Ich liebe Raissa nicht«. Dass er seine Frau mitnahm, sich mit ihr beriet, legten sie ihm als Schwäche aus, wobei es eigentlich eine Stärke bedeutete. Doch seine Gegner konnten mit dieser Kampagne unter der Gürtellinie auf breite Zustimmung hoffen. Nicht wenige russische Männer fühlten sich bedroht, und so manche russische Frau trieb der Neid in die Aversion. Die Schere zwischen den außenpolitischen Erfolgen und den innenpolitischen Niederlagen öffnete sich immer weiter. Im Süden der Sowjetunion unweit von seiner Heimat sickerten islamistische Terroristen ein, die eine Re-Islamisierung der Region zum Ziel hatten, finanziell von den Saudis oder personell von den Iranern unterstützt. In Kasachstan setzte der Sicherheitsapparat im Januar 1990 bewaffnete Kräfte gegen Demonstranten ein. Über 200 Menschen starben bei den Auseinandersetzungen, in Tiflis zählte man ein halbes Jahr früher bei ähnlich niedergeknüppelten Protesten über 100 Tote. Gorbatschow ordnete den Einsatz von Gewalt nicht an, doch er hatte den Sicherheitsapparat, der ihn immer stärker mit Fehlinformationen versorgte, nicht mehr unter Kontrolle. Krjuschkow spielte bereit sein eigenes Spiel. Auch mühsam unterdrückte Feindseligkeiten wie der Streit zwischen Armeniern und Aserbeidschanern um die Enklave Berg Karabach brachen mit unerwarteter Härte aus. Regionale

Konflikte und nationale Sezessionsbestrebungen erwachten in unge-ahnter Härte. Das Land brodelte, die zentrifugalen Kräfte, die nach Unabhängigkeit strebten, erstarkten von Tag zu Tag. Auch im Ost-block zeigten sich Risse. Für die Reaktionäre bedeutete die Situation nur Wasser auf ihre Mühlen: Da seht ihr, was passiert, wenn man zu nachsichtig ist, zu viel Freiheit lässt, wenn man sich zu lasch und zu liberal verhält. Sie liebäugelten mit einer chinesischen Lösung. Die chinesische Parteiführung hatte 1988 gegen die Studenten, die sich auf dem Platz des himmlischen Friedens versammelt und demokrati-sche Rechte gefordert hatten, einfach Militär und Panzer eingesetzt. Blut zu vergießen, belastete ihr kommunistisches Gewissen nicht. Gegen Feinde des Regimes durfte jedes Mittel angewandt werden. Der deutsche Kommunist Krenz, der gerade in China weilte, lobte ausführlich die chinesischen Genossen für ihr umsichtiges Verhalten. Gorbatschow erfuhr, dass in der DDR die Opposition täglich wuchs und die Unzufriedenheit immer größere Ausmaße annahm.

Für die ostdeutsche Führung traf es sich gut, dass Krenz die Vi-deobänder vom Massaker auf dem Platz des himmlischen Friedens im Gepäck hatte, die nun zur Warnung und zur Abschreckung pausenlos im DDR-Fernsehen liefen. Die Sendeminuten hatten die chinesischen Studenten mit ihrem Blut bezahlt. Ligatschow und seine Kameraden wären zu gern dem Beispiel ihrer deutschen Genossen gefolgt, doch Gorbatschow untersagte dergleichen gesendete Drohungen. Er hatte bereits zwei Jahren zuvor bei seinem Treffen mit den osteuropäischen Vasallen anlässlich der Tagung des politisch beratenden Ausschusses der Warschauer Vertragsstaaten die Breschnew-Doktrin für beendet erklärt. Für ihn galt das nationale Selbstbestimmungsrecht tatsäch-lich. Aktionen wie den Einmarsch sowjetischer Truppen in Prag 1968 würde es unter ihm nicht geben. Jedes Land sollte künftig für sich selbst verantwortlich sein und souverän über seinen Kurs entschei-den. Der erhoffte Jubel seiner Amtskollegen blieb aus. Sie gerieten durch die Veränderungen in der Sowjetunion zunehmend vor ihren Untertanen unter Druck.

Hatte Gorbatschow wirklich, wie seine Gegner behaupteten, den Sozialismus liquidiert und die Sowjetunion zerstört?

Es wurde immer deutlicher, dass den Sozialismus in Osteuropa nur die sowjetische Militärpräsenz aufrechterhielt. Als Erste nutzten die Ungarn die neue Freiheit. Sie wählten ein neues Zentralkomitee der USAP und begannen mit Reformen, die auf die Schaffung eines Marktes und größte Liberalisierungen hinausliefen. Gorbatschow billigte das, auch wenn er sich überholt fühlte, denn er geriet innenpolitisch immer stärker in die Rolle des Zauderers, weil das Ausbleiben der Erfolge der Perestroika ihn immer ratloser machte. In Polen einigte sich Gorbatschow mit Jaruzelski darauf, dass keine polnischen, aber auch keine sowjetischen Truppen gegen das Volk eingesetzt werden sollten. Honecker hatte zum ersten Mal 1981 seine Armee in Alarmbereitschaft versetzt, als er die Grenzen zu Polen schloss. Nur zu gern hätte er die sozialistische Ordnung dort wieder hergestellt, zumal der böse Geist des Protestes auch in seine DDR überschwappte. Doch Gorbatschow schloss diese Option kategorisch aus. Überhaupt kam zwischen den beiden Generalsekretären keine Freundschaft auf. Gespräche zwischen Gorbatschow und Honecker führten zu nichts, man redete aneinander vorbei, wich aus, wendete Konkretes ins Ungefähre. Zu verschieden waren beide Generalsekretäre – sie konnten einander nicht verstehen. Während der eine den Sozialismus reformieren wollte, um ihn zukunftsfähig zu machen und dem Zerfall vorzubeugen, hielt der andere das für Diversion und Zersetzung; während der eine der Realität ins Auge sah, verschloss der andere die Augen nur fester vor ihr.

Die Nachrichten, die aus der DDR in Moskau eintrafen, wurden immer besorgniserregender. Die KGB-Agenturen in Berlin und Dresden, in der der spätere Präsident Russlands als Agent die schockierendsten Wochen seines Lebens erlebte, den für ihn traumatischen Zerfall einer Staatsmacht, meldeten detailliert die tägliche Veränderung der Lage. Mitglieder des Kulturbundes der DDR skizzierten in der Hoffnung auf Hilfe ihren sowjetischen Kollegen vom Staatlichen Kulturfonds die explosive Situation. Am 1. Oktober 1989 bezeichneten sie zutreffend die Lage in der DDR als Fünf vor zwölf. Über Raissa, die dem Kulturfonds angehörte, gelangte die Kunde an Michails Ohr. Ostdeutsche Geheimdienstler, ostdeutsche Professoren, SED-Parteikader verschiedener Ebenen – alle berichteten nach Moskau, die für sie drohende Katastrophe vor Augen, einem starrsinnigen und der Wirklichkeit entrückten Generalsekretär ausgeliefert. Doch Gorbatschow hielt sich eisern an die Prinzipien des Neuen Denkens, und die sahen nun einmal vor, dass sich die KPdSU nicht einmischte in die inneren Angelegenheiten der »Bruderstaaten«, der »Freunde«, in keinem Fall, so oder so nicht.

Gorbatschow stand vor der Frage, ob er die Einladung Honeckers, zum 40. Jahrestag der Gründung der DDR nach Berlin zu fahren, Folge leisten sollte oder nicht. Eine schwierige Frage. Abzulehnen wäre einem Affront gleichgekommen, hinzufahren konnte bedeuten, Position beziehen zu müssen und sich wider Willen in die inneren Angelegenheiten der DDR hineinziehen zu lassen.

Nachdem die Ungarn den Eisernen Vorhang niedergewalzt hatten, setzte ein Massenexodus von DDR-Bürgern über die ungarische Grenze in die Bundesrepublik ein. Sie suchten Freiheit und Freizügigkeit. Aber auch keine Stunde länger mochten sie von senilen Parteiführern und so dummen wie niederträchtigen Bonzen regiert und schikaniert werden. Die DDR wurde zusehends destabilisiert. Gorbatschow blieb konsequent und eindeutig: Wir mischen uns nicht ein. Das hieß aber auch, es würde keinen neuen 17. Juni 1953 geben, und die sowjetischen Panzer verließen in keinem Fall ihre Kasernen. Das wusste die SED-Führung definitiv. Das Volk hoffte es nur. Gorbatschow reiste mit einer kleinen Delegation nach Berlin. Hier begriff er, dass der Countdown bereits begonnen hatte. Im Erlebnis dieser zwei Tage lag der Schlüssel für die weitere Deutschlandpolitik. Auf der einen Seite hörte er Honeckers Selbstbeweihräucherungen, der über ein Land sprach, das es auf keiner Karte der Welt gab und das so nur in seiner wunderlichen Vorstellung existierte. Auf der anderen Seite fuhr er vom Flughafen Schönefeld vorbei an dichten Spalieren von Menschen, die nur »Gorbi, Gorbi« riefen und Honecker ignorierten. Gorbatschow spürte deutlich, wie sehr er für die Menschen in der DDR zum Hoffnungsträger geworden war. Abends erlebte er den gespenstischen Fackelzug der Jugend. Hier verstand der erfahrene Funktionär Gorbatschow plötzlich das ganze Ausmaß der Misere. Die Jubelperser jubelten nicht. Nicht einmal die normale Bevölkerung, sondern die bestellten Jugendlichen, das Parteiaktiv, wie Gorbatschow es genannt hätte, die ver-

40. und letzter Jahrestag der DDR: Gorbatschow neben Honecker auf der Ehrentribüne während der Parade. Halb rechts hinter Honecker teilweise von Armeegeneral Kessler verdeckt: Raissa.

trauenswürdigsten Mitglieder der SED selbst riefen »Gorbatschow, hilf!«. Honeckers Fußvolk versagte dem deutschen Generalsekretär den Dienst.

Rakowski, der polnische Parteichef, übersetzte Gorbatschow auf der Tribüne die unbestellten Rufe der bestellten Marschierer. Auch Raissa, die ein eigenes Besuchsprogramm hatte, bestätigte aus ihren Treffen und Erlebnissen heraus die explosive Situation.

Zurück in der Residenz Niederschönhausen, in der die sowjetische Delegation übernachtete, ging Gorbatschow, aus Sorge, abgehört zu werden, mit seiner Delegation in den Park, um sich zu beraten. Tiefe Ratlosigkeit herrschte vor: »Was sollen wir tun? Wir können die Leute doch nicht zum Schweigen zwingen. Honecker ist außer sich. Wenn er mit seinem eigenen Parteiaktiv nicht zurechtkommt, kann man sich vorstellen, welche Stimmung unter den Massen herrscht. Irgendetwas haben wir nicht mitbekommen.« Nach langen und betretenen Diskussionen, denn die Lage erwies sich als schlimmer als in ihren Informationen beschrieben, einigten sie sich darauf, sich an das

Programm des nächsten Tages zu halten, dann aber noch am Abend unter Vorwänden abzureisen. Es existierten in der Bevölkerung der DDR zwei Grundhaltungen. Die einen gingen weg, weil sie den Glauben an die Reformierbarkeit des Systems verloren hatten. Durch die Existenz eines zweiten deutschen Staates gab es für sie eine Alternative. Schließlich war es Zufall oder Schicksal, in welchem Teil Deutschlands man nach dem Zweiten Weltkrieg sich entweder befand oder wo man hineingeboren worden war. Und das Schicksal ließe sich nun korrigieren. Die anderen wollten nicht weggehen. Sie demonstrierten, deklarierten, dass sie das Volk seien und gingen bereits zum aktiven Kampf für Reformen über.

Gorbatschow sprach am nächsten Morgen, am 8. Oktober 1989, unter vier Augen mit Honecker. Er warnte ihn eindringlich, dass den, der zu spät käme, das Leben bestrafen würde. Doch Honecker blieb taub für alle Warnungen. Der Genosse Gorbatschow kenne die DDR nicht.

Anschließend hielt Gorbatschow die gleiche Rede noch einmal vor der Partei- und Staatsführung. Ein diplomatisches Meisterstück. Er bemühte sich, die deutschen Genossen nicht zu belehren, ihnen Gelegenheit zu geben, das Gesicht zu wahren und sprach über die Veränderungen in der Sowjetunion, verglich die DDR mit der UdSSR und postulierte in der Konsequenz des Vergleiches auch die Notwendigkeit von Reformen in der DDR. Denn, so wiederholte er seine berühmte Warnung, die zum geflügelten Wort wurde: Wer zu spät kommt, den bestraft das Leben. Honecker bedankte sich dünnlippig mit undurchdringlicher Miene für die »Information« und erzählte dann eine Geschichte: Als er vor kurzem in Magnitogorsk weilte, sei er zu einer kleinen Exkursion eingeladen worden, um zu sehen, wie die Leute dort lebten. Leider habe er nicht mitgehen können, aber ihn begleitende Genossen, die die Einladung angenommen hatten, berichteten ihm hinterher, dass in den Läden sogar Salz und Streichhölzer fehlten. Unausgesprochenes Fazit: Wer eine solche Bilanz hatte, sollte keine Ratschläge geben. Honecker vergaß zu erwähnen, was jeder Bürger wusste, dass »Salz« und »Streichhölzer« in den Läden der DDR auch nur noch auf Pump und somit auf Zeit vorrätig waren.

Krenz kommentiert Falin gegenüber:»Ihrer hat alles gesagt, unserer hat nichts verstanden.«

Gorbatschow reiste mit großen Sorgen am Abend nach Moskau zurück. Er sah, dass sich ein Umschwung ankündigte. Aber Honecker stellte sich blind und taub, weil nicht sein konnte, was nicht sein durfte. Doch selbst der letzte Betonkopf im Politbüro der SED begriff jetzt, dass gehandelt werden musste. Der Massenexodus nahm immer größere Ausmaße an. Der Witz »Der Letzte macht das Licht aus« wurde zur geflügelten Redewendung. Die Montagsdemonstrationen nahmen von Woche zu Woche an Stärke zu, die Parteiaustritte häuften sich. Honecker schien entschlossen, die Armee gegen das Volk einzusetzen, Mielke erarbeitete Listen von verdächtigen Elementen, die im Ernstfall zu inhaftieren seien, und ließ Vorbereitungen treffen für die Einrichtung von Internierungslagern. Reservisten hatten sich zur »routinemäßigen« Überprüfung in ihren Wehrkreisämtern zu melden. Doch würde eine Armee aus Wehrdienstleistenden auf ihre Väter, Mütter, Brüder, Schwestern, Freunde schießen? In Moskau bedrängte Ligatschow seinen Generalsekretär, den deutschen Genossen zu helfen, auch Lukjanow hatte Skrupel, einfach nur der Demontage des sozialistischen Systems in der DDR als passiver Beobachter beizuwohnen. Gorbatschow blieb eisern bei seiner Linie. Er hatte Honecker gewarnt, aber der widersetzte sich jedem guten Rat.

Dem einen ostdeutschen ZK-Mitglied schlug das Gewissen, das andere packte die pure Angst, bei manchen war es eine Mischung aus beidem. Bei Lichte betrachtet, hatte man bereits genug Dreck am Stecken.

Honecker wurde abgesetzt, Krenz reiste als dessen Nachfolger nach Moskau, um sich den Segen erteilen zu lassen und um Hilfe zu erbitten, die er nicht bekam. Gorbatschow gab Ratschläge. Sein außenpolitischer Berater Falin resümierte kühl, dass Krenz es nicht schaffen werde. Gorbatschow wusste, dass die Ernennung von Krenz nur Öl ins Feuer goß. Der Mann, der die chinesische Lösung gelobt hatte, wirkte wie eine Verhöhnung der Demokratiebewegung in der DDR. Niemand glaubte ihm. Für das Volk wurde der Bock zum Gärtner gemacht. Die Ankündigung von Krenz, das ZK berate über veränderte

Bestimmungen zur Reisefreiheit, bedeutete für jeden DDR-Bürger, dass nach Bestimmungen gesucht wurde, die im Grunde am jetzigen Zustand nicht viel ändern sollten. Man würde zehn Jahre wie auf einen Trabant auch auf eine Westreise warten müssen. Schließlich lebte man in einem Land des Wartens. Im Grunde stellte man sich als Kind bereits an, sodass man als Greis eine anständige Grabstätte bekam. Und dazwischen? Dazwischen war man immer zu jung, war es immer zu früh und man hatte sich zu gedulden. Krenz kehrte nach Ostberlin zurück. In der Nacht vom 9. zum 10. November klingelte der sowjetische Botschafter Kotschemassow Gorbatschow aus dem Bett und berichtete ihm aufgebracht, dass soeben die Ostdeutschen die Mauer geöffnet hatten und sich Tausende Ostberliner in den Westteil der Stadt begaben. Wie solle er sich verhalten? Im ersten Moment war Gorbatschow genauso überrascht wie hilflos. Er brummte etwas ins Telefon, das so klang wie »Verfahren Sie nach den Anweisungen« und legte auf. »Welche Anweisungen?«, fragte der Botschafter, nachdem sein Generalsekretär aufgelegt hatte in die tote Leitung. Für den Fall der Maueröffnung durch das ostdeutsche Regime selbst gab es keine Anweisungen. So blieb ihm nur die passive Beobachtung der Ereignisse.

Alle Diskussionen über Reisefreiheit waren mit einem Schlag obsolet. Kurz darauf gab es eine neue Parteispitze unter Gysi. Der sowjetische Generalsekretär lobte Gysi, glaubte, mit ihm sei der Richtige an der Macht, aber er würde wohl zu spät kommen. Für Gorbatschow begann der Kurs der Wiedervereinigung, den seiner Meinung nach westdeutsche politische Kreise massiv in die DDR trugen. Weder Modrow noch Gysi hatten für ihn eine Chance. Damit hatte er Recht, doch lag die Ursache dafür weniger in westdeutschen Aktivitäten. Was Gorbatschow verkannte, war die einfache Tatsache, dass Modrow längst nicht mehr als Reformer galt. Als es wegen des Einsatzes von Polizeigewalt gegen Demonstranten in Dresden zu einer Aussprache mit Künstlern und Bürgerrechtlern kam, zerstörte Modrow innerhalb einer Stunde den Mythos des Reformers und Hoffnungsträgers, der um seine Person entstanden war.

Auch der zweite Reformer war ein Ausfall. Als die Delegierten zum eilig einberufenen SED-Parteitag nach Berlin fuhren, hatten sie überwiegend das Mandat in der Tasche, die Partei aufzulösen. Ein Neuanfang musste diskutiert werden. In einer geschlossenen Sitzung redete Gysi auf die Delegierten ein, die Partei nicht aufzulösen, weil sonst das beträchtliche Parteivermögen verlustig ginge, von dem die PDS übrigens noch heute üppig lebt. Das mochte strategisch richtig gewesen sein, ehrlich war es nicht, und in einer Situation, wo es vor allem darum ging, aufrichtig zu sein, verheerend. Es drängt sich der Verdacht auf, dass unter Gysis maßgeblicher Beteiligung das riesige Parteivermögen – nennen wir es korrekt: die Diebesbeute – ins Ausland transferiert wurde. Bis heute weiß man nicht, wo es sich befindet und wer damals bei dieser Operation geholfen hat. Es ist nicht ausgeschlossen, dass die sowjetischen Genossen behilflich waren. Ob Gorbatschow davon Kenntnis hatte oder half, werden wir eines Tages erfahren, wie wir eines Tages auch erfahren werden, wie viel Geld wohin transportiert wurde. Einen zweiten Herzenswunsch des Genossen Gysi konnte der Generalsekretär allerdings nicht erfüllen. Gysi traf, wie Wladimir Bukowski anhand von Dokumenten ausführt, den Mitarbeiter der Internationalen Abteilung des ZK der KPdSU, Nikolai Portugalow, während dessen Deutschlandreise zwischen dem 2. und 12. März 1991. Er bat Portugalow, dem Genossen Gorbatschow Folgendes auszurichten: Das Archiv der SED sei beschlagnahmt worden und sollte dem Bundesarchiv übergeben werden. Dadurch würde es der Öffentlichkeit zugänglich gemacht. Das Archiv enthalte Dokumente, »deren Veröffentlichung nicht nur für die PDS, sondern auch für die KPdSU äußerst unerwünschte Folgen hätte.« Darunter befänden sich Dokumente, die belegten wie die SED »die Tätigkeit illegaler kommunistischer Parteien« und »progressive Organisationen in der BRD bis zur Vereinigung Deutschlands und so weiter« finanziell unterstützt hätten. Laut Gysi käme die Veröffentlichung dieser Dokumente einer »echten Katastrophe« gleich. Deshalb bat er, dass sich Gorbatschow bei seinem Treffen mit dem Kanzler am 18. März massiv dafür einsetzen sollte, dass das Archiv an die PDS zurückgegeben werde und wenn das nicht möglich sei, dass das »Archiv vernichtet werden« solle.

Gysi versuchte mit stalinistischen Methoden, die SED zu retten. Er spielte und spielt auch weiterhin eine dubiose Rolle. Soziale Demagogie beherrscht er perfekt wie die so genannte Dialektik zwischen Strategie und Taktik, die dem guten Kommunisten jede Lüge und jede Schandtat verzeiht, wenn er sie nur für die gute Sache des Sozialismus unternahm. Auch Gorbatschow blieb nicht frei davon. Zu tief hatte er diese Dialektik verinnerlicht, die zu den Grundreflexen eines kommunistischen Politikers gehörte. Dass die deutsche Frage offen sei, hatte er früher bereits erklärt. Seinem Verständnis entzog es sich völlig, dass ein Volk geteilt in zwei verschiedenen Staaten lebte und dies eine natürliche Situation sein sollte. So stellte sich Gorbatschow nicht die Frage, ob die deutsche Einheit zu vollziehen sei, sondern nur noch, wie sie formal zu gestalten war. In offenen Gesprächen mit Genscher und vor allem mit Kohl, der die kleine Chance, die die Geschichte bot, geschickt nutzte, einigten sich die Verhandlungspartner auf die Leitlinien und traten gemeinsam bei den Zwei-plus-Vier-Verhandlungen auf. Mit Deutschland wurde ein Friedensvertrag geschlossen. Anfangs hoffte Gorbatschow, dass dieses wiedervereinigte Deutschland ein neutrales Deutschland würde mit einer eher sozialdemokratischen bis sozialistischen Ausrichtung. Deshalb unterstützte die KPdSU so massiv wie geheim die PDS-SED im Wahlkampf. Die komplette Niederlage der PDS-SED bei den ersten freien Wahlen in Ostdeutschland im März 1990 zerschlug diese Hoffnung. Gorbatschow akzeptierte, dass ein wiedervereinigtes Deutschland zur Nato gehören konnte und erklärte sich zum Abzug der sowjetischen Truppen aus Ostdeutschland bereit. Geschickt im Verhandeln, ließ sich die Sowjetunion den Truppenabzug auch fürstlich entlohnen. Später wurde Gorbatschow daraus ein Vorwurf gemacht. Die einen meinten, dass er die DDR verkauft, die anderen, dass er zu wenig Geld herausgeschlagen hätte. Doch die Kritiken kehrten sich gegen diejenigen, die sie vorbrachten, entlarvten ihr Denken, denn diejenigen, die meinten, dass er die DDR preisgegeben hätte, gaben nichts auf die Meinung des Volkes und noch weniger auf das Selbstbestimmungsrecht. Sie dachten wie Gysi, wie Modrow, auch wie Honecker, wie Breschnew und Andropow in kommunistisch-kolonialen Strukturen. Die anderen, die meinten, er hätte zu wenig Geld dafür bekommen, waren nur rotgefärbte Raffkes. Kohl hatte erkannt, dass die Überraschung, Bewunderung und Sympathie in der Welt für die unblutige

Revolution in Ostdeutschland ein immenses Kapital für die Verhandlungen über die Wiedervereinigung darstellten. Konnten westliche Politiker, die in jeder Sonntagsrede Freiheit und Menschenrechte einforderten, denen, die in Ostdeutschland ein menschenrechtsverletzendes Regime gestürzt hatten, Freiheit und Wiedervereinigung vorenthalten? Konnte man einen Friedensvertrag, der die Nachkriegsperiode beendete und eine europäische Normalität festschrieb, einfach unter den Tisch fallen lassen? Das wusste Kohl. Die einzigen, die an diese Überlegungen und Postulate der politischen Philosophie traditionell nicht gebunden waren, waren die Sowjets. Doch das hatte Gorbatschow mit dem Neuen Denken verändert, und er hielt sich an seine Maximen. Wesentlich taktischer ging er mit der eigenen Forderung nach Glasnost um. So kühn, wie er in diesen außenpolitischen Fragen agierte, so widersprüchlich verhielt er sich innenpolitisch, ordnete Glasnost taktischen Fragen des Machterhalts unter. Unter Alexander Jakowlew setzte er eine Historikerkommission ein, die sich mit der Aufarbeitung der sowjetischen Vergangenheit befasste. Nach der XIX. Parteikonferenz im Jahr 1988 geriet Gorbatschow aber immer stärker in die Defensive und versuchte die reaktionäre Fraktion nicht zu reizen. Äußerlich wirkte es immer mehr so, als würde er mit Ligatschow paktieren oder vor ihm kapitulieren. Die Intellektuellen wandten sich von Gorbatschow ab. Das erzeugte in ihm Enttäuschung und Misstrauen. Das verstärkte seine Neigung, historische Erkenntnisse oder die Veröffentlichung umstrittener Manuskripte wie Solschenizyns *Archipel Gulag* unter dem alten kommunistischen Gesichtspunkt der politischen Zweckmäßigkeit zu betrachten. Zur Veröffentlichung des *Archipels Gulag* fand eine Diskussion im Politbüro statt, auf der sich Schewardnadse und Jakowlew für die Veröffentlichung einsetzten, Ligatschow dagegen votierte und Gorbatschow eine Veröffentlichung nicht unterstützen wollte. Zunächst monierte er, dass man Solschenizyn überhaupt in die historischen Archive gelassen habe. Da begann für ihn bereits der Fehler. Tschebrikow widersprach, weil man Solschenizyn tatsächlich kein Archiv geöffnet hatte, sondern er über 300 Lebensberichte von Betroffenen bekommen und ausgewertet hatte. Ergebnis der Diskussion war, dass Gorbatschow sie abbrach und meinte, er müsse das Buch doch selbst lesen. Worin bestand Gorbatschows Unbehagen? In der fraglichen Sitzung brachte er es deutlich auf den Punkt:»Das Problem ist nicht Stalin, sondern die Behauptung, dass er Lenins getreuer Schüler gewesen sei.« Die Sitzung fand im Juni 1989 statt. Das Buch erschien zunächst nicht. Lenin durfte nicht beschädigt werden, auch wenn Solschenizyn Recht hatte. Gorbatschow unterhielt enge Kontakte zu Jaruzelski. Er achtete den General und wünschte, dass sich die Beziehungen verbessern würden. Nur kam die polnische Seite immer wieder auf das Massaker von Katyn zu sprechen. Die offizielle Linie lautete, die deutsche Wehrmacht und SS-Verbände hätten 12 000 polnische Offiziere und Soldaten ermordet. Diese Behauptung glaubte in Polen niemand. Gorbatschow war wichtig, dass die Wahrheit ans Licht kommen und bewiesen werden konnte. Wenn die Deutschen dafür verantwortlich waren, sollten auch die Beweise dafür erbracht werden. Jakowlew bat wiederholt Boldin, der inzwischen die Allgemeine Abteilung leitete, im Archiv des Politbüros nachzuschauen, ob sich darin Dokumente zu der Angelegenheit befänden. Doch Boldin, der sich ein Jahr später am Putsch gegen Gorbatschow beteiligen sollte, verneinte. In dieser Situation teilte ihm Professor Lebedewa vom Institut für Allgemeine Geschichte mit, dass sie auf Archivalien von Begleittruppen gestoßen sei mit Dokumenten, die die Exekution von über 12 000 Polen belegten. Jakowlew ließ sich die Dokumente vorlegen, verständigte Boldin, der sehr aufgeregt war und sofort die Dokumente haben wollte. Doch Jakowlew fertigte Kopien an und schickte sie auf dem Dienstweg an die Kanzlei, damit sie registriert und mit offiziellem Eingangsstempel versehen wurden. Später konnten auch die Dokumente, die tatsächlich im Archiv des Politbüros lagerten und die Boldin verschwiegen hatte, eingesehen werden. Die Wahrheit kam ans Licht. Für das Massaker von Katyn zeichneten Stalin und Berija verantwortlich. Gorbatschow übergab die Dokumente Jaruzelski. Anders verhielt es sich mit dem Hitler-Stalin-Pakt. Als Kind hatte Gorbatschow von dem Friedensvertrag erfahren und anschließend den Bruch des Paktes erlebt. Seit Jahren ahnte die Forschung, dass es das Geheime Zusatzprotokoll gab, in dem Stalin und Hitler Osteuropa aufteilten, ohne einen Gedanken an die betroffenen Völker, an die Polen, die Litauer, die Letten und die Esten zu verschwenden. Die Russen hatten die Existenz immer geleugnet. Gorbatschow stellte sich auf den Standpunkt, dass die Kopien des Geheimen Zusatzprotokolls, die im Westen kursierten, unecht seien. Das erklärte er 1988 in Polen und auf dem I. Kongress der Volksdeputierten in Moskau im Mai 1989. Gegen seinen Willen wurde eine Untersuchungskommission gebildet.

Jakowlew wollte auf dem Kongress im Dezember die Ergebnisse vortragen, doch eine reaktionäre Mehrheit lehnte das zunächst ab, bis er als Beweis für die Existenz des Protokolls ein Dokument vorlas, das man im Archiv Molotows gefunden hatte. Das Dokument bewies, dass das Original des Zusatzprotokolls vom Außenministerium dem Archiv des ZK der KPdSU übergeben worden war. Notgedrungen bestätigte der II. Kongress der Volksdeputierten im Angesicht des Beweises den Bericht Jakowlews. Im Dezember 1991 begab sich Gorbatschow in die ehemalige Stalin-Wohnung im Kreml. Man hatte einen langen Tisch in den Raum gestellt, auf dem die geheimen Dokumente ausgelegt waren, unter anderem die Dokumente des Paketes Nr. 34, das höchster Geheimhaltung unterlag. In dem Paket befand sich unter anderem das Original des Zusatzprotokolls. Missmutig brummte Gorbatschow nur: »Na und? Wir haben sie doch von Anfang an als ungültig erklärt.« Veröffentlicht wurden diese Dokumente erst 1992 unter Präsident Jelzin. Jakowlew fühlte sich an der Nase herumgeführt. Die Dokumente, nach denen Historiker und er selbst seit Jahren fieberhaft suchten, befanden sich im Präsidentenarchiv, und Gorbatschow wusste davon? Warum dieses Versteckspiel, mit dem er selbst die Prinzipien von Glasnost verletzte? Die Veröffentlichung des Zusatzprotokolls kam aus seiner Sicht politisch zum denkbar ungünstigsten Zeitpunkt. Das Protokoll bewies, dass Hitler und Stalin die Einflusssphären aufgeteilt hatten, dass Stalin Polen verraten hatte, um sich der baltischen Staaten zu bemächtigen. Die Verfechter der Unabhängigkeit im Baltikum verwiesen zu Recht darauf, dass Stalin das Baltikum völkerrechtswidrig annektiert hatte. Und das Protokoll lieferte den Beweis. Gorbatschow, der die Sowjetunion zusammenhalten wollte, mochte die Sezessionsbewegung nicht auch noch argumentativ stärken. Hier hatte der Taktiker über den Idealisten gesiegt, hatte er zugunsten einer politischen Konstellation Glasnost verraten. Das nahm ihm moralische Kraft. Er verhedderte sich immer mehr zwischen Anspruch und täglichem Taktieren, und damit begann er, Feinde zu fördern, Freunde zu verärgern und selbst die Richtung zu verlieren. Immer häufiger bewegte er sich im Kreis. Als die Diskussion um das Jahr 1989 aufkam, befand sich Gorbatschow bereits in der Krise. Nicht nur, dass die Wirtschaft, anstatt sich zu erholen, zusammenbrach, die Intellektuellen ihn verließen und sich auf die Seite der Radikalreformer unter Jelzin schlugen, denen man das sonderbare Schimpfwort »Demokraten« anhängte. Auch die Unabhängigkeitsbestrebungen im Baltikum gewannen von Tag zu Tag an Stärke. Der Druck auf Gorbatschow nahm stetig zu. Die Partei demontierte ihn. Zwar hatte er inzwischen das Amt des Präsidenten der Sowjetunion geschaffen, das ihm die Möglichkeit zu einer Überparteilichkeit bot, doch er vermochte sich nicht von der Partei zu lösen. Er blieb stärker Generalsekretär, als dass er zum Präsidenten wurde. Vor ihm lag der Rubikon. Ihn zu überschreiten, hätte bedeutet, aus der Verfassung den Passus über die führende und monopolistische Rolle der Partei zu streichen, andere Parteien zuzulassen und die Gesellschaft wirklich zu demokratisieren. Die Diskussionen darüber fanden im engsten Kreis statt, doch Gorbatschow verschloss sich, wollte davon immer weniger hören und suchte für alle Reformer so unverständlich wie düpierend den Schulterschluss mit den Reaktionären, mit den Ligatschows und den Lukjanows. Letzterer war inzwischen zunächst 1. Stellvertreter des Vorsitzenden des Obersten Sowjets und alsbald Vorsitzender des Obersten Sowjets geworden – gegen den Widerstand der Reformer und durch direkte Intervention Gorbatschows. Gorbatschow gab vor, dass er Ruhe benötigte und die »Rechten«, die Reaktionäre, nicht von den »Linken« provoziert werden sollten, um voranzugehen und seine Reformen durchzusetzen. Doch welche Reformen waren das inzwischen? Hatte Gorbatschow eine Idee, wie es weitergehen könnte? Er war am Ende mit seiner marxistischen Weisheit, ratlos, verwirrt. Instinktiv spürte er, dass alle Versuche, den Sozialismus zu reformieren, gescheitert waren. Ohne es zu wollen, erbrachte Gorbatschow den praktischen Beweis dafür, dass der Sozialismus theoretisch eine dürftige, unrealistische und unnötige Idee war, praktisch nicht funktionierte und nur mit Zwang, Gulag, Mauer, Staatssicherheitsdienst und um den Preis der Verwahrlosung der Gesellschaft am Leben gehalten werden konnte. Die Kommunistische Partei hatte sich zu einer mafiosen Organisation des Machterhalts entwickelt, die zum schieren Albtraum jeder von ihr beherrschten Gesellschaft wurde, zur absoluten Herrschaft einer Bürokratie, die keiner demokratischen Kontrolle unterlag. Und dennoch konnte er sich nicht entschließen, diesen Schritt zu gehen, sich von Lenin und der Partei zu verabschieden. Sein ganzes Leben hatte er in der Partei und mit diesen Ideen und Vorstellungen zugebracht. Freund Mlynář hatte ein Buch für ihn geschrieben, in dem er ihm zurief, dass sich der Sozialismus reformieren ließe und dass Gorbatschow den Prager Frühling verwirklichen würde. Die Geschichte kennt kein Nachholen; was nicht zur rechten Zeit geschieht, passiert nie. Gorbatschow war weit gegangen, weiter als jeder andere, der unter diesen Bedingungen und mit diesem Glauben aufgewachsen war. Beim Verweis auf das Beispiel Jakowlew als Beleg für einen konsequenteren Reformansatz, muss man immer bedenken, dass Jakowlew lange Jahre in Kanada zugebracht hatte und im direkten Systemvergleich über viele Dinge nachdenken konnte. Weit war Gorbatschow gegangen, doch den Rubikon zu überschreiten, überstieg seine Kräfte. Die Ereignisse stießen ihn schließlich über den Fluss, der plötzlich nur noch ein Rinnsal war. Im Frühjahr 1991 versuchte eine Gruppe ZK-Mitglieder Gorbatschow bei einem Plenum aus dem Amt zu drängen. Gorbatschow reagierte schockiert und betroffen. Ihn rettete nur, dass deren reaktionäre Position derartig intolerant formuliert war, dass heftig widersprochen wurde. Plötzlich war das Gespenst einer Parteispaltung im Raum, die schrecklichste Vorstellung, die jedes Parteimitglied haben konnte. Nicht um Gorbatschow zu retten, sondern um die drohende Spaltung zu verhindern, schlug das Plenum diesen Versuch nieder. Im Januar 1991 setzte Krjuschkow, ohne dass Gorbatschow davon wusste, die KGB-Spezialeinheit Alpha gegen Demonstranten in Wilna ein. Die Folgen waren verheerend, Gorbatschow hätte Krjuschkow entlassen müssen, doch hatte dieser zu diesem Zeitpunkt Gorbatschow so sehr umgarnt, dass er die Rolle seines KGB-Chefs nicht durchschaute. Gorbatschow fuhr mit Jakowlew nach Wilna und diskutierte mit Demonstranten und den Führern der Unabhängigkeitsbewegung.

Sowjetische Panzer und Spezialeinheiten im Einsatz gegen die litauische Bevölkerung.

Doch er hatte inzwischen so viel Glaubwürdigkeit verspielt, zumal er Krjuschkow und Jasow deckte, dass er im Baltikum niemanden mehr überzeugte. Inzwischen feierte Jelzin ein außergewöhnliches politisches Comeback. Gegen den Widerstand der Partei wurde er zum ersten Präsidenten Russlands gewählt. Das erstarkende Selbstbewusstsein der Unionsrepubliken, ihr Verlangen nach mehr Freiheit und Autonomie konnte nur in einem neuen Unionsvertrag geregelt werden, den man entwickeln musste, wenn man den Zerfall der Sowjetunion verhindern wollte. Das erkannte der Präsident der Sowjetunion, der Michail Gorbatschow inzwischen war. In zähen Verhandlungen mit den Republikführern, allen voran mit Jelzin, erarbeitete er mit seinen Beratern den Vertrag, der in der Tat mehr Freiheit und Autonomie vorsah und stärker den Charakter eines Staatenbundes annahm. Für die Reaktionäre bedeutete er die Vernichtung der sozialistischen Sowjetunion und stellte einen Akt des Hochverrats dar. Sie spürten, dass die Sache entschieden war, dass sie diesen Vertrag nicht blockieren konnten, bei allem Einfluss, den sie auf Gorbatschow zu nehmen versuchten. Der Skandal von Wilna hatte sie in die Defensive gedrängt. Sie verstärkten einstweilen, weil ihnen zunächst nichts anderes einfiel, den Druck und die Hetze auf Gorbatschows Beraterkreis. Und sie begannen sehr dilettantisch mit den Vorbereitungen einer gigantischen Verschwörung. Gorbatschow vollbrachte eine taktische Meisterleistung. Trotz der Widerstände seitens der Reaktionäre in der Partei, trotz Jelzins Zermürbungsstrategie, die darin bestand, Zusagen und Kompromissformeln am nächsten Tag zu widerrufen, gelang es ihm, einen Vertragstext zu entwerfen, dem letztlich alle zustimmten. Im August sollte der Vertrag unterschrieben werden. Gorbatschow war am Ende seiner physischen und psychischen Leistungsfähigkeit. Mehrmals hatte er überlegt, ob er den Bettel nicht einfach hinwerfen sollte. Aber wer könnte es dann machen? Es gab aus seiner Sicht niemanden, der das Staatsschiff, das in Stürme geraten war, in den sicheren Hafen zu bringen vermochte, keinen außer ihm. Wenigstens das wollte er vollenden. Wenn der Vertrag erst ratifiziert sein würde, dann stünde die Union sicher auf neuer Grundlage. Dass ihn enge Weggefährten wie Alexander Jakowlew und Eduard Schewardnadse ausgerechnet jetzt verließen, empfand er als persönliche Kränkung. Und dass dieser ewig empfindliche und aufgeregte Jakowlew von einem Putsch faselte, der gegen ihn vorbereitet würde, was war schon daran? Dauernd versuchte doch irgendeiner, ihn zu stürzen. Über ein Besäufnis kamen die Vorbereitungen selten hinaus. Außerdem hätte ihn Krjuschkow informiert, wenn etwas wirklich Bedrohliches sich zusammenbraute. Vielleicht hatte er Jakowlew und Schewardnadse zu wenig unterstützt, zu wenig gelobt, aber sie mussten doch wissen, dass er zu ihnen stand. Er suchte aber keine Fehler bei sich, dazu war er viel zu müde, er schrieb es ihrer Eitelkeit zu und ärgerte sich, dass diese Eitelkeit ihnen wichtiger war als die gemeinsame Aufgabe. So wie in diesem Jahr hatte er sich noch nie auf den Urlaub gefreut. Die Familie würde nach Foros in der Nähe von Pizunda ans Schwarze Meer gehen. Schwimmen, ausgedehnte Spaziergänge und mit Anatoli Tschernajew an der Rede für den neuen Unionsvertrag arbeiten und diskutieren, den Intrigen für ein paar wertvolle Wochen entkommen, darauf freute er sich riesig. In seine Freude hinein klingelte das Telefon. Der amerikanische Botschafter Matlock, der fließend Russisch sprach, bat darum, empfangen zu werden, er habe eine dringende Botschaft des Präsidenten. Gorbatschow stimmte einer Audienz sofort zu. Kurz darauf traf Matlock auch schon ein. Sie begrüßten sich mit höflichen Scherzen und gingen kurz auf das Ende von Matlocks Amtszeit ein, der in die USA zurückkehren würde. Dann berichtete er: Präsident Bush lässt Gorbatschow ausrichten, der CIA habe gesicherte Erkenntnisse, dass ein Putsch gegen ihn vorbereitet werde. Gorbatschow beruhigte Matlock, die üblichen Moskauer Gerüchte, die die CIA ernster nähme als irgendjemand in Moskau. Gorbatschow ärgerte sich. Er verabschiedete Matlock und freute sich wieder auf den Urlaub, in den er dann abreiste. Janajew, Gorbatschows Stellvertreter und Vizepräsident, den er ebenfalls gegen den Willen der Reformer als überflüssige Konzession an den reaktionären Flügel des Parteiapparates durchgesetzt hatte, übernahm während Gorbatschows Abwesenheit die Amtsgeschäfte.

Janajew schickte über Mittelsmänner eine Botschaft an Jelzin, mit der Aufforderung sich zu treffen, man müsse über Gorbatschow reden, weil der von den Amtsgeschäften immer überforderter werde. Jelzin ließ sich darauf nicht ein, informierte aber Gorbatschow nicht über die Intrigen seines Stellvertreters, vermutlich auch deshalb, weil Gorbatschow ihm ohnehin nicht geglaubt hätte, so wie die beiden inzwischen zueinander standen. Während Gorbatschow in bester Stimmung mit Tschernajew an seiner Rede zur Begründung des Unionsvertrages feilte, versammelten sich am 17. August 1991 auf Einladung Krjuschkows einige führende Sowjetfunktionäre zu einem kleinen Imbiss mit Wodka und Whisky. Unter den Gästen befanden sich Vizepräsident Janajew, der Chef der Allgemeinen Abteilung Boldin, der Verteidigungsminister Marschall Jasow und der stellvertretende Verteidigungsminister General Warennikow. Einen Tag nach diesem Bankett verlangte in Foros gegen 17 Uhr eine Delegation, Gorbatschow zu sprechen. Sie bestand aus General Warennikow, Boldin sowie Baklanow, dem stellvertretenden Vorsitzenden des Verteidigungskomitees beim Amt des Präsidenten, und zwei weiteren Funktionären.

General Warennikow erklärte dem völlig überraschten Gorbatschow, dass er die Macht dem Vizepräsidenten Janajew übergeben und den Notstand ausrufen oder vom Amt zurücktreten müsse. Gorbatschow weigerte sich. Boldin wurde direkter:»Michail Sergejewitsch, begreifen Sie nicht, in welcher Lage Sie sich befinden?«Doch Gorbatschow, der in diesem Moment schon wusste, dass er von der Außenwelt abgeschnitten war, antwortete wütend:»Du Stinktier! Du solltest besser schweigen, als mir Vorträge über die Lage im Land zu halten. Ihr könnt euch doch denken, dass ich weder das eine noch das andere tue. Das ist verfassungsfeindlich, ein Umsturz, ein Abenteuer, das zu einem Blutvergießen führen kann!« Die Zusammenarbeit mit den Putschisten kam für Gorbatschow für keine Sekunde in Betracht. Für die Gegner des Unionsvertrages bedeutete es die letzte Möglichkeit, die Unterschrift zu verhindern. Dass sie so weit gehen würden, damit hatte Gorbatschow nicht gerechnet. Auch nicht damit, dass sich seine engsten Mitarbeiter an der Verschwörung beteiligten. Nur in einem sollte er zum Glück Recht behalten: Unter ihnen befand sich niemand, der in der Lage wäre, einen Staatsstreich durchzuführen. In Moskau betrank sich zu diesem Zeitpunkt Vizepräsident Janajew mit Freunden in seiner Wohnung. Krjuschkow, der schon wusste, dass Gorbatschow die erhoffte Zusammenarbeit abgelehnt hatte, ließ Janajew durch einen KGB-Offizier in den Kreml holen. Dort hatten sich derweil alle versammelt und warteten auf Gorbatschows Stellvertreter, der vom KGB begleitet sturzbetrunken gegen 23 Uhr eintraf und zu Warennikow, dem neuen Innenminister Pugo, Krjuschkow, Lukjanow, Jasow, Boldin und zwei weiteren Verschwörern stieß. General Warennikow beendete gerade seinen Bericht von Gorbatschows Weigerung, zurückzutreten. Krjuschkows Nerven lagen blank. Schenin schlug vor, den Putsch abzubrechen. Krjuschkow wies alle darauf hin, dass sie bereits zu tief in der Sache steckten und ihr eigenes Todesurteil, wenn sie jetzt die Aktion abbrechen würden, unterschrieben hätten. Daraufhin zog Schenin seinen Vorschlag zurück und forderte Janajew auf, die Macht in die Hand zu nehmen und »Ordnung in allen Bereichen« zu schaffen. Janajew schlug kleinlaut vor, doch noch einmal mit Gorbatschow zu reden. Das lehnte Krjuschkow harsch ab, denn sie durften, wenn sie überhaupt Erfolg haben wollten, jetzt keine Zeit mehr verlieren. Derweil beriet sich Gorbatschow mit seiner Familie. Die Enkelkinder wurden beruhigt. Gorbatschow rechnete damit, das sie ihn töten würden, wahrscheinlich vergiften, um seine Ermordung in der Öffentlichkeit so darzustellen, als sei er einer Krankheit erlegen, und die Übernahme der Amtsgeschäfte durch Janajew zu legitimieren. Der unbotmäßige Gorbatschow, das wusste er, stellte für die Putschisten eine Gefahr dar. Im Rundfunk hörten Raissa, Michail und Tschernajew gegen Morgen den Aufruf der Putschisten: »Da es Michail Sergejewitsch aufgrund seines Gesundheitszustandes unmöglich ist, seine Amtspflichten als Präsident der UdSSR zu erfüllen, habe ich auf Grundlage des Artikels 127 (7) der Verfassung der UdSSR die Erfüllung der Amtspflichten des Präsidenten der UdSSR ab dem 19. August 1991 übernommen. Der Vizepräsident der UdSSR am 18. August 1991. Gennadi Janajew.« Zur gleichen Zeit rollten Panzer durch das morgendliche Moskau. Und Gorbatschow erhielt die Bestätigung für seine Vermutung, dass die Putschisten die angebliche Krankheit und vermutlich auch einen natürlichen Tod des Präsidenten der Öffentlichkeit vorgaukeln wollten. Gorbatschow war von der Außenwelt hermetisch abgeriegelt. Die Villa wurde von KGB-Einheiten bewacht, auf der Seeseite patrouillierten zwei Kriegsschiffe, und die Telefonverbindungen waren gekappt worden. Kurz nach der Verlautbarung der Putschisten riss unablässiges Telefonläuten Jelzin aus dem Schlaf. Schnell wurde er über die Ereignisse in Kenntnis gesetzt. Was er geahnt hatte, traf ein. Schnell stimmte er sich mit dem Präsidenten von Kasachstan ab. Gorbatschow konnte er telefonisch nicht erreichen, Janajew allerdings aus anderen Gründen auch nicht. Dafür erreichte er zumindest General Gratschow, den Kommandanten der Luftlandetruppen aus Tula, der nach anfänglichem Zögern zusätzliche Wachen für das Weiße Haus versprach. Zuletzt rief Jelzin Chasbulatow, Burbulis und Silajew zu sich, um einen Aufruf an das Volk zu verfassen. Dann fuhr er mit einer kugelsicheren Weste bekleidet im Wolga zum Weißen Haus. Besorgten Anhängern rief er zu: Sollen sie doch wagen, auf den Präsidenten Russlands zu schießen! Nun war er ganz in die Rolle geschlüpft, in der er brillieren sollte, in die Rolle des Volkstribuns. Auf den Straßen Moskaus war mittlerweile der Teufel los. Der ARD-Korrespondent Gerd Ruge berichtete: »Die Unterführung auf dem Gartenring. Nach links geht es runter zum russischen Parlament. Die Panzer beginnen zu schießen, feuern in die Luft, versuchen die Barrikaden wegzuräumen. Junge Leute springen mit Planen auf die Panzer, versuchen, den Fahrern die Sicht zu versperren. Einer fällt runter, wird überrollt. Das ist der erste Tote. Es kommt ein Panzer rausgefahren, Molotow-Cocktails treffen ihn, von jungen Männern von oben geworfen, Sie sehen, er fängt an zu brennen. Dann springt vorne ein Soldat aus dem brennenden Panzer. Er wirkt völlig nervös in der Menge, die ihn umgibt, und beginnt, in die Luft zu feuern. Jedenfalls kann ich keine Toten mit Schussverletzungen sehen.«

Die Panzer rollten durch die Straßen, einige Demonstranten versuchten, sie aufzuhalten. Boris Jelzin kletterte vor dem Weißen Haus auf einen Panzer und beschwichtigte die Soldaten, nicht zu schießen: »Ihr dürft als russische Soldaten nicht auf das russische Volk schießen!« Gegen 15 Uhr am 19. August gab das so genannte Notstandskomitee eine Pressekonferenz, bei der Janajews Hände zitterten. Das Zittern der Hände, das der Kameramann bewusst ins Bild holte, nahm die Niederlage der Verschwörer vorweg. Die Gruppe wirkte seltsam unentschlossen. Vizepräsident Janajew, General Krjuschkow und Ryschkow gaben sich als Patrioten und stolperten durch eine planlose Operation. Die berüchtigte Sondereinheit Alpha, die in Wilna für ein Blutbad gesorgt hatte, verweigerte Krjuschkow den Befehl und stürmte das Weiße Haus nicht, sondern verhielt sich neutral. Im Gegensatz zu russischen Armeeeinheiten, die eine nach der anderen auf die Seite Jelzins traten.

Die Putschisten übernahmen einen letzten verzweifelten Versuch, Gorbatschow auf ihre Seite zu ziehen, und flogen nach Foros. Gorbatschow, der von allen Informationen abgeschnitten war, konnte nicht wissen, dass sie im Grunde schon verloren hatten und ihr Putsch in sich zusammengebrochen war. Tschernajew beobachtete von der Veranda aus, wie die Putschisten eintrafen. Er wechselte sein legeres Urlaubsoutfit mit einem Anzug und lief zu Gorbatschow. Aus der Wagenkolonne vor der Tür stiegen Krjuschkow sowie Lukjanow, Iwaschko, Jasow und Baklanow aus. Tschernajew warnte davor, die Putschisten zu empfangen. Gorbatschow hatte zuvor eine Bedingung gestellt: Wenn sein Telefon wieder funktionierte, würde er sich mit

Mit Barrikaden und selbst gefertigten Waffen trotzen die Moskauer
den Putschisten.

Jelzin demütigt Gorbatschow, indem er ihn zwingt, vor dem Parlament
die Namen der Putschisten vorzulesen: Es sind ausnahmslos die engsten
Mitarbeiter Gorbatschows.

ihnen treffen. Durch diese List konnte Gorbatschow wieder telefonieren und erfuhr von Jelzin, dass der Putsch in sich zusammengebrochen war. Gorbatschow weigerte sich, mit den Putschisten zusammenzutreffen und wartete auf Jelzins Abordnung, auf die Abgesandten des russischen Parlamentes Ruzkoj und Silajew. Sicherheitshalber beschlossen Gorbatschow und Tschernajew, die Putschisten zu täuschen. Gorbatschows Wagen fuhr auf das von den Putschisten für den Rückflug vorbereitete Flugzug zu, bog kurz vorher in voller Geschwindigkeit ab und raste zu einer zweiten Maschine, die Ruzkoj von Offizieren mit Maschinenpistolen im Anschlag sichern ließ, und flog mit ihr zurück nach Moskau. Gorbatschow glaubte als Sieger in Moskau anzukommen, doch er landete als Verlierer. Für das Volk wurde Jelzin zum Helden, zum Retter der Demokratie. Die Menschen hatten Gorbatschow verlassen, dem sie instinktiv Mitschuld am Putsch gaben, waren es doch seine nächsten Mitarbeiter, die sich gegen ihn verschworen hatten. Wenige Tage später fand der Kongress des Obersten Sowjets statt. Jelzin kostete seinen Sieg aus, er wollte den verhassten Gorbatschow demütigen, ihn am Boden zerstören, lächerlich machen.

Diesen Mann, der sich so überheblich ihm gegenüber benommen hatte, dem würde er jetzt eine Lektion erteilen. Vor dem Kongress, vor laufenden Fernsehkameras überreichte Jelzin Gorbatschow einen Schnellhefter. Er enthielt das Sitzungsprotokoll seines Kabinetts während des Putsches. Er forderte Gorbatschow gebieterisch auf, es vorzulesen. Zunächst weigerte sich Gorbatschow, doch Jelzin beharrte darauf. Gorbatschow las, und je mehr er las, umso stärker konnte man ihm die Erschütterung ansehen. Keines seiner Kabinettsmitglieder hatte während des Putsches zu ihm gehalten.

Kapitel 23

Ohne Macht

»Am Sonntag, dem 25. August, findet in Moskau das Begräbnis
der drei jungen Russen statt, die bei den Ereignissen den Tod
fanden. Millionen von Menschen versammeln sich am Kreml, wo
der Trauerzug beginnt, um ihnen das Geleit zu geben. Aus der
Ferne, aus dem Lautsprecher, höre ich eine Stimme. Doch die
Menschen in der Menge plaudern, keiner achtet auf den Redner.
›Wer spricht da?‹, frage ich. Einer antwortet: ›Gorbatschow.‹
Und unterhält sich weiter. Keiner hört mehr auf Gorbatschow,
er interessiert die Menschen nicht mehr.«

Ryszard Kapuściński

Warum trat Gorbatschow nicht zurück? Wofür kämpfte er? Um seine
Macht? Seine Visionen? Seine Utopie von einer neuen Sowjetunion?
Tag für Tag wurde er gedemütigt, entmachtet, bemitleidet, beschimpft,
mit den Putschisten in Verbindung gebracht und diskreditiert. Und
wenn er glaubte, der Tiefpunkt der Schmach sei erreicht, dann ging
es immer nur noch weiter herunter. Jelzin, der übermächtige Gegen-
spieler, war in seinem Element, nicht nur weil er die Chance witterte,
den politischen Kontrahenten ein für alle Mal auszuschalten, nein,
er genoss auch den Prozess dieser Ausschaltung. Jelzin wusste, dass
man Gorbatschow nicht unterschätzen durfte. Der Präsident Russlands hieß Jelzin, der Präsident der Sowjetunion Gorbatschow. Es
konnte nur einen geben. Während Jelzin seine Macht nur über ein
starkes dominantes Russland festigen konnte, lagen Gorbatschows
Machtreserven in der Stärkung der Union, in der Erneuerung der
Unionsrepubliken. Wahrlich, eine Sisyphusarbeit. Denn in den Republiken regten sich starke Sezessionsbestrebungen, erwachte ein
lange niedergehaltener Nationalismus. Leichter war es, einen Sack
Flöhe zu hüten. Nach dem Putsch wollte niemand mehr etwas von
dem ausgehandelten Vertrag wissen, die Gewichte der Macht hatten
sich verschoben. Gorbatschow begann wieder am Nullpunkt beim

Versuch, einen neuen Vertrag auszuhandeln. Der Kampf der beiden Präsidenten um diesen Vertragsentwurf, um das zukünftige Aussehen der Sowjetunion, geriet zu einem Wettlauf um die Macht. Gorbatschow strebte einen Unionsstaat an, Jelzin hingegen ein lockeres Staatenbündnis. In dem Maß, wie es Gorbatschow gelang, den neuen Unionsvertrag mit den Führern der anderen Republiken zu entwickeln, in dem Maß fuhr Jelzin wieder seine geliebte Doppeltaktik. Alle Zusagen unterlief er einfach am nächsten Tag. Schließlich traf er sich im Wald von Below mit dem ukrainischen und dem weißrussischen Präsidenten. Ihr Pamphlet für die GUS torpedierte den Prozess einer neuen Unionsverfassung als einer Union Souveräner Staaten nachhaltig. Mit dem Projekt der GUS, das Jelzin mit seinen beiden Kollegen im Wald eilig aus der Taufe hob, schuf er vollendete Tatsachen. Gorbatschow blieb nur noch der Rücktritt, denn letztlich glückte es damit Jelzin, die Union aufzulösen und ein lockeres Staatenbündnis zu hinterlassen. Wovor Gorbatschow in den letzten Wochen immer wieder gewarnt hatte, ein staatliches Chaos, in dem nichts geordnet war, wurde Realität. Jelzin hatte seinen Umzug vom Weißen Haus in den Kreml teuer erkauft, die Zeche zahlte, wie sich bald herausstellen sollte, wieder einmal Russland.

Nach Gorbatschows Rücktritt konnte es Jelzin nicht mehr schnell genug gehen. Vereinbart war, dass Gorbatschow bis zum 30. Dezember 1991 sein Amtszimmer räumen sollte. Am 27. Dezember wollte er japanischen Journalisten dort noch ein Interview geben. Doch dazu kam es nicht mehr. Bereits um 8.30 Uhr morgens an diesem Tag hatten sich Jelzin, Chasbulatow und Burbulis in Gorbatschows Arbeitszimmer begeben und unter reichlich Whisky-Genuss dort eine Siegesfeier veranstaltet. Gorbatschow hatte bis zum letzten Moment versucht, seine Vorstellungen von der Zukunft der Sowjetunion umzusetzen. Nach einem beharrlichen, über Monate tobenden Kampf kam das Ende plötzlich, unerbittlich, kleinlich, beschämend. Binnen 48 Stunden musste er seine Datscha räumen. Jelzin nahm persönlich Rache, Jelzin trat nach – was Gorbatschow nie getan hatte. An seinem letzten Amtstag saß der erste und letzte Präsident der Sowjetunion, Michail Gorbatschow, im Kreml, blickte auf den langen Weg, den er zurückgelegt hatte, und mit ihm ein riesiges Reich, und wartete auf seine letzte Amtshandlung, auf die Übergabe des Atomkoffers an Jelzin. Doch Jelzin erschien nicht. Jelzin feierte, und das war ihm allemal wichtiger als irgendein Atomkoffer. Schließlich des Wartens müde, schickte Gorbatschow durch einen Assistenten den Koffer an Jelzins Büro und verließ zu Fuß, allein an diesem grauen, schneereichen Tag den Kreml, um sich einer ungewissen Zukunft zuzuwenden. Da ihm Jelzin keine Pension noch irgendeine Unterstützung zugestand, musste er darüber nachdenken, wie er seine Familie ernähren und womit er sein Geld verdienen wollte. Seine Rückkehr ins politische Leben versuchte er über eine kleine sozialdemokratische Partei, als deren Spitzenkandidat er in den Wahlkampf zog. Freunde rieten ihm davon ab, doch er hörte nicht auf sie. Er wollte es noch einmal wissen, weil er nicht akzeptieren konnte, dass das Glück, das ihm ein ganzes Leben zur Seite gestanden hatte, ihn plötzlich im Stich lassen sollte. Auch glaubte er, dass Russland vorsichtig und behutsam demokratisiert und wirtschaftlich liberalisiert werden musste. Schließlich war das Land im aktuellen Zustand allenfalls ein Lehrling der Freiheit. Die Menschen mussten lernen, staatsbürgerliche und persönliche Verantwortung zu übernehmen und die Freiheit zu nutzen. So richtig diese Überlegungen waren, so fehlte jede Basis dafür. Selbst Gorbatschow hatte sich erst in einem mühseligen Prozess und nur unter großen inneren Kämpfen und schlimmen Enttäuschungen von der Kommunistischen Partei losgesagt – die am Ende gegen ihn putschte. In diesen Tagen brach er auch mit dem Leninismus, vielleicht nicht ganz, doch zu großen Teilen. Aber damit kam er nun selbst zu spät. Der Prozess war ihm aus den Händen geglitten. Unter Jelzin wurde die Kommunistische Partei entmachtet, ihre Funktionäre wurden entlassen. Das große »Kaderschlachten« begann. Gleichzeitig bildete sich eine neue, jüngere Bürokratie, die sich die Macht mit der entstehenden Oligarchie teilte. Man bezeichnete die Jahre nach 1992 nicht zu Unrecht als die Zeit des russischen Raubtierkapitalismus. Jelzins Marktwirtschaft war nichts anderes als die Freigabe des Staatseigentums zur Privatisierung, zum Raub und zur hemmungslosen Bereicherung. Wirtschaftsfunktionäre und Parteifunktionäre, die skrupellos genug waren, rissen sich mit legalen und illegalen Methoden Ölquellen, Bergwerke, Fabriken,

Gorbatschow mit Tochter Irina und Enkelin Anastasija beim Bal De La Mer in Monaco.

Raffinerien, Banken unter den Nagel. Chodorkowski beispielsweise gelang der Sprung vom Komsomolfunktionär zum Milliardär. Die Menschen verarmten zusehends. Doch sie machten merkwürdigerweise nicht Jelzin dafür verantwortlich, sondern Gorbatschow. Gorbatschows Perestroika hatte sie arm gemacht, dachten sie. Der hatte das Land und die Reichtümer an den Westen verkauft. Im Krieg hatten sie die Deutschen besiegt, und nun sah es so aus, als seien sie die

Verlierer. Gorbatschow hatte aus ihrer Sicht das Imperium verspielt und 40 Jahre später rückwirkend den Zweiten Weltkrieg verloren. Deshalb hassten sie ihn. Die Präsidentschaftswahl wurde für ihn zur herben Niederlage. Jelzin, durch den Regierungsapparat unterstützt und von den Oligarchen finanziert, gewann die Wahlen haushoch. Da er immer noch an die Vernunft glaubte und nicht einfach so aufs Altenteil wechseln konnte, zum einen fühlte er sich viel zu tatkräftig dafür, zum anderen wirkte natürlich der Phantomschmerz plötzlich amputierter Macht, gründete Michail Gorbatschow die Gorbatschow Foundation. Über 30 Wissenschaftler, darunter frühere Berater wie Sagladin oder Schachnasarow, dachten und denken hier nach, über politische, wirtschaftliche und ökologische Alternativen für Russland und die Welt. Für die Stiftung bekommt er keine Unterstützung vom Staat. Er benötigt circa 500 000 Euro im Jahr, um sie zu finanzieren, zudem muss er für sich und seine Familie Geld verdienen. Also tingelt er als Gastredner und Party-Event durch die Welt, um das nötige Geld zu verdienen.

Michail Gorbatschow gab seinen Traum von einer besseren Welt nicht auf. In der Stiftung denkt er mit Wissenschaftlern weiterhin über seine Realisierung nach.

Aber der Abstieg von der Macht, verbunden mit der Suche nach einem sinnvollen Leben danach war nicht der einzige Konflikt, den er mit sich selbst auszufechten hatte. Ein zweiter, ganz anderer, zutiefst persönlicher Kampf wurde Gorbatschow fast gleichzeitig aufgezwungen: der Kampf um Raissas Leben.

Sie war an Krebs erkrankt. Seit der Gefangenschaft in Foros ging es mit ihrer Gesundheit bergab. Raissa hatte Michail mit aller Kraft unterstützt, und nun, wo sie Zeit füreinander haben sollten, schien diese Zeit begrenzt. Wie er damit umgehen sollte? Er wusste es nicht. Sie waren eine Einheit, seit nunmehr beinahe 40 Jahren. Fast sein ganzes Leben hatte er mit ihr verbracht. Helmut Kohl vermittelte ihr die besten Ärzte. Sie reisten nach Münster. Der Krebs hatte bereits den Körper überwuchert und sein Vernichtungswerk zu weit vorangetrieben. Weder eine Chemotherapie noch eine Operation konnten helfen. Die besten Ärzte hatten bei dieser Diagnose keine Chance mehr. So blieb Michail die letzten Tage und Stunden bei Raissa in

Einmal zu Hause: Michail und Raissa im Park ihrer Datscha bei Moskau.

der Klinik. Er wusste, dass sie sterben würde, und sie wusste es. Sie erinnerten sich an die Tanzstunde, in der sie sich kennen gelernt hatten, an die nächtlichen Streifzüge durch Moskau, an das Zimmer in dem schiefen Haus in Stawropol, das so klein war – doch was machte das aus, da sie doch zusammen waren und ihr Leben gerade erst begann! Ihre Augen leuchteten, wenn sie an die großen Wanderungen dachten, wie sie die Steppe und den Kaukasus erkundeten. Irinas Geburt. Sie erinnerten sich an ein großes gemeinsames Leben, das nun davoneilte, so rasch, so plötzlich, so endgültig. An einem Montag im September 1999 stirbt Raissa in der Universitätsklinik von Münster. Michail ist in der Todesstunde an ihrer Seite. Seine engste Vertraute, seine Beraterin, seine Frau, die große und einzige Liebe seines Lebens ist tot.

»Wir waren uns durch unsere Ehe verbunden, aber auch über unsere gemeinsamen Ansichten vom Leben. ... Wir predigten beide die Prinzipien der Gleichheit. Wir teilten unsere gemeinsamen Anliegen und halfen uns immer bei allem«, schrieb Gorbatschow über sie. Und Raissa: »Ich kann sein Gesicht und seine Augen sehen. Wir sind seit siebenunddreißig Jahren zusammen. Alles im Leben ändert sich, aber

23. September 1999: Heimkehr von der letzten Reise: Raissa Gorbatschowa wird in Moskau beigesetzt.

eine späte Hoffnung lebt in meinem Herzen: dass er, mein Mann, so bleibt wie er war, als ich ihn in meiner Jugend kennen lernte. Männlich und standhaft, liebenswürdig und stark. Und dass er am Ende wieder seine Lieblingslieder singen kann. ... Und dass er seine Lieblingsgedichte lesen und offen und aufrichtig lachen kann, wie er es immer getan hatte.«

In einem russischen Dokumentarfilm, der 2004 entstand, sehen wir Michail Sergejewitsch Gorbatschow mit Freunden in der Steppe bei Priwolnoje. Er lacht, er scherzt, er singt seine Lieblingslieder, dann sitzt er allein auf dem Steppengras und erzählt von Raissa – und plötzlich ist er sehr allein, verloren in der Steppe ...

In Russland herrscht inzwischen ein Präsident, der mit jedem neuen Wahlgesetz Stück für Stück die Demokratie abschafft. Den Sprung vom Ministerialbeamten zum Präsidenten verdankt er der Tochter Jelzins, die fieberhaft einen Nachfolger für ihren Vater suchte. Boris Jelzin, der Mann, der Gorbatschow schließlich gestürzt hatte, versteckte sich inzwischen unter seinem Schreibtisch, weil er nicht mehr in den Kreml wollte. Er war alt und krank und wollte seine Ruhe haben. Am liebsten sah er sich inzwischen Fotoalben an und schwelgte in Erinnerungen. Für den Jelzin-Clan wurde die Frage der Nachfolge überlebenswichtig. Sie mussten jemanden finden, der ihre Geschäfte der letzten Jahre nicht überprüfte, sondern sie schützte. Sie suchten nach einem Kader aus dem Geheimdienst oder dem Militär, der Effizienz mit Loyalität verband. Es musste jemand sein, der die Aufgabe bewältigen und dem sie vertrauen konnten, weil sie möglicherweise etwas gegen ihn in der Hand hatten, vielleicht sogar das berühmte Kompromat. Ihre Wahl fiel auf Wladimir Putin. Der hat bis heute die Geschäfte des Jelzin-Clans bei allem propagierten Kampf gegen Korruption, Bereicherung und Nepotismus nicht untersucht. Im Gegenteil: Als Ende der neunziger Jahre ein Generalstaatsanwalt gegen die Jelzin-Familie ermittelte, drohte er dem Ankläger, dass man kompromittierendes Material veröffentlichen würde, wenn er in seinem Eifer nicht nachließ. Der Ankläger weigerte sich. Kurz darauf zeigte das Staatliche Fernsehen ein Videoband, auf dem der Generalstaatsanwalt bei Sexspielen besichtigt werden konnte. Der Mann musste zurücktreten, die Ermittlungen verliefen im Sande und wurden bis heute nicht mehr aufgenommen.

Putin hat etwas anderes verändert. Stützte sich Jelzin noch auf die Bürokratie und die Oligarchen gleichermaßen, bevorzugt Putin die Bürokratie, mit deren Hilfe er eine »gelenkte Demokratie« und einen starken Staat schaffen will. Während Gorbatschow den Generationswechsel in den Eliten vollzog, führte Jelzin das so genannte »Kaderschlachten« durch. Staatsbeamte wurden entlassen, ohne dass sie mit neuen Posten sichergestellt wurden. Jelzin hatte die Staatswirtschaft zur privaten Bereicherung freigegeben. Schon seit langem hatten Staatsbeamte sich mit den Kriminellen eingelassen. Zum einen wurden in den Gulags Kriminelle in der Verwaltung eingesetzt und sollten, gedacht als besondere Schikane, über die politischen Häftlinge wachen. Hier kam es zu engen Verbindungen einerseits zwischen den Kriminellen und den Bewachern, andererseits zwischen den politischen und den kriminellen Häftlingen, gelang es doch den politischen, die über mehr Intelligenz und Bildung verfügten, nicht selten mit den Kriminellen zu Übereinkünften zu kommen. Da es bei den Kriminellen einen strengen Verhaltenskodex gab, sie nannten sich auch »Diebe im Gesetz«, besaßen sie einen hohen Organisationsgrad. Hinzu kam, dass in der Sowjetunion privater Unternehmergeist als Verbrechen galt, und mithin die Grenzen zwischen kriminellem und wirtschaftlichem Handeln fließend waren. Das führte dazu, dass bei Freigabe des Staatseigentums (euphemistisch auch »Volkseigentum« genannt) wirtschaftlich begabte Funktionäre, sowie Angehörige der Nomenklatura (durch Jelzins »Kaderschlachten« nunmehr ohne Verdienst) und Kriminelle die Wirtschaft unter sich aufteilten und sich hemmungslos bereicherten. Die Privatisierung begann damit, dass die russische Regierung an alle Russen Voucherscheine verteilte, die ihren Anteil am Volksvermögen darstellten. Schnell hatten die Eliten mit krimineller Hilfe den Menschen die Voucherscheine abgenommen, zuweilen im Tausch gegen eine Gratis-Flasche Wodka. So gelangten die Oligarchen zu Reichtum und mit ihnen die russische Mafia, die ein Netzwerk zwischen Wirtschaftsleuten, Staatsbeamten und Kriminellen darstellt. Auch unter Putin besteht die Verfilzung von Miliz und Mafia im oben genannten Sinn. Deshalb ist Otto Schilys Idee, die russische Miliz im Zuge der Terrorismusbekämpfung mit deutschen Ermittlungsdaten zu versorgen, um der Mafia das Handwerk zu legen, eine Gefährdung der Sicherheit Deutschlands. Die Daten würden nur postwendend zur russischen Mafia wandern!

Die Privatisierung bescherte nur wenigen Reichtum und Wohlstand, viele fielen in dieser Zeit in bittere Armut. Sie machten nicht Jelzins Ideen- und Planlosigkeit dafür verantwortlich, nicht die immer mächtiger werdende Familie des Präsidenten, die zu einem Machtzentrum Russlands neuer Demokratie aufstieg, sondern Gorbatschow. Den Menschen wurde eingeredet von neuen Demokraten, Leuten Jelzins, und von verbitterten Angehörigen der Nomenklatura Schuld an allem sei Gorbatschows verfluchte Perestroika. Jelzin, der begriff, dass der Staat sich auf einen Bankrott zubewegte, schuf immer neue Verwaltungen, die den Bankrott aufhalten sollten, sich aber nur gegenseitig in Schach hielten, anstatt die Probleme zu lösen. Er förderte den Konkurrenzkampf der Verwaltungen ungewollt dadurch, dass er aus reiner Laune oder Panik heraus einstellte und entließ. Der Staatsbankrott, der unweigerlich auch den politischen Zuammenbruch nach sich zöge, ergab sich aus der Verarmung eines Großteils der Bevölkerung bei gleichzeitiger völliger Lähmung staatlicher Organe.

In dieser Situation übernahm Putin das Ruder. Im ersten Schritt versuchte er, Ordnung im Kompetenzwirrwarr zu schaffen und die Zentralmacht wiederherzustellen. Er beruhigte die frustierten und panischen Staatsbeamten der alten Elite, indem er Entlassungen stoppte und sogar wieder Beamte einstellte. Damit vermochte er dem Staat bis in die letzte Provinz hinein Geltung zu verschaffen. Die Staatsorgane wurden gebündelt und in klare Unterstellungsverhältnisse gebracht. Dem Protestpotenzial der Elite, der wieder Herrschaft und soziale Sicherheit garantiert wurde, grub er damit das Wasser ab. Sie gingen nicht mehr zu den Kommunisten, Liberalen oder den Reformern und Demokraten, sie sangen fortan an das Loblied Putins. Dem Volk, das schon lange nach der »starken Hand« rief, die wieder Ordnung schaffen müsste, kam das entgegen. Nach der Enttäuschung Gorbatschow erinnerten sie sich mit Wehmut an die Legende Andropow. Und Putin, der wie Andropow aus dem KGB kam, wurde nun als Fortsetzer, als »Andropow unserer Tage« wahrgenommen. Die große Nostalgie, die aller historischen Erkenntnis und Erfahrung hohnlachte, ließ einem Teil der Russen eine »Sowjetunion light« als wünschenswert erscheinen: eine Sowjetunion mit ein bisschen Privatwirtschaft und ein bisschen Meinungsfreiheit.

Genau dies ist Putins Programm: der starke Staat, die gelenkte Demokratie, die Sowjetisierung des Lebens. Deshalb setzt er auf die alten Eliten in Staatsverwaltung und Militär. Zunehmend ernennt er jene Militärs und Geheimdienstleute, die noch der alte Korpsgeist der KPdSU-Nomenklatura verbindet. Die Bevölkerung indes beunruhigt das nicht. Sie glaubt an die Effizienz, Ehrlichkeit und Sauberkeit jener Fachleute, einer Sphäre, von der die Fama geht, das es in ihr keinerlei Korruption gebe. Nachdem Putin mittels Beschneidung der Macht der Gouverneure und mit immer neuen Einschränkungen der Macht des Parlaments, der Duma, und der Tätigkeit der Parteien seine politische Allmacht verankert hat, setzt er zum Sturm auf die private Wirtschaft an. Die Oligarchen bekämpft er, notfalls durch ein Gerichtsverfahren, bei dem der Staatsanwalt den Richter das Urteil inklusive orthografischer und grammatikalischer Fehler abschreiben lässt. Alle Oligarchen sind entmachtet, enteignet und befinden sich entweder im Exil oder im Gefängnis. Haben sie ihren Reichtum auch vermutlich nicht rechtmäßig erworben, so darf der demokratische Staat dennoch nicht gegen sie mit ungesetzlichen und unrechtsstaatlichen Mitteln vorgehen, wie es die von Putin gelenkte Justiz unternimmt.

Bundeskanzler Gerhard Schröder, Putins treuer politischer Freund, schweigt zu diesen Vorgängen im vermeintlichen Glauben, dass sein gutes Verhältnis zu Putin der deutschen Wirtschaft nütze. Dabei würde es der deutschen Wirtschaft im Zweifelsfall mehr nutzen, nicht von der Laune des Kreml-Chefs in Russland abhängig zu sein, was sie im Übrigen und den deutschen Staat mittelbar erpressbar macht, sondern sich auf rechtsstaatliche Normen berufen zu können. Schröder hingegen kann nicht anders: Als er im Herbst 2002 auf dem Marktplatz zu Goslar Stimmen fing, indem er sich zum Friedenskämpfer stilisierte, benötigte er, um außenpolitisch nicht marginalisiert zu werden, dringend die Achse Moskau-Berlin-Paris. Chirac und Putin halfen ihm freundschaftlich aus der Sackgasse heraus. Keine Freundschaft funktioniert einseitig. Schröder befindet sich in diesem Fall in einer Art politisch verursachter babylonischer Gefangenschaft. Sein beredtes Schweigen zu den gescheiterten Beutekunstverhandlungen, die ein deutscher Bundeskanzler nicht hätte hinnehmen dürfen, verdeutlicht, wie viel Hilfe ein deutscher Unternehmer in Russland in einem von der Putin-Administration befohlenen Prozess von einem Bundeskanzler Schröder zu erwarten hätte. Schröders Russland-Politik ist ein Skandal. Ein sozialdemokratischer Bundeskanzler schweigt zu Menschenrechtsverletzungen in Tschetschenien, zu Verletzungen der Bürgerrechte und nennt den Mann, der all das ins Werk setzt, einen »lupenreinen Demokraten«. Ein Lapsus, der sich nicht daraus erklärt, dass er Putins Handeln wirklich demokratisch findet. Vielmehr hat der Kanzler dem Interesse des Wahlsiegs die Interessen des Landes geopfert. Wir wollen nicht hoffen, dass Deutschland und die deutsche Wirtschaft die Zeche hierfür eines Tages in Russland zu zahlen hat. Den demokratischen Kräften in Russland hat Schröders Politik nachhaltig geschadet.

Putin setzt auf den starken Staat, indem er die Bürokratie stärkt und das Staatseigentum mehrt. Freiheit und Verantwortung der Bürger, für die Gorbatschow eingetreten ist, werden hingegen Stück für Stück immer stärker beschnitten. Der große Aufbruch der Perestroika mit all ihren Widersprüchen, mit aller mangelnden Konsequenz, die man Gorbatschow vorwerfen kann, stellte eine gewaltige Modernisierung der sowjetischen Gesellschaft dar. Putin hingegen baut eine neue Nomenklatura auf. Damit wird er weder die wirtschaftlichen Probleme noch die Korruption beheben können. Die Soziologin Kryschtanowskaja, die Russlands Eliten unter Putin wissenschaftlich untersucht hatte, schrieb so resigniert wie richtig: »Unter Gorbatschow und Jelzin hat das Land zwei Schritte vorwärts in Richtung Demokratisierung getan, aber unter Putin einen großen Schritt zurück.«

Gorbatschows Zeit indessen ist vergangen, Gorbatschows Zeit wird wiederkommen. Man wird sich eines Tages an das große Erbe der Jahre 1985 bis 1991 erinnern und seine Ideen aufarbeiten, denn der Gedanke ist richtig, der Freiheit behutsam und gründlich ein Haus in Russland zu bauen. Diesen Weg ist Russland noch niemals gegangen, es könnte der richtige Weg sein. Aus der Erfahrung, auch aus den Fehlern, ist Gorbatschow nach dem Verlust der Macht zu Einsichten gekommen, die für Russland hilfreich sind. Reformer hatten es in Russland nie leicht, und meistens geschah ihnen Unrecht. Doch sie waren es, die ihr Land voranbrachten, ihm einen Modernisierungsschub verliehen, der bei allen Restaurationen keine vollständige Rückkehr mehr gestattete. Putin wird Russland nicht komplett in sowjetische Zeiten zurückführen wollen und vor allem können. Dank Gorbatschow.

Gorbatschows Bedeutung für Russland liegt darin, dass er wie kein zweiter im vorigen Jahrhundert die Gesellschaft reformiert und die Welt zum Guten verändert hat. Ohne Gewalt und ohne Blut. Durch die Kraft des Arguments. Gorbatschows Idee, die Gesellschaft vorsichtig und mit Geduld zu reformieren, erwies sich als richtig. Jelzins Turboreformation führte nur zum Gegenteil, eben nicht zur pluralistischen Demokratie, sondern zur halbsowjetischen, gelenkten Demokratie eines Wladimir Putins. Momentan ist keine machtvolle

Sie haben die Welt verändert, zum Guten. Michail Gorbatschow (dritte Reihe von oben, rechts) mit Kommilitonen knapp fünfzig Jahre später wieder im alten Hörsaal.

Figur wie Michail Gorbatschow in der russischen Politik auszumachen, die den Weg der Demokratisierung fortsetzen könnte, wenn Putins Autoritarismus eines Tages in der Krise steckt. Als das Land seinerzeit in Breschnews Stagnation versank, wurde auch vergebens nach dem Reformer geschaut. Dabei war er längst dabei, sich auf seine große Aufgabe vorzubereiten.

Auswahlbiografien

Abakumow, W. S. (1908–1954, hingerichtet) von 1941–1954 Stellvertretender Volkskommissar des Innenministeriums der UdSSR, Chef Sonderabteilungen NKWD, 1943–1946 Chef Hauptverwaltung SMERSCH, 1946–1951 Minister für Staatssicherheit der UdSSR.

Abuladse, T. (1924–1994) georgischer Filmregisseur, sein bekanntestes Werk ist der Film *Die Reue*.

Achromejew, S. F. (1923–1991) Berufsoffizier, beteiligt an der Planung des Afghanistaneinsatzes, 1984–1988 Chef des Generalstabes der Streitkräfte, ab März 1991 Berater des Präsidenten, wegen Verstrickung in den Putsch beendete er sein Leben durch Selbstmord.

Adschubej, A. I. (1924–1993) Schwiegersohn Nikita Chruschtschows, 1957–1959 Chefredakteur der *Komsomolskaja Prawda*, 1959–1964 Chefredakteur der *Iswestija*.

Aganbegjan, A. G. (*1932) Ökonom, Wirtschaftsberater Gorbatschows, 1989 Rektor der Akademie für Volkswirtschaft, Mitglied der Akademie der Wissenschaften.

Alexander II. (1818–1881) ab 1855 russischer Zar, hob die Leibeigenschaft auf und ging als Befreierzar in die Geschichte ein, von russischen Terroristen, den Volkstümlern (Narodniki) ermordet.

Alijew, G. A. (*1923) 1969–1982 1. Sekretär des ZK der KP Aserbeidschans, 1982–1987 1. Stellv. Vorsitzender des Ministerrats der UdSSR, 1982–1987 Mitglied des Politbüros des ZK der KPdSU, 1993 Präsident der Republik Aserbeidschan.

Andrejew, A. A. (1895–1971) 1932–1952 Mitglied des Politbüros der KPdSU, 1946–1953 Stellv. Vorsitzender des Ministerrats der UdSSR, 1953–1962 Präsidiumsmitglied des Obersten Sowjets der UdSSR, ab 1962 pensioniert.

Andrejewa, N. A. (*1938) Chemieingenieurin, Verfasserin des Artikels »Ich kann meine Prinzipien nicht verraten« in der *Sowjetskaja Rossija*, 1991

Generalsekretärin der Kommunistischen Partei der Bolschewiki der UdSSR, die in St. Petersburg gegründet wurde.

Andropow, J. W. (1914–1984) 1954–1957 Botschafter in Ungarn, 1957–1962 Referatsleiter im ZK der KPdSU, 1962–1967 ZK-Sekretär, 1967–1982 KGB-Chef, 1973–1984 Mitglied des Politbüros der KPdSU, 1982–1984 Generalsekretär der KPdSU, 1983–1984 Vorsitzender des Präsidiums des Obersten Sowjets.

Arbatow, G. A. (*1923) Historiker, Ökonom, 1967 Direktor des USA-Kanada-Institutes, Mitglied der Akademie der Wissenschaften, außenpolitischer Berater Gorbatschows.

Babel, I. E. (1894–1940, hingerichtet) bedeutender russischer Schriftsteller, Verfasser des berühmten Romans *Die Reiterarmee*, vom NKWD verhaftet, gefoltert und ermordet.

Baklanow, O. D. (*1932) 1983–1988 Minister für Allgemeinen Maschinenbau, 1988–1991 Sekretär des ZK der KPdSU, zuständig für den militärindustriellen Komplex, Mitinitiator des Putsches.

Bek, A. A. (1903–1972) russischer Schriftsteller, verfasste die berühmten Romane *Die Wolokolamsker Chaussee* und einen Schlüsselroman über Sergo Ordschonikidse *Die Ernennung*.

Belinski, W. G. (1811–1848) einflussreicher russischer Literaturkritiker, Theoretiker der russischen Realisten.

Berdjajew, N. A. (1874–1948) 1922 auf Lenins Initiative aus der Sowjetunion ausgewiesen, wichtiger russischer Philosoph, der in der Sowjetunion vor der Perestroika nicht veröffentlichen durfte.

Berija, L. P. (1899–1953, hingerichtet) 1931 1. Sekretär des ZK der KP Georgiens, 1932–1936 1. Sekretär des ZK der KP Transkaukasiens, 1938–1946 Volkskommissar für Inneres, 1946–1953 Mitglied des Politbüros der KPdSU, 1953 Innenminister, nach der Urteilsverkündung im Prozess im Dezember 1953 sofort hingerichtet.

Besymenski, L. (*1920) Historiker, Journalist, Herausgeber, 1999 Professor für Militärgeschichte an der Akademie für Militärwissenschaften, Mitglied der Historikerkommission zur Untersuchung des Hitler-Stalin-Paktes.

Bikkenin, N. B. (*1931) 1985–1987 Stellv. Leiter der Abteilung Agitation und Propaganda des ZK der KPdSU, 1987 Chefredakteur der theoretischen Zeitschrift *Kommunist*.

Bljucher, W. K. (1890–1938) Berufsoffizier, Marschall der Sowjetunion, 1929–1938 Chef des Fernöstlichen Militärbezirkes, vom NKWD verhaftet und zu Tode gefoltert.

Boldin, W. I. (*1935) 1985–1987 Berater Gorbatschows in Landwirtschafts-
fragen, 1987–1991 Leiter der Allgemeinen Abteilung des ZK der KPdSU,
Mitinitiator des Putsches.

Bondarew, J. W. (*1924) russischer Schriftsteller, erregte 1957 Aufsehen
durch seinen kritischen Roman *Vergiss, wer du bist*, vertrat während der
Perestroika eine reaktionär-chauvinistische Haltung.

Breschnew, L. I. (1906–1982) 1957–1982 Mitglied des Politbüros der
KPdSU, 1964–1982 Generalsekretär der KPdSU, 1977–1982 Vorsitzender des Präsidiums des Obersten Sowjets.

Brodsky, J. A. (1940–1996) bedeutender russischer Dichter, 1962 zur Haft
im Arbeitslager verurteilt, 1972 aus der Sowjetunion ausgewiesen, 1974
ständiges Exil in den USA.

Bucharin, N. I. (1888–1938, hingerichtet) Altbolschewik, Wirtschaftsfach-
mann, Mitstreiter Lenins, 1924–1929 Mitglied des Politbüros, 1929
Chef des Rates der Volkswirtschaft, 1932 Mitglied des Kollegiums des
Rates für Schwerindustrie, 1934–1937 Chefredakteur der *Iswestija*, vom
NKWD verhaftet und gefoltert, im Moskauer Prozess zum Tode verur-
teilt und hingerichtet.

Budjonny, S. M. (1883–1973) Berufssoldat, schuf die 1. Rote Reiterarmee,
1924–1937 Inspekteur der Roten Kavallerie, 1937–1940 Chef des Moskauer Militärbezirks, im Zweiten Weltkrieg 1943 Befehlshaber verschiedener Fronten, wegen Unfähigkeit ab 1943 Befehlshaber der Kavallerie
und Inspekteur der Kavallerie, 1947 stellv. Minister für Landwirtschaft,
zuständig für Pferdezucht.

Bulganin, N. A. (1895–1975) 1947–1949 und 1953–1955 Verteidigungsminister der UdSSR, 1948–1958 Mitglied des Politbüros, 1955–1958 Vorsitzender des Ministerrates, 1958–1960 Vorsitzender des Rates der Volkswirtschaft der Region Stawropol, ab 1960 pensioniert.

Chasbulatow, R. I. (*1942) 1991–1993 Vorsitzender des Obersten Sowjets
Russlands, Jelzins Vertrauter.

Chruschtschow, N. S. (1894–1971) 1934–1935 1. Sekretär des Moskauer
Stadtkomitees der KP, 1935–1938 1. Sekretär des Moskauer Gebietsko-
mitees der KP, 1938–1949 1. Sekretär der KP der Ukraine, 1939–1964
Mitglied des Politbüros der KPdSU, 1949–1953 1. Sekretär des Moskauer
Gebietskomitees, 1949–1953 1. Sekretär des ZK der KPdSU, 1953–1964
Erster Sekretär des ZK der KPdSU, 1958–1964 Vorsitzender des Mini-
sterrates, ab 1964 pensioniert.

Dimitroff, G. (1882–1949) bulgarischer Kommunist, Hauptangeklagter im
Reichstagsbrandprozess, verteidigte sich selbst und wurde freigespro-

chen, ab 1934 Funktionär der Komintern in Moskau, nach 1945 Staatsoberhaupt Bulgariens.

Dolgich, W. I. (*1924) 1969–1972 1. Sekretär des Bezirkskomitees Krasno-
jarsk, 1972–1988 Sekretär des ZK der KPdSU für Schwerindustrie, 1988
pensioniert.

Dubček, A. (1921–1992) tschechischer Kommunist, Januar 1968–April
1969 1. Sekretär der KPTsch, Mitinitiator und Führer des Prager Frühlings, 1970 aus der KPTsch ausgeschlossen, 1989–1992 Vorsitzender der
Föderalen Versammlung der Tschechoslowakei.

Falin, V. M. (*1926) sowjetischer Außenpolitiker, 1971–1978 Botschafter
der UdSSR in der Bundesrepublik Deutschland, 1988 Referatsleiter beim
ZK der KPdSU, 1990 Sekretär des ZK der KPdSU, 1992 Institut für Frie-
densforschung der Universität Hamburg.

Florenski, P. A. (1882–1937, hingerichtet) bedeutender russischer Wissenschaftler, Philosoph, orthodoxer Geistlicher, mit wichtigen Arbeiten zur
Ikonografie, Semantik, Sprachwissenschaft, Erkenntnistheorie, auf Solowki inhaftiert und vom NKWD erschossen.

Garaudy, R. (*1913) französischer Philosoph, 1956–1970 Mitglied des Politbüros der KPF, unter dem Eindruck der Niederschlagung des Prager
Frühlings Reformkommunist.

Grischin, V. W. (1914–1992) 1956–1967 Vorsitzender der Allunionsgewerk-
schaft, 1967–1985 1. Sekretär des Moskauer Stadtkomitees der KPdSU,
1971–1986 Mitglied des Politbüros der KPdSU.

Gromyko, A. A. (1909–1989) 1957–1985 Außenminister der UdSSR, 1973–
1988 Mitglied des Politbüros der KPdSU, 1985–1988 Vorsitzender des
Präsidiums des Obersten Sowjets, 1988 pensioniert.

Gromyko, An. A. (*1932) Sohn von A. A. Gromyko, Wissenschaftler, Poli-
tologe.

Grossman, W. S. (1905–1964) russischer Schriftsteller.

Gumiljow, N. S. (1886–1921, hingerichtet) russischer Dichter, Ehemann der
Dichterin Anna Achmatowa, von der Tscheka (Vorläufer des KGB) erschossen.

Husák, Gustav (1913–1991) 1969–1987 Erster Sekretär der KPTsch, 1975–
1989 Präsident der ČSSR.

Jagoda, G. G. (1891–1938, hingerichtet) 1924–1926 Stellv., 1926–1934 Erster Stellvertretender Vorsitzender der OGPU (Vorform des KGB) 1934–
1936 Volkskommissar für Inneres, 1936–1937 Volkskommissar des
Nachrichtendienstes der UdSSR, vom NKWD verhaftet und erschossen.

Jakir, G. A. (1896–1935, hingerichtet) Marschall der Sowjetunion, vom
NKWD verhaftet und erschossen.

Jakowlew, A. N. (*1923) 1973–1983 Botschafter der UdSSR in Kanada, 1983–1985 Direktor des Instituts für Weltwirtschaft und Internationale Beziehungen der Akademie der Wissenschaften der UdSSR, 1986–1990 Sekretär des ZK für Agitation und Propaganda, 1987–1990 Mitglied des Politbüros, 1990–1991 Berater Gorbatschows.

Janajew, G. I. (*1937) ab 1986 Sekretär des Zentralen Allunionsrates der Gewerkschaften, 1990–1991 Mitglied des Politbüros der KPdSU, 1990–1991 Sekretär des ZK der KPdSU, 1990–1991 Vizepräsident der Sowjetunion, Mitinitiator des Putsches, verhaftet, verurteilt, durch Amnestie 1994 aus der Haft entlassen.

Jaruzelski, W. (*1923) polnischer General, Berufsoffizier, 1981–1989 Erster Sekretär der PVAP, 1981–1985 Vorsitzender des Ministerrates, 1985–1989 Staatsratsvorsitzender, 1985–1990 Präsident Polens.

Jasow, D. T. (*1923) Marschall der Sowjetunion, 1987–1991 Verteidigungsminister der UdSSR, Mitinitiator des Putsches.

Jefremow, L. N. (*1912) 1964–1970 1. Sekretär des Regionskomitees der KPdSU Stawropol, Gorbatschows Vorgänger in diesem Amt.

Jelzin, B. N. (*1931) 1976–1985 1. Sekretär des Gebietskomitees der KPdSU Swedlowsk, 1985 Sekretär des ZK der KPdSU, 1985–1987 1. Sekretär des Parteikomitees Moskau, 1987–1989 1. Stellvertreter des Vorsitzenden des Staatskomitees für Bau, 1990 Vorsitzender des Obersten Sowjets Russlands, 1991–1999 Präsident der Russischen Republik.

Jeschow, N. I. (1895–1940, hingerichtet) 1935–1939 Vorsitzender der Parteikontrollkommission, 1935–1939 Sekretär des ZK, 1936–1938 Volkskommissar für Inneres, 1937–1939 Kandidat des Politbüros, 1938–1939 Volkskommissar für Wassertransport der UdSSR, vom NKWD verhaften und erschossen.

Kaganowitsch, L. M. (1893–1991) gehörte zu Stalins engster Mannschaft, 1925–1928 1. Sekretär der KP der Ukraine, 1930–1935 Sekretär des Moskauer Stadtparteikomitees, führte in verschiedenen Gebieten der Sowjetunion die »Säuberungen« besonders brutal und blutig durch, 1937–1939 als Volkskommissar für Schwerindustrie Nachfolger Sergo Ordschonikidses, in den folgenden Jahren Volkskommissar in verschiedenen Kommissariaten (Ministerien), 1953–1957 Stellv. Vorsitzender des Ministerrats, 1957–1961 Direktor des Uraler Kalikombinats, 1961 pensioniert.

Kamenew, L. B. (1883–1936, hingerichtet) Altbolschewik, Mitstreiter Lenins, 1936 beim Moskauer Prozess gegen das »vereinigte antisowjetische trotzkistisch-sinowjewistische Zentrum« zum Tod durch Erschießen verurteilt.

Kapitonow, I. W. (1915–2002) 1965–1983 Sekretär des ZK der KPdSU für Kaderfragen.

Kirilenko, A. P. (1906–1990) 1962–1982 Mitglied des Politbüros der KPdSU, 1966–1982 Sekretär des ZK der KPdSU, 1982 pensioniert.

Kirow, S. M. (1886–1934, ermordet) ab 1926 1. Sekretär des Stadtkomitees und Gebietskomitees von Leningrad, ab 1930 Mitglied des Politbüros, ab 1934 ZK-Sekretär, von dem Komsomolzen Nikolajew ermordet.

Konew, I. S. (1897–1973) Marschall der Sowjetunion, Befehlshaber mehrerer Fronten im Zweiten Weltkrieg, 1946–1950 Oberbefehlshaber der Landstreitkräfte, 1950–1951 Chefinspekteur der Sowjetarmee, 1955–1960 Oberbefehlshaber der Streitkräfte der Warschauer Vertragsstaaten, 1956–1961 1. Stellv. Verteidigungsminister der UdSSR, 1961–1962 Oberbefehlshaber der Gruppe der sowjetischen Streitkräfte in Deutschland.

Kossolapow, R. I. (*1930) 1976–1986 Chefredakteur der theoretischen Zeitschrift *Kommunist*, 1986–1988 Dekan der Philosophischen Fakultät der Moskauer Universität.

Kossygin, A. N. (1904–1980) 1948–1952 und 1960–1980 Mitglied des Politbüros der KPdSU, 1964–1980 Vorsitzender des Ministerrates der UdSSR.

Kotschetow, W. A. (1912–1973) stalinistischer Schriftsteller und Funktionär, 1961–1973 Chefredakteur der Zeitschrift *Oktjabr*.

Krjuschkow, W. A. (*1924) 1988–1991 Vorsitzender des KGB der UdSSR, 1989–1990 Mitglied des Politbüros, Mitinitiator des Putsches.

Kulakow, F. D. (1918–1978) Förderer Gorbatschows, 1960–1964 1. Sekretär des Regionskomitees Stawropol, 1965–1978 Sekretär des ZK der KPdSU für Landwirtschaft.

Kunajew, D. A. (1912–1993) 1964–1986 1. Sekretär der KP Kasachstans, 1971–1987 Mitglied des Politbüros der KPdSU.

Kusnezow, A. A. (1905–1949) 1946–1949 Sekretär des ZK der KPdSU, im »Leningrader Fall« verhaftet und an den Folgen der Folter in der Haft gestorben.

Lasurkina, D. A. (1884–1974) Altbolschewikin.

Lermontow, M. J. (1814–1841) romantischer russischer Dichter, in Pjatigorsk bei einem Duell getötet.

Ligatschow, J. K. (*1920) 1965–1983 1. Sekretär des Parteikomitees Tomsk, 1983–1990 Sekretär des ZK der UdSSR, 1985–1990 Mitglied des Politbüros.

Ljubimow, J. P. (*1917) Regisseur und Schauspieler, am Moskauer Taganka-Theater.

Lukjanow, A. I. (*1930) 1985–1987 Leiter der Allgemeinen Abteilung des ZK, 1987–1988 Sekretär des ZK der KPdSU, 1988–1990 1. Stellv. Vorsitzender des Präsidiums des Obersten Sowjets, 1990–1991 Vorsitzender des Obersten Sowjets der UdSSR, Mitinitiator des Putsches.

Majakowski, W. W. (1893–1930) russischer Dichter, starb durch Selbstmord.

Malenkow, G. M. (1902–1988) gehörte dem engsten Führungszirkel um Stalin an, 1946–1957 Mitglied des ZK der KPdSU, 1953–1955 Vorsitzender des Ministerrats der UdSSR.

Mandelstam, O. E. (1891–1938, hingerichtet), russischer Dichter, 1934 wegen eines antistalinistischen Gedichtes verhaftet und nach Woronesch verbannt, 1938 vom NKWD verhaftet und erschossen.

Medunow, S. F. (1915–1999) 1973–1982 1. Sekretär des Regionskomitees der KPdSU von Krasnodar.

Medwedew, W. A. (*1922), 1986–1988 Leiter der ZK-Abteilung für die Beziehungen zu den sozialistischen Ländern und den kommunistischen und Arbeiterparteien, 1986–1990 Sekretär des ZK der KPdSU, 1988–1990 Mitglied des Politbüros, Berater Gorbatschows.

Merkulow, J. N. (1900–1953, hingerichtet) enger Vertrauter Berijas, 1943–1946 Minister für Staatssicherheit, 1950–1953 Minister für Staatskontrolle, zusammen mit Berija verhaftet, verurteilt und erschossen.

Mikojan, A. I. (1895–1978) gehörte Stalins engstem Führungszirkel an, 1935–1966 Mitglied des Politbüros, 1955–1964 1. Stellv. Vorsitzender des Ministerrats der UdSSR, 1964–1965 Vorsitzender des Präsidiums des Obersten Sowjets.

Mlynář, Zdeněk (1930–1997) Studienfreund Gorbatschows, 1968 Sekretär und Präsidiumsmitglied der KPTsch, Mitinitiator des Prager Frühlings, Unterzeichner der Charta 77, 1977 Emigration.

Molotow, W. M. (1890–1986) gehörte dem engsten Führungszirkel Stalins an, 1926–1957 Mitglied des Politbüros, 1939–1949, 1953–1956 Außenminister der UdSSR, Architekt des Hitler-Stalin-Paktes, 1957–1960 Botschafter der UdSSR in der Mongolei, 1962 pensioniert.

Nagy, I. (1898–1958, hingerichtet) ungarischer Ministerpräsident, verhaftet, gefoltert, verurteilt und hingerichtet durch die ungarische und sowjetische Staatssicherheit.

Ogarjow, N. P. (1813–1877) russischer Dichter und Schriftsteller.

Ordschonikidse, G. K. (1886–1937) persönlich enger Freund und Landsmann Stalins, 1930–1937 Mitglied des Politbüros, Stellv. Vorsitzender des Rates der Volkskommissare, 1932–1937 Volkskommissar für Schwerindustrie, von Stalin in den Tod getrieben oder ermordet, weil er sich dem Terror entgegenstellte und seine Mitarbeiter schützte.

Pasternak, B. L. (1908–1960) bedeutender russischer Dichter, Autor des *Doktor Schiwago*, wurde von Chruschtschow gezwungen, die Annahme des Nobelpreises für dieses Buch zu verweigern.

Perwuchin, M. G. (1904–1978) 1952–1957 Mitglied des Politbüros, 1958–1965 Botschafter in der DDR, 1965–1978 Referatsleiter bei der Staatlichen Plankommission.

Podgorny, N. V. (1903–1983) 1960–1977 Mitglied des Politbüros der KPdSU, 1965–1977 Vorsitzender des Präsidiums des Obersten Sowjets der UdSSR, 1977 pensioniert.

Ponomarjow, B. N. (1905–1994) 1961–1986 Sekretär des ZK der KPdSU für Internationale Angelegenheiten.

Pugo, B. K. (1937–1991) 1980–1984 Vorsitzender des KGB Lettlands, 1984–1988 1. Sekretär der KP Lettlands, 1988–1991 Vorsitzender der Parteikontrollkommission der KPdSU, 1990–1991 Innenminister der UdSSR, Mitinitiator des Putsches, verübte Selbstmord.

Putin, W. W. (*1952), 1975–1990 Angehöriger des KGB, Stationierung auch in Dresden, 1990 Arbeit am Leningrader Sowjet und beim Bürgermeister von St. Petersburg, 1997–1998 Leiter der Administration des Präsidenten Russlands, 1998–1999 Direktor des FSB (Nachfolger des KGB), 1999 Interimspräsident, 2000 Präsident Russlands.

Rakowski, M. (*1926) 1988–1989 Vorsitzender des polnischen Ministerrats, 1989–1990 1. Sekretär des ZK der PVAP.

Romanow, G. W. (*1923), 1973–1983 1. Sekretär des Gebietskomitees Leningrad, 1976–1985 Mitglied des Politbüros, 1983–1985 Sekretär des ZK für Rüstungsindustrie, 1985 pensioniert.

Rudenko, R. A. (1907–1981) 1945–1946 Hauptankläger der Sowjetunion vor dem Internationalen Militärtribunal in Nürnberg, 1953–1981 Generalstaatsanwalt der UdSSR.

Ruzkoi, A. W. (*1947) 1991 Vizepräsident Russlands, 1993 der Amtspflichten entbunden, 1996 Gouverneur von Kursk.

Rybakow, A. N. (1911–1998) russischer Schriftsteller, Verfasser des Schlüsselromans über die Stalin-Zeit *Die Kinder des Arbats*.

Ryschkow, N. I. (*1929) 1982–1985 ZK-Sekretär für Wirtschaft, 1985–1990 Mitglied des Politbüros der KPdSU, 1985–1991 Vorsitzender des Ministerrats der UdSSR.

Sacharow, A. D. (1921–1989) Physiker, Bürgerrechtler, Friedensnobelpreisträger.

Sagladin, L. N. (*1923) 1983–1985 1. Sekretär des Gebietskomitees Leningrad, 1985–1991 Sekretär des ZK der KPdSU (militärindustrieller Komplex), 1986–1991 Mitglied des Politbüros, 1987–1989 1. Sekretär des Moskauer Parteikomitees.

Schelepin, A. N. (1918–1994) 1952–1958 1. Sekretär des Leninschen Komsomol, 1958–1961 Vorsitzender des KGB, 1961–1967 Sekretär des ZK der KPdSU, 1964–1975 Mitglied des Politbüros, 1967–1975 Vorsitzender des Allunionsrates der Gewerkschaften.

Schewardnadse, E. A. (*1928) 1972–1985 1. Sekretär der KP Georgiens, 1985–1990 Mitglied des Politbüros, 1985–1990 Außenminister, 1995–2004 Präsident Georgiens.

Scholochow, M. A. (1905–1975), russischer Schriftsteller, *Der Stille Don, Neuland unterm Pflug*, Nobelpreisträger.

Schtscherbitzki, W. W. (1918–1990) 1971–1989 Mitglied des Politbüros, 1972–1989 1. Sekretär der KP der Ukraine.

Schukow, G. K. (1896–1974) Marschall der Sowjetunion, Berufsoffizier, im Zweiten Weltkrieg Oberbefehlshaber verschiedener Fronten, 1955–1957 Verteidigungsminister der UdSSR, 1957 aller Ämter enthoben, aus dem Politbüro und aus dem ZK entfernt, 1958 pensioniert.

Serow, I. A. (1905–1990) 1954–1958 KGB-Vorsitzender, 1958–1963 Hauptverwaltungschef der Aufklärung beim Generalstab der Streitkräfte der UdSSR, 1965 in Pension.

Slawski, J. P. (1898–1991) 1957–1986 Minister für Mittleren Maschinenbau der UdSSR, die Produktion von Nuklearwaffen und die Atomkraftwerke standen unter seiner Aufsicht.

Sostschenko, M. M. (1894–1958) russischer satirischer Schriftsteller.

Stalin, J. W. (1879–1953) 1919–1953 Mitglied des Politbüros, 1923–1953 Generalsekretär des ZK der KPdSU, 1941–1953 Vorsitzender des Rates der Volkskommissare, 1941–1947 Volkskommissar für Verteidigung der UdSSR.

Suslow, M. A. (1902–1982) 1939–1944 1. Sekretär des Regionsparteikomitees Stawropol, 1947–1982 Sekretär des ZK der KPdSU, 1955–1982 Mitglied des Politbüros.

Tichonow, N. A. (1905–1997) 1965 Stellv. Vorsitzender des Ministerrates, 1976–1980 1. Stellv. Vorsitzender des Ministerrates, 1979–1985 Mitglied des Politbüros, 1980–1985 Vorsitzender des Ministerrates, 1985 pensioniert.

Trotzki, L. B. (1879–1940, ermordet) seit Ende des 19. Jahrhunderts als Berufsrevolutionär tätig, Organisator der Oktoberrevolution, Organisator der Roten Armee und Volkskommissar für Armee und Flotte, 1919–1926 Mitglied des Politbüros, Ausweisung aus der Sowjetunion, 1940 nach mehreren erfolglosen Versuchen schließlich von dem NKWD-Agenten Mercader ermordet.

Tschebrikow, V. M. (1923–1999) 1982–1988 KGB-Vorsitzender, 1985–1989 Mitglied des Politbüros, 1988–1989 Sekretär des ZK, 1989 pensioniert.

Tschernenko, K. U. (1911–1985) 1948 Leiter eines Referats des ZK der KP Moldawien, lernt hier seinen späteren Förderer Breschnew kennen, ab 1956 im ZK der KPdSU, 1965–1982 Leiter der Allgemeinen Abteilung des ZK und ab 1975 ZK-Sekretär, 1978–1985 Mitglied des Politbüros, 1984–1985 Generalsekretär der KPdSU.

Tschernajew, A. S. (*1938) Berater und Assistent Gorbatschows.

Tuchatschewski, M. N. (1893–1937, hingerichtet) Berufsoffizier, Marschall der Sowjetunion, 1934 Kandidat des Politbüros, 1936 1. Stellvertreter des Volkskommissars für Verteidigung, vom NKWD verhaftet, gefoltert, in einem Geheimprozess zum Tode verurteilt und erschossen.

Twardowski, A. T. (1910–1981) russischer Dichter, verfasste das populäre Poem *Wassili Tjorkin* über den Zweiten Weltkrieg, Chefredakteur der Literaturzeitschrift *Nowy mir*.

Ustinow, D. M. (1908–1984) Marschall der Sowjetunion, 1976–1984 Verteidigungsminister der UdSSR, 1976–1984 Mitglied des Politbüros.

Warennikow, V. I. (*1923), Armeegeneral, 1989–1991 Stellv. Verteidigungsminister der UdSSR, Mitinitiator des Putsches.

Wolski, A. I. (*1932) 1983–1985 Berater Andropows, Tschernenkos und Gorbatschows, 1992 Vorsitzender der Unternehmerverbände Russlands, 1993 Vorsitzender der Partei »Bürgerunion«.

Woroschilow, K. J. (1881–1969) gehörte dem engsten Führungszirkel Stalins an, Marschall der Sowjetunion, wurde im Zweiten Weltkrieg wegen Unfähigkeit schnell als Oberkommandierender von der Front abgesetzt, 1926–1960 Mitglied des Politbüros, 1953–1960 Vorsitzender des Präsidiums des Obersten Sowjets.

Wosnessenski, N. A. (1903–1950, hingerichtet) 1937–1949 Vorsitzender der Staatlichen Planungskomitees, 1947–1949 Mitglied des Politbüros der KPdSU, im Zusammenhang mit dem »Leningrader Fall« verhaftet, gefoltert und hingerichtet.

Wyschinski, A. J. (1883–1954) 1932 Staatsanwalt Russlands, 1935–1939 Staatsanwalt der UdSSR, Chefankläger in den Moskauer Prozessen, 1940–1949 Stellv. Volkskommissar, 1949–1953 Außenminister der UdSSR, zuständig für die Vertretung der UdSSR vor den Vereinten Nationen.

Auswahlbibliografie

I. Bücher von Michail Gorbatschow

Gorbatschow, Michail: *Perestroika. Die zweite russische Revolution*, München 1987

Gorbatschow, Michail: *Gipfelgespräche. Geheime Papiere aus meiner Amtszeit*, Berlin 1993

Gorbatschow, Michail: *Honecker – Gorbatschow. Vieraugengespräche*, hrsg. von Daniel Küchenmeister unter Mitarbeit von Gerd-Rüdiger Stephan, Berlin 1993

Gorbatschow, Michail: *Erinnerungen*, Berlin 1995

Gorbatschow, Michail: Wie es war. *Die deutsche Wiedervereinigung*, Berlin 1999

Gorbatschow, Michail: *Über mein Land. Russlands Weg ins 21. Jahrhundert*, München 2000

Gorbatschow, Michail: *Mein Manifest für die Erde*, Frankfurt/New York 2003

2. Bücher über Michail Gorbatschow

Medwedejew, Zhores: *Der Generalsekretär*, Darmstadt-Neuwied 1986

Mlynář, Zdeněk: *Was kann Gorbatschow ändern. Möglichkeiten, Grenzen und Zukunft sowjetischer Reformpolitik*, Freiburg im Breisgau 1989

Ruge, Gerd: *Michail Gorbatschow*, Frankfurt am Main 1990

3. Erinnerungen von Zeitzeugen

Aganbegjan, Abel: *Ökonomie und Perestroika*, Hamburg 1989

Bakatin, Wadim: *Im Innern des KGB*, Frankfurt am Main 1993
Chruschtschow, Nikita: *Chruschtschow erinnert sich. Die authentischen Memoiren*, Reinbek bei Hamburg 1992
Davies, Joseph E.: *Als Botschafter in Moskau. Authentische und vertrauliche Berichte über die Sowjet-Union bis Oktober 1941*, Zürich 1943
Falin, Valentin: *Politische Erinnerungen*, München 1993
Gorbatschowa, Raissa: *Leben heißt Hoffen. Erinnerungen und Gedanken*, Bergisch Gladbach 1991
Jakowlew, Alexander: *Die Abgründe meines Jahrhunderts*, Leipzig 2003
Jelzin, Boris: *Aufzeichnungen eines Unbequemen*, München 1990
Schachnasarow, Georgi: *Preis der Freiheit. Eine Bilanz von Gorbatschows Berater*, Bonn 1996
Mandelstam, Nadeschda: *Das Jahrhundert der Wölfe. Eine Autobiographie*, Frankfurt am Main 1991
Mlynář, Zdeněk: *Nachtfrost. Erfahrungen auf dem Weg vom realen zum menschlichen Sozialismus*, Frankfurt am Main 1972
Rybakow, Anatoli: *Roman der Erinnerung*, Berlin 2001
Tschernajew, Anatoli: *Die letzten Jahre einer Weltmacht. Der Kreml von innen*, Stuttgart 1993

4. Bücher zur russischen und sowjetischen Geschichte

Bukowski, Wladimir: *Abrechnung mit Moskau. Das sowjetische Unrechtsregime und die Schuld des Westens*, Bergisch Gladbach 1996
Bullock, Alan: *Hitler und Stalin. Parallele Leben*, Berlin 1991
Chlewnjuk, Oleg W.: *Das Politbüro. Mechanismen der politischen Macht in der Sowjetunion der dreißiger Jahre*, Hamburg 1998
Courtois, Stéphane: *Das Schwarzbuch des Kommunismus*, München-Zürich 1998
Figes, Orlando: *Nataschas Tanz. Eine Kulturgeschichte Russlands*, Berlin 2003
Furet, François: *Das Ende der Illusion. Der Kommunismus im zwanzigsten Jahrhundert*, München 1998
Kryschanowskaja, Olga: *Anatomie der russischen Elite. Die Militarisierung Russlands unter Putin*, Köln 2005
Luks, Leonid: *Geschichte Russlands und der Sowjetunion. Von Lenin bis Jelzin*, Regensburg 2000
Medwedew, Roy: *Chruschtschow. Eine politische Biographie*, Darmstadt-Neuwied 1986

Medwedew, Roy: *Das Urteil der Geschichte. Stalin und Stalinismus*, 3 Bde., Berlin 1992

Reitschuster, Boris: *Wladimir Putin. Wohin steuert er Russland?*, Berlin 2004

Schentalinski, Witali: *Das auferstandene Wort. Verfolgte russische Schriftsteller in ihren letzten Briefen, Gedichten und Aufzeichnungen.* Aus den Archiven sowjetischer Geheimdienste, Bergisch Gladbach 1993

Wolkogonow, Dimitri: *Triumph und Tragödie. Politisches Porträt des J. W. Stalin*, 4 Bde., Berlin 1990

Wolkogonow, Dimitri: *Die Sieben Führer. Aufstieg und Untergang des Sowjetreiches*, Frankfurt am Main 2001

Quellen und Dank

Danken möchte ich Nadeschda A. Michailjowa, Natalja M. Remaschewskaja und Dimtri A. Golowanow, die mir als Kommilitonen Michail Gorbatschows halfen, die Studienzeit und die besondere Situation in Moskau Anfang der fünfziger Jahre zu verstehen. Frau Korenewskaja, die seinerzeit für Gerd Ruge im biografischen Umfeld Gorbatschows recherchierte und mit Raissa Gorbatschowa gut bekannt war, trug im Gespräch mit mir interessante Aspekte und persönliche Beobachtungen bei. Über die Veränderung des Bildes Michail Gorbatschows aus der Sicht der künstlerischen Intelligenz bekam ich im Interview von dem Dramatiker Alexander Gelman präzise Beschreibungen. Valentin V. Sagladin gewährte mir Einblicke in den Prozess der Erarbeitung des außenpolitischen Konzepts der Perestroika. Die Diskussion mit Anatoli Lukjanow ließ mich die Position der Kritiker und Gegner Gorbatschows genauer begreifen.

Eine sehr große Freude war es, mich ausführlich mit Alexander N. Jakowlew über die sowjetische Geschichte, den Stalinismus und die Perestroika unterhalten zu dürfen. Den von Jakowlew herausgegebenen Bänden mit Dokumenten aus den russischen Archiven unter dem Titel *Rossija XX. Bek* (»Russland im 20. Jahrhundert«) verdanke ich sehr viele Einsichten, aber auch die Bestätigung und Konkretisierung meiner Annahmen. So möchte ich besonders hinweisen auf die Bände: *Lawrenti Berija 1953*; *Lubjanka. Stalin und die Tscheka – die GPU – die OGPU – das NKWD. Januar 1922– Dezember 1936*; *Lubjanka. Stalin und die Führung der Straforgane des NKWD 1937–1938*; *Lubjanka. Die Organe: Tscheka – OGPU – NKWD – NKGB – MGB – MWD – KGB 1917–1991*; *Stalin und der Kosmopolitismus 1945–1953*; *GULAG 1918–1960*; *Kinder im*

GULAG 1918–1956; *Die Macht und die künstlerische Intelligenz 1917–1953*; *Molotow, Malenkow, Kaganowitsch 1957*; *Rehabilitierung*, 3 Bde.; *Katyn*; *Das Jahr 1941*, 2 Bde., und *Georgi Schukow*.

Zu nennen ist auch auf jeden Fall Jakowlews Autobiografie *Die Abgründe meines Jahrhunderts*, die weit über den Rahmen einer Autobiografie hinausgeht und seine leider nur auf Russisch erschienenen Bücher: *Sumerki* (»Dämmerung«) und *Gorkaja Schascha* (»Bitterer Kelch. Bolschewismus und Reform in Russland«).

Wichtige Einsichten vermittelten mir folgende Bücher, die ich an dieser Stelle empfehlen möchte: die ausgezeichnete und sehr den Dokumenten verpflichtete Darstellung von Dimitri Wolkogonow: *Die Sieben Führer. Aufstieg und Untergang des Sowjetreiches* und sein grundlegendes Werk: *Triumph und Tragödie. Politisches Porträt des J. W. Stalin*, Roy Medwedew: *Das Urteil der Geschichte. Stalin und Stalinismus*, Alan Bullock: *Hitler und Stalin. Parallele Leben*, Lew Besymenski: *Stalin und Hitler. Das Pokerspiel der Diktatoren*, Jörg Baberowski: *Der rote Terror. Die Geschichte des Stalinismus*, sowie *Der Feind ist überall. Stalinismus im Kaukasus*, Georgi Dimitrow: *Tagebücher 1933–1943*, Isaac Deutscher: *Stalin und Trotzki*, Georgi Schachnasarow: *Preis der Freiheit. Eine Bilanz von Gorbatschows Berater*, Anatoli Tschernajew: *Die letzten Jahre einer Weltmacht. Der Kreml von innen*, die Memoiren Chruschtschows: *Chruschtschow erinnert sich*, Wadim Bakatin: *Im Innern des KGB*, Wladimir Bukowski: *Abrechnung mit Moskau. Das sowjetische Unrechtsregime und die Schuld des Westens*, die Erinnerungen von Eduard Schewardnadse: *Die Zukunft gehört der Freiheit*, Raissa Gorbatschowa: *Leben heißt Hoffen*, Tschingis Aitmatow: *Kindheit in Kirgisien*, Andrej Gratschow: *Tschelowek, kotoryj chotel kak lutsche* (»Der Mann, der alles besser machen wollte«), Guyla Horn: *Freiheit, die ich meine. Erinnerungen des ungarischen Außenministers, der den Eisernen Vorhang öffnete*, Ryszard Kapuścińskis *Betrachtungen und Reportagen im Imperium*, Stephan Merl: *Sozialer Aufstieg im sowjetischen Kolchossystem der dreißiger Jahre* sowie *Sowjetmacht und Bauern. Dokumente*, Reinhard Eissner: *Konterrevolution auf dem Lande. Zur inneren Sicherheitslage in Mittelasien 1929/1930 aus Sicht der OGPU*, Carsten Goehrke: *Die Theorien über die Ent-*

stehung und Entwicklung des Mir, Helmut Altrichter: *Das Mir im Gebiet Twer*. Das mutige und kenntnisreiche Buch Boris Reitschusters über Putin: *Wladimir Putin. Wohin steuert er Russland?*, beleuchtet die aktuelle Situation Russlands und hebt sich wohltuend von den Hagiographien ab.

Olga Fedianina und Ira Charitonowa unterstützten mich in Gesprächen und Recherchen auf großartige Weise.

Sehr danken möchte ich Britta Kroker, Sabine Niemeier und Steffen Geier, die mich ermutigend, hilfreich und vertrauensvoll begleiteten.

Die größte Dankesschuld empfinde ich gegenüber Thomas Montasser, ohne den das Buch niemals entstanden wäre.

Bildnachweise